JN418431

개정판

기업가정신과 창업모델

신충교 편저

개정판 머리말 PREFACE

기업가정신과 창업모델 개정판을 편집하며....

2020년 연초부터 코로나19 바이러스가 전 세계에 확산됨에 따라 국내에서는 다중 집합이 제한되고 사회적 거리두기와 생활방역 등으로 소상공인을 비롯한 모든 산업이 침체되고 국제적으로는 외국인의 입국 금지 등 항공, 선박 등의 운행이 제한됨에 따라 관광・레저산업과 수출입 물류산업 등이 크게 위축되고 있다. 코로나 시대의 경제활동은 비대면 원격 서비스, 로봇과 드론을 활용한 비즈니스, 택배를 이용한 E-Commerce, 모바일 앱을 통한 주문형 경제시스템(On-demand Economy) 등이 새로운 비즈니스 모델로 활성화되고 있으며, 이로 인하여 4차 산업혁명이 앞당겨지고 기업과 개인에 '뉴 노멀(New Normal)'이 제시되고 있다.

인공지능(AI), 로봇, 사물인터넷, 자율주행 차, 블록체인 기술, 3D 프린팅 등 4차 산업혁명이 진전되고 있는 가운데, 코로나바이러스라는 촉매제가 들어옴으로써 변화의 속도는 더욱더 빨라지고 있으며, 코로나 이후의 창업모델도 Gig Economy, Gig Worker 등 새로운 경제환경을 고려한 새로운 비즈니스 모델이 출시될 것으로 기대되며 Platform 창업, 공유경제(Sharing Economy), 랜선비즈, 증강/가상현실 등의 비즈니스 모델 개발도 더욱 활성화될 것이다.

본 교재는 정부에서 발간한 기술창업론과 각종 창업 관련 도서를 참고하여 핵심 요점을 정리하는 방식으로 2016년에 편집하여 상명대학교(천안) 창업교육에 활용하였으며 그동안의 법률 개정사항 등 변동사항을 반영하여 개정판으로 재 편집하였다. 아무쪼록 이 교재가 창업활동에 많은 도움이 되길 바란다.

2020. 12.

상명대학교 천안캠퍼스 특임교수 신충교 씀

머리말 PREFACE

최근 Facebook, NaverLine, KakaoTalk, AirBnB, ZipCar 등 플랫폼(Platform)과 앱(Application), 사물인터넷(IoT), O2O, Health Care Start-Up 등이 새로운 비즈니스 모델로 부각되고 이들 신생기업들이 창업 후 크게 성장하여 일자리 창출과 경제 발전에 기여하게 됨에 따라 세계 각국이 정부 주도로 이러한 기회형 창업 지원에 많은 노력을 기울이고 있다

우리나라에서도 중소기업청 주관 하에 기술창업(TIPS) 지원, 창업사관학교, 창업선도대학 지원, 스마트창업학교, 앱창작터, 크리에이티브 팩토리, 창업인턴 지원, 선도 벤처연계창업지원, 창업도약패키지, 1인 창조기업지원, 글로벌 창업지원, 재도전 창업 지원, 시니어기술창업교육, 창업아카데미, 창업경진대회, 창업박람회, 창업기술 개발 지원, 창업자금 투자 및 융자 지원, 온라인 법인설립 지원 사업 등 창업 지원 사업을 적극적으로 추진하고 있다

본 교재는 정부의 창업지원 정책에 부응하여 SK청년비상 창업지원사업을 수행하고 있는 우리 학교의 창업강좌 중 기업가정신과 창업모델 과목의 강의용으로 활용하기 위하여 정부에서 발간한 기술창업론과 각종 창업 관련 도서를 참고하여 창업에 필요한 핵심요점을 정리하는 방식으로 편집하였다.

이 교재는 우리학교 학생들에게 비매품으로 제공코자 하며, 학생들의 창업지식을 높이는데 도움이 되기 바란다.

2016. 12

상명대학교 천안캠퍼스 특임교수 신충교 씀

차 례 *CONTENTS*

제1장 창업(Start-up) 이해하기

제2장 기업가와 기업가정신

제3장 기업의 유형과 특성

제4장 창업 아이템 선정과 창업절차

제5장 창업 사업계획 분석 및 작성

제6장 비즈니스모델의 이해

제7장 창업기업의 지식재산 관리

제8장 창업기업의 마케팅 관리

제9장 창업기업의 회계 관리

第10장 창업기업의 성장과 회수전략

第11장 업종별 창업전략

第12장 창업상권 및 입지분석

기업가정신과 창업모델

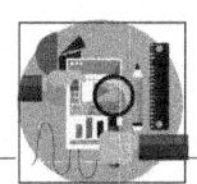

창업(Start-up) 이해하기

창업과 취업을 생각해 보며 …

인간의 경제활동

- **취업 : 20 ~ 60세**(대부분 정년**퇴직**)
- **창업, 창직 : 20 ~ 80세까지** 대부분 **활동**

- 80세까지의 인생 시계는 1년이 18분(24시간 x 60분 ÷ 80세)
- 20세 는 오전 6시, 30세는 오전 9시, 40세는 정오 12시
- 39세까지 청년창업으로 인정, 40세 이후는 시니어 창업으로 지원

- **인간의 활동은 일과 여가로 구분**
  - ➢ 일 ⇒ 직업 ⇒ 성취감
  - ➢ 여가 ⇒ 소비 ⇒ 즐거움

2020-11-16 2

Who am I(나는 누구인가) ?

직업(창업) 선택 시 본인이 원하는 것, 본인의 능력을 고려하라 …

"자신의 강점을 파악하고 자신감을 갖고 이를 개발하려는 의지가 성공하는 리더의 기본이다."(피터 드러커)

설악산 용화장성

2020-11-16 3

스타트업 네트워킹 하기 좋은 행사

◆ 은행권청년창업재단 디캠프

* 디파티는 매달 특정 분야를 선정(패션테크, 소셜벤처 등) 강연 진행
* 디데이는 매달 마지막 주 목요일에 신생 스타트업 데모데이 진행
  국내 주요 VC 대표 또는 심사역을 직접 만날 수 있다는 장점이 있음

※ 위치 : 서울특별시 강남구 선릉로 551 새롬빌딩 2층 디캠프

※ 홈페이지: http://dcamp.kr 전화 : 02-2030-9300 팩스 : 02-2030-9301

◆ 스타트업 얼라이언스

* 모닝커피 클럽 : 매달 셋째 주 수요일 모닝커피 클럽은 특정 주제를 선정해
  스타트업 2~3팀이 발표하고 강연 후에는 자유로운 네트워킹
* 런치클럽 : 11시 반부터 1시간가량 샌드위치를 먹으며 진행되는데 주로
  국내외 업계 관계자들이 특정 테마를 갖고 (투자, 글로벌 진출 등) 강연 진행

※ 위치: 서울 강남구 테헤란로 423현대타워 7층

※ 홈페이지: http://kr.startupall.kr/event/

2020-11-16 4

스타트업 취업과 창업정보

◆ 로켓펀치 : https://www.rocketpunch.com
- 관심 있는 기업의 뉴스와 채용 정보 제공

◆ 원티드 : https://www.wanted.co.kr
- 나에게 딱 맞는 회사 찾기

◆ 잡 플래닛 : https://www.jobplanet.co.kr
- 구인, 구직정보, 기업의 문화,복지수준, 급여정보 제공

◆ 워크넷 : https://www.work.go.kr (고용노동부 운영)
- 채용(구인/구직) 지원, 구직자 취업 및 창업훈련 등

5

Chapter 1. 창업이란 무엇인가 ?

1) 창업(創業)의 정의 (중소기업 창업지원법)

① foundation(창립) ② establishment(설립) ③ found (설립하다)

1. "창업"이란 중소기업을 새로 설립하는 것을 말한다
2. "재창업"이란 중소기업을 폐업하고 중소기업을 새로 설립하는 것을 말한다
3. "창업자"란 중소기업을 창업하는 자와 중소기업을 창업하여 사업을 개시한 날부터 7년이 지나지 아니한 자를 말한다
4. "재창업자"란 중소기업을 재창업하는 자와 중소기업을 재창업 하여 사업을 개시한 날부터 7년이 지나지 아니한 자를 말한다
5. "초기창업자"란 창업자 중에서 중소기업을 창업하여 사업을 개시한 날부터 3년이 지나지 아니한 자를 말한다.

6

[표 1-1] 법률에 의한 창업기업의 유형

창업기업의 유형	세부 내용
중소기업 창업	- 중소기업창업지원법에서 "창업", "창업자" 정의 - 창업자란 중소기업을 창업하는 자, 창업하여 사업을 개시한 날부터 7년이 지나지 않은 자
벤처기업	- 벤처기업육성에 관한 특별조치법에서 "벤처기업의 요건" 정의 - 동 법 제2조의2에서 정하는 요건을 갖춘 기업
소상공인	- 소상공인 보호 및 지원에 관한 법률에서 "소상공인"의 요건을 정의 - 광업, 제조업, 건설업, 운수업은 상시 근로자 10명 미만, 그 밖의 업종은 5명 미만
사회적기업	- 사회적기업 육성법에서 "사회적기업" 정의 - 사회적 목적을 추구하면서 재화 및 서비스의 생산·판매 등의 영업활동을 하는 기업
1인 창조기업	- 1인 창조기업 육성에 관한 법률에서 "1인 창조기업" 정의 - 창의성과 전문성을 갖춘 1인이 상시 근로자 없이 지식서비스업, 제조업 등을 영위하는 자

7

1인 창조기업

- 대통령령으로 정한 지식서비스업, 제조업 등에서 창의성과 전문성을 갖춘 1인이 상시 근로자 없이 사업을 영위하는 기업
- 공동창업자, 공동대표, 공동사업자 등의 형태로 공동으로 사업을 영위하는 자가 5인 미만일 경우에도 1인 창조기업으로 인정
  - S/W, 인터넷서비스, 컨설팅, 디자인, 전시 등 제조 관련 서비스업
  - 영화 · 예술 · 관광 · 저술 · 시나리오 등 문화 관련 서비스업
  - 건축기술, 엔지니어링, 연구개발업 등 전문과학 및 기술서비스업
  - 제조업(전통식품, 공예품, 컴퓨터 및 전자부품 등 일부 업종)

8

1인 창조기업 범위에서 제외되는 업종(제2조제1항 관련)

[별표 1] <개정 2015.8.3.>

구분	해당 업종	한국표준산업분류번호
1. 광업	가. 석탄, 원유 및 천연가스 광업	05
	나. 금속광업	06
	다. 비금속광물 광업; 연료용 제외	07
	라. 광업지원서비스업	08
2. 제조업	가. 담배제조업	12
	나. 코크스, 연탄 및 석유정제품 제조업	19
	다. 1차 금속 제조업	24
3. 전기, 가스, 증기 및 수도사업	가. 전기, 가스, 증기 및 공기조절 공급업	35
	나. 수도사업	36
4. 하수 · 폐기물처리, 원료재생 및 환경복원업	가. 하수, 폐수 및 분뇨 처리업	37
	나. 폐기물 수집운반, 처리 및 원료재생업	38
	다. 환경 정화 및 복원업	39

9

5. 건설업	가. 종합건설업	41
	나. 전문직별 공사업	42
6. 도매 및 소매업	가. 자동차 및 부품 판매업	45
	나. 도매 및 상품중개업	46
	다. 소매업; 자동차 제외(전자상거래업은 제외한다)	47
7. 운수업	가. 육상운송 및 파이프라인 운송업	49
	나. 수상 운송업	50
	다. 항공 운송업	51
	라. 창고 및 운송 관련 서비스업	52
8. 숙박 및 음식점업	가. 숙박업	55
	나. 음식점 및 주점업	56
9. 금융 및 보험업	가. 금융업	64
	나. 보험 및 연금업	65
	다. 금융 및 보험 관련 서비스업(그 외 기타 금융지원 서비스업은 제외한다)	66

10

10. 부동산업 및 임대업	가. 부동산업	68
	나. 임대업; 부동산 제외	69
11. 보건업 및 사회복지 서비스업	가. 보건업	86
	나. 사회복지 서비스업	87
12. 예술, 스포츠 및 여가 관련 서비스업	스포츠 및 오락 관련 서비스업	91
13. 협회 및 단체, 수리 및 기타 개인서비스업	기타 개인 서비스업	96

비고: 해당 업종의 분류는 「통계법」 제22조에 따라 통계청장이 고시하는 한국표준산업분류에 따른다.

2) 기술창업의 정의 및 범위

- 기술창업은 혁신기술을 창출하는 기업의 창업으로 지칭할 수 있으며, 벤처·기술혁신·혁신선도·기술집약형 기업의 창업을 포괄하는 의미로 정의됨

[표 1-2] 기술창업과 일반창업의 분류

구분			해당 업종	혁신형 창업
기술창업	제조업	첨단기술	의료용 물질 및 의약품, 전자부품 · 컴퓨터 · 영상 · 음향 및 통신장비, 의료 · 정밀 · 광학기기 및 시계, 항공기 · 우주선 및 부품제조업	혁신형 제조업
		고기술	화학물질 및 화학제품(의약품 제 외), 전기장비, 기타 기계 및 장비, 자동차 및 트레일러, 철도 및 기타운송장비(항공기제외)	
		중기술	코크스 · 연탄 및 석유정제품, 고무제품 및 플라스틱제품, 비금속광물제품, 1차금속, 금속가공제품(기계 및 가구제외), 선박 및 보트건조업	비혁신형 제조업
		저기술	식료품, 음료, 담배, 섬유제품(의복제외), 의복 · 의복 액세서리 및 모피제품, 가죽 · 가방 및 신발, 목재 및 나무제품(가구 제외), 펄프 · 종이 및 종이제품, 인쇄 및 기록매체 복제업, 가구, 기타제품 제조업	
	지식서비스업		출판, 영상, 정보통신 및 정보서비스업	혁신형 서비스업
			전문, 과학 및 기술 서비스업	
			사업지원 서비스업	
			교육 서비스업	
			보건업 및 사회복지 서비스업	
			예술, 스포츠 및 여가서비스업	
일반창업	생계형 창업		도매 및 소매업	비혁신형 서비스업
			숙박 및 음식점업	
	기타 서비스업 및 건설업		일반 서비스업	기타
			건설업 등	

※ 한국표준산업분류 9차 개정안 기준, OECD 제조업 기술수준별 분류 참고
출처: 2013년 창업기업 실태조사(국가승인통계, 중소기업청·창업진흥원); 한국은행(2013), 기업경영분석 : 기술보증기금 홈페이지(http://www.kibo.or.kr)를 참고하여 재구성

3) 창업으로 인정되지 않는 경우

1. 타인으로부터 사업을 승계하여 같은 종류의 사업을 계속하는 경우. 다만, 사업의 일부를 분리하여 사업을 개시하는 경우는 제외
2. 개인사업자가 법인으로 전환하거나 법인의 조직변경 등 기업형태를 변경하여 같은 종류의 사업을 계속하는 경우
3. 폐업 후 사업을 개시하여 같은 종류의 사업을 계속하는 경우

※ 같은 종류의 사업의 범위는 한국표준산업분류상의 세분류 기준

※ 기존 업종에 다른 업종을 추가하여 사업을 하는 경우에는 추가된 업종의 매출액이 총 매출액의 100분의 50 미만인 경우에만 같은 종류의 사업을 계속하는 것으로 본다

※ 추가된 업종의 매출액 또는 총 매출액은 추가된 날이 속하는 분기의 다음 2분기 동안의 매출액 또는 총 매출액을 말한다.

13

◆ 창업 사례별 창업인정 여부

주체	사업장소	사례		창업 여부
A 개인이	甲장소에서	甲장소에서의 기존사업을 폐업하고	B법인을 설립하여 동종업종을 생산	조직변경
			B법인을 설립하여 이종업종을 생산	창 업
		甲장소에서의 기존사업을 폐업 않고	B법인을 설립하여 동종업종을 생산	형태변경
			B법인을 설립하여 이종업종을 생산	창 업
A 법인이	甲장소에서	甲장소에서의 기존사업을 폐업하고	B법인을 설립하여 동종업종을 생산	위장창업
			B법인을 설립하여 이종업종을 생산	창 업
		甲장소에서의 기존사업을 폐업 않고	B법인을 설립하여 동종업종을 생산	형태변경
			B법인을 설립하여 이종업종을 생산	창 업

14

주체	사업장소		사 례	창업 여부
A 개인이	乙장소 에서	甲장소에서의 기존사업을 폐업하고	B법인을 설립하여 동종업종을 생산	법인전환
			B법인을 설립하여 이종업종을 생산	창 업
		甲장소에서의 기존사업을 폐업 않고	B법인을 설립하여 동종업종을 생산	창 업
			B법인을 설립하여 이종업종을 생산	창 업
A 법인이	乙장소 에서	甲장소에서의 기존사업을 폐업하고	B법인을 설립하여 동종업종을 생산	사업승계
			B법인을 설립하여 이종업종을 생산	창 업
		甲장소에서의 기존사업을 폐업 않고	B법인을 설립하여 동종업종을 생산	창 업
			B법인을 설립하여 이종업종을 생산	창 업
A 법인이	乙장소 에서	甲장소에서의 기존사업을 폐업하고	다시 A명의로 동종업종을 생산	사업이전
			다시 A명의로 이종업종을 생산	창 업
		甲장소에서의 기존사업을 폐업 않고	다시 A명의로 동종업종을 생산	사업확장
			다시 A명의로 이종업종을 생산	업종추가

15

4) 창업 일자(사업의 개시일)

1. 창업자가 법인이면 법인설립등기일(본사 소재지 관할 법원)
2. 창업자가 개인이면 「부가가치세법」 제8조제1항에 따른 사업자 등록일(본사 소재지 관할 세무서)

5) 창업에서 제외되는 업종

1. 일반 유흥주점업
2. 무도 유흥주점업
3. 기타 사행시설 관리 및 운영업
4. 제1호부터 제3호까지의 규정에 준하는 업종으로서 중소벤처기업부령으로 정하는 업종

16

※ 창업 유형별 지원기관

- **기회형 창업** : 신기술/신제품, New Biz Model 창업 등

  ✓사업화 지원 전담기관 ⇒ 창업진흥원

- **생계형 창업** : 소규모 제조, 유통, 숙박, 음식, 서비스업 등

  ✓사업화 지원 전담기관 ⇒ 소상공인시장진흥공단

17

※ 최근 창업 관련 주요 용어

Smart?

① 영리한 ② 스마트한 ③ 현명한 ④ 멋있는

소프트웨어나 하드웨어에 관하여 말할 때 정보 처리 능력을 가지고 있다는 것을 의미하는 형용사. 특히 **종래에는 기대할 수 없었던 정도의 정보처리 능력을 가지고 있다는 의미를** 나타낸다. 지능화된 또는 지능형(intelligent)이라는 용어와 같은 의미이다.

18

모바일(Mobile)

본래 '움직일 수 있는'이라는 뜻으로, **휴대전화와 휴대용 개인정보 단말기(PDA) 등과 같이 이동성을 가진 것들을 총칭**한다. 손으로 들고 다니므로 가볍고 작은 것이 특징이다. 하지만 입력장치와 디스플레이 기능이 떨어지는 점과 확장성이 부족하고, 전력 공급이 원활하지 않다는 약점이 있다. **21세기 초부터 휴대전화를 인터넷에 접속하여** 입출금 등의 은행업무를 보는 모바일뱅킹, 온라인게임을 하는 모바일 게임, 영화를 실시간으로 보는 모바일 영화 등 **다양한 서비스가 제공되고 있다**. 또한 휴대전화와 PDA·노트북컴퓨터 등의 장점을 이용한 제품이 개발되고 있으며, 모바일 비즈니스와 모바일 마케팅·모바일 전자화폐·모바일 전자정부 등 새로운 모바일 서비스가 생겨나고 있다.

19

플랫폼(Platform)

자신의 시스템을 개방하여 개인, 기업 모두가 참여하여 원하는 일을 자유롭게 할 수 있도록 구축된 환경으로 플랫폼 참여자들 모두에게 새로운 가치와 혜택을 제공해줄 수 있는 시스템이다 플랫폼이란 원래 단상, 무대 따위를 의미하는 용어였으나 컴퓨터가 등장하면서 컴퓨터 시스템의 기반이 되는 하드웨어 또는 소프트웨어, 응용 프로그램이 실행될 수 있는 기초를 이루는 컴퓨터 시스템을 플랫폼이라 정의하고 사용해 왔으나 **비즈니스 관점으로 개념이 확대되어 수많은 기업과 사용자가 관계를 형성하고 비즈니스적인 거래를 형성할 수 있는 시스템도 플랫폼으로 정의하여 사용하고 있다.**

20

PPL(Product Placement)

영화나 드라마 속에 소품으로 등장하는 상품을 일컫는 것으로 브랜드명이 보이는 상품뿐만 아니라 이미지, 명칭 등을 노출시켜 관객들에게 홍보하는 일종의 광고마케팅 전략이다.

PPL마케팅은 대표적인 간접광고의 일종인데, TV나 영화 속에서 특정기업의 제품이나 브랜드 등을 삽입하여 부지불식간에 그런 제품들에 대해 소비자들의 잠재의식 속에 자연스럽게 상품의 이미지를 심고 갖고 싶다는 욕망을 불러일으키도록 하는 것이다. 채널을 돌려버리면 그만인 상업광고에 비해 영화나 드라마 속의 PPL은 시청자들에게 큰 저항감 없이 무의식적으로 제품 이미지를 심어줄 수 있다는 큰 장점을 갖고 있다.

21

BPL(Brand Placement)

브랜드 광고

일정 기간 동안 다수의 영화를 선정해 특정 제품을 계속 등장시킴으로써 지속적으로 기업의 브랜드를 알려주는 광고 기법. **차세대 간접 광고(PPL)가 단일 제품의 광고에 그치는 반면에, BPL은 통합 브랜드 마케팅을 구현한다는 특징이 있다.** BPL은 기존 PPL보다는 진보된 개념으로 통합마케팅(IMC)의 관점에서는 PPL을 BPL이 포괄한다.

22

MCN(Multi Channel Network)

전문성과 입담을 지닌 **1인 창작자들의 동영상 제작·유통·수익화 등을 도와주고 광고 수익을 나누어 갖는 기업이나 서비스**를 이르는 말이다. 여러 개의 동영상 채널을 묶어 활동하기 때문에 멀티채널네트워크(Multi Channel Network)라 불린다. MCN은 인터넷 동영상 서비스로 돈을 버는 1인 콘텐츠 제작자들이 급증하면서 등장한 사업자다. 이들은 개인 제작자를 모아 스튜디오와 촬영 장비를 제공하고 동영상 편집 등을 지원하는 등 콘텐츠 제작을 위한 최적의 환경을 제공하며 저작권 관리나 광고 영업도 대신해준다. 아이디어는 뛰어나지만 체계적인 제작과 유통에 미숙한 제작자들이 수월하게 창작 활동을 할 수 있도록 돕는 역할을 하는 것이다. **아이돌 스타를 관리해주는 연예기획사와 비슷한 사업자라고 생각하면 되겠다. 유튜브가 대표적인 MCN** 사업자다.

23

한국에서도 **CJ E&M의 크리에이터 그룹**이 2014년부터 MCN 사업을 꾸려나가고 있다. **인터넷 방송국 아프리카TV** 역시 2014년부터 MCN 사업을 본격화하고 BJ(온라인 방송 진행자, Broadcasting Jockey) 가운데 40여 명을 선정해 이들이 유튜브 등 외부 동영상 플랫폼으로 진출하거나 대외 활동을 할 수 있도록 지원하고 있다.

MCN 사업이 치열한 이유는 스마트폰의 대중화와 스낵 컬처문화의 확산으로 인해 동영상 콘텐츠 수요가 폭발적으로 증가하고 있기 때문이다. "사용자는 끊임없이 새로운 콘텐츠를 원하지만 방송사 등 기존 제작사 만으론 충분한 양을 공급할 수 없다. 긴 재생시간과 콘텐츠 배포주기도 단점이다.

1인 제작자는 자투리 시간 부담 없이 하나의 콘텐츠를 즐길 수 있을 정도의 짧은 동영상을 생산한다. 분량이 짧은 만큼 더 빠른 주기로 더 많은 영상을 배포할 수 있다. 인터넷에서 통하는 콘텐츠를 만드는 데는 인터넷 문화에 통달한 1인 제작자가 강점이 있다.

24

2016 다보스 세계경제 포럼분석(현대경제연구원)

▶ **핵심 의제 : 4차 산업혁명의 이해 (Mastering the Fourth Industrial Revolution)**

- (정의) 4차 산업혁명은 **디지털, 물리적, 생물학적 영역의 경계가 없어지면서 기술이 융합되는 것이 핵심 목표이며, 인류가 한 번도 경험하지 못한 새로운 시대를 접하게 될 것**임을 강조

· 1차 산업혁명은 증기기관, 철도, 면사방적기와 같은 기계적 혁명을, 2차 산업 혁명은 조립라인과 전기를 통한 대량생산체계 구축을 의미

· 3차 산업혁명은 메인프레임 컴퓨터, 개인용 컴퓨터, 인터넷 등을 통한 정보기술 시대 개막을 의미

· 4차 산업혁명의 대표적인 기술은 **인공지능, 로봇, 사물인터넷(IoT), 무인자동차, 3D 프린팅, 나노와 바이오 공학** 등임

- (특징) 속도, 범위, 영향력 등에서 4차 산업혁명은 3차 산업혁명과 차별화됨

· **속도 (Velocity) : 현재 획기적인 기술 진보는 인류가 전혀 경험하지 못한 속도로 빠르게 진화**되고 있음

· **범위 (Scope) : 각국 전산업분야에서 파괴적 기술(Disruptive Technology)에 의해 대대적으로 재편**이 예상

· **시스템의 영향 (System Impact) : 이러한 기술 혁신은 생산, 관리, 지배구조 등을 포함한 전체 시스템의 큰 변화**가 예상

25

- 4차 산업혁명의 명과 암

· 4차 산업혁명을 통해 우리의 소득 증가와 삶의 질 향상이라는 긍정적 효과를 기대

· 그러나 **사회적 불평등, 빈부격차 뿐만 아니라 기계가 사람을 대체하면서 우려되는 노동시장의 붕괴와 같은 부정적인 요소**들이 등장

· 향후 노동 시장은 '고기술/고임금'과 '낮은 기술/낮은 임금' 간의 격차가 커질 뿐만 아니라 일자리 양분으로 중산층의 지위가 축소될 가능성이 큼

- '4차 산업혁명'이 가져올 산업의 변화

· **수요와 공급을 연결하는 기술 기반의 플랫폼 발전으로 공유 경제(Sharing Economic), 온디맨드 경제(On Demand Economy)가 부상**

· 기술 기반의 플랫폼을 이용한 다양한 서비스 및 사업 모델이 증가하면 쉽게 창업이 가능(Start-up)

※ On-demand economy : 각종 서비스와 재화가 모바일 네트워크 또는 온라인 장터 등을 통해 수요자가 원하는 형태로 즉각 제공되는 경제 시스템

26

〈표 2〉 4차 산업혁명 10대 선도기술과 23개 대변혁 기술

	구분	선도기술
4차 산업 혁명 선도 기술	물리학 기술	1. 무인운송수단
		2. 3D 프린팅
		3. 첨단 로봇공학
		4. 신소재
	디지털 기술	5. 사물인터넷/원격모니터링기술
		6. 블록체인/비트코인
		7. 공유경제/온디맨드경제
	생물학 기술	8. 유전공학
		9. 합성생물학
		10. 바이오프린팅
대변혁 기술	1. 체내 삽입형 기기 2. 디지털 정체성 3. 새로운 인터페이스로서의 시각 4. 웨어러블 인터넷 5. 유비쿼터스 컴퓨팅 6. 주머니 속 슈퍼컴퓨터 7. 누구나 사용할 수 있는 저장소 8. 사물 인터넷 9. 커넥티드 홈 10. 스마트 도시	11. 빅데이터를 활용한 의사결정 12. 자율주행자동차 13. 인공지능과 의사결정 14. 인공지능과 화이트칼라 15. 로봇공학과 서비스 16. 비트코인과 블록체인 17. 공유경제 18. 정부와 블록체인 19. 3D 프린팅 기술과 제조업 20. 3D 프린팅 기술과 인간의 건강 21. 3D 프린팅 기술과 소비자 제품 22. 맞춤형 아기 23. 신경기술

자료 : 클라우스 슈밥(송경진 역),「클라우스 슈밥의 제4차 산업혁명」, 메가스터디(주), 2016, pp.36~50.

27

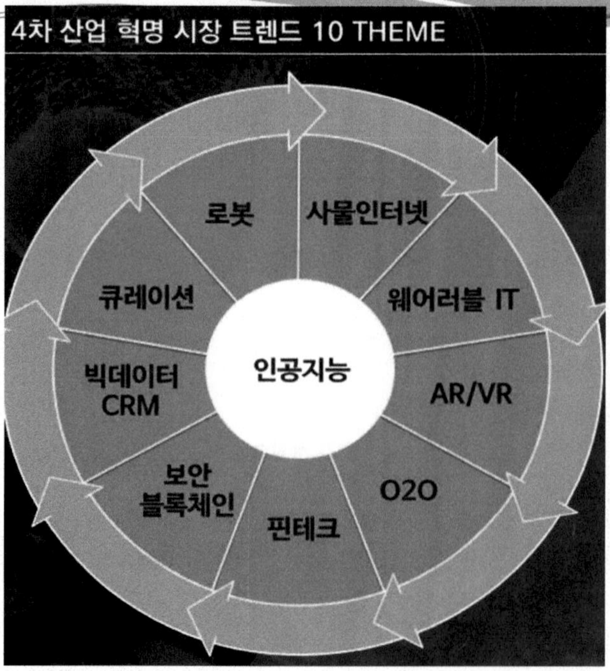

4차 산업 혁명 시장 트렌드 10 THEME

로봇
사물인터넷
웨어러블 IT
AR/VR
O2O
핀테크
보안
블록체인
빅데이터
CRM
큐레이션
인공지능

28

4차 산업혁명의 실체

(1) Schwab의 기술융합론(세계경제포럼 회장)

그가 생각하는 4차 산업혁명은 물리세계, 디지털 세계, 생물학 세계 3자를 융합하는 일련의 신기술들이 주도하는 것이다.

(2) 인더스트리 4.0(독일)

사물인터넷, 빅데이터, 3D프린팅 등 그 동안 발전해온 IT와 물리분야 기술들을 모두 활용하여 생산방식을 전면적으로 재편하는 것이다.
이를 사이버물리시스템(cyber-physical system)이라는 개념으로 제시하고 있다. 인더스트리 4.0이 지향하는 최종목표는 스마트 공장(smart factory)이다.

(3) 인공지능 주도론(미국 등)

컴퓨터가 빅데이터를 가지고 학습하면서 일정한 패턴을 찾아내고 미래를 예측하는 기계학습(machine learning) 인지과학 연구는 향후 인공지능의 발달 촉진

29

미래를 책임질 9대 국가 전략 프로젝트

4차 산업혁명시대 새로운 성장동력 발굴(2016.8.10 제2차 과학기술전략회의)

경량소재 (타이타늄, 마그네슘, 알루미늄, 탄소섬유)

30

Chapter 2. 창업 트렌드의 변화

[그림 2-1] 기술창업 최신 트렌드 개요

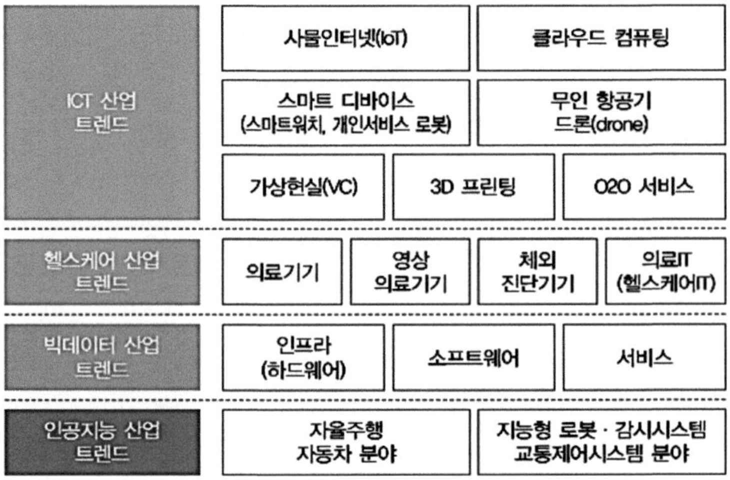

구분				
ICT 산업 트렌드	사물인터넷(IoT)		클라우드 컴퓨팅	
	스마트 디바이스 (스마트워치, 개인서비스 로봇)		무인 항공기 드론(drone)	
	가상현실(VC)	3D 프린팅	O2O 서비스	
헬스케어 산업 트렌드	의료기기	영상 의료기기	체외 진단기기	의료IT (헬스케어IT)
빅데이터 산업 트렌드	인프라 (하드웨어)	소프트웨어	서비스	
인공지능 산업 트렌드	자율주행 자동차 분야		지능형 로봇 · 감시시스템 교통제어시스템 분야	

자료 : 기술창업론, 2016, 김진수 외

31

[표 2-2] 국내 헬스케어 IT 분야 창업 사례

구분	기업명	설명
웨어러블 기기	와이브레인	알츠하이머(AD)의 증상을 감소시키고, 환자의 뇌를 향상시키는 웨어러블 기기 개발
	프라센	수면 시 신체 정보를 수집해 개인 맞춤 수면 관리 서비스를 제공하는 웨어러블 기기 및 수면관리 소프트웨어 개발
	핏빗	**활동, 운동, 음식, 몸무게 및 수면을 모니터링하는 웨어러블 기기 개발**
모바일 앱	눔	건강관리 모바일 앱 개발회사, 개인 맞춤형 다이어트 앱 '눔 다이어트 코치' 개발(전세계 2천만명 사용) 2009 베스트 안드로이드 앱 4개 가운데 하나로 선정
	메디벤처스	성형, 피부 등 의료 비보험 상품 검색 · 비교 서비스를 제공하는 모바일 앱 '메디라떼' 온라인 건강 포털 '비타민 MD' 개발 및 운영
의료 정보	누스코	프로그래머 출신 백창우 대표 창업, 미국과 유럽 표준을 동시에 지원하는 EMR 플랫폼 개발
	휴레이 포지티브	개인 의료기록(진료, 처방, 검사 등) 및 건강기록이 연계된 mPHR(mobile Personal Health Record) 서비스 플랫폼 개발
기타	아이엠헬스케어	스마트기기와 연동되는 스마트 체중계 개발
	세븐일렉	블루투스 체지방 측정기 및 사이클링 센서 개발
	따뜻한 기술	모바일 기기와 연결된 뇌졸중 환자를 위한 재활 보조기기 및 평가도구 개발

출처 : 이승민(2015), "헬스케어 산업의 창업 동향과 활성화 방안" 자료 재구성

32

빅데이터 산업의 구분

구분		빅데이터 구축·활용 관련 기술 및 서비스	대표적인 사업자
인프라	스토리지	- 대용량 데이터 저장을 위한 외부 스토리지 시스템	Dell, HP, IBM, Cisco, 다음소프트 등
	서버	- 내부 스토리지, 메모리, 네트워크 카드 등의 서버	
	네트워크	- 빅데이터 서버 및 스토리지 지원을 위한 네트워크 시스템	
소프트웨어		- 데이터 조직화 및 관리 SW : 구조 및 구조 고도화, 파일 분배, 명칭 공간, 관계DB, 데이터 통합 등 - 분석 SW : 빅데이터 전용 검색엔진, 데이터/텍스트 마이닝, 미디어 분석, 데이터 시각화 등 - 결정지원 및 자동화 SW : 비즈니스 프로세스, 웹클릭스트림, 오류감지 등	Apache, Pervasive, SAP, 그루터, 넥스알 등
서비스		- 빅데이터 이행에 필요한 비즈니스 컨설팅, 비즈니스 프로세스 아웃소싱, IT 프로젝트 기반 서비스, IT 아웃소싱, 소셜미디어 분석, 빅데이터 전문 인력 고용, 고용훈련 등	Amazon Web Service, Accenture, 다음소프트 등

출처 : 배동민 외(2013), 농협경제연구소(2013), "빅데이터 활용 사례와 시사점"

33

New Start 창업 트렌드

(창업닷컴 유재수 원장 2014년 발표자료)

- New Old "전통에 기반을 둔 혁신"(복고풍 혁신 등)
- Emotionomics "정을 주고 정을 받는"(카페형 매장)
- Wellbeing Expanded "확대되는 웰빙 문화"
- Small Money "비용은 낮추고 품격은 높이고"(커피점 등)
- To kids with love "소중한 아이들"(어린이 카페 등)
- All in One "융복합화로 시너지효과"(멀티 샵)
- Return to Original "본토의 맛을 찾아서"(외국 음식)
- Traditional Food "익숙한 것에서 안정감 찾아" (치킨 등 전통음식)

34

Chapter 3. 창업의 프로세스

① 창업분야 선정(어떤 산업 또는 시장)

② 환경분석(PEST 분석 등)

③ 아이디어 창출(고객니즈 분석)

④ 비즈니스 모델링(아이디어 사업화 프로토타입)

⑤ 사업계획 수립(비즈니스모델의 실행계획)

⑥ 사업화(투자,사업시스템 구축,생산,마케팅 등)

35

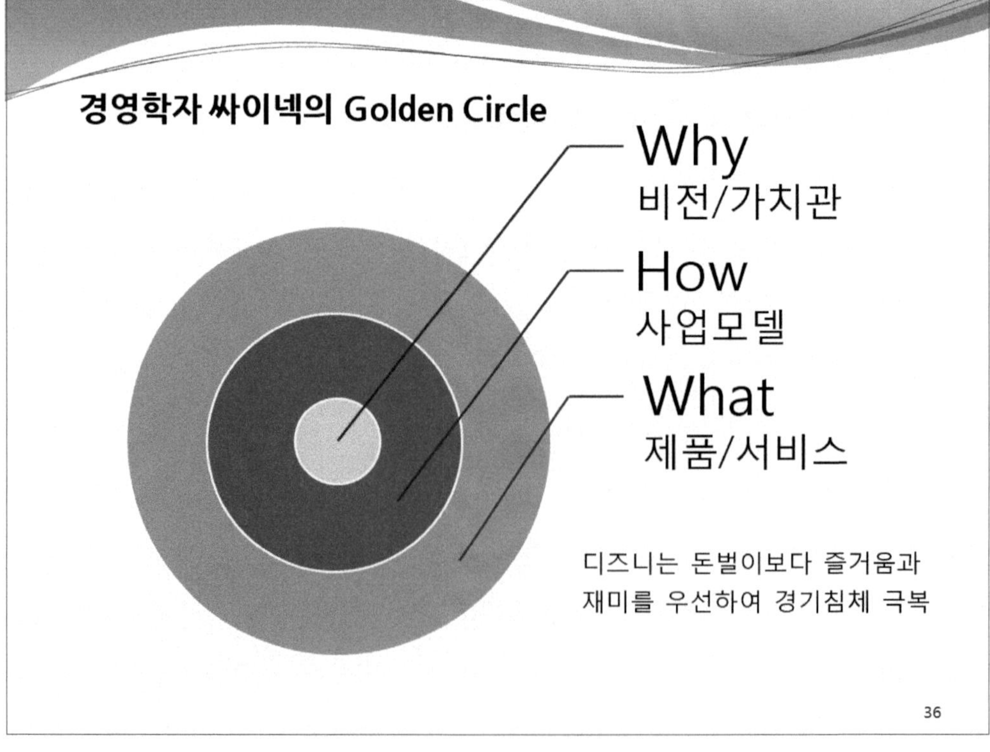

일곱 가지 혁신법(미시간주립대/로버트 루트번 스타인 교수 생각의 탄생)

1. 상상하라(imagine) : 일본 나가타현 철물 도매상 야마이 유키오 눈 덮인 겨울산 등산하며 아이젠의 필요성을 생각하다 snow peak 설립(캠핑용품 제조회사)
2. 문제의 본질을 질문하라(question) : 스탠퍼드 대학의 리드/헤이스 팀스는 연체료 없는 비디오 대여점이 없나 생각하다 인터넷으로 주문 배달하는 netflix 창업(방송프로그램 등 스트리밍 서비스)
3. 전문가의 말도 의심하라(daubt) : 비디오 대여점 지역별 성장 차이를 직접 조사하여 배송속도에 문제가 있음을 파악

37

4.속박하라(constrain) : 기존 운영방식을 개선하라 (시간제 렌트 zip car)
5.훈련하라(train) : 시카고 까페 인텔리젠시아 바리스타는 나만의 커피를 개발(상자 안에서 돈, 인력, 기술 등 크기를 키워라)
6.자신과 맞는 일을 하라(match) : 1938년 듀폰사의 플랭겟 박사(27세)가 영하 80도~260도 상태에서 새지 않는 냉매 개발하다 밀봉코팅재 테플론개발/38년 뒤 빌 고어가 고어텍스 신소재로 활용
7.허락 받기 전에 행동하라(act) : 일본 닛산식품 "컵 누들(국수)" /안도 모모후쿠 회장 둘째 아들 안도고기가 카레라면, 해물라면 등 300종 개발

38

비즈니스 모델과 창업 아이템의 관계

(노스캐롤라이나 주립대학의 기술사업화 방법론 中)

- 비즈니스 아이디어를 비즈니스 모델화 하려면 T(기술/역량)⇒ P(제품/서비스) ⇒ M(시장)을 먼저 검토하여야 하며 이를 기초로 고객문제를 정의하고, 고객가치를 제안한다.
- 기술(역량) T는 "독특성"이 있어야 하는데 이는 경쟁사와의 기능/성능, 경쟁재와 대체재,고객문제 해결가치 등의 비교를 통해 검토한다.
- 제품/서비스 P는 "가치"가 있어야 하는데 이는 고객문제로부터 파생되며 고객문제의 심각도와 가치 정도는 비례한다.
- 시장 M은 "매력적'이어야 하는데, 시장규모가 크고 성장성이 높으며, 세분시장이 뚜렷하고, 고객접점을 포함한 타겟 범위가 명확해야 한다.

❖ **이렇게 아이디어를 아이템으로 정립한 후 비즈니스 모델링을 진행한다.**

39

역경을 딛고 성공한 창업자들

우유 배달하던 신격호는 롯데그룹 창업자가 되었습니다.

병아리 10마리로 시작한 김홍국은 닭고기 생산 판매1위 업체인 (주)하림의 창업자가 되었습니다.

동네 과외방 교사 강여중은 대교그룹 창업자가 되었습니다.

경찰의 지명수배를 피해 전국을 떠돌던 김광석은 참존 화장품 창업자가 되었습니다.

실직자 김양평은 세계최대 최고의 코팅기 제조회사 GMF의 창업자가 되었습니다.

막노동꾼 김철호는 기아자동차 창업자가 되었습니다.

수세미 영업사원 이장우는 한국3M 사장이 되었습니다.

상업고등학교와 야간대학을 졸업한 조운호는 웅진식품 사장이 되었습니다.

지방대 농과대학을 졸업한 허태학은 에버랜드 및 신라호텔 사장이 되었습니다.

한강 둔치에서 3년 가까이 노숙자 생활을 했던 신충식은 칫솔 살균기 분야 세계 1위인 에신시아를 세웠습니다.

유서 한 장 품고 해결사에게 쫓기면서 전국을 떠돌던 김철윤은 가맹점만 560개가 넘는 해리 코리아 사장이 되었습니다.

근육무력증으로 5년 가까이 침대에 누워 살던 박성수는 이랜드 그룹을 세웠습니다.

손오공 최신규 회장의 최종 학력은 국민학교 3학년 중퇴입니다.(터닝메카드, 카봇)

40

P2P 대출업체 '8퍼센트' 이효진 대표

포항공대 수학과 졸업 후 우리은행에 24살부터 8년 다니다 2014년 중금리 대출업체 8퍼센트 설립, DB와 입력은 구글 폼 사용, 웹사이트도 Cafe24 월 500원짜리 호스팅 써서 IUEditor로 개발자 없이 제작, 사무실은 마루180 1층 커피숍 사용, 초기 창업비용 20만 원 정도 사용, 현재는 서버를 Cafe24에서 AWS(Amazon Web Services)클라우드 서비스로 변경.

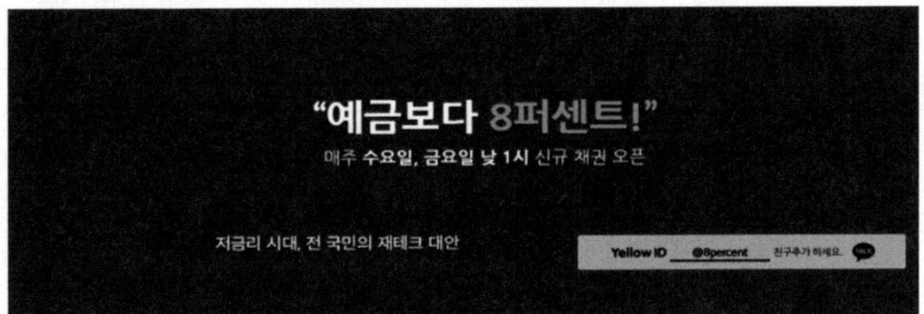

뭔가 그림판으로 한 듯한 페이스북 페이지 디자인

41

동물에 비유되는 스타트업

드래곤	투자자금을 몇 배로 불려주는 회사
유니콘	기업가치가 10억달러 이상인 회사
켄타우루스	기업가치가 1억달러 이상인 회사
조랑말	기업가치가 1000만달러 이상인 회사
블랙스완	겉보기엔 실패할 것 같은 아이디어로 성공하는 회사
바퀴벌레	상황이 좋지 않을 때도 살아남을 회사

*사진출처:덴버AP연합뉴스

42

상장하지 않는 美 실리콘밸리 데카콘 기업들

회사명	설립연도	기업가치(韓貨)	주요 투자자
우버	2009년	680억달러(75조7,000억원)	블랙록, 사우디펀드, 모건스탠리 등 73개
디디추싱	2012년	350억달러(38조8,675억원)	애플, 소프트뱅크, 알리바바 등 17개
에어비앤비	2008년	300억달러(약 33조3,150억원)	세콰이어캐피털, 클라이너퍼킨스 등 37개
팔란티어	2004년	200억달러(22조2,140억원)	파운더스펀드, 울루벤처스 등 12개
스냅챗	2011년	200억달러(22조2,140억원)	알리바바, 야후, 텐센트 등 22개
드롭박스	2007년	100억달러(11조1,080억원)	골드만삭스, 세콰이어캐피털 등 24개

*디디추싱은 우버차이나 인수 후 추정 가치. 자료=크런치베이스

〈용어설명〉 유니콘(Unicom) 기업 : 기업가치 10억달러 이상 비상장사
데카콘(Decacom) 기업 : 유니콘보다 10배 큰 비상장사

43

알아두면 유용한 정부3.0 홈페이지

건강 생활 복지 교육 취업 레서

• 국가건강정보포털	health.mw.go.kr	검증된 건강·의료 통합 정보
• 친환경 농산물인증 시스템	www.enviagro.go.kr	친환경 인증 농산물 검색
• 온나라 부동산 정보3.0	www.onnara.go.kr	주택 매매 동향, 실거래가 자료
• 자동차 민원 대국민 포털	www.ecar.go.kr	자동차 등록, 이력 조회, 온라인 민원
• 아이 사랑	www.childcare.go.kr	임신·출산·육아·어린이집 상세 정보
• 복지ro	www.bokjiro.go.kr	복지 서비스 찾기, 신청은 한 곳에서
• 고용복지+센터	workplus.go.kr	고용과 복지 서비스를 한꺼번에
• 대학 알리미	www.academyinfo.go.kr	전국 424개 대학 주요 정보
• e-유치원 시스템	www.childschool.moe.go.kr	유치원 정보 조회
• 한국형 온라인 공개강좌	www.kmooc.kr	대학 인기 강좌 무료 서비스
• 대한민국 공무원 되기	injae.go.kr	공무원 채용의 모든 것
• 귀농귀촌종합센터	www.returnfarm.com	행복한 귀농·귀촌을 위한 사전 지식
• 경찰청 도시교통정보센터	www.utic.go.kr	교통 정보, 돌발 상황 미리 알려주기

44

문자 기반 개인비서 서비스 '문비서'

문비서는 문자메시지나 카카오톡으로 고객들의 다양한 요청을 접수 받아 실시간으로 처리해주는 개인비서 서비스다. 지난 9개월 동안의 베타서비스 기간 동안 1만 명 이상이 서비스를 이용했고, 주 이용 연령층은 20대 후반에서 40대까지로, 특히 30대 남성 층이 많았다.

문비서에 접수된 요청은 정보검색, 식당예약, 물건구매, 꽃배달, 퀵서비스, 교통편 예매 순으로 집계됐다. 이번 정식 서비스에는 베타서비스 동안의 운영 경험과 사용자 피드백을 바탕으로 '보스'라는 새로운 회원제를 도입해 보다 개인화되고 신뢰도 높은 비서 서비스를 제공한다는 목표다.

한편, **문비서는 말 세차, 세탁, 음식배달 등 6개 분야 O2O 스타트업들과의 제휴를 시작으로 이사, 가사도우미, 번역, 보험, 여행, 광고 전문 업체 등과 추가 제휴를 맺어 처리할 수 있는 서비스 범위를 지속 확대해 왔다.**

문자메시지와 카카오톡 외에도 앱을 통한 요청이 가능하도록 채팅 기능이 포함된 문비서 모바일 애플리케이션을 출시할 계획이다.

안기순 텍스트팩토리 대표는 "문비서는 실제 비서처럼 고객들이 본업 이외의 일들에 시간과 수고를 덜어 더 중요한 일에 집중할 수 있도록 돕는 서비스를 지향하고 있다."며, "임원뿐 아니라 개인비서가 필요한 누구나 쉽고 편리하게 이용할 수 있는 비서 서비스로 성장해 나갈 것"이라고 포부를 밝혔다.

45

파력발전 기업 인진

인진은 외딴 섬의 디젤발전을 대체할 수 있는 파력발전 기술을 개발한 기업이다. 인진이 개발한 파력발전 설비는 최소 수심 3미터 이상의 가까운 바다에 쉽게 설치되고, 파도의 모든 운동으로부터 전력을 생산한다는 차별성을 가지고 있다.

한편, 인진은 국내에서 POSCO Energy, POSCO ICT 등과 컨소시엄을 맺고 추자도에서 '친환경 에너지 자립섬 조성 사업'을 진행할 예정(2016년 하반기)이며, 해외에서는 국내 대기업과 인도네시아 지역 사업을 위한 라이센싱 계약 업무협약을 체결(2016년 2월)했다.

46

카드뉴스 자동 제작툴 '타일' https://tyle.io/

우혁준 투블루 대표는 텍스트만 입력하면 자동으로 카드뉴스를 디자인 해주는 웹 서비스 "타일"을 출시했다 사용자가 디자인에 대한 고민을 할 필요 없도록 자동으로 디자인을 해준다. "마케팅 콘텐츠를 효율적으로 만들고 싶은 사람들과 이미지 콘텐츠 제작에 어려움을 느끼는 사람들 모두가 만족할 만한 서비스가 되도록 최선을 다하겠다."라고 밝혔다.

집수리 O2O 플랫폼 '다수리' http://www.dasuree.com/

다수리는 모바일 집수리 비교 견적 서비스다. 고객이 스마트폰으로 수리가 필요한 내용을 사진이나 동영상으로 찍어 올리면, 등록된 전문 수리 업체들이 각자 견적과 댓글을 올리고, 고객은 업체들의 평가와 가격을 비교한 후 업체를 선정하여 수리를 진행하게 되는 방식이다. 업체를 선정하기 전 고객의 연락처는 공개되지 않는다 황보창환 컨피테크 대표는 "집을 소유하지 못해도 사는 동안 안락하고 멋지게 만들어 살고 싶어 하는 젊은 층의 생활 트렌드 니즈를 충분히 해결해 줄 서비스가 될 것으로 기대한다.

47

돌봄 교육 컨시어지 서비스를 제공하는 "자란다"

교육학, 인문사회, 자연과학 및 예체능 등 다양한 전공의 대학생 선생님이 돌봄이 필요한 가정에 방문, 3세부터 13세까지 유아와 초등학생을 대상으로 놀이와 학습을 제공하는 서비스다. 현재까지 천여 명이 넘는 대학생 선생님과의 매칭은 선생님의 특기정보와 아이 성향을 바탕으로 한다. 자란 선생님 정보를 지표화한 데이터와 매칭 데이터가 쌓이면 1:1 선생님 추천 시스템을 통해 아이 개개인 성향에 맞는 돌봄 서비스를 받을 수 있다.

장서정 자란다 대표는 "아이의 연령과 성향에 따라 가정마다 원하는 활동이 다르기 때문에, 부모 입장에서는 아무리 많은 선생님이 있더라도 내 아이와 딱 맞는 단 한 명을 찾고 싶어한다"며 "더욱이 보육에서 교육으로 넘어가는 연령일수록 단순한 신원 파악이 아닌, 선생님의 역량과 성향까지 먼저 파악하여 시행착오 없이 질 높은 시간을 보낼 수 있도록 해야 한다"고 말했다. https://jaranda.kr/

48

패키지여행 큐레이션 플랫폼 "트립스토어"

트립스토어는 우아한 형제들 공동창업자 출신 김수권 엑스트라이버 대표가 설립한 스타트업으로 해외 패키지여행 상품을 쉽고 빠르게 찾아 예약할 수 있도록 돕는 플랫폼이다. 패키지여행을 검색할 때 수많은 여행사 사이트를 다양한 조건으로 반복해서 찾거나 개별 사이트에 따로 접속해야 하는 불편에서 착안했다.
강점은 편의성이다. 트립스토어 웹사이트나 애플리케이션에서 여행기간과 가격, 출발시간, 인원, 쇼핑횟수 등 필터 기능을 이용해 검색하면 이에 맞는 여러 여행사 상품을 찾을 수 있도록 구성됐다. 여행할 도시를 선택하면 날짜별 최저가 상품 확인도 확인할 수 있다는 설명이다. 패키지여행의 장점은 여행 준비 및 실행에 들어가는 다양한 수고를 덜어 시간과 비용을 절약하고 현지 가이드 등의 도움을 받을 수 있다는 것이다. https://www.tripstore.kr/

49

셀프 광고 마케팅 플랫폼 "Mixmedia"

좋은 제품과 서비스를 만들어놓고도 제대로 된 광고 루트를 찾지 못해 어려움을 겪는 중소기업과 스타트업을 위한 서비스가 등장했다. 비즈미디어(Beesmedia)가 서비스하는 셀프 광고 플래닝 플랫폼 믹스미디어(Mixmedia)는 광고에 대한 지식이 없는 소규모 기업을 위한 광고 마케팅 플랫폼이다. 비즈미디어가 서비스하고 있는 믹스미디어는 광고, 홍보 대행사에서 고객과의 커뮤니케이션을 도맡아 하는 광고 AE의 역할을 대신해주는 플랫폼이다. 일반적으로 광고 AE는 광고주를 도와 미디어플래닝, 캠페인 운영, 리포트 제출 등을 진행하는데 믹스미디어를 이용하면 이 과정을 AE 없이 해결할 수 있다. 믹스미디어는 원하는 광고 목표와 타깃, 예산 등을 입력하면 적합한 광고 미디어를 자동으로 추천 해줘 미디어 플래닝을 손쉽게 할 수 있다.
믹스미디어 스토어에는 SNS 바이럴 마케팅, 언론홍보, 모바일 디스플레이, 블로거 바이럴 등 153개의 미디어 정보가 상세히 소개돼 있어 미디어 유형만 선택하면 원하는 조건에 맞는 미디어를 추천받을 수 있고 비교 견적서가 포함된 사내 품의서도 한 장으로 출력할 수 있어 편하다.
http://www.mixmedia.co.kr/

50

글로벌 여행 검색 서비스 스카이스캐너(skyscanner)

스카이스캐너는 스키 여행을 가기 위해 최저가 항공권을 찾던 친구 3명이 원하는 서비스를 찾지 못해 직접 만든 항공권 검색 서비스다. 2001년 영국 에딘버러에서 시작한 스카이스캐너는 여행, 렌트카, 호텔 등 여행 검색 서비스로 성장해 전 세계 30개 언어로 서비스되고 있다.

이처럼 월 사용자만 6천만 명에 이르는 스카이스캐너는 2016년에는 중국 최대 여행 회사 씨트립에 2조 원에 인수되는 성과를 얻는다.

https://www.skyscanner.co.kr/

51

스마트 스토어

최근 모바일 사용량의 증가로 모바일 쇼핑이 확대되고 있다.

이로 인해 온라인 마켓 창업(스마트 스토어)에 관심이 증대되고 있다.

유튜브에서도 스마트 스토어 관련 영상들이 많은 조회수를 기록하고 있다.

스마트스토어는 검색 점유율 1위 기업인 네이버에서 운영하는 무료 쇼핑몰 구축 솔루션이다.

스마트스토어의 장점은 무료로 네이버에 입점할 수 있고 사업자등록 없이도 사업이 가능(처음부터 사업자등록, 통신판매업 신고증을 하는 게 유리), 초보자도 쉽게 진입해 물건을 팔 수 있다는 점, 또한 다른 오픈마켓(8~12%)에 비해 저렴한 수수료, 네이버의 다른 채널(블로그, 카페, 밴드 등)과 연동할 수 있다는 점이 장점이다.

52

기업가정신과 창업모델

기업가와 기업가정신

Chapter 1. 기업가

1. 起業家의 定義

기업가(Entrepreneur)의 어원과 정의

- '기업가'란 남들이 발견하지 못한 사업기회를 찾아내어 자신의 책임하에 필요한 자원을 조달하여 사업을 시작하는 사람
- '수행하다, 시도하다, 모험하다(to undertake)'의 의미를 가지는 있는 프랑스어 'entreprendre' 에서 유래
- Entrepreneur란 용어는 1755년 발간된 깡띠옹(R. Cantillon)의 사후 저서에서 최초로 사용, 그는 창업가를 '위험부담을 지고 자신의 사업을 하는 사람'으로 묘사함
-1934년 슘페터(J. A. Schumpeter)는 기업가란 "기술혁신을 통해 '창조적 파괴(creative destruction)'에 앞장서며 경제발전을 주도하는 혁신자"
- Peter F. Drucker는 변화를 탐구하고 대응하며 이를 기회로 이용하는 자

2

[표 3-1] 기업가정신에 대한 다양한 정의

항 목	내 용
칸티용 (R. Cantillon)	기업가는 생산수단(토지, 노동, 자본)을 통합하여 상품을 생산판매하고 경제발전을 담당하는 자이며, 불확실한 가격에 상품을 구입하여 불확실한 가격에 판매함으로써 발생되는 위험을 부담함
슘페터 (J. A Schumpeter)	기업가는 창조적 파괴를 통하여 새로운 제품 발명, 새로운 생산방법 도입, 새로운 시장 개척 등의 새로운 결합을 창출하는 사람임. 기업가정신은 혁신적인 활동을 가능하게 하는 기업가의 재능 또는 역량이라고 주장함.
스티븐슨 (H.Stevensons)	통제할 수 있는 자원에 구애받지 않고, 기회를 추구하는 것
티몬스 (J. Timmons)	기업가정신은 실질적으로 아무것도 아닌 것으로부터 가치 있는 어떤 것을 만들어내는 창조적인 행동이며, 현재 보유하고 있는 자원의 부족을 감수하여 새로운 기회를 추구하며, 비전을 추구함에 있어 다른 사람들을 이끌 열정과 헌신, 계산된 위험을 감수하는 의지를 필요로 함.
피터 드러커 (P. Drucker)	기업가란 언제나 변화를 탐색하고, 그것에 대응하며 이러한 변화를 하나의 새로운 기회로 실천에 옮기는 사람이며, 이것이야말로 기업가정신의 정의임. 기업가정신을 발휘하는 특유의 수단을 혁신이라고 함.
유럽연합(EC)	위험수용성, 창의성, 혁신성을 새로운 조직이나 기존 조직에서 기업경영에 접목함으로써 경제활동을 창출하고 발전시키는 정신자세와 과정.

자료 : 기술창업론, 2016, 김진수 외

3

2. 企業家(경영자)와 起業家

- 企業家란 영어로 'Business man' 또는 'Owner'와 유사한 의미라고 볼 수 있으며, 이윤창출을 목표로 사업을 영위하는 사람으로 볼 수 있음

- 起業家는 영어로 'entrepreneur'로 기회를 실현하기 위하여 새로운 사업을 추진하는 사람임

4

· 기업가와 경영자의 차이 (하버드대 하워드 스티븐슨 교수)

	기 업 가	경 영 자
전략적 관점	기회 인식에 의해 주도	현존 자원에 의해 주도
기회에의 대처	단기간의 혁명적 입장	장기간의 진화적 입장
자원의 투입	다단계 방식으로 단계별 최소 위험부담	1단계 의사결정으로 전적인 투입
자원의 통제	필요자원의 간헐적 활용 내지는 임대	필요 자원의 직접소유 내지는 고용
경영 관리구조	다양한 비공식 망을 갖춘 수평적 조직	공식적 위계를 중시하는 수직적 조직
보상 정책	개인적 기대에 부응 경쟁 체제 활용 개인적 부 창조 가능성 증진	기존 자원의 범위 내 집행 단기 자료에 기반 승진/한정된 자

5

3. 사회적 기업가

1) 사회적 기업

사회적 기업이란 **'공익적 목적을 갖는 사업체'**로 정의하며 일반 기업과는 달리 **이윤 극대화를 목적으로 하기보다는 사회적 목적 실현을 위해 이윤의 대부분을 재투자하는 기업을 말한다.** 주로 일자리 마련, 사회통합, 사회서비스 제공, 지역 경제 지원 등의 목적을 갖는다.

2) 사회적 기업가

사회적 기업가란 기업가의 정신과 더불어 사회에 대한 가치와 임무를 실현하는 기업가를 의미한다. 보다 장기적인 성장 목표와 함께 사회적 성장까지를 목표로 잡으며, 기업의 맹목적인 성장을 넘어 기업 구성원들의 성장과 사회에 미치는 영향까지 고려하며 직접 환경 속으로 뛰어들어 장기적인 관점으로 기업의 이념을 구성하고 운영해나간다.

6

4. 기업가의 자질과 역할

- **起業家의 役割**
  1) 창업 아이디어 창출
  2) 사업목표 설정
  3) 기업 환경과의 조화
  4) 강력한 리더십
  5) 지속적인 혁신
  6) 사회적 책임의식

7

5. 성공한 기업가의 특성

① 높은 몰입도, 인내심
② 강한 성취욕구와 성장욕구
③ 기회포착 및 목표 지향적
④ 주도적이고 책임감이 강함
⑤ 끈질긴 문제해결 노력
⑥ 낙관적인 현실주의와 유머감각
⑦ 피드백의 활용 ⑧ 계산된 위험감수와 위험의 공유
⑨ 지위와 권력에 대한 낮은 욕구 ⑩ 정직과 신뢰
⑪ 신속한 결단과 실천 ⑫ 실패에 대한 적절한 관리
⑬ 팀 구축자 ⑭ 동기 부여자

8

6. 실패한 기업가의 특성

① 불사조형(나는 망하지 않는다)

② 천하 무적형(모든 경쟁자를 이길 수 있다)

③ 간섭마라형

④ 즉흥형

⑤ 기복(운명)신앙형

⑥ 완벽주의형

⑦ 안다형(문제의 해답을 내가 모두 안다)

⑧ 독불 장군형(모든 의사결정을 혼자 한다)

9

Chapter 2. 기업가 정신

1. 기업가 정신의 개념

1) 기업가 정신의 정의

기업가정신(entrepreneurship)은 위험이 있는 새로운 사업을 운영하기 위한 경영자들의 창의적이고 모험적인 성향 즉, **기업가정신은 자원의 제약과 위험의 존재에도 불구하고 모험정신을 발휘하여 새로운 사업, 새로운 시장을 개발하고 고도의 성장을 이루어 나아 가려 하는 기업가적 Mind를 말하며 ① 할 수 있다(Can-do-ism)는 신념 ② 도전과 개척정신 ③ 사업보국주의, 경영합리주의, 고객제일주의, 인재양성주의, 사회적 책임주의로 요약된다.**

10

2) 기업가정신과 벤처정신

기업가는 기업가정신으로 무장된 벤처정신이 필요하다.

기업가가 벤처기업을 창업하여 성장/발전하기 위한 핵심요소

① 기업가 / 창업 팀(founder)

② 기회(opportunity)

③ 자원 / 시스템(resources)이다.

벤처기업 경영을 농사에 비유하면, 기업가는 농부, 기회는 씨, 자원/시스템은 밭에 비유될 수 있다.

11

3) 기업가정신의 기원과 배경

역사적으로 기업가 정신이 언제부터 나타났는지는 명확하지 않다.

그러나, 산업혁명 이전에도 무역을 하던 중 기업가의 역할이 있었음은 부인할 수 없을 것이다. 하지만, 이는 기업가 정신의 일면만을 나타낸 것으로 진정한 의미의 기업가 정신으로 평가 될 수 없고

진정한 의미의 기업가 정신은 산업사회의 등장과 함께 대두된다.

농업사회, 상업사회에서 산업사회로 이행되는 과정은 사회경제적으로 일대 변혁기였으며, 이러한 변혁의 구심점은 산업혁명으로 고찰될 수 있다.

기업가정신은 이러한 과정 속에서 자율적으로 나타나서 산업혁명의 중요한 원동력이 되었다.

12

4) 기업가정신의 견해

전통적인 의미의 기업가 정신은 슘페터(Joseph Alois Schumpeter)가 새로운 생산방법과 새로운 상품개발을 기술혁신으로 규정하고, 기술혁신을 통해 창조적 파괴(Creative destruction)에 앞장서는 기업가를 혁신자로 본 것과 크게 다르지 않다. **미래를 예측할 수 있는 통찰력과 새로운 것에 과감히 도전하는 혁신적이고 창의적인 정신이 전통적 개념의 기업가 정신이다.**

현대에는 이러한 전통적 의미의 기업가 정신에 ① 고객제일주의, ② 기술보국, ③ 공정한 경쟁, ④ 근로자 후생복지, ⑤ 사회적 책임의식까지 겸비한 기업가를 진정한 기업가로 보는 견해가 지배적이다.

13

5) 기업가정신에 대한 이해

① 성취욕구

- 성취욕구는 높은 성과를 달성하기 위한 개인의 포부, 노력 및 지구력을 의미
- 성취욕구가 높은 사람들은 위험감수성이 높고 기업가가 될 확률이 높으며, 이런 성향의 사람들이 모인 조직이나 사회는 경제적, 사회적 발전이 더 큼

② 혁신성

- 혁신성은 새로운 조직 또는 기존 조직에서 아이디어, 제품, 서비스, 시장, 또는 기술로 무엇인가 새로운 것을 적극적으로 도입하고 추진하려는 성향을 말함
- 혁신적인 창업가는 기존의 체계와는 다른 창조적인 과정을 수행함으로써 새로운 기회를 추구함

14

③ 위험감수성

- 위험감수성은 불확실한 결과가 예상됨에도 불구하고 과감히 도전하려는 의지이며, 적극적으로 기회를 모색하고 추구하고자 하는 의욕을 말함
- 오히려 성공적인 기업가는 불확실한 미래와 위험을 도전정신과 치밀한 준비를 통해 계산하고 통제하는 태도를 가짐

④ 진취성

- 진취성은 변화의 인식과 자발적인 경쟁에 대한 통찰력을 제공하고 기업 환경 변화 창출과 미래 수요의 예상 활동 및 경쟁에서 새로운 제품과 서비스를 도입하는 진취적이고 적극적으로 경쟁자를 제압하는 자발적인 기업가적 자세를 의미함

15

❖ 슘페터의 이론

Joseph Alois Schumpeter 이론의 개요

'창조적 파괴'라는 용어를 바탕으로 기업가정신을 정의

- **새로운 생산방법과 새로운 상품개발을 기술혁신으로 규정**
- **기술혁신을 통해 창조적 파괴에 앞장서는 기업가는 혁신자**

[혁신자가 갖추어야 할 요소]
① 신제품 개발
② 새로운 생산방법의 도입
③ 신시장 개척
④ 새로운 원료나 부품의 공급
⑤ 새로운 조직의 형성
⑥ 노동생산성 향상

16

❖ 사회적 기업가 정신(사례)

[인권 문제 해결을 위한 사회적 기업(Labor Voices)]
다국적기업의 각 공급업체에서 발생하는 성추행, 아동 노동 등과 같은 세부적인 이슈들을 파악하여 해결할 수 있도록 한 Business Model.

[버려진 폐기물에 의미를 부여하는 업사이클링(Upcycling) 기업]
폐기물에 새로운 가치 부여/이윤 창출을 동시에 실현하는 Business Model.

[동일본 대지진 지역재건 의미의 팔찌]
일본 대지진으로 황폐화된 어촌에 버려진 그물을 팔찌로 변신시켜 지역 재건을 유도하는 Business Model.

[안경 기부 사업 모델(Warby Parker)]
안경을 구매하면 그에 따른 또 다른 안경이 기부되는 business Model.

17

기업가정신 전도사 카우프만 재단(Kauffman Foundation)

- 1966년 미국 캔사스 시티를 중심으로 기업가정신 확산을 위해 어윈 매리언 카우프만에 의해 설립, 세계 최대의 기업가정신 및 창업촉진 비영리 재단
- 카우프만은 1916년 미주리주 가든시티에서 출생 캔사스 시티에서 성장, 제2차 세계대전 때 해군으로 복무 후 제약회사 영업사원으로 근무 (1993년 타계)
- 1950년(35세) 자택 지하실에서 1인 제약회사(매리언)를 설립하여 40년간 운영 10억 불 매출, 3,400명 대기업으로 성장
- 카우프만 재단은 전문가그룹 45명, 행정직 40명 등 85명이 운영
- 생계형 창업보다 마이크로소프트, 구글과 같은 혁신형 창업, 벤처창업을 지원
- 초등생 Mini Society 교육, 중등생 Making a Job, 고교생 Entreprep 교육
- Hot Shot Business 라는 온라인 시뮬레이션 게임사이트에서 매년 2,000만 명 학생들이 가상공간에서 창업을 체험
- 영국 Make your Mark 캠페인과 공동으로 글로벌 기업가 주간(Global Entrepreneurship Week, GEW)을 설립하여 전 세계에 기업가정신을 함양
- 한국청년기업가정신재단 : 2011년 설립 창업희망 콘서트, 청년창업 한마당 행사 개최, 2012년 카프만 글로벌 파트너 네트웍에 가입

18

2. 기업가정신의 특성과 역할

1) 기업가정신의 특성

① 창조적이고 신속한 일 처리와 혁신을 좋아한다.
② 모험 정신이 강하며 위험부담이 따르는 일을 선호하고 잘 한다.
③ 포용력과 융통성이 많으며 개방적 조건이나 비즈니스 지향적인 환경에서 성공적으로 활동 한다.
④ 경영에 적극적이며 소규모 조직에서 능력을 발휘한다.
⑤ 자신이 행한 일과 성과를 중시하며 남의 건설적 비판이나 칭찬을 잘 받아들인다.
⑥ 자신을 채찍질하며 함께 일하는 사람들에게도 많은 것을 기대한다.
⑦ 때로는 저돌적이며 과감한 배짱과 용기를 가지고 새로운 세계에 도전하는 결단성을 가지 고 있다.
⑧ 자신이 의사 결정을 스스로 하려고 한다.

19

2) 기업가정신의 역할

기업가정신은 새로운 과학적 지식을 제품과 서비스로 현실화 함으로써 과학과 산업을 연계시키는 수단이 된다. **즉, 신 지식을 사업화하여 창업하고 새로운 제품과 서비스를 시장으로 보내는 역할을 하게 된다.** 이러한 기업가적 행위는 경제를 활성화하고 직업을 창출하는 등 국가 경제에 중요한 역할을 한다.

20

3. 우리나라의 시대별 변화

우리나라의 기업가정신은 태동기(1950년대), 성장기(1960-1970년대), 성숙기(1980-1990년대), 변화기(2000-2010년대 이후)의 단계로 나누어 볼 수 있다.

1) 태동기(1950년대)

우리나라는 한국전쟁 이후 원조경제 체제하의 기업 운영시기를 기업가정신의 태동기라 할 수 있다.

이 시기에는 전통적 경제사회체제가 해체되는 과정에서 창업 1세대들이 등장하였다. **1938년 삼성상회로 사업을 시작한 이병철 회장**은 50년대 초 무역업과 수입대체 제조업에서 연이어 성공하면서 삼성그룹의 기초를 닦았다. **1938년 쌀 도매상인 경일상회로 사업에 뛰어든 현대 정주영** 회장은 한국전쟁 후 경제부흥 투자와 수입대체산업 육성에 발 맞추어 성공적인 기업으로 키웠다.

21

2) 성장기(1960-1970년대)

1960~1970년대에는 우리나라의 **유능한 기업가들이 출현했고 정부가 적극적으로 지원하여 기업이 급성장 하던 시기이다.**

이 시기는 정부의 성장드라이브 정책과 기업가의 도전정신이 맞물려 기업가정신이 고도로 발휘되었다. 1960~1970년대는 우리나라에서 빈곤을 없애고 잘살아보자는 일념으로 국민 모두가 경제발전에 일익을 담당하던 시기로서 기업가정신의 성장기라 볼 수 있다.

22

3) 성숙기(1980-1990년대)

우리나라의 1980~1990년대는 극도의 혼란과 민주화 과정을 거치면서 **많은 중소기업이 탄생하면서 기업가정신도 성숙기에 접어드는 시기였다.** 1980년대 이후 정부는 경제정책의 기조를 중화학 공업에 편중된 성장정책을 수정하고 자원배분의 적정화를 추진하게 된다.
대기업들의 경쟁적 투자로 인해 설비과잉이 발생, 자원이 비효율적으로 배분되기 시작되는데 사회전반은 성장 지속과 반도체 호황 등에 안주하여 위기감이 없었다. 이는 결국 정부, 기업, 국민 사이의 생산적 유대관계가 균열되기 시작하는 계기가 되었다.
1980~1990년대는 **경제의 세계화 인식과 IT산업의 급속한 발전이 예견되면서 기업의 구조조정에 따른 여러 가지 부작용이 나타나던 시기였다.**

23

4) 변화기(2000-2010년대 이후)

2000~2010년대는 기업들이 내실경영에 나서고 국가의 벤처기업 지원과 창업지원이 활성화 되면서 2010년대에는 국제사회에서 한국경제 위상이 높아지는 시기로 **SNS(Social Networking Service)사회로의 변화되는 시기이다.**
2010년대 들어서 **K-POP으로 불리는 한국 청년들의 세계진출이 두드러지게 나타나고 있으며 SNS사회로 변화되고, 인구의 노령화 고령화에 대비한 기업의 출현이 필요하며, 정부의 복지확대 정책과 통일시대를 준비하는 기업가정신이 요청되고 있다.**

24

Chapter 3. 기업가 정신 분석과 평가

1. 기업가정신의 분석

1) 기업가정신의 분석모형

기업가정신의 분석은 **핵심가치**와 **비전을 실현하는 가치, 그리고 비전실현을 지원하는 가치**로 구성된다. **핵심적인 가치로는 ① 기술과 고객에 대한 비전, ② 조직 리더십, ③ 사회환경에 대한 이해가** 있다. 기업가정신의 분석모형 3가지 구성요소는 상호 유기적 관계로 존재한다. 기술과 고객에 대한 비전은 조직적 리더십에 지원되어야 한다. 즉, 조직적 리더십을 통해 기술과 고객에 대한 비전을 조직적으로 실현할 수 있고 현실화할 수 있기 때문이다.

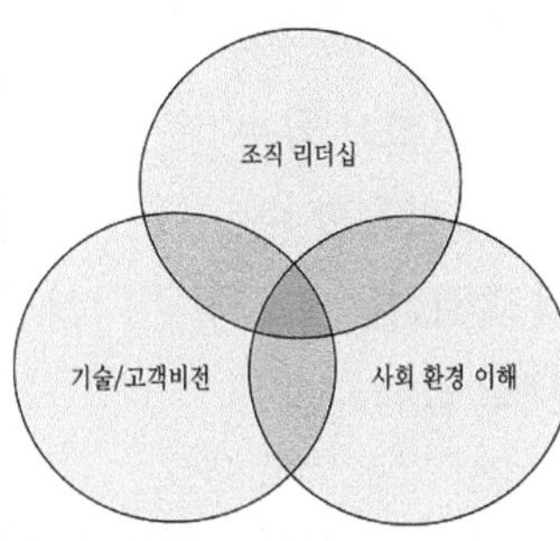

25

2) 기업가정신의 유형

기업가정신의 유형은 조직적 리더십이 결여되어 누군가에 의지하는 '**의존형**', 사회환경에 대한 이해도가 낮아 기업가 자신의 능력과 조직 내 자원만을 활용하는 '**고독형**', 그리고 기술과 시장에 대한 비전을 상실하는 '**관리형**'과 3가지 내적 요소를 모두 갖추고 있는 '**완벽형**'으로 나눌 수 있다.

	의존형	고독형	관리형	완벽형
기술/고객 비전	○	○	X	○
조직 리더십	X	○	○	○
사회환경 이해도	○	X	○	○

[내적 구성요소에 따른 기업가 정신의 기본 유형]

26

3) 기업가정신 리더십의 유형

기업가정신 리더십을 **조직적 리더십의 측면에서 보면 창업 기업의 리더십은 개방적 리더십의 성격을 지닌다.** 이는 전적으로 사회환경의 변화에 민감하고 또한 기업규모가 작다는 점에서 사회환경 변화에 취약하기 때문이다.

개방적 리더십은 조직을 둘러싼 사회환경에 대한 이해도가 높다.

사회환경에 높은 이해도를 지니고 사회의 민주적 요구를 수용함으로써 조직 내에서 사회환경의 영향을 유연하게 수용할 수 있고 현실성 있는 비전을 제시할 수 있으며, 적극적으로 조직 외부의 사회적 자원을 활용할 수 있다는 점에서 리더십의 비전이 분명하다. 따라서 **창업 기업가의 리더십은 조직적 리더십과 사회적 리더십(social leader-ship)의 성격을 지니고 있다.**

27

2. 기업가 정신의 평가

1) 기업가정신 평가의 개념

기업가정신의 개념적 특성을 파악하기 위해서는 체계적인 접근이 필요하며, 이를 위해서는 기업가와 기업가정신에 대한 이해가 선행되어야 할 것이다.

기업가정신에는 크게 두 가지 의미가 내포되어 있다고 볼 수 있다.

하나는 새로운 사업을 창업하고 성장시키는 활동이라 볼 수 있으며, 다른 하나는 위험을 감수하고, 혁신을 주도하며, 사업기회를 포착하는 의지나 행위라고 할 수 있다(OECD, 1998). 따라서 기업가정신을 창업이나 기존 기업의 조직 활동과 관련된 기업가적 활동으로 포괄적으로 규정하되, 특히 새로운 사업기회, 새로운 방식, 새로운 가치 창출 등을 통해 새로운 부를 창출하는 활동이라 정의코자 한다.

28

2) 기업가정신 평가방법

Davidsson and Wiklund는 주요 저널에 대한 조사를 통해 기업가정신을 분석하는 방법을 세 가지로 정리한 바 있다. ① 개인사업자나 기업을 대상으로 분석하는 미시적 차원의 분석방법 ② 산업이나 지역을 대상으로 하는 통합적 차원의 분석방법 ③ 미시적 차원과 통합적 차원을 모두 포함하는 다차원 분석방법이다. 이 중 기업차원의 분석이 기존 연구에서 가장 많이 사용되고 있다고 밝히고 있다.
OECD 와 EU도 공동으로 정교한 기업가정신 측정지표를 제시하고 있으며 최근에는 Zoltan J. Acs와 Laszlo Szerb(2010)가 글로벌 기업가정신 및 발전 지수(GEDI, Global Entrepreneurship and Development Index)라는 좀 더 종합적인 기업가정신 측정지표를 제시하고 있다.

29

Acs와 Szerb는 글로벌 기업가정신 및 발전지수(GEDI) 관련 기업가정신 측정지표 구성요소로

①기업가적 태도 : 해당 국가 국민의 기업가정신, 창업 성향

②기업가적 활동 : 경쟁적 환경 속에서 중,고급 기술분야의 창업활동

③기업가적 열망 : 창업초기 기업가의 신제품 및 서비스 개발, 새로운 공정개발, 외국시장 개척, 고용인력 확대, 벤처캐피탈 활용

등을 제시하고 있다.

30

3. 기업가의 자질평가

- 2분법

조사대상자가 기업가로서 어떤 자질과 특성을 가지고 있는지를 조사하는 설문 내용에 대하여 "예"와 "아니오"로 응답한 결과를 가지고 기준과 비교해보는 방법

31

2분법에 의한 기업가의 자질 테스트 항목

번호	질문내용	응답(V)	
		예	아니오
1	내 생활방식을 구체적으로 설명할 수 있다.		
2	일을 계획적으로 한다.		
3	일단 일을 맡으면 적극적으로 한다.		
4	실패를 하더라도 크게 실망하지 않는다.		
5	약속을 잘 지키는 편이다.		
6	창업정보를 수집 중이다.		
7	친구가 많다.		
8	나와 다른 의견에도 귀를 기울인다.		
9	함께 고민해 줄 친지가 3명 이상 있다.		
10	도전정신이 왕성하다.		

32

번호	질문내용	응답(V)	
		예	아니오
11	의사가 분명한 편이다.		
12	건강에 자신이 있다.		
13	기초적인 재무지식이 있다.		
14	좋아하는 일이라면 먹고 자는 일도 잊어버린다.		
15	창업을 하기 위해 가족을 설득할 자신이 있다.		
16	일을 생각대로 안 돼도 곧 잊어버린다.		
17	즐겁지 않은 모임에 가서도 참고 즐길 수 있다.		
18	누군가에게 맞으면 반드시 반격을 한다.		
19	모르는 사람이 말을 걸어와도 일단 들어준다.		
20	친한 친구의 출세가 마음에 걸린다.		

33

(평가기준과 해석)

먼저, 20개 문항을 각각 "예" 또는 "아니오" 로 체크하고,
예는 5점, 아니오는 0점으로 계산한다.
그리고 점수에 따라 다음과 같이 해석한다.

- **60점 이상** : 창업환경이 성숙되어 있고 기업가로서의 자질이 충분하다. 업종선택과 필요한 정보수집이 끝났다면 언제든지 창업해도 좋다.
- **35~60점** : 그런대로 창업할 환경이 조성되어 있으나 업종선택에 유의하고 좀 더 폭넓은 정보를 수집해야 한다.
- **35점 이하** : 창업동기가 명확하지 않다.
  월 수입 1,000만 원 보장 광고에 현혹될 위험이 높다.

34

Chapter 4. 기업가 인물론

1. 정주영(현대그룹 창업자)의 기업가정신

(1) 근검 절약정신-요만니정신(청교도 정신)
(2) 인간 존중정신
(3) 신용 제일주의 정신
(4) 고객 최우선정신
(5) 창의와 기술개척정신
(6) 신념의 정신(하면된다 Can Doism)-시련을 겪어야 강해진다
(7) 산업 평화주의-노사 화합정신
(8) 도전과 개척정신
(9) 사업 보국주의 정신

35

❖ 현대그룹 창업자 정주영의 기업가정신

- 정주영은 1915년 강원도 통천군 송전면 아산리에서 가난한 농부의 6남1녀 중 장남으로 출생(호는 아산)
- 한일합방 이후 일제 강점기에 태어나 6세부터 3년간 서당에서 공부하고 송전공립보통학교 5년 만에 졸업
- 가정형편으로 진학 못하고 농사일을 하다가 가출
- 동아일보 연재소설 이광수의 "흙"을 읽고 주인공 허승 변호사를 흠모 6법 전서를 읽고 보통고시에 응시하였으나 실패
- 4번째 가출 후 인천 부두 하역장, 서울 보성전문학교 공사장에서 노동하다 파이프 연결 수리기술을 배우기 위해 견습취업
- 1934(19세)년 복흥상회(쌀가게) 배달원으로 취업, 주인의 신임을 얻어 재고관리와 장부정리까지 담당, 1년 급여 쌀 한 가마(12원)였으나 3년 후 20가마로 인상

36

- 주인집 아들 도박으로 쌀가게 어려워져 주인 권유로 1938년 1월 복흥상회 인수, 신당동 경일상회로 개칭
- 1939년12월 조선총독부 쌀배급제 실시로 경일상회 폐쇄 부친에게 논2천 평 사드리고 고향 면장의 장녀 변중석(17세)과 결혼, 경일상회 자본으로 논 6천 평 매수
- 1940년(25세)경성서비스 기술자2명을 소액 투자자로 유치하여 합작 회사 아도서비스 자동차수리공장 인수 삼정정미소 오윤근 차입금 등 5천원으로 사업시작
- 개업 20일만에 화재발생, 오윤근 사채 35백 원으로 신설동 뒷골목에 대장간을 차리고 자동차 수리업 시작
- 1943년 일제의 기업정비령으로 정비소가 종로 일진공작소로 통합됨, 트럭 40대를 구입, 황해도 수안군 소재 홀동금광과 광석운반 하청 2년간 사업하다 1945년 해방 후 귀향

37

- 해방 후 미군정청으로부터 서울 중구 초동106번지 적산200평을 불하받아 1946년 4월 현대자동차공업사 설립
- 30여명의 종업원으로 자동차 수리,개조(목탄, 카바이트 연료) 미군부대 출입시공사 청부업이 유망함을 인식
- 1947년5월 현대토건사 설립 미군부대 하청공사 수주,
- 1950년 1월 현대자동차공업사와 현대토건을 합병하여 서울 중구 필동에 현대건설주식회사 설립(자본금 3천만 원)
- 6.25전쟁 발발로 부산으로 피난, 전쟁관련 공사 수행

-1952.12월 아이젠하워 방한, 운현궁 보일러 및 화장실설치 12일만에 완료

-유엔군 전사자 묘역 파란 잔디 설치(보리밭 이용)

-1953.4월 낙동강 고령교 공사(인플레로 적자에도 추진)

-1957.9월 한강 인도교 복구공사,오산비행장 건설 등

- 1960년(45세) 국내건설업체 중 도급한도 1위로 발전

38

- 1965년9월 태국 고속도로 건설공사로 해외 진출
- 1966년 월남 캄란만 메콩강 준설공사
- 1967년 소양강 다목적댐 착공 1973년 완공
- 1968년2월 경부고속도로 착공 1970.6월 완공
- 1970.10월 고리원자력1호기 착공 1971.2월 현대그룹 회장(56세) 취임
- 1972.3월 현대조선소, 1973년 울산조선소 건설(500원 지폐)
- 1974년 현대엔지니어링, 현대자동차 서비스㈜ 설립
- 1976년 한국 최초의 자동차 "포니"생산. 고려산업개발㈜ 설립하여 세계 최대 사우디 주베일 산업항 공사수주
- 1976.12월 현대종합상사㈜, 아산사업복지재단 설립
- 1983.2월 현대전자㈜ 설립, 1984.2월 서산간척 4천만 평(폐유조선 공법)
- 1990년대 초 통일국민당 창당 대선출마, 1999년(85세) 소떼방북, 금강산 관광사업 시행. 2001년(87세) 별세

39

2. 이병철(삼성그룹 창업자)의 기업가정신

(1) 현대성을 추구하는 기업가정신
(2) 사업보국주의 정신
(3) 인재제일주의정신
(4) 합리주의정신
(5) 일등주의정신
(6) 책임주의정신
(7) 기술혁신주의정신
(8) 산업평화주의 정신
(9) 리더십과 경영의 비결

40

❖ 삼성그룹 창업자 이병철의 기업가 정신

- 1910.2월 경남 의령군 정곡면 중교리 72번지 2남2녀 막내로 출생
- 1922.3월 경남 진주 지수보통학교에서 구인회와 한 책상에서 공부
- 1922.9월 이병철 서울로 전학 (호는 호암, 5세부터 서당에서 공부하다 3학년으로 편입(1957년 이병철 차녀 숙희와 구인회 3남 자학 결혼)
- 1938.3월 대구 서문시장 근처에 250평을 매입 삼성상회를 창업하고,대구 청과물, 포항 건어물 중국에 수출
- 1948년 서울 종로2가에 2층 건물 100여 평을 빌려 삼성물산공사 설립
 -직원투자 및 이익배당제 등 혁신적 경영방식으로 1년 만에 크게 성장
- 1950.12월 사원들과 같이 대구로 내려와 이듬해 부산에서 삼성물산㈜ 재창업
- 1953년 제일제당, 1954년 제일모직, 1969년 삼성전자 설립 –단순조립 보다 외국 기술을 조기에 습득하여 국산화를 실현하는데 치중
- 1987년 이병철 회장 별세로 이건희 회장 취임 "양보다 질" 신경영 선언

41

3. LG그룹 창업자 연암 구인회의 기업가정신

- 1907.8월 경남 진양군 지수면 승내리에서 300석 지주 구재서의 장남으로 출생, 조부 밑에서 한학을 공부
- 1920년(13세) 만석군 집안 김해 허씨와 결혼, 다음해 보통학교 편입
- 3년간 지수보통학교 이수, 서울 중앙고등보통학교에 진학 학비 대주던 장인 사망으로 2학년 중퇴하고 귀향, 그 해에 장남 구자경 출생
- 19세 때 승산마을 장근회를 이용 소비협동조합운동 전개(촌상과 경쟁)
- 1929년 지수협동조합 이사장 취임, 포목유통 마케팅기법 터득, 동아일보 진주지국장 활동,부유층 소비도시 진주는 비단과 외제포목 유행
- 1931.7월 25세 때 구인회상점 3,800원으로 창업, 1936년 진주상공회의소 의원이 되고 신흥상인으로 널리 알려짐, 1940.6월 주식회사로 전환
- 태평양전쟁으로 어수선한 시기에 은행예금을 토지에 투자 만석군됨
- 1947.1월 41세에 락희화학공업사 설립, 동생 구정회 제안 화장품생산
- 1952. 동양전기화학공업사 설립. 1955년 럭키치약, 1956년 PVC파이프 1957년 비닐장판, 1959년 스폰지레저개발, 1956년 반도상사㈜로 상호변경
- 1958년 51세 금성사 설립, 라디오 TV생산, 1969.12월 63세로 운명

42

4. SK(선경)그룹 창업자 최종현의 기업가 정신

- 1929.11월 수원시 평동7번지, 유생 최학배의 8남매 차남으로 출생
- 1944.2월 세류 심상소학교 졸, 동성상업학교 입학,1948수원농고 입학
- 1950.5월 서울농대 화학과 입학 1954년 25세 대학3년 때 미국 유학
- 1959.3월 시카고 대학에서 경제학 석사 취득 후 박계희와 결혼
- 1962년 귀국 선경직물 부사장 취임
- 선경직물은 형 최종건이 1954년 설립(닭표) 1956. 3월 주식회사로 전환
- 1970.12월 사장으로 취임
- 1973년 사업다변화 및 사업영역 확대를 위하여 선경개발(관광), 서해개발(조림), 스카이메리트(봉제), 선경유화, 선경석유 설립 화학섬유 확보
- 76.11월 종합무역상사 진출 1978~1980년 선경 경영관리체계(SKMS) 정립, 기업변신기(80~83년 석유산업 진출), 수직계열화 착수기(84~88년) 석유에서 섬유까지 수직계열화 완성기(89~91년) '98. 8월 69세 운명
- 도전주의, 신념주의, 조정/협동 정신, 소통주의 정신, 혁신주의 정신

43

5. GE의 Jack Welch

- General Electric Corporation : 1878년 에디슨이 설립
- Jack Welch는 1935년 미국 매사추세츠주 피바다 출생
- 매사추세츠주 대 수석졸업, 일리노이 대학 화공 박사
- GE 플라스틱부 입사, 45세(1981년)에 8대 회장취임
- 세계시장 1,2위 사업만 남기고 구조조정,10만 명 해고
- 비전의 공유, 절차 및 제도의 단순화, 벽 없는 조직추구
- 4E⇒Energy(변화), Energize(활력), Edge(결단), Execute(실행)
- 사람에 대한 관심과 투자⇒ 인적자원개발(Empowerment)
- 통합된 다양성, 세계화,변화 가속운동(CAP), 6시그마 추진
- 사람,환경,제품에 대하여 현실을 파악한 후 신속하게 행동

44

6. 알리바바의 창업자 마윈

- 1999년(35세) 월급 15천 원 영어강사, 8,500만 원으로 창업
- 인터넷이 엄청난 잠재력을 갖고 있다는 사실을 간파한 뒤 17명의 지인을 설득해 50만 위안을 모아 창업
- 창업 결심 후 24명에게 계획을 밝혔을 때 23명이 반대
- **마 회장의 조언** ⇒ ① 포기하는 게 가장 큰 실패다.

  ② 어려움에 처했을 때에야 자신의 역량이 어느 정도인지 확인할 수 있다.

  ③ 젊은 세대의 의무는 다른 사람들 보다 더 근면하고 열심히 일하며 더 큰 야망을 품는 것이다.

  ④ 현명한 사람은 말할 때 가슴을 사용한다.

45

7. 빌 게이츠의 기업가정신

1) 빌 게이츠의 기업가정신 형성 배경

① 시대적 배경

㉠ 제2의 산업혁명(정보사회로의 전환)

㉡ 시시각각 발전을 거듭하는 정보사회로의 변화의 시기에 미 정부 주도의 '정보고속도로' 건설 정책을 추진함

㉢ 개인용 컴퓨터의 대중화에 따른 관련 서비스 산업의 급성장

㉣ 실생활 속에서 보다 간편하고 쉽게, 비전문화된 사용방법을 원하는 대중의 요구가 증대되는 시기

㉤ 1980년대 후반 NSF(미국립과학재단)의 네트워크를 통해 세계를 하나로 연결한 인터넷의 등장과 그에 따른 새로운 경영환경 변화

46

② 사회적 배경

㉠ 창조적 사고의 생활화

㉡ '화폐가치로 표현된 비즈니스의 성공'이란 자본주의적 측면을 강조한 사회적 지위형성이 대두됨

㉢ '기회의 나라'로 대변되는 인종, 종교, 출생환경 등이 무시되는 개방적인 사회분위기가 나타남

㉣ 자립적인 인간을 키우고자 하는 독립성과 개인책임이 강조되는 성장환경으로의 변화

㉤ '서부 개척자 정신'에 바탕을 둔 모험심과 활발한 혁신적 정신을 기업가 활동에 반영시키는 사회구조가 나타남

㉥ 미국적 우월주의의 팽배

47

2) 빌 게이츠의 기업가정신

① 도전과 개척정신

② 근검, 절약정신

③ 일등기업주의 정신

④ 분석력과 예측능력

⑤ 사업 보국주의 정신 - 게이츠의 재단 설립

⑥ 창조정신/아이디어 창출

⑦ 시테크 정신

⑧ 인재제일주의 정신

⑨ 강력한 리더십

⑩ 반성의 정신

⑪ 워크 홀릭(Work-Holic)

48

3) 빌 게이츠의 성공전략

① 우수한 인재 발굴 전략

② 창조적 인력과 기술관리 전략

③ 제품의 표준화로 경쟁력을 확보하는 전략

④ 일정 인원을 한정된 제품개발에 배치함으로써 창조성을 집중시키는 전략

⑤ 제품개발과 출시 전략

⑥ 학습조직의 구축을 위한 전략

49

4) 빌 게이츠가 제시하는 성공 경영

① 경영에 마술 같은 비법은 없다

㉠ 업종을 신중히 선택하라.

㉡ 조심스럽게 고용하고 기꺼이 해고시킬 준비를 하라.

㉢ 생산적인 환경을 조성하라.

㉣ 성공의 개념을 정의하라 당신의 직원들에게 성공이란 무엇이고 어떻게 그들의 업적을 측정할 수 있는지를 분명히 밝혀라.

㉤ 훌륭한 경영자가 되려면 사람을 좋아하고 대화에 능숙해야 한다.

㉥ 직원들이 사장보다 더 일을 잘 할 수 있도록 발전시켜라.

㉦ 윤리를 확립하라.

㉧ 프로젝트를 직접 수행하라.

㉨ 똑같은 결정을 두 번 내리지 마라.

㉩ 직원들에게 누구를 기쁘게 할지를 알게 하라.

50

② 빌 게이츠의 사업 마인드

㉠ e-mail을 통해 의사소통의 효율화를 기하라.
㉡ 숫자 파악이 성공의 관건이다. 온라인으로 각종 사업 통계를 수집하고 분석하라.
㉢ Bottom up방식의 생각과 지식전달을 성과로 변화시켜라.
㉣ Virtual team을 상시 구성하라.
㉤ 서류의 Digital화로 경비를 줄여라.
㉥ 디지털 기기 활용의 효율화로 경쟁력을 높여라.
㉦ 배달시간 최소화로 고객을 만족시켜라.
㉧ 중간상인 생략 등으로 유통혁신을 이루도록 하라.

51

5) 빌 게이츠의 생애

빌 게이츠의 마이크로소프트 시작은 바로 '모든 가정의 책상 위에 컴퓨터'를 놓는 것을 목표로 시작하였다. 그리고 그 컴퓨터에는 마이크로소프트의 윈도우가 깔리는 꿈을 가지고 있었다. 꿈을 실현하기 위하여 **1975년에 친구들과 함께 차고에서 소프트웨어 개발회사인 마이크로소프트사를 창립했다.** 그가 하버드대학에 입학 후 다른 학생들보다 포커와 컴퓨터에는 깊은 관심을 보여 왔고 실력 역시 월등했다. 그래서 그는 자신의 꿈을 바꿔 컴퓨터 소프트웨어 개발자가 되었다. 그리고 미래의 언젠가는 세상 모든 사람들이 컴퓨터를 사용하게 될 것이라는 믿음으로 임하였다. 그는 쉬는 날 없이 끊임없이 노력했고 빌은 억만장자가 되었다. 그는 그의 모든 인생을 사업의 성공과 맞바꾸었다. 오랜 시간 일을 했고, 다른 모든 것은 무시해왔다. 그의 희생이 그를 만들었고 그의 넓은 안목은 컴퓨터 소프트업계의 선두자리를 유지할 수 있었다. 또 사회에 환원해 사회 저층의 사람들에게도 컴퓨터를 공급해 주어 **'모든 가정의 책상에 컴퓨터를' 이라는 신념**을 이룰 수 있었다.

52

◆ M/S의 William Henry "Bill" Gates

- 빌 게이츠(Bill Gates)1955년 10월 출생(만 60세)
- 미국 시애틀 소속 마이크로소프트 창업(현,기술고문)
- 중학교 때 어머니가 사준 컴퓨터로 프로그래밍 시작
- 1973년 하버드 대학교 법학과 입학 2학년 때 폴 앨런과 PC용 S/W 개발하는 마이크로 소프트사 창업(중퇴)
- 스티브 잡스는 기술, 빌 게이츠는 표준 독점을 중시
- IBM(토마스 왓슨), 애플(스티브 잡스), DEC(캔 얼슨)는 H/W에 집중, MS사는 S/W에 집중
- 학습,일,개발,도전,긍정 Change(변화)⇒Chance(기회)
- Nobless Oblige 실현, 600억 불 빌 게이츠 재단 설립

53

9. 스티브 잡스

한 기업의 흥망성쇠를 모두 담고 있는 사람을 이야기하자면 아마도 스티브 잡스가 가장 대표적일 것이다. 자신이 만든 회사에서 해임당하고, 다시 돌아와 혁신을 통해 기업을 일으키기까지의 과정은 진정한 기업가 정신을 보여주는 대표적 예이다.
실패를 두려워하지 않는 도전 정신과 다르게 생각하는 창조적 사고, 마지막으로 팀원에게 동기를 부여하고 이끌어내는 침착하지만 강한 리더십이다. 새로운 사업에 대해 **심도 있는 사전 조사와 연구를 통해 도전을 준비하고, 그것을 도전하겠다는 결정력**, 그리고 **그 사업을 다양한 시각으로 바라보는 창조적 사고**. 마지막으로 이 **아이디어를 팀원들에게 호소하고 함께 공감할 수 있는 그의 열정적인 모습**은 직원들로 하여금 그를 따를 수 밖에 없게 만들었다.

54

◆ 애플 창업자 Steve Jobs

- 1955년 미혼모 아들로 출생, 캘리포니아주 마운틴뷰 거주 기계공 부부 입양
- 고등학교 시절 미국의 휴렛패커드(HP)의 회장 윌리엄 휴렛에게 전화를 걸어 학교 프로젝트에서 사용할 부속을 요청
- 이 회사 여름 인터쉽에서 5살 위의 젊은 엔지니어 스티브 워즈니악을 만남
- 1975년(20세) 리드대학을 6개월 만에 중퇴하고 워즈니악과 함께 자기 집 차고에서 "애플"을 창업
- 1977년 칼라 그래픽과 키보드가 있는 최초의 퍼스널 컴퓨터 '애플 II' 출시
- 1984년 그래픽환경(GUI)을 적용, 마우스를 도입한 매킨토시 컴퓨터를 출시
- 1985년 회사를 떠나 NeXT컴퓨터 설립,1986년 픽사 애니메이션스튜디오매입
- 1995년 최초의 극장용 컴퓨터 애니메이션 '토이 스토리' 개발하여 흥행 성공
- 1997년 애플에 복귀하고 1998년 가정용 PC 아이맥(iMac)을 개발하여 성공
- 2001년 아이튠즈, 2002년 아이팟 출시 후 아이폰을 구상
- 2007년 1월 샌프란시스코에서 아이폰을 공개, 2007년 6월 미국 판매 시작
- 2008년 아이폰3G, 2009년 3GS, 2010년 아이폰4, 2011년 아이폰4S 출시
- 2011년 10월 5일 사망(56세), 2012년 아이폰5 출시

55

10. 존 데이비슨 록펠러(John Davison Rockefeller)

록펠러가 20세기 초 '미국의 석유 왕' 이라고 불리기 전까지 그의 행보는 현대의 어떤 기업들도 흉내내기 힘든 대단한 사건들의 연속이었다. 그는 1878년 4월, 미국 전체의 정유 능력에 해당하는 연간 360만 배럴을 차지하고 있었다.

이미 1881년 록펠러는 미국에서 생산되는 석유의 95%를 손에 쥐고 있었다.

록펠러의 어린 시절 '어머니와 3가지 약속'이라는 유명 일화가 있다. 이 일화는 그가 대사업가로 성공한 뒤 발표한 자서전에서 고백한 것으로 록펠러는 자신의 성공비결로 어렸을 때 어머니와 한 약속을 평생 동안 지켰음을 강조했다.

1. **십일조 생활을 해야 한다.**
2. **교회에 가면 맨 앞자리에 앉아 예배를 드린다.**
3. **교회 일에 순종하고 목사님의 마음을 아프게 하지 않는다.**

어머니에게서 꼼꼼한 도덕교육을 받은 록펠러는 실천을 통해 세계 최고의 부자가 되고 어머니는 록펠러에게 십계명 같은 유언(록펠러의 신앙유산)을 남겼는데 그는 평생 가슴에 품고 실천했다.

56

❖ 네덜란드의 상인정신

네덜란드의 선장이자 지도제작자, 모험가였던 상인 빌램 바렌츠는 세 척의 배를 이끌고 시베리아에서 북동쪽으로 항해하고 있었다. 빙하에 갇히고 무인도에 체류된 상황에서 몇몇 선원이 굶어 죽었지만 구조되어 네덜란드에 돌아 왔을 때 **고객들에게 전달할 식량과 모포와 옷들을 단 한 개도 건드리지 않았다는 것을 발견했다.** 고객들에게 전달할 식량의 일부를 허기를 달래기 위해 먹었더라면 그들은 사망하지 않았을 수도 있었다.

비록 굶어 죽을망정 고객에게 전달할 화물은 손대면 안 된다는 상인정신이 있었기에 고객의 화물을 단 한 개도 건드리지 않았던 것이다 네덜란드 국민들은 이 사실을 알고 슬퍼하면서도 그들의 상인정신에 감탄했다 이 이야기는 훗날 바렌츠의 승무원에 의해 책으로 출판되었다.

이처럼 네덜란드 상인들은 고객과의 약속을 지키기 위해 목숨을 불사하는 뛰어난 상인정신을 갖고 있으며, 바렌츠 선장의 얼굴은 10유로짜리 동전에 지금도 새겨져 있다. 이것이 네덜란드의 상인정신이다.

57

Chapter 5. 사내 기업가정신(intrapreneurship)

- 기업가정신이 회사 내 직원들로부터 발휘될 때,
  이를 사내 기업가정신이라고 말한다.
- 기업의 기업가정신은 흔히 경영진들의 비전과 전략에 따라 탑다운(top-down) 방식으로 발현되며, 일반적인 기업에서의 '신사업 개발'과 같은 이름의 팀에서 수행하는 역할이다.
- 사내 기업가정신은 강제가 없음에도 새로운 일을 수행하기 위한 조직 내 종업원들의 이니셔티브를 일컫는다.
- 많은 기업들이 가외 프로젝트(side project) 또는 자기계발 시간을 업무 시간의 일부로 인정하는 조직적인 제도를 갖추고 있다.

58

- "사내 기업가정신은 혁신을 통해 새로운 사업을 창출함으로써 기업의 지속 가능한 성장을 추구하는 것이다.
- 사내기업가정신 분야 석학인 도나 켈리(Donna Kelley) 미국 뱁슨대(Babson College) 교수는 **신사업 창출과 혁신이라는 두 가지 요소가 모두 결합되어 있는 게 사내 기업가정신의 핵심이라고 주장한다.**
- **"기업가정신의 기본은 신사업 창출(creating new business)이며** 새로운 매출원(new source of revenue) 발굴이 목표다. 여기에 혁신 요소가 결합되면 사내 기업가정신이다.
- 3M의 15%프로그램 ⇒ 포스트잇의 탄생 (접착제 연구)
- 기존 비즈니스(생수)에 혁신(비타민)을 덧입혀 전적으로 새로운 비즈니스(건강음료)를 만들어내는 게 사내 기업가정신의 핵심이다.

59

- 사내 기업가정신은 기존 역량을 활용해 신사업을 창출하는 기회주도형(opportunity-driven)과 기존 사업 대신 새로운 비즈니스를 재창안(reinvention)하는 위기주도형(crisis-driven)으로 나눠 볼 수 있다.
- **1992년 삼성SDS에 연구원으로 입사한 이해진 현 네이버 이사회 의장이 입사 5년 차에 신입사원 3명을 규합해 만든 사내벤처 웹 글라이더팀이 네이버의 모체다. 당시 삼성SDS 사내 공모에서 선정된 1호 사내벤처이다.**
  - 이후 1999년 독립한 후 한게임과 합병을 거쳐 지난해 매출 2조 7,600억 원, 직원 수 2,300여 명의 국내 대표기업으로 성장하였다.
  - 네이버는 창립16년 만에 사내기업 1호 '웹툰&웹소설 셀' 선정
- 기회주도형으로는 기존 역량을 활용해 신사업 창출에 성공한 기업으로 아이로봇의 로봇청소기 들 수 있다.
- 위기주도형으로는 화학업체에서 생명공학업체로 탈바꿈한 몬산토를 들 수 있다.

60

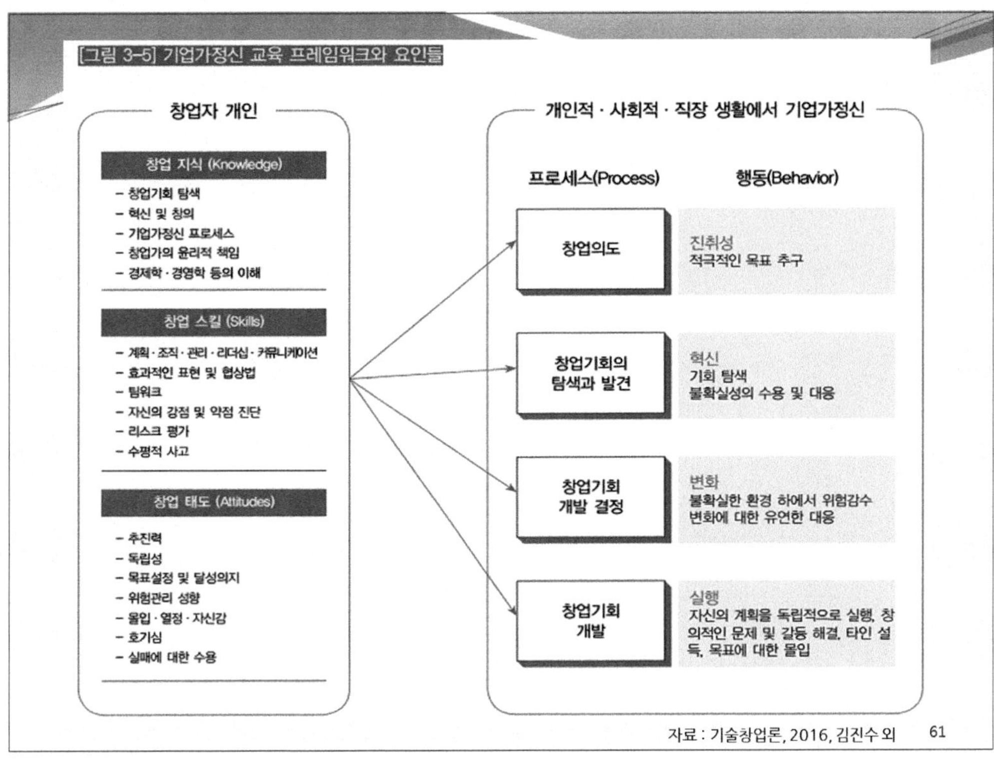
[그림 3-5] 기업가정신 교육 프레임워크와 요인들
창업자 개인
창업 지식 (Knowledge)
- 창업기회 탐색
- 혁신 및 창의
- 기업가정신 프로세스
- 창업가의 윤리적 책임
- 경제학 · 경영학 등의 이해
창업 스킬 (Skills)
- 계획 · 조직 · 관리 · 리더십 · 커뮤니케이션
- 효과적인 표현 및 협상법
- 팀워크
- 자신의 강점 및 약점 진단
- 리스크 평가
- 수평적 사고
창업 태도 (Attitudes)
- 추진력
- 독립성
- 목표설정 및 달성의지
- 위험관리 성향
- 몰입 · 열정 · 자신감
- 호기심
- 실패에 대한 수용
개인적 · 사회적 · 직장 생활에서 기업가정신
프로세스(Process)
행동(Behavior)
창업의도
진취성
적극적인 목표 추구
창업기회의 탐색과 발견
혁신
기회 탐색
불확실성의 수용 및 대응
창업기회 개발 결정
변화
불확실한 환경 하에서 위험감수
변화에 대한 유연한 대응
창업기회 개발
실행
자신의 계획을 독립적으로 실행, 창의적인 문제 및 갈등 해결, 타인 설득, 목표에 대한 몰입
자료 : 기술창업론, 2016, 김진수 외
61

기업가정신과 창업모델

기업의 유형과 특성

Chapter 1. 기업(회사)의 개념

1. 기업(회사)의 경제적 정의

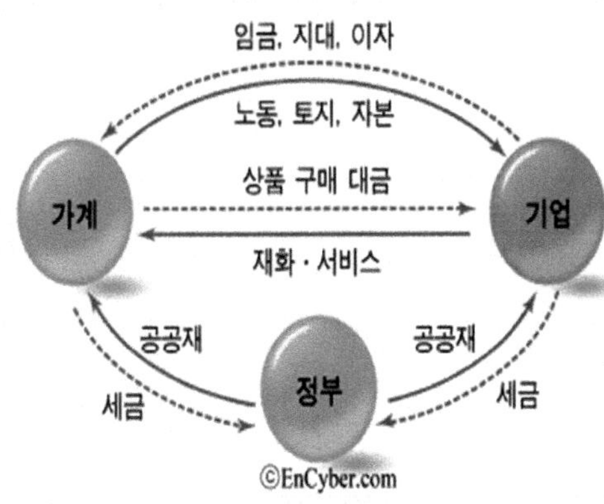

국민 경제에서 노동과 자본, 토지라는 생산의 3요소를 투입하여 여러 가지 재화와 서비스를 생산하는 역할을 담당하는 경제 주체를 기업이라 한다. 기업은 이윤 추구를 위하여 소비자에게 필요한 재화나 서비스를 생산한다.

이러한 생산과 소비의 전 과정이 국민 경제를 이루고 이들의 순환 과정을 표시하면 그림과 같다.

2

2. 기업(회사)의 법률적 정의

상법 제169조(회사의 의의) 이 법에서 "회사"란 상행위나 그 밖의 영리를 목적으로 하여 설립한 법인을 말한다.

- 회사의 영리성 : 회사가 상행위 기타 영리활동을 하여 이익을 얻을 뿐만 아니라 그 이익을 사원(주주)에게 분배하여야 한다는 의미
- 회사의 법인성 : 회사에게 법인격을 부여한다는 의미
  즉, 기업주체로서의 독립성 보장

3

기업(회사)의 법률적 정의

상법 제170조(회사의 종류) 회사는 합명회사, 합자회사, 유한책임회사, 주식회사와 유한회사의 5종으로 한다.

- 2012.4.15 시행 상법에서 '유한책임회사' 새롭게 도입됨.
- 이 5개 회사는 각각의 회사와 사원 간의 법률관계의 구성이 다름.
  즉, 회사와 사원의 책임 & 의무 내용이 다른 것

※개인기업: 개인 단독으로 상거래에서의 권리, 의무의 주체가 되는 기업

4

3. 기업이 국민경제에 미치는 영향

① 생산의 주체 : 기업 활동은 생산과 판매의 증가, 가계의 소득 증가, 국가의 성장에도 기여한다.

② 고용 창출의 주체 : 고용은 제품과 서비스를 창출하고, 재화와 서비스는 수익을 창출하며 그 수익은 각 가계와 정부로 돌아가 시장의 흐름을 유지시킨다.

③ 신기술 개발의 주체 : 기업은 끝없이 발전하는 기술개발을 통해 세상을 변화시켜나간다.

④ 사회 기여의 주체 : 기업은 수익을 사회에 환원함으로써 국가사회의 전체적 균형을 유지하는 역할을 한다.

⑤ 국가 위상의 제고 : 기업의 해외 진출은 국가 이미지와 인지도를 상승시키는 역할을 한다.

5

Chapter 2. 기업(회사)의 유형

1. 주식회사

주식회사는 사원인 주주가 회사채권자에 대해서는 직접 아무런 책임도 부담하지 않고, 회사에 대해서는 자기가 인수한 주식금액을 한도로 출자의무만 부담하는 간접 · 유한책임을 부담하는 회사형태로서(제331조) 오늘날 회사조직의 전형이라고 할 수 있다.

주식회사는 주주 사이의 신뢰관계를 예정하고 있지 아니하므로 다수인의 결합이 가능하고, 따라서 대중자본을 모아 대기업을 경영하는 데 적합하다.

6

※ 주식회사의 설립절차

- 발기인(1인 이상)
- 상호결정
- 정관작성(자본금 10억 원 이상의 기업 설립 시는 공증 필요)
- 주식발행사항 결정
- 발기(모집) 설립, 발기인 주식인수
- 주금 납입(자본금 10억 원 미만은 잔고증명)
- 임원선임(이사, 감사), 설립경과 조사
- 등록세 및 지방교육세 납부(주금 납입액의 4/1000, 대도시는 3배 중과)
- 설립등기(2주 이내, 본점소재지 법원 등기소)
- 법인설립신고 및 사업자등록(설립등기 후 2개월 이내 소재지 관할 세무서)

7

※ 주식회사의 집행기관 (유한책임, 소유와 경영의 분리)

- **이사회와 대표이사**
  - 이사회 : 이사 전원으로 구성되는 업무집행에 관한 의사결정 권한을 가지는 필수 기관
  - 대표이사 : 이사회에서 선임, 이사회에서 결의된 사항과 일상 업무에 관한 집행을 책임짐

- **감사** : 회사의 업무와 회계 감사를 임무로 하는 필수 기관

8

<참고> 소규모회사에 대한 상법상 특례 개관

	조문	자본금 10억 미만	자본금 10억 이상
발기 설립 시 정관 효력 발생 요건	제 292조 단서	• 발기인의 기명날인으로 공증인의 인증 대체	• 공증인의 인증
발기 설립 시 자본금 납입증명	제 318조 제3항	• 금융기관 잔고증명서로 대체 가능	• 금융기관의 납입보관증명서 발급 필요
이사 감사 선정	제 383조 제1항 단서 제 409조 제4항	• 이사 3인 미만(1인 또는 2인) • 감사는 임의기관	• 최소 3인 이상의 이사회 설치 의무 • (상장회사의 경우 이사 총수의 4분의 1이상 사외이사로 선임, 대규모 상장회사의 경우 3인 이상 및 이사 총수 과반수를 사외이사로 선임 의무) • 감사 선임의무
주주총회 소집통지	제 363조 제3항·제4항	• 주주총회일 10일 전에 소집 통지	• 주주총회일 2주 전에 소집통지
주주총회 서면결의		• 주주 전원의 동의로 소집 절차 없이 주주총회 개최 가능 • 서면에 의한 결의로써 주주 총회의 결의를 대신할 수 있음 • 결의의 목적사항에 대해 주주 전원의 서면동의시 서면결의가 있는 것으로 간주	

9

2. 합명회사

합명회사는 2인 이상이 공동 출자한 무한책임 사원으로 구성되며 회사채무에 대해서 무한 · 직접 · 연대책임을 진다, 즉 모든 사원이 무한책임사원인 회사형태이다(제212조). 사원은 회사채권자에 대하여 무거운 책임을 부담하는 대신 원칙적으로 회사의 업무집행권과 대표권을 가진다(제200조, 제207조).

또한 회사의 기본적 사항에 대한 결정에는 총 사원의 동의가 필요하고 (제204조, 제227조, 제230조 등),

다른 사원의 동의 없이는 사원의 지위(지분)를 양도할 수 없다.

따라서 합명회사는 서로 신뢰관계가 두터운 소수의 사람이 공동으로 회사를 경영하는 데 적합하다.

10

3. 합자회사

합자회사는 합명회사의 사원과 동일한 책임을 부담하는 무한책임사원과 회사채권자에 대하여 직접 · 연대책임을 부담하지만 출자액을 한도로 하는 유한책임사원으로 구성된 회사이다(제268조, 제279조).
합자회사의 유한 책임사원이 그 지분을 양도함에는 무한책임사원 전원의 동의를 요하지만, 다른 유한책임사원의 동의는 요하지 않으며(제276조), 무한책임사원의 지분을 양도함에는 총 사원의 동의가 필요하다(제269조, 제197조).
합자회사에 대하여는 특별한 규정이 없는 한 합명회사에 관한 규정을 준용한다(제269조).

- 무한책임사원 : 회사의 업무 집행, 대표권
- 유한책임사원 : 출자자의 업무, 재산 상태감사

11

4. 유한회사

유한회사는 1인 이상의 유한책임사원으로 구성한다
소규모이고, 폐쇄적이며, 비공개성이라는 특징을 가진다. 그리고 유한회사는 주식회사의 주주와 같이 회사채권자에 대하여는 직접 책임을 부담하지 않고, 다만 회사에 대하여 일정한 출자의무를 부담하는 간접 · 유한책임을 부담하는 사원으로 구성되는 회사형태이다(제553조).
유한회사의 사원총회에서는 서면결의가 인정되고(제577조), 이사회와 대표이사가 분화되어 있지 않으며(제562조, 제564조), 감사는 임의기관으로 되어 있는 등 회사의 조직이 간소화되어 있다. 유한회사는 설립절차도 간편하여 중소규모의 회사에 적합한 형태라고 할 수 있다

12

5. 유한책임회사

유한책임회사는 미국의 유한책임회사(LLC, limited liability company)제도를 참고하여 도입된 공동기업형태로, 조직구성과 투하자금 회수와 관련한 자율성을 인정하고, 회사채권자에 대한 유한책임을 인정하고 있다.
유한책임회사는 최저자본금제도가 없으며, 주주총회,사원총회,이사나 감사 등의 기관을 둘 필요가 없다. 유한책임사원들의 개별적인 합의에 의해 업무집행자를 정하여 회사를 운영한다는 점이 특징이다.
자본금 제한이 없으며 1인 이상의 사원이 출자, 설립할 수 있고, 청년벤처 창업, 투자펀드, 컨설팅업종에 적합하다. 한편 총사원의 동의에 의하여 주식회사로 조직변경을 하는 것도 가능하다(제287조의43 제2항).

13

6. 익명조합 (상법 78조에 근거, 법인격 없는 상인)

- 조합원 : 출자와 이익 배당에만 참여
- 영업자 : 익명조합원의 출자금으로 자기책임 하에 영업활동 수행
- 경제적으로는 공동기업이며 법률적으로는 개인기업에 속한다.

7. 협동조합 (개별법 및 기본법에 의해 설립,민법 적용)

- 소비자, 농어민, 중소기업자 등 경제적으로 약한 입장에 놓여있는 사람들이 경제적 이익을 향상시키기 위하여 협동사업을 하는 조직

* **생산자 협동조합** : 영세한 생산자들이 상호협조를 목적으로 공동 출자하여 조직 (생산조합, 판매조합, 구매조합, 이용조합)
* **소비자 협동조합** : 소비자들로 구성된 조합
* **신용협동조합** : 조합원이 공동출자, 외부차입을 통해서 모은 자금을 조합원에게 싼 이자로 대출하거나, 예금을 취급하는 협동조합

✓ **농협, 수협, 신협, 중기협, 생협, 새마을, 엽연초, 산림조합법 등**

14

구 분	주식회사	유한회사	유한책임회사	합자회사	합명회사
기업 규모	대, 중규모	중소기업	중소기업	가족기업	가족적 기업
출자의 종류	금전, 재산(주식)	금전, 재산	금전, 재산	재산, 노무, 신용	재산, 노무 ,신용
구성원 책임	유한 책임 (物的會社)	유한 책임 (物的+人的會社)	유한 책임 (物的+人的會社)	유한 또는 무한 (物的+人的會社)	무한 책임 (人的會社)
출자금	자본금 제한 없음 (1주당 액면 100원 이상)	자본금 제한 없음 (1좌 액면100원 이상)	자본금 제한 없음 (1좌 액면100원 이상)	출자한도 없음	출자한도 없음
발기인수	1인 이상 (이사 3인 이상, 감사 1인 이상) (자본금 10억 미만은 1인 이상)	1인 이상 (겸업금지)	1인 이상	2인 이상 (유한책임사원 겸업자유)	2인 이상 (겸업 금지)
의결기관 (집행기관)	주주총회, 이사회(3인 이상), 대표이사, 감사(총회 결의권은 소유지분)	사원총회, 이사, 감사 (임의기관) (결의권은 소유지분)	업무집행사원 (외부감사 없음) (결의권은 1인1표)	무한책임사원 주주(사원)총회, 감사기관 없음	무한책임사원 주주(사원)총회, 감사기관 없음
장 점	- 자본조달 증대, - 소유권 이전 용이	- 동업자의 자금과 재능의 활용 - 소유권자의 과세 분담		합자회사 유한책임사원은 금전/재산 출자만 가능	
단 점	- 설립의 복잡성, - 의사결정 지연, - 세무보고의무	- 동업자와의 불화발생 가능성 - 투자시기의 지연 - 지분양도는 정관으로 규정		합명회사 지분양도는 사원총회 승인 합자회사 무한책임사원 지분양도는 사원총회,유한책임사원 지분양도는 무한책임 사원 동의 필요	

15

❖ 법인기업의 영문표기 방법

① Co. : Company의 약자로 모든 종류의 회사를 지칭합니다.

② Ltd. : limited의 약자로 유한회사를 뜻합니다

③ LLC. : limited liability company의 약자로 유한책임회사를 뜻합니다

④ Corp : Corporated의 약자로 법인, 주식회사의 뜻으로 사용됩니다.

⑤ PLC : Public Limited Company 약자로 공개된 상장 주식회사를 뜻합니다.

* 가장 기본적인 주식회사 영문표기는 Incorporated의 약자로 Inc로 표기

16

❖ 회사명칭표기 방법(상법에 의거)

LLC	Limited Liability Company (유한책임회사)
LC 또는 Ltd	Limited Company (유한회사)
Pte	Private Company(개인회사)
LP	Limited Partnership (합자회사)
LLLP	Limited Liability limited Partnership(유한책임조합)
GP	General Partnership(합명회사)
Corp,	Corporation(주식회사)

17

Chapter 3. 기업(회사)의 특성

1. 개인기업과 법인기업의 장·단점

구분	개인기업	법인기업
장점	· 설립등기가 필요 없고 사업자 등록만으로 사업 개시가 가능하므로 기업 설립이 용이 · 기업 이윤 전부를 기업주가 독점할 수 있음 · 창업자금이 비교적 적게 소요되어 소자본 창업 가능 · 일정 규모 이상으로는 성장하지 않는 중소 규모 사업에 적합 · 기업활동에 있어 자유롭고 신속한 계획 수립 및 변경 등 용이 · 개인기업은 인적 조직체로서 제조 방법, 자금 운용상의 비밀 유지가 가능함	· 대표자는 회사 경영에 대해 일정한 책임을 지며, 주주는 주금 납입을 한도로 채무자에 대해 유한책임을 짐 · 사업양도를 위한 주식양도 시 원칙적으로 낮은 세율의 양도소득세가 부과되며 상장 후에 주식을 양도하면 세금이 없음 · 일정 규모 이상으로 성장 가능한 유망 사업의 경우에 적합 · 신주발행 및 회사채 발행 등을 통한 다수인으로부터 자본조달이 용이 · 대외 공신력과 신용도가 높아 영업이나 관공서, 금융기관 등과의 거래에 있어서 유리

18

단점	· 대표자는 채무자에 대하여 무한책임을 짐 · 대표자가 바뀌는 경우는 폐업을 하고 신규로 사업자 등록을 하여야 하므로 기업의 계속성이 단절 · 사업양도 시는 양도된 영업권 또는 부동산에 대하여 높은 양도소득세 부과	· 설립절차가 복잡하고 최소 5천만 원 이상의 자본금이 있어야 설립이 가능. 단, 벤처기업은 2천만 원 이상 · 대표자가 회사 자금을 개인 용도로 사용 시 회사는 대표자로부터 이자를 받아야 함

19

2. 세제 상의 특징

내용	개인기업	법인기업
과세 근거법	소득세법	법인세법
과세 기간	매년 1월1일부터 12월 31일까지	정관에서 정하는 회계기간
과세 소득	총수입 금액 - 필요 경비	익금 총액 - 손금 총액
과세 범위	특정 소득에 대한 분리과세 인정	분리과세가 인정되지 않음
이중과세 여부	하나의 원천소득에 대해서 이중과세 안됨	법인에게 법인세 과세 후 주주배당에 대해 소득세 과세
세율 구조	6~42%(별표 참조)	10~25%(별표 참조)
납세지	개인기업의 주소지	법인 등기부 등본상의 본점 소재지
기장 의무	수입 금액에 따라 일 기장 의무자, 간이 장부 의무자, 복식 부기 의무자로 구분	수입 금액에 상관없이 복식부기의무자임
외부 감사 제도	적용되지 않음	자산 120억, 부채 70억, 매출100억, 종업원 100명 조건 중 2개 이상인 경우 외부 회계감사를 받음(주권 비상장 기업)
대차대조표 공고	대차대조표 공고 의무 없음	대차대조표 공고 의무 있음

20

세제 상의 특징

[소득세율표 - 개인기업에 적용]

과세표준	세율	누진공제액
1,200만 원 이하	6%	0원
4,600만 원 이하	15%	1,080,000원
8,800만 원 이하	24%	5,220,000원
1억 5천만 원 이하	35%	14,900,000원
3억 원 이하	38%	19,400,000원
5억 원 이하	40%	25,400,000원
5억 원 초과	42%	35,400,000원

[법인세율표 - 법인기업에 적용]

과세표준	세율	누진공제
2억 원 이하	10%	-
2억 원 초과 200억 원 이하	20%	2천만 원
200억 원 초과 3,000억 원 이하	22%	4억 2천만 원
3,000억 원 이상	25%	94억 2천만 원

21

3. 회계 상의 특징

· **대표자의 인건비** : 법인의 대표이사는 고용 관계에 의하여 근로를 제공하므로 그 대가인 임원 보수와 상여금을 손금에 산입한다. 이에 반해 개인기업의 대표는 사업의 경영 주체로서 고용 관계에 있지 아니하므로 급여를 지급 받을 수 없다. 급여를 지급 받아도 그것은 출자금의 인출에 불과하므로 필요경비에 산입하지 아니한다.

· **퇴직급여충당금** : 법인세법은 1년 이상 근속한 모든 임직원에 대해 퇴직급여충당금을 설정할 수 있다. 따라서 대표이사도 퇴직급여충당금의 대상이 될 수 있으나 개인기업의 대표는 소득세법상 퇴직급여충당금 설정 대상에 속하지 않는다.

· **이연자산** : 법인세법은 법인의 이연자산을 창업비, 개업비, 사채발행비, 연구개발비, 사용 수익 기부 자산 가액 등 5가지로 인정하고 있으나, 개인사업자는 설립 등기가 필요 없고 신주를 발행하지 못하므로 소득세법은 개인기업의 이연 자산을 개업비, 연구개발비, 사용 수익 기부자산 가액 등 3가지만 인정하고 있다.

· **대손충당금** : 법인세법은 대손충당금 설정 대상 채권을 소비 대차 계약에 의한 대여금과 미수금을 포함하고 있으나 소득세법은 사업과 관련된 채권만 대손충당금 설정 대상으로 규정하고 있으므로 소비 대차 계약에 의한 대여금과 정상적인 사업거래에서 발생하지 않는 투자자산, 유형자산 처분 미수금에 대하여 대손충당금을 설정할 수 없다.

22

4. 소멸(폐업) 상의 특징

- **개인기업**은 기업주가 영업을 중지하고 관할 세무서에 사업자등록증을 반납하고 폐업신고를 함으로써 기업이 소멸된다.

- **법인기업**은 상법의 규정에 따라 **청산에 관한 절차** 또는 파산법에 의한 **파산절차**를 밟아야 한다. 회사를 청산하려면 청산인을 선임하고 청산인 선임 및 해산 등기를 한 후 채권의 추심이나 채무의 변제 등 청산에 관한 절차와 잔여 재산의 분배에 관한 절차를 우선 종료해야 한다. 그리고 청산에 관한 사항의 승인을 구하는 주주총회를 열어 **청산에 대한 주주의 최종 의결을 거친 후에 청산 종결 등기를 함으로써 법인기업이 법률적으로 소멸된다**고 할 것이다.

23

Chapter 4. 기업(企業)의 목적

● 기업은 이익을 추구하는 조직인가?

✓ **기업의 목적은 시장을 창조하는 것이다.**

시장을 창출하기 위해서 기업이 해야 하는 가장 중요한 활동은 고객이 뭘 좋아하는지 발견하는 마케팅(marketing)이며, 고객들이 깨닫지 못하는 욕구를 찾아내는 혁신(innovation)이다.

- **마케팅**이 궁극적으로 지향하는 것은 고객을 충분히 알고 이해함으로써 제품과 서비스를 적절하게 제공하여 그것들이 스스로 팔리도록 만드는 것이다. 이런 점에서 마케팅은 판매 활동과는 다른 의미를 갖고 있다.
  따라서 이상적인 마케팅이란 판매 활동을 필요 없도록 만든다.
- **혁신(innovation)**은 고객이 생각하지 못했던 새로운 가치를 만드는 활동이다. 지금까지 없었던 새로운 경제적 만족을 창출하는 것을 뜻한다. 혁신의 결과는 새롭고도 남다른 제품, 새로운 용도 또는 새로운 욕구의 발견일 수도 있다. 혁신은 기술적인 개념이 아니라 경제적인 개념이다.

24

❖ 피터 드러커의 다섯 가지 경영원칙

① 우리의 사명은 무엇인가?
② 우리의 고객은 누구인가?
③ 고객이 가치 있게 생각하는 것은 무엇인가?
④ 우리의 결과는 무엇인가?
⑤ 우리의 계획은 무엇인가?

- ✓ 자기경영 : 기록관리, 시간관리, 목표관리 등
- ✓ 조직경영 : 운영, 제품, 구조, 비즈니스 혁신 등
- ✓ 사회경영 : 사회책임경영 (Corporate Responsibility Management)

25

❖ 성과를 향한 도전(피터 드러커)

- 셀프 리더십(자기경영연구원 강규형 특강)

- 성과관리 : 직접성과, 가치창조, 인재양성
- 기록관리(Memo) : 잊지 않기 위한 메모 vs 잊기 위한 메모
- 시간관리(Time Management) : 너의 시간을 알라
- 목표관리(Objective Management) : 장기, 중기, 단기
- 업무관리(Business Management) :
  - New 3D(Digital, Detail, Digilog)
- 지식관리(Knowledge Management) :
  - 교육/아이디어/독서/경력/재정/인맥 등

26

피터 F. 드러커(Peter F. Drucker)는 「성과를 향한 도전(The Effective Executive)」에서 프로페셔날(Professional, 전문가)의 업무는 성과(Performance)를 올리는 것이며, 그것은 습득할 수 있다고 했습니다.
성과를 높이는 좋은 방법은 시스템(system)을 통한 프로세스(Process)의 개선입니다.
3P 바인더는 시간관리(Time Management), 목표관리(Objective Management), 지식관리(Knowledge Management) 등 프로세스를 위한 최적의 시스템입니다. 3P 바인더는 여러분의 프로세스를 향상시켜 드리며, 실제 생활에서 활용, 훈련(Practice)하실 수 있도록 도와드립니다. 3P바인더를 통해 최고의 성과를 내실 수 있으며, 최고의 자기경영자(Self-Management)가 되실 수 있습니다.
http://blog.naver.com/rauvizz/220598611592

27

Chapter 5. 중소기업이란?

- Start Up(Foundation/Establishment)

* Inauguration of an enterprise/Starting a business
- Small Enterprises
- Medium Enterprises
- Large Enterprises

* Big Business / Major Companies

* Enterprises/Companies/Business/Corporation)

28

1. 중소기업의 정의

◆ 중소기업자의 범위(중소기업기본법 제2조제1항) *영리목적 기업에 한함

- 업종별로 매출액 또는 자산총액 등이 대통령령으로 정하는 기준에 맞을 것
- 지분 소유나 출자 관계 등 소유와 경영의 실질적인 독립성이 대통령령으로 정하는 기준에 맞을 것
- 「사회적기업 육성법」 제2조제1호에 따른 사회적기업 중에서 대통령령으로 정하는 사회적기업(영리를 주된 목적으로 하지 않는 사회적 기업)
- 「협동조합 기본법」 제2조에 따른 협동조합, 협동조합연합회, 사회적협동조합, 사회적협동조합연합회 중 대통령령으로 정하는 자
- 「소비자생활협동조합법」 제2조에 따른 조합, 연합회, 전국연합회 중 대통령령으로 정하는 자
- 「독점규제 및 공정거래에 관한 법률」 제14조제1항에 따른 공시대상기업집단에 속하는 회사 또는 같은 법 제14조의3에 따라 공시대상기업집단의 소속회사로 편입 · 통지된 것으로 보는 회사는 제외한다.

29

◆ 중소기업 적용 대상 요건(중소기업기본법시행령 제3조 제1항)

- 해당 기업이 영위하는 주된 업종과 해당 기업의 평균매출액 또는 연간매출액(이하 "평균 매출액등"이라 한다)이 별표 1의 기준에 맞을 것
- 자산총액이 5,000억 원 미만일 것
- 자산총액이 5천억 원 이상인 법인(외국법인 포함)이 주식 등의 100분의 30 이상을 직접적 또는 간접적으로 소유한 경우로서 최다출자자인 기업
- 관계기업(외부감사의 대상이 되는 기업이 주식 등의 100분의 30 이상을 직접적 또는 간접적으로 소유한 경우로서 최다출자자인 기업)에 속하는 기업의 경우에는 평균 매출액 등이 별표 1의 기준에 맞지 아니하는 기업

30

[별표 1] <개정 2017. 10. 17.>

주된 업종별 평균매출액등의 중소기업 규모 기준(제3조제1항제1호가목 관련)

해당 기업의 주된 업종	분류기호	규모 기준
1. 의복, 의복액세서리 및 모피제품 제조업	C14	평균매출액 등 1,500억 원 이하
2. 가죽, 가방 및 신발 제조업	C15	
3. 펄프, 종이 및 종이제품 제조업	C17	
4. 1차 금속 제조업	C24	
5. 전기장비 제조업	C28	
6. 가구 제조업	C32	

31

해당 기업의 주된 업종	분류기호	규모 기준
7. 농업, 임업 및 어업	A	평균매출액 등 1,000억 원 이하
8. 광업	B	
9. 식료품 제조업	C10	
10. 담배 제조업	C12	
11. 섬유제품 제조업(의복 제조업은 제외한다)	C13	
12. 목재 및 나무제품 제조업(가구 제조업은 제외한다)	C16	
13. 코크스, 연탄 및 석유정제품 제조업	C19	
14. 화학물질 및 화학제품 제조업(의약품 제조업은 제외한다)	C20	
15. 고무제품 및 플라스틱제품 제조업	C22	
16. 금속가공제품 제조업(기계 및 가구 제조업은 제외한다)	C25	
17. 전자부품, 컴퓨터, 영상, 음향 및 통신장비 제조업	C26	
18. 그 밖의 기계 및 장비 제조업	C29	
19. 자동차 및 트레일러 제조업	C30	
20. 그 밖의 운송장비 제조업	C31	
21. 전기, 가스, 증기 및 공기조절 공급업	D	
22. 수도업	E36	
23. 건설업	F	
24. 도매 및 소매업	G	

32

25. 음료 제조업	C11	평균매출액 등 800억 원 이하
26. 인쇄 및 기록매체 복제업	C18	
27. 의료용 물질 및 의약품 제조업	C21	
28. 비금속 광물제품 제조업	C23	
29. 의료, 정밀, 광학기기 및 시계 제조업	C27	
30. 그 밖의 제품 제조업	C33	
31. 수도, 하수 및 폐기물 처리, 원료재생업 (수도업은 제외한다)	E (E36 제외)	
32. 운수 및 창고업	H	
33. 정보통신업	J	
34. 산업용 기계 및 장비 수리업	C34	평균매출액 등 600억 원 이하
35. 전문, 과학 및 기술 서비스업	M	
36. 사업시설관리, 사업지원 및 임대 서비스업 (임대업은 제외한다)	N (N76 제외)	
37. 보건업 및 사회복지 서비스업	Q	
38. 예술, 스포츠 및 여가 관련 서비스업	R	
39. 수리(修理) 및 기타 개인 서비스업	S	

33

40. 숙박 및 음식점업	I	평균매출액 등 400억 원 이하
41. 금융 및 보험업	K	
42. 부동산업	L	
43. 임대업	N76	
44. 교육 서비스업	P	

비고

1. 해당 기업의 주된 업종의 분류 및 분류기호는 「통계법」 제22조에 따라 통계청장이 고시한 한국표준산업분류에 따른다.
2. 위 표 제19호 및 제20호에도 불구하고 자동차용 신품 의자 제조업(C30393), 철도 차량 부품 및 관련 장치물 제조업(C31202) 중 철도 차량용 의자 제조업, 항공기용 부품 제조업(C31322) 중 항공기용 의자 제조업의 규모 기준은 평균매출액 등 1,500억 원 이하로 한다.

34

[별표 3] <개정 2017. 10. 17.>

주된 업종별 평균매출액등의 소기업 규모 기준(제8조제1항 관련)

해당 기업의 주된 업종	분류기호	규모 기준
1. 식료품 제조업	C10	평균매출액 등 120억 원 이하
2. 음료 제조업	C11	
3. 의복, 의복액세서리 및 모피제품 제조업	C14	
4. 가죽, 가방 및 신발 제조업	C15	
5. 코크스, 연탄 및 석유정제품 제조업	C19	
6. 화학물질 및 화학제품 제조업(의약품 제조업은 제외한다)	C20	
7. 의료용 물질 및 의약품 제조업	C21	
8. 비금속 광물제품 제조업	C23	
9. 1차 금속 제조업	C24	
10. 금속가공제품 제조업(기계 및 가구 제조업은 제외한다)	C25	
11. 전자부품, 컴퓨터, 영상, 음향 및 통신장비 제조업	C26	
12. 전기장비 제조업	C28	
13. 그 밖의 기계 및 장비 제조업	C29	
14. 자동차 및 트레일러 제조업	C30	
15. 가구 제조업	C32	
16. 전기, 가스, 증기 및 공기조절 공급업	D	
17. 수도업	E36	

35

해당 기업의 주된 업종	분류기호	규모 기준
18. 농업,임업 및 어업	A	평균매출액 등 80억 원 이하
19. 광업	B	
20. 담배 제조업	C12	
21. 섬유제품 제조업(의복 제조업은 제외한다)	C13	
22. 목재 및 나무제품 제조업(가구 제조업은 제외한다)	C16	
23. 펄프, 종이 및 종이제품 제조업	C17	
24. 인쇄 및 기록매체 복제업	C18	
25. 고무제품, 및 플라스틱제품 제조업	C22	
26. 의료, 정밀, 광학기기 및 시계 제조업	C27	
27. 그 밖의 운송장비 제조업	C31	
28. 그 밖의 제품 제조업	C33	
29. 건설업	F	
30. 운수 및 창고업	H	
31. 금융 및 보험업	K	
32. 도매 및 소매업	G	평균매출액 등 50억 원 이하
33. 정보통신업	J	

36

34. 수도, 하수 및 폐기물 처리, 원료재생업 (수도업은 제외한다)	E (E36 제외)	평균매출액 등 30억 원 이하
35. 부동산업	L	
36. 전문 · 과학 및 기술 서비스업	M	
37. 사업시설관리, 사업지원 및 임대 서비스업	N	
38. 예술, 스포츠 및 여가 관련 서비스업	R	
39. 산업용 기계 및 장비 수리업	C34	평균매출액 등 10억 원 이하
40. 숙박 및 음식점업	I	
41. 교육 서비스업	P	
42. 보건업 및 사회복지 서비스업	Q	
43. 수리(修理) 및 기타 개인 서비스업	S	

비고

1. 해당 기업의 주된 업종의 분류 및 분류기호는「통계법」제22조에 따라 통계청장이 고시한 한국표준산업분류에 따른다.
2. 위 표 제27호에도 불구하고 철도 차량 부품 및 관련 장치물 제조업(C31202) 중 철도 차량용 의자 제조업, 항공기용 부품 제조업(C31322) 중 항공기용 의자 제조업의 규모 기준은 평균매출액 등 120억 원 이하로 한다.

37

2. 벤처기업의 정의

□ 미국 : 위험성이 크나 성공할 경우 높은 수익이 예상되는 신기술 또는 아이디어를 가지고 사업화하는 신생기업

□ 일본 : 연구개발비가 총매출액의 3% 이상인 업력 5년 이내 기업

□ OECD : R&D 집중도가 높은 기업 또는 '기술혁신', '기술적 우월성' 이 성공요인인 기업

38

❖ 우리나라의 벤처기업

◆ **벤처투자기업** (확인기관 : 한국벤처캐피탈협회)

- 벤처투자기관의 투자금액이 5천만 원 이상, 자본금의 10%(문화상품제작법인 7%) 이상
- 위 기준이 과거 6개월 이상 만족했을 것
- 벤처투자기관: 중소기업창업투자회사, 중소기업창업투자조합, 신기술사업금융업자, 신기술사업투자조합, 한국벤처투자조합, 투자전담회사, 기타 대통령으로 정하는 기관

◆ **연구개발기업** (확인기관 : 기술보증기금, 중소기업진흥공단)

- 기술개발촉진법 제7조 규정에 의한 기업부설연구소 보유
- 창업 3년 이상 기업 : 벤처확인 요청 일이 속하는 분기의 직전 4분기의 연간 R&D비용 5천만 원 이상, 매출액 대비 5% 이상
- 창업 3년 미만 기업 : 벤처확인 요청 일이 속하는 분기의 직전 4분기의 연간 R&D비용 5천만 원 이상
- 연구개발기업 사업성평가기관으로부터 사업성 우수기업(65점 이상)으로 평가 받을 것
- 연구개발 사업성평가기관 : 기술보증기금, 중진공, 한국산업기술진흥원,기술거래기관, 정보통신산업진흥원

39

❖ 우리나라의 벤처기업

◆ **기술평가보증/대출기업** (확인기관 : 기술보증기금/중소기업진흥공단)

- 무담보(사업성과 기술력만으로) 기보 기술평가 보증 또는 중진공 대출 받은 회사
  * 중진공 대출 : ①창업기업지원자금 ②개발기술 사업화자금 (특허 담보대출 포함)
    ③신성장기반자금 (기초 제조기업 성장자 금, 고 성장기업 전용자금 포함)
    ④투융자복합금융자금 ⑤재도약지원자금 중 재 창업자금
- 보증 및 대출 총 금액이 8천만 원 이상, 총자산 대비 5% 이상
  (단, 창업 후 1년 미만 기업 4천만 원, 보증금 10억 원 이상 기업은 총자산 대비 비율 미 적용)
- 기보, 중진공의 기술성 평가시 기술성 우수기업으로 평가 받을 것

◆ **예비 벤처기업** (확인기관: 기술보증기금, 중소기업진흥공단)

- 법인설립 또는 사업자등록을 준비 중인 자
- 기술 및 사업계획이 벤처기업 확인기관(기보, 중진공)으로부터 "우수"로 평가 받은 자
  ※ 숙박, 음식점업, 부동산 및 임대업, 오락, 이미용업 등 기타 서비스업은 벤처인증 제외

40

[별표 1] <개정 2018. 10. 2.>

벤처기업에 포함되지 않는 업종(제2조의4 관련)

업종	분류코드
1. 일반 유흥 주점업	56211
2. 무도 유흥 주점업	56212
3. 기타 주점업	56219
4. 블록체인 기반 암호화 자산 매매 및 중개업	63999-1
5. 기타 사행시설 관리 및 운영업	91249
6. 무도장 운영업	91291

비고: 업종 및 분류코드는 「통계법」 제22조에 따라 통계청장이 고시한 한국표준산업분류에 따른다.

41

1,000원짜리 커피사업 성공 비결은 사람에 대한 마음이다

보증금 500만원으로 권리금도 없이 그렇게 시작했다. 인테리어는 생각할 수 없는 상황이었다. 페인트를 사다 직접 칠했다. 기계도 중고시장의 발품을 팔아 가장 저렴한 기계로 들여왔다. 모두 합쳐서 투자금이 950만 원이었다. 시작은 미약해도 나중은 창대하리라. 성경 구절이 생각났다. 후미진 곳이라 인구 유입을 기대하기는 힘들었다.

어차피 알고 시작했던 일이었기에 방법을 찾아야만 했다. 네일아트샵이 생각났다. 그곳에 오는 손님들을 유입하기 위한 전략을 구사했다. 광고판을 세워놓았다. 그리고 기대하지 않고 왔지만 기대 이상을 선물하고 싶었다. 천 원짜리 커피여도 질이 떨어지지 않게 하자고 다짐했다. 원두의 공급부터 직접 발로 뛰었다. 공급하시는 분에게 직접 부탁하였고 배려해주시기로 하셨다. 자본이 없으니 돈 빼고 모든 것을 자본으로 만들어야만 했다. 그에게는 절실한 생존 창업이었다.

어느 날 토스트를 드시는 고객을 보니 커피를 다 드셨다. 목이 멜 거 같아서 무료로 한잔 더 드렸다. 그분은 깜짝 놀라셨지만 그의 배려와 마음에 감동을 받았다고 한다. 그날 이후로는 매일 오셔서 토스트와 커피를 드시는 단골손님이 되셨고 지인들을 소개해 주셨다. 그렇게 조금씩 입소문이 퍼졌다. 차츰 자리를 잡아갔다. 점점 바빠지는 날이 왔다. 그러면서 주업보다 부업이 주 수입원이 되는 시점도 왔다. 그때 회사를 퇴직하고 본격적으로 사업에 뛰어들었다.

사람의 마음은 상권이 좋다고 움직이는 것이 아닌가 보다. 6년이 지난 지금 그는 500여 개의 프랜차이즈를 가진 대표가 되었다. 점포 수를 더 늘릴 수도 있었지만 서두르지 않았다. 항상 초심을 잃지 않으려고 노력한다. 차근차근 알차게 늘려가고 점주와 상생하는 것이 그의 경영철학이다. 믿기지 않은 단시간의 성장이다.

42

기업가정신과 창업모델

창업 아이템 선정과 창업절차

Chapter 1. 창업기회의 발견

1. 창업기회의 이해

- 첫째, 창업기회는 시장성과 성장성 관점에서 충분히 매력적이어야 함
- 둘째, 시장에서 수요가 있는 적절한 시기여야 함. 시기에 비해 너무 이르거나 늦으면 제품을 출시한 이후에도 고객창출이 어렵기 때문임
- 셋째, 지속성이 있어야 한다. 즉, 사업적으로 충분히 수익을 창출할 수 있고 수익성이 지속 가능하여야 함
- 넷째, 창업기회는 구매자 또는 소비자에게 가치를 제공하는 제품, 서비스 또는 비즈니스의 범주 안에서 찾아야 함

(예) 야놀자(호텔야자, 호텔 얌, 에이치에비뉴) → heyy 브랜드 추가(사업 확장)

핵심가치 : 단순한 숙박공간 제공보다 잊지 못할 여행의 경험을 제공한다

- joy (나만의 즐거움을 찾는 20~30대) - cozy (가족단위 여행객을 위한 호텔)
- smart (비즈니스맨을 위한 호텔) - mania (취미를 즐기는 여행객 호텔)

2

[그림 4-1] 창업기회의 4가지 본질적 속성

매력적인 기회인가?

시기 적절한가?

창업기회
(Entrepreneurial
Opportunity)

지속적인가?

구매자 또는 소비자에게 가치를
제공하는 제품, 서비스 또는
비즈니스의 범주에 있는가?

출처 : Barringer, B, R, & Ireland, R, D,(2012), "Entrepreneurship: Successfuly Launching New Ventures", Fourth Edition, NJ: Pearson Prentice Hall,

3

- 성공적인 창업가는 외부적인 요인과 내부적인 요인이 유기적으로 상호작용할 때 창업기회를 발견하게 됨
- 정치, 제도, 경제 · 사회 · 문화, 그리고 기술 등 창업기업을 둘러싼 다양한 외부 환경적인 요인들은 계속적으로 변화하고 진화하는데, 이 때 환경적 트렌드를 잘 파악하는 특성을 가진 사람들이 창업기회를 포착하는데 더 유리한 위치에 있을 수 있음

[그림 4-3] 창업기회 발견 프로세스

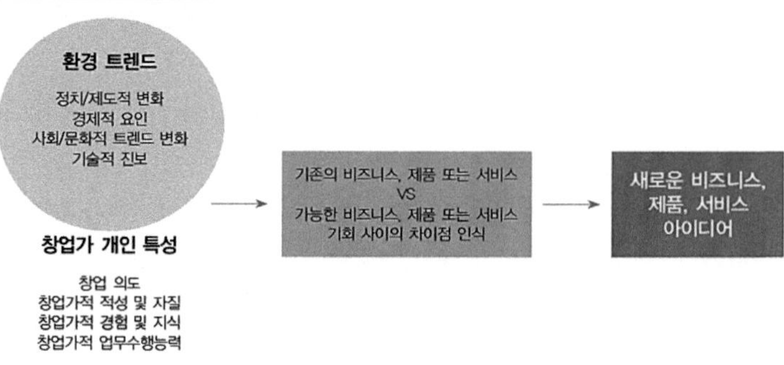

출처 : Barringer, B, R, & Ireland, R, D,(2012), "Entrepreneurship: Successfuly Launching New Ventures" 내용을 본 교재에 맞게 재구성

4

2. 창업기회의 발견방법(PEST 분석 기법)

외부환경 변화를 파악하여 창업기회를 발견하는 방법이다.

(P) 정치/제도적 변화(Political and Regulatory Changes)

- WTO 및 FTA 협상 확산, 규제철폐, 민영화, 저작권 강화,기타 법 개정 등

(E) 경제적 요인(Economic Forces)

- 거시환경 지표, 환율의 변화, 에너지 가격 변화 등

(S) 사회/문화적 트렌드 변화(Social-Cultural Trends)

- 여성경제활동 증가, 인구통계학적 변화, 소비자 인식의 변화 등

(T) 기술적 진보(Technological Advances)

- 모바일, 스마트폰의 기술 발전, 정보기술 발전, 신제품혁신 등

5

[그림 3-1] PEST 분석을 통한 창업 기회 발견

		변화요소
P	정치/제도적 변화 Political and Regulatory Changes	예) - WTO 및 FTA 협상 확산 - 규제철폐, 민영화 - 저작권 강화 - 기타 법류 개정
E	경제적 요인 Economic Forces	예) - 거시환경 지표 - 환율의 변화 - 에너지 가격 변화
S	사회/문화적 트렌드 변화 Social-Cultural Trends	예) - 여성경제활동 증가 - 인구통계학적 변화 - 소비자 인식의 변화
T	기술적 진보 Technological Advances	예) - 모바일, 스마트폰의 기술 발전 - 정보기술 발전 - 신제품 혁신

→ 새로운 제품 및 서비스의 필요

자료 : 기술창업론, 2016, 김진수 외

6

3. 창업의도 파악과 진단

1) 창업의도 파악하기

- 창업에서 가장 중요한 것은 창업을 하고자 하는 본인의 의도를 명확히 파악하는 것임
- 창업의도 파악을 위해 본인이 창업하고자 하는 목적, 창업 분야나 관련 기술과 아이디어, 최종 소비자, 최종 소비자에게 줄 수 있는 가치 등을 파악할 필요가 있음

[표 3-21] 창업 의도 기술서

창업의 배경	
창업의 최종 목표	
창업 관련 기술	
예상 최종 소비자	
소비자 가치와 혜택	

자료 : 기술창업론, 2016, 김진수 외

7

2) 창업가적 특성의 자기진단 방법

- 창업의 성공 여부는 창업자 또는 창업팀의 각 구성원들이 갖고 있는 특성에 따라 크게 좌우됨
  - 첫째, 창업가적 특성을 파악할 때 가장 먼저 체크해야 할 사항은 창업가적 적성과 자질임
  - 둘째, 계획된 창업 을 추진하는데 창업가적 경험 및 지식 여부를 평가해 보아야 함
  - 셋째, 업무수행능력(경영능력)인 창업유지능력, 인력관리능력, 경영판단 능력 등을 평가해 보도록 함
- 상기 언급된 평가 항목별로 적합성 여부를 판단하여 창업자로서의 준비 정도를 파악함

8

[표 4-3] 창업가적 특성 평가 항목

평가요소	세부평가 항목
창업가적 적성 및 자질	1. 모험심 2. 추진력 및 끈기 3. 스케일 4. 리더십 5. 의지력 6. 기본 체력
창업가적 경험 및 지식	1. 창업관련 분야의 경험 2. 학문과 지식 3. 네트워크 4. 창업자 능력
창업가적 업무수행능력	1. 가정 유지능력 2. 창업 멤버의 구성 및 통제능력 3. 서비스 및 기술혁신 능력 4. 경영 및 환경적응 능력

자료 : 기술창업론, 2016, 김진수 외

9

4. 창업자의 SWOT 분석

1) SWOT분석의 의의

SWOT(Strength Weakness Opportunity Threat)분석은 외부환경의 기회요인과 위협요인을 파악하고 기업내부의 강점과 약점을 분석한 후 전략적 대안을 도출하는 분석방법이다.

SWOT분석은 사업에 영향을 끼치는 각종 환경분석을 통해 기회요인(O: opportunity)과 위협요인(T: threat)을 발굴하고, 이를 다시 자신이 가진 강점(S: strength)과 약점(W: weakness)에 연결시켜 타당한 방향을 찾는 방법이다.

SWOT분석은 환경을 분석하는 안목을 갖출 수 있고, 나아가 자신의 잠재력과 결합해 거시적인 창업방향을 탐색할 수 있다.

10

2) 창업자의 내부요인 분석

창업자 내부요인으로는 창업자 자신의 강점요인과 및 약점요인으로 분석한다.
성공적인 창업을 위해서는 무엇보다 창업자의 자신감의 중요하다.
그러나 환경이나 역량에 대한 분석적인 시작이 없는 자신감은 무의미하다.
그러므로 자신의 강점과 약점을 파악해보는 것은 대단히 중요하다.
자신이 가지고 있는 강점을 최대한 활용하고 약점은 미리 보완하거나 피해감으로써 실패를 미연에 방지할 수 있기 때문이다.
한 가지 유의할 점은 자신의 강점과 약점을 스스로 발견해야 하므로 가급적 3자적 관점(창업자의 강점 분석, 창업자의 약점 분석)**에서 접근하는 것이 중요하다.**

11

3) 창업자의 외부요인 분석

창업자의 외부요인으로는 기회요인과 위협요인으로 나누어 분석한다.
기회요인이란 지금의 환경변화가 창업을 할 때 어떤 점에서 유리할지를 찾아내는 것이다. 위협요인은 환경변화 중에서 창업자들에게 불리하게 작용할 변수들을 말한다.
환경변수와 자신의 잠재력을 감안해 창업의 방향을 설정하고자 할 때 많이 사용하는 방법 중의 하나가 바로 SWOT분석이다.

12

❖ SWOT 분석을 통한 창업방향의 도출전략

구분	기회요인(O)	위협요인(T)
강점(S)	기회를 살리고 강점을 활용하는 전략 (SO전략) → 1순위(성공 전략화)	강점을 살리되 위험을 줄이는 전략 (ST 전략) → 2순위(위험회피)
약점(W)	기회를 살리되 약점을 감안하는 전략 (WO 전략) → 3순위(성공 전략화)	위협과 약점을 동시에 고려하는 전략 (WT 전략) → 4순위(위험회피)

자료 : 창업경영 2014 방용성 외

13

Chapter 2. 창업아이디어 개발

1. 아이디어 개발 프로세스

- 의사결정을 위해서는 [문제인식→해결책 제시→시행] 의 방법을 따르게 됨
- 하지만 사람마다 해석과 결론이 다를 수 있기 때문에 결론은 각자 다르게 나타날 수도 있음

[그림 4-5] 아이디어 개발 프로세스

자료 : 기술창업론, 2016, 김진수 외

14

2. 창업 아이디어 개발 방법

1) 브레인스토밍(자유 연상법)

- 어떤 문제를 해결함에 있어 일체의 판단이나 비판을 배제하는 자유로운 분위기에서 머리 속에 떠오르는 다양한 생각과 아이디어를 쏟아냄으로써 창의적인 아이디어를 만들어내는 기법을 말함

[그림 4-7] 브레인스토밍의 구조

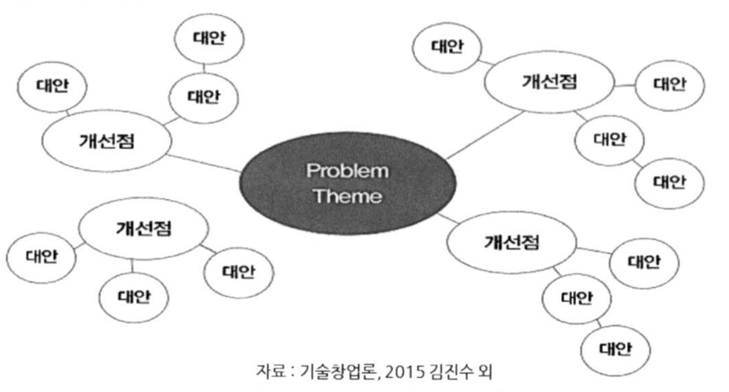

자료 : 기술창업론, 2015 김진수 외

15

◆ 브레인스토밍의 기본규칙

- 브레인스토밍은 어떠한 문제나 주제에 대해 아이디어를 창출해내는 기법으로 주로 집단회의에서 사용하지만, 개인이 혼자서 사용할 수도 있음.
- 이 두 경우 모두 좋은 창업아이디어 창출을 위해서는 4가지 기본 규칙을 철저히 따라야 함

비판금지(Support)	어떠한 아이디어라도 비판이나 평가는 하지 않도록 한다.
자유분방(Silly)	자유분방하게 아이디어를 내놓는 분위기를 조성한다.
질보단 양(Speed)	가능한 많은 아아이디어 나오는 것이 중요하다.
결합과 개선(Synergy)	이미 제안된 아이디어들을 결합해 개선된 아이디어를 창출해낸다.

자료 : 기술창업론, 2015, 김진수 외

16

◆ 브레인 스토밍 계획단계

- **참가자 구성** : 진행자, 기록자, 아이디어 발표자 등

- **장소 섭외** : 평소 익숙한 곳보다 가능한 새로운 장소를 섭외, 원형이나 U자형으로 회의 좌석을 배치

- **시간 계획** : 30분~1시간 정도가 효과적임 아침회의가 더욱 아이디어 창출에 효과적임

- **준비물** : 화이트보드, 보드 마카펜, 포스트잇, 시계, 녹음기 등

17

◆ 브레인 스토밍 진행단계

✓ **분위기 조성** : 진행자는 'ice breaking'을 통해 자유로운 분위기 유도

✓ **규칙복습** : 진행자는 브레인 스토밍의 4가지 기본 규칙을 설명하고 주지시킨다.

✓ **과정설명** : 진행자는 회의 주제, 회의 시간, 아이디어 할당량 (1인 1회 발표당 1개 아이디어 제안 등), 아이디어 발표 방법(자유발언식 , 순환식발표 등)을 참가자들에게 설명한다

✓ **워밍업** : 간단하고 익숙한 물건을 주제로 창의적인 사고를 할 수 있는 워밍업 시간을 갖는다.

【 예시 - 연필의 용도를 가능한 많이 생각하여 적어보자 】

18

✓ 브레인 스토밍 : 정해진 룰에 따라 자유롭게 자신의 아이디어를 제안한다.

✓ 짐 버리기(load dumping) : 주제와 관련 잘 알려진 아이디어를 먼저 제안하여 마음속에서 지워버린다.

진행자는 회의의 흐름이 원활하지 않을 경우 아이디어를 유도할 수 있는 질문을 던지거나, 잠시 휴식을 갖도록 한다.

기록자는 제안된 아이디어에 제안자의 이름 대신 번호를 부여한다.

✓ 정리 : 내용이 중복되거나 현실가능성이 없는 아이디어는 제거한다. 남은 아이디어 중 주제에 가장 적합하고 실현가능성이 높은 아이디어를 최종 결정한다.

19

2) 브레인 라이팅 (침묵의 아이디어 기법)

브레인 스토밍의 문제점을 보완하고자 독일의 프랑크푸르트 바텔연구소에서 만들어진 창의적 사고 기법임.

브레인 스토밍과는 달리 말을 하지 않고, 브레인라이팅 기록지에 해결할 주제에 대한 자신의 아이디어를 각자 기록한 다음 다른 참가자들과 교환하여 검토해봄으로써 새로운 아이디어를 창출하는 방식이다.

20

◆ 브레인 라이팅의 진행 절차

1. 인원수 및 자리 배치 등을 고려하여 적절하게 집단을 구성한다.
2. 집단의 구성원들에게 각각 브레인 라이팅 기록지를 한 장씩 배부한다.
3. 해결 주제를 참고하여, 각자 개별 주제를 정해 적도록 한다.
   ＊ 주제를 생각할 5분 정도의 시간을 갖는다.
4. 첫 줄(아이디어 순서 1)에 자신의 아이디어를 3개 정도 적는다.
   ＊ 아이디어를 생각할 5분 정도의 시간을 갖는다.
5. 자신의 브레인 라이팅 기록지를 옆 사람에게 전달한다.
6. 전달받은 기록지상에 적힌 기존의 아이디어를 참고하여 다음 줄(아이디어 순서 2)에 자신의 아이디어를 3개 정도 적는다.
   ＊ 아이디어를 생각할 5분 정도의 시간을 갖는다.
7. 참가자 기록지가 모두 돌아갈 때까지 5, 6번 과정을 반복한다.

21

◆ 브레인 라이팅의 장점과 단점

➢ 장점

① 참가자 개인의 사고력과 특징을 충분히 살릴 수 있다.
② 타인 앞에서의 표현을 부담스러워 하는 참가자의 사고력과 참여도를 높일 수 있다.
③ 무임승차 효과를 제거하여 전 참가자의 진지한 참여를 유도할 수 있다.
④ 지위 고하에 의한 부담, 타인 시선에 대한 부담 등이 없다.

➢ 단점

① 브레인 스토밍보다 대화의 결핍으로 인해 아이디어의 양이 적을 수 있다.
② 참가자 간에 서로를 자극하는 동반상승 효과를 기대하기 어렵다.

22

3) 랜덤 링크 (강제 연결법)

"랜덤 링크(random link)" 또는 "강제연결법"이란 생각의 범위를 강제로 넓히기 위해 와이팅(Whiting)이 창안한 기법임. 얼핏 보기에 전혀 공통점이 없는 다른 대상들을 임의로 선정하여 이 둘을 강제로 연결시켜 아이디어를 도출하는 기법 임.

◆ 랜덤 링크의 진행 절차

- 해결해야 할 주제를 정한다.
- 조합할 대상(징검다리)을 무작위로 선정한다.
- 선정된 대상(징검다리)의 속성들을 자유롭게 나열해 적는다
- 나열한 속성들을 각각 해결해야 할 주제와 강제로 연결지어 생각해본다.
- 강제로 연결지어 도출된 새로운 아이디어를 기록한다

23

◆ 랜덤 링크의 적용사례

강제 연결법은 해결할 주제를 먼저 정한 이후 조합할 대상(징검다리)을 선정하고,그 대상의 속성을 자유롭게 나열해본다. 그리고 나열된 속성들을 각각 해결할 주제와 강제로 연결 지어 새로운 아이디어를 도출한다.

- 해결할 주제 : 새로운 스마트폰을 개발해라
- 조합할 대상(징검다리) : 강아지

징검다리의 속성	주제와 연결 지어 새로운 아이디어 창출해내기
주인의 말만 잘 따른다.	음성 및 지문 인식을 적용한 잠금 기능을 적용한다.
잃어버리는 경우가 있다.	분실 시 자동으로 기능이 마비되는 기능을 탑재한다.
위험한 상황에서는 짓는다.	위급상황 시 경보가 울리는 기능을 탑재한다.
이쁘게 꾸며 줘야 한다.	악세서리를 접목시킬 수 있는 구조로 외관을 만든다.
목욕을 시켜줘야 한다.	얼룩이 잘 지지 않는 외관 재질을 사용한다.

24

4) 스캠퍼 (SCAMPER)

- 스캠퍼(SCAMPER)'는 브레인스토밍 기법을 창안한 알렉스 오스본이 아이디어 창출을 위해 만든 체크리스트를 밥 에버럴이 재구성하고 발전시킨 새로운 아이디어 창출 기법으로, 각 체크리스트 단어 의 앞 글자들을 조합하여 'SCAMPER' 라 칭함

Substitute(대체하다), Combine(합치다), Adapt(적합하게 하다),
3M (Modify, 변형하다 Magnify 확대하다 Minify 축소하다),
Reverse(반대로, 바꾸다)/Rearrange(다시 배열하다)
Eliminate(제거하다), Put to other use(다른 용도)

간단한 발상이지만 새로운 사고를 창조할 수 있는 기법이라 할 수 있다.

25

[표 4-4] 스캠퍼의 구성 내용

약자	의미	설명	예
S	Substitute (대체하기)	다른 재료, 요소,원동력, 프로세스 등	연탄재 벽돌, 종이컵, 나무젓가락
C	Combine (결합하기)	혼합, 조립, 그리고 작동, 단위, 방법, 아이디어 등의 결합	지우개 달린 연필, 필터 달린 담배, 시계겸용 라디오, 보온겸용 밥솥
A	Adapt (적용하기)	다른 용도, 과거의 적용, 다른 아이디어의 도용	산우엉 가시→매직테이프(벨크로) 장미덩쿨→철조망
M	Modify, Magnify, Minify (변형, 확대, 축소하기)	뜻, 색깔, 동작, 모양 등을 변형, 더할 수 있는 요소는? 더 크게, 높게, 강하게, 두껍게, 과장되게 등	종이비누, 포스트잇(Post-it)
P	Put to other uses (다르게 활용하기)	원래의 용도를 바꾸기 등	톱밥→장작 쓰레기→블록, 건설재료 폐 타이어→발전소의 원료
E	Eliminate (제거하기)	취소, 분리, 가볍게, 짧게, 여러 개로 나누기 등	트랜지스터, 노트북
R	Reverse, Rearrange (순서바꾸기, 재정리하기)	방향을 바꾸기, 거꾸로, 용도의 교환 등	벙어리장갑→다섯 발가락 양말

출처 : 김진수 · 이창영(2014). "창조경제 시대의 기업가정신과 창업론"

26

① 더하기 기법
물건 + 물건, 방법 + 방법과 물건 + 방법 등으로 조합하면 된다.
예) 지우개 달린 연필, 라이트 펜, 목걸이 시계, 보온 겸용 밥솥, 원피스, 장도리, PVC코팅 파이프, 바이오리듬 시계, 이중튜브 등

② 빼기 기법
성분이나 재료, 방법, 과정을 빼는 방법이나 성능이 떨어지거나 불편해지면 안되고 오히려 더 나아져야 바른 발명이다.
예) 무선전화기, 무설탕 주스, 구멍 난 시멘트 블록, 튜브 없는 타이어, 연통 없는 난로, 씨 없는 수박 등

③ 모양 바꾸기 기법
실제로 디자인과 관련이 깊은 방법이다.
예) 꼬부라진 물파스 주둥이, 올록볼록 화장지, 숟가락 달린 빨대

④ 남의 아이디어 빌리기 기법
다른 사람의 아이디어를 빌려서 발명을 하되 기능이 더 추가되도록 해야 좋은 발명이 될 수 있다.
예) 쥐 잡는 틀 → 바퀴벌레 잡는 틀, 파리 잡는 끈끈이 → 바퀴벌레 잡는 끈끈이, 스티커 우표 → 스티커 봉투 등

27

⑤ 폐품 활용하기 기법
버리는 자원을 활용하는 방법을 고안한 발명
예) 조개껍질→동물 사료, 볏집과 왕겨→완충용 포장재, 폐pet병→양식장 부유기 등

⑥ 크기를 변화시키는 기법
큰 것을 작게 하거나 작은 것을 크게 바꾼 발명
예) 소형TV, 접는 우산, 접는 책상, 접는 자전거, 소형 라디오, 자동차용 냉장고, 자바라 물감통 등

⑦ 반대로 하기 기법
거꾸로 하여 보거나 위치를 바꾸어 보는 발상기법
예) 벙어리 장갑, 발가락 양말, 공중에서 돌아가는 팽이, 거꾸로 세운 용기, 합판 등

28

5) 연꽃기법(Lotus Blossom)

- '연꽃기법(lotus blossom)'은 연꽃의 꽃잎이 가운데 중심으로 밀집해 있다가 서서히 바깥으로 펼쳐지는 모습에서 착안하여, 일본 치바시에 있는 클로버 경영 연구소의 사장 마쓰무라 야스오가 개발한 아이디어 발상기법으로, MY기법이라고도 함
- 연꽃기법은 아이디어, 문제, 이슈, 주제 등을 3칸과 3줄 9개의 칸으로 이뤄진 표를 중심으로 하여 서서히 확장해 나가는 방식으로, 가운데 핵심 단어에 둘러싸고 있는 나머지 8개의 칸에 핵심 단어와 연상되는 단어를 적으면 됨

29

◆ 1단계 : **핵심 주제 선정하기** * 3x3칸으로 구성된 8 개의 칸을 그린 후 정 중앙에 핵심 주제를 작성함

◆ 2단계 : **핵심 주제와 관련된 하위 주제 작성하기** * 중앙에 작성된 핵심 주제와 연관된 다양한 단어를 핵심 주제 주변인 나머지 8칸(A-H까지)에 채워나감

◆ 3단계 : **하위 주제 이동하기** * 핵심 주제에 대한 하위 주제를 다시 주변의 9개 영역의 중심 칸으로 각각 이동시킴

◆ 4단계 : **중심 주제별 하위 주제 생성하기** * 8개의 하위 주제 각각에 대해 8개씩 아이디어를 생각해 내어 주변의 나머지 칸을 채워 나감

◆ 5단계 : **각 중심 주제별 아이디어 정리하기** * 각 중심 주제별로 도출된 가장 좋은 아이디어에 동그라미를 쳐서 아이디어를 정리한다.
부 주제와 선정된 아이디어를 구분하여 표로 다시 재정리한다.

30

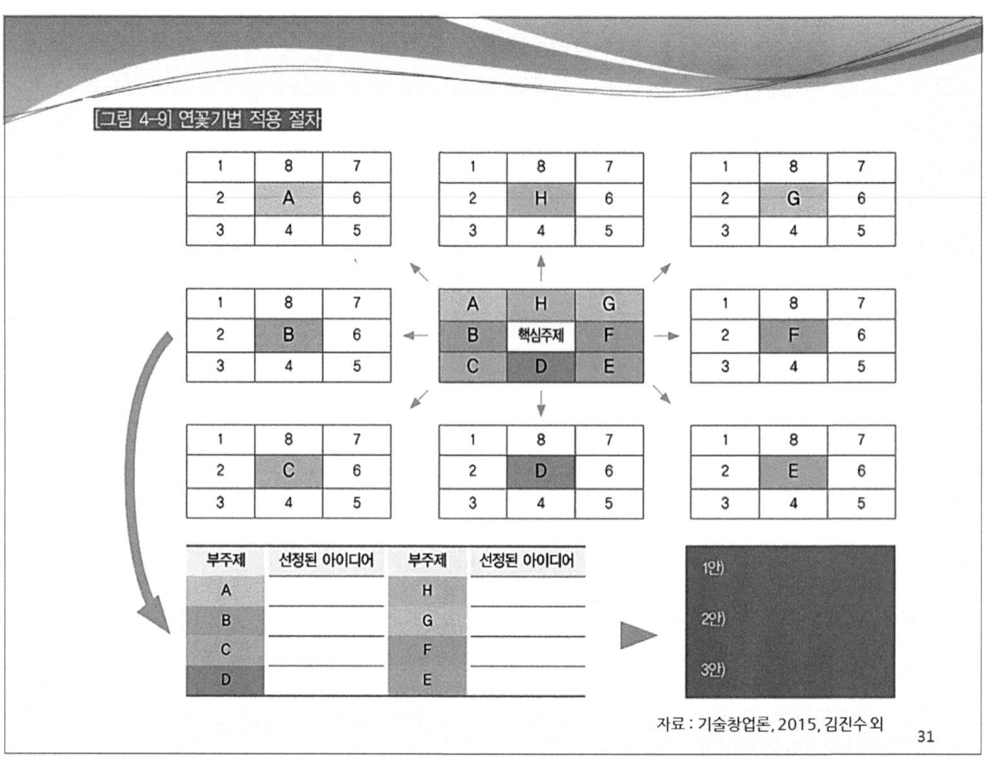
[그림 4-9] 연꽃기법 적용 절차
A H G
B 핵심주제 F
C D E
부주제 | 선정된 아이디어 | 부주제 | 선정된 아이디어
A B C D
H G F E
1안)
2안)
3안)
자료 : 기술창업론, 2015, 김진수 외
31

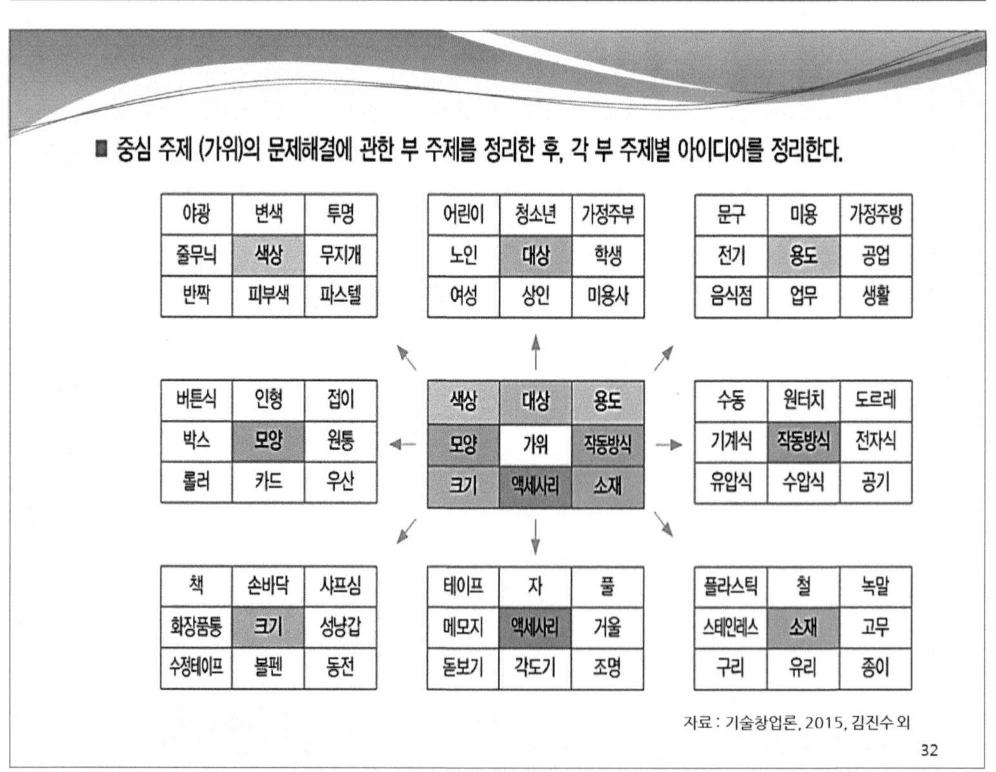
■ 중심 주제 (가위)의 문제해결에 관한 부 주제를 정리한 후, 각 부 주제별 아이디어를 정리한다.
야광 변색 투명
줄무늬 색상 무지개
반짝 피부색 파스텔
어린이 청소년 가정주부
노인 대상 학생
여성 상인 미용사
문구 미용 가정주방
전기 용도 공업
음식점 업무 생활
버튼식 인형 접이
박스 모양 원통
롤러 카드 우산
색상 대상 용도
모양 가위 작동방식
크기 액세사리 소재
수동 원터치 도르레
기계식 작동방식 전자식
유압식 수압식 공기
책 손바닥 샤프심
화장품통 크기 성냥갑
수정테이프 볼펜 동전
테이프 자 풀
메모지 액세사리 거울
돋보기 각도기 조명
플라스틱 철 녹말
스테인레스 소재 고무
구리 유리 종이
자료 : 기술창업론, 2015, 김진수 외
32

Chapter 3. 고객가치 개발하기

1. 창의적 디자인 사고의 개념과 특징

- '창의적 디자인 사고(creative design thinking)'는 미국 스탠포드 대학의 디 스쿨(D-School)과 구글이 고객의 가치창출을 창의적으로 발견하고 개발하기 위해 함께 개발한 혁신 사고 기법임
- 디 스쿨은 전통적인 개념의 디자인 제작법을 가르치는 것이 아니라, '창의와 혁신(creativity and innovation)'을 위한 디자인 방법을 가르침
- 즉, 디자인 사고의 핵심은 보기 좋은 디자인을 만드는 것이 아니라 디자이너들이 창조적인 제품을 디자인하는 방식을 배우는 것임

33

- 고객가치를 창출하는 디자인 제품을 만들기 위해 아이데오는 팀을 중심으로 디자인 프로세스를 진행함
- 아이데오 프로세스에 따르면 창의적 디자인 사고는 사람과 사물에 대한 공감적 관찰(empathic observation)을 통해 문제를 재해석(reframing issues)하고, 시각적 아이디어 도출을 통해 직접적인 사용자(고객)를 포함한 이해관계자를 이끌어 내어 빠른 시일 내에 가시적인 프로토타입을 공동 제작하는 액션전략(action strategy)을 의미함

※ **아이데오**(IDEO)는 1991년에 세 디자인 회사가 합병하여 설립한 미국의 디자인 이노베이션기업이다. 유명한 사례로는 애플(Apple)이 출시한 최초의 마우스, 마이크로소프트(Microsoft)의 두 번째 마우스, 팜 V PDA(Palm V PDA), 스틸케이스의 Leap Chair 등이 있다. **1999년 아이데오는 ABC 방송국의 '나이트라인'** 프로그램의 "Deep Dive"라는 에피소드에서 소개되었다. 이 에피소드에서 아이데오 **팀은 5일 만에 새로운 쇼핑카트를 고안해내는 프로젝트를 수행하는데 성공하였다.**

34

1) 창의적 디자인 사고의 핵심 가치

- 사람(people) : 창의적 디자인 사고를 통해 새로운 제품이나 서비스를 디자인할 때의 시작점은 사람(고객)의 관점에서 시작하는 것인데, 아이디어에는 사람(고객)들이 진심으로 바라고 원하는 것이 적합하게 반영되어 있어야 함
- 기술(technology) : 기술적으로 구현할 수 있는 아이디어야 함

[그림 5-4] 창의적 디자인 사고의 3가지 핵심 가치

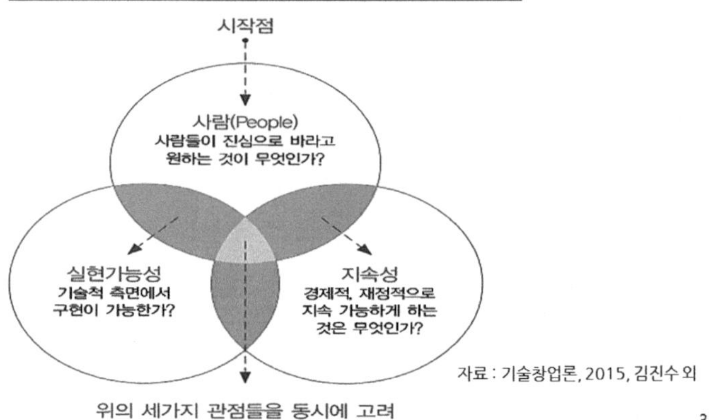

자료 : 기술창업론, 2015, 김진수 외

35

2) 창의적 디자인 사고의 마인드셋

- 첫째, 데이터를 체계적으로 분석하여 연역적 추리 또는 귀납적 추리를 통해 결론을 도출하는 분석적 사고
- 둘째, 데이터를 분석하지 않고 창의성을 바탕으로 하여 사물을 직관적으로 이해하는 직관적 사고
- 셋째, 분석적 사고에 기반을 둔 숙련과 직관적 사고에 기반을 둔 창조성이 서로 상호작용하여 균형을 이루는 디자인 사고
- 창의적 디자인 사고를 잘하기 위해서는 분석력과 직관력을 50/50으로 혼합할 수 있는 사고체계를 갖추는 것이 중요

[그림 5-5] 창의적 디자인 사고를 위한 마인드셋

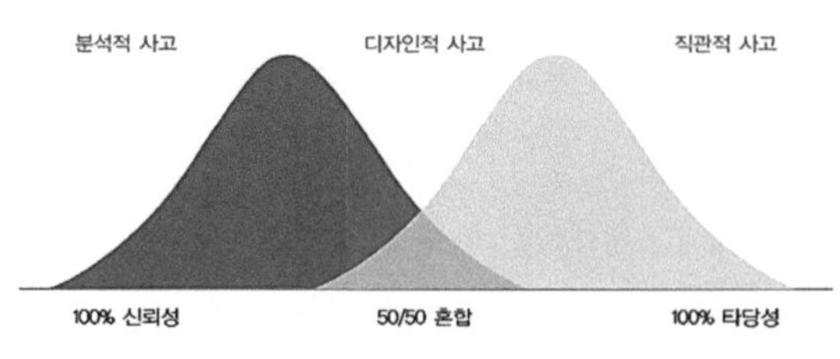

출처 : Roger Martin(2009)," The design of business"

36

2. 창의적 디자인 사고 프로세스

[그림 5-6] 창의적 디자인 사고 프로세스

1	2	3	4	5
발견하기 (Discovery)	해석하기 (Interpretation)	아이디어 제시하기 (Ideation)	실험하기 (Experimentation)	발전시키기 (Evolution)
해결해야 할 문제가 있습니다. 어떻게 접근해야 할까요?	무엇인가를 학습했습니다. 어떻게 해석해야 할까요?	기회를 발견했습니다. 무엇을 만들어야 할까요?	아이디어가 있습니다. 이것을 어떻게 구현할 수 있을까요?	새로운 것을 시도했습니다. 이것을 어떻게 발전시킬 수 있을까요?
1-1. 문제 이해하기 (Understanding challenge) 1-2. 조사 준비하기 (Prepare research) 1-3. 영감 수집하기 (Gather inspiration)	2-1. 이야기 하기 (Tell stories) 2-2. 의미 찾기 (Search for meaning) 2-3. 기회를 구체화 하기 (Frame opportunities)	3-1. 아이디어 발상하기 (Generate ideas) 3-2. 아이디어 가다듬기 (Refine ideas)	4-1. 프로토타입 만들기 (Make prototypes) 4-2. 피드백 얻기 (Get feedback)	5-1. 평가하기 (Track learnings) 5-2. 다음 계획 세우기 (Move foward)

출처 : IDEO(2012). "Design thinking for educators". 2nd edition 자료를 토대로 재구성

37

1) STEP 1. 발견하기(Discovery)

- '발견하기(discovery)' 단계는 문제해결을 위한 새로운 아이디어들의 기초 자료를 발견하고 정리하는 단계임
- 고객에게 의미 있는 해결책을 제공하기 위해서는 먼저 그들의 욕구를 깊이 이해하는 것이 필요함

STEP 1-1. 문제 이해하기(Understanding Challenge)

[그림 5-7] 문제 정의하기 예시

【조사 목적 예시】 - 지나치게 추상적인 경우

모든 인류가 행복하기 위한 방법 찾기 (X)

=> '모든 인류'라고 하면 너무 광범위한 대상이 되기 때문에 '우리 가족', 또는 '우리 반' 등으로 구체화할 필요가 있다. '행복'이라는 내용도 너무 추상적이기 때문에 '서로 소통을 잘 할 수 있는 방법 찾기' 등으로 구체화할 필요가 있음

【조사 목적 예시】 - 지나치게 구체적인 경우

방과 후에 학생들과 담임선생님이 스마트폰으로 서로 연락 가능한 상태로 연결하는 방법 찾기 (X)

=> '스마트폰으로 서로 연락 가능한 상태로 연결'은 SNS나 메신저 등 이미 나와있는 기능이나 서비스로도 누구나 충분히 구현할 수 있는 문제임

38

▪ 모든 디자인 프로세스는 본래 문제를 명확히 정의하는 것에서부터 시작함
▪ 창의적 디자인 사고에서도 먼저 조사하고자 목적을 분명히 하고 해결해야 할 문제를 명확하게 정의하여 팀원 간 공감대를 형성할 필요가 있음
▪ 문제를 이해하기 위해 정의하는 작업은 너무 추상적이어도 지나치게 구체적이어도 안 됨
▪ 해결하려는 문제를 정의한 뒤에는 문제를 보다 명확히 파악하기 위해 관련이 있는 사용자(고객)를 조사하기 위한 준비 과정이 필요함

STEP 1-2. 조사 준비하기(Prepare Research)

◆ **조사의 범위 정하기**

- 누구를 만날 것인가? 얼마나 만날 것인가? 어디에서 만날 것인가?

◆ **조사의 기법 익히기**

- **심층 인터뷰(In-depth Interview):** 창의적 디자인 사고에서 주로 적용하는 인터뷰는 조사 대상자의 공간을 방문하여 1:1로 진행하는 정성적인 인터뷰(심층 인터뷰)를 의미함

39

- **그림자 동행 관찰(Shadowing)** : 조사 대상자를 그림자처럼 따라다니면서 고객의 행동과 그 이유를 파악하는 관찰법으로, 관찰자에게 이야기하고 따라다니는 형태와 관찰자도 모르게 따라 다니면서 조사하는 형태의 2가지 방법이 있음
- **매장 관찰(Store Audit):** 매장 관찰은 해결하려는 문제와 관련된 매장이나 장소를 방문하여, 직접 그 상황 속에 들어가 봄으로써 공간에서 일어나는 사건과 물건 등을 관찰하여 의미있는 결과를 도출해내는 조사 방법

STEP 1-3. 영감 수집하기(Gather Inspiration)

◆ **인터뷰 질문 준비**

- 답을 얻고자 하는 핵심적인 문제를 사전에 정리하고, 그에 대한 답변을 얻을 수 있는 세부 질문들을 미리 작성하여 인터뷰에 들어가야 함

40

[그림 5-9] 인터뷰 질문지 작성 예시

알아야 할 것들 (To Know List) → 주요 질문 → 세부 질문

1. 남자 고등학생들의 용돈 사용 행태 파악
   1) 용돈을 받는 주기 → ● 용돈은 언제 받으시나요? → ○ 왜 그때 받으시나요? / ○ 누구한테서 받으시나요? / ○ 어떤 방법으로 받으시나요? / ○ 용돈받는 상황을 설명해주세요.
   2) 용돈을 받는 금액
   3) 용돈을 사용하는 용도
   4) 용돈을 관리하는 방법

◆ **편안한 분위기에서 인터뷰 진행**

- 인터뷰는 최대한 편안한 톤과 매너로 대화를 시작하며 인터뷰 동안 편안한 분위기를 조성하는 것이 중요함
- 인터뷰는 주제 소개, 고객과의 라포(감정 이입) 형성, 인터뷰, 고객 환경 관찰, 그리고 마무리의 순서로 진행하면 됨

41

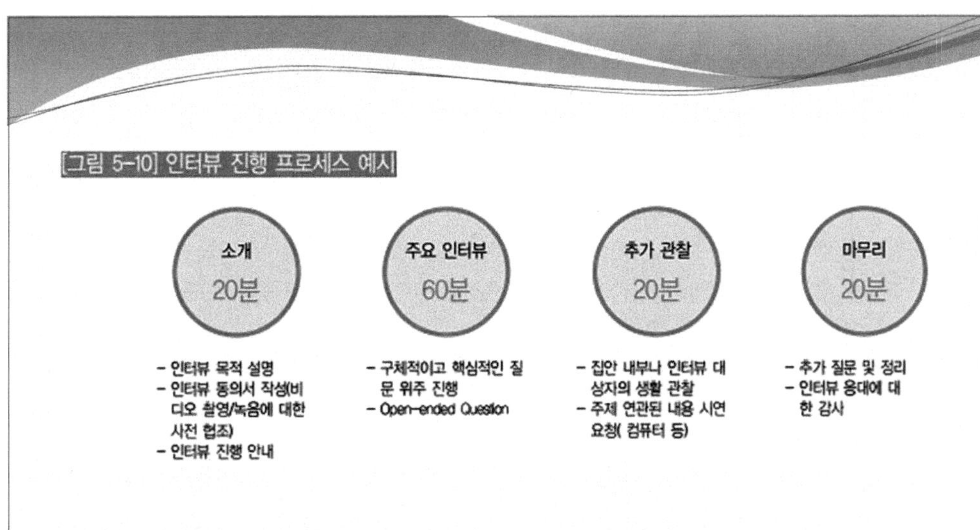

◆ **인터뷰 결과 기록과 피드백 수집** : 반드시 현장에서 내용을 리뷰하고 공유하며 이를 바로 요약하고, 즉각적인 피드백을 받음

자료 : 기술창업론, 2015, 김진수 외

42

2) STEP 2. 해석하기(Interpretation)

▪ '해석하기(interpretation)' 단계는 앞단의 발견하기 단계에서 인터뷰 또는 관찰 등의 조사 기법을 통해 파악한 내용을 해석하여 조사 대상자들의 흥미 있는 관점을 찾아내는 과정임

STEP 2-1. 이야기하기(Tell Stories)

▪ 이야기하기 단계는 현장 조사 과정에서 수집한 자료들을 딱딱한 문장들로 기술하는 것이 아니라, 이야기를 나누는 형태로 진행하여 팀이 공통적으로 공감할 수 있는 결과를 도출하는 과정임

◆**공간을 마련한다** : 가능한 한 벽에 빈 공간이 많은 방을 마련하여 플립차트 형태의 큰 종이를 벽에 붙이고 이야기하는 내용을 포스트잇에 정리하여 붙임

◆**순서대로 진행한다** : 각자가 관찰하고 인터뷰한 조사 대상자들과 방문한 장소 등을 구체화하여 서로 이야기 함

43

◆**적극적으로 경청한다** : 다른 사람의 이야기를 들으면서 자기가 깨달은 것과 비교 대조하며, 반복되어 등장하는 주제들을 파악함

◆**정보를 작은 조각들로 나눈다** : 포스트잇에 적은 메모와 관찰한 결과들을 모든 팀원들이 이해할 수 있는 간결하고 완성된 형태의 문장 또는 단어를 사용하여 정리함

◆**이야기로 주변을 채운다** : 다른 사람들이 충분히 알아볼 수 있을 만큼 크게 포스트잇에 적고 그것을 벽에 붙여, 다양한 이야기와 관점들을 종합적으로 조망함

STEP 2-2. 의미 찾기(Search for Meaning)

▪ 현장 조사를 통해 얻은 결과물들을 살펴보고 이야기해 보았다면, 이제 각 내용들이 의미하는 것은 무엇인지 검토하는 작업이 필요함

◆**공간을 마련한다** : 포스트잇으로 벽에 붙인 내용들 중 가장 놀라웠거나, 흥미로웠거나, 또는 더 알아볼 가치가 있다고 판단되는 주제를 선정함

44

◆**문제와 다시 연결한다** : 초기에 팀이 해결하려고 했던 문제를 다시 되짚어 보고, 조사한 결과들이 이 문제와 어떻게 연관이 되는지, 유사한 것들을 묶어 3~5개 정도로 의미를 좁힘

◆**의미를 가다듬는다** : 여러 단어들을 다시 배치해보면서 의미를 가장 잘 표현하는 주제를 찾아보고, 간결하고 기억하기 쉬운 문장으로 표현함

◆**외부의 관점을 얻는다** : 외부 사람들에게 의견을 물어보고 다른 사람들에게도 영감을 불러일으킬 수 있을지 확인함

45

STEP 2-3. 기회를 구체화하기(Frame Opportunities)

- 찾은 의미를 실천 가능한 것으로 만드는 과정이 바로 기회를 구체화하는 단계임

◆**"어떻게 할 수 있을까 ? " 형태의 질문을 만든다**

- 찾은 모든 의미들마다 '어떻게 할 수 있을까?' '만약 그렇다면?' 과 같은 생산적인 질문을 여러 개 만듦
- 질문들을 쉽고 간결한 축약 형태로 표현함

◆**브레인스토밍 할 질문을 선택한다**

- 브레인스토밍을 진행하기 위해 바꾼 질문들 중 5개 정도를 선정함
- 가장 아이디어가 잘 떠오를 것 같은 질문과, 초기에 해결하려고 했던 문제와 가장 관련이 있는 질문을 선택함

46

3) STEP 3. 아이디어 제시하기(Ideation)

- '아이디어 제시하기(ideation)' 단계는 다양한 아이디어를 발상해보는 과정임

STEP 3-1. 아이디어 발상하기(Generate Ideas)

- 브레인스토밍은 팀원 모두가 제약 없이 확장된 생각을 할 수 있도록 도와주는 기법으로 이를 통해 아이디어를 고안함
- 다소 추상적이고 비현실적인 아이디어가 제시된다 할지라도, 그러한 거친 아이디어들은 신선한 아이디어가 되어 현재 세상에 없는 새로운 상품이나 서비스로 나올 수 있음

STEP 3-2. 아이디어 가다듬기(Refine Ideas)

- 도출된 아이디어의 가장 핵심적인 부분들을 파악해서 과연 실현 가능성이 있는지 여부를 확인해보고, 이를 발전시킬 수 있는 방법을 고민함

47

◆**아이디어의 진짜 의미를 찾는다 :** 팀원들이 함께 각각의 아이디어의 진짜 의미인 핵심 내용을 파악함

◆**제약 조건을 나열한다 :** 아이디어와 관련된 모든 난관과 장애물들의 리스트를 작성함

◆**새로운 해결책을 브레인스토밍한다 :** 추가적으로 가능한 해결책은 없는지 짧은 브레인스토밍을 여러 번 진행함

◆**아이디어를 발전시킨다 :** 새로운 아이디어에 기초하여 팀의 콘셉트를 어떻게 바꿀 수 있는지 논의함

◆**아이디어를 모아둔다 :** 고안하기 어렵거나 흥미롭지 않은 아이디어라도 나중을 위해 모아둠

48

4) STEP 4. 프로토타입 만들기(Make Prototypes)

- '실험하기(experimentation)'는 아이디어를 현실화 시키는 단계임

STEP 4-1. 프로토타입 만들기(Make Prototypes)

- 도출된 아이디어에 적합한 프로토타입 제작 방법을 선택한 뒤 프로토타입을 실제로 제작함

[그림 5-11] 다양한 프로토타입 제작 형태

출처 : IDEO(2012), "Design thinking for educators", 2nd edition 자료를 토대로 재구성

49

STEP 4-2. 피드백 얻기(Get Feedback)

- 피드백은 아이디어를 발전시키는데 있어서 가장 가치 있는 도구라 할 수 있음
- 피드백을 얻기 위해서는 프로토타입을 사용자(고객)과 공유할 필요가 있다. 이를 통해 그들이 무엇을 원하는 지와 개선이 필요한 부분이 무엇인지에 대해 파악이 가능함

◆솔직하고 개방적인 마음으로 프로토타입을 소개한다

- 피드백을 제공할 사용자들에게 피드백을 얻을 아이디어가 아직 완전히 발전시킨 아이디어가 아니며, 프로토타입 제작과 세세한 부분들에 충분한 시간을 들이지 않았음을 명확히 전달할 필요가 있음

◆다양한 프로토타입을 보여준다

- 다양한 형태의 프로토타입을 준비하여 사용자들이 비교 대조한 후 피드백을 줄 수 있도록 함

◆중립을 유지한다

- 모든 콘셉트에 대해 중립적인 톤을 유지하여 발표하고, 긍정적, 부정적 피드백을 가리지 않음

◆직접 참여할 수 있도록 독려한다

- 사용자들이 직접 프로토타입을 바꿔볼 수 있도록 장려함

50

5) STEP 5. 발전시키기(Evolution)

- 마지막 단계인 '발전시키기(evolution)'는 시간을 두고 도출된 콘셉트를 계속적으로 발전시켜나가는 과정임

STEP 5-1. 평가하기(Track Learnings)

◆성공을 정의한다

- 아이디어를 발전시켜 나가면서 그 아이디어가 갖고 있는 영향력이 어떠한 것이고 얼마만큼 인지 평가해보는 작업은 다음 단계의 가이드라인이 된다는 점에서 중요함
- 이 단계에서는 아이디어를 평가하기 위해 '성공'의 의미를 정의하고 성공을 측정할 수 있는 지표를 파악하는 활동을 수행함

◆프로세스를 문서화 함

- 아이디어가 실현되어 우리의 생활 속에 들어오게 되면, 그 영향력을 체감하기 어려워지게 됨
- 변화는 천천히 일어날 수 있으며 미묘한 변화라도 성공의 징후가 될 수 있으므로, 발전 과정을 문서화하여 기록하는 작업이 중요함

51

STEP 5-2. 다음 계획 세우기(Move Forward)

- 아이디어가 확고한 콘셉트로 자리 잡기 시작할 때가 바로 다음 단계의 계획을 세우는 시점임
- 팀원들과 함께 아이디어 콘셉트가 우리의 일상생활 속에 녹아들 수 있도록 계획표를 작성

◆과제 리스트를 작성한다

- 아이디어 콘셉트를 만드는데 필요한 모든 과제들의 리스트를 개괄적으로, 여러 색의 포스트잇을 활용하여 작성함

◆과제별 담당자를 배정한다 : 도움이 필요한 과업 리스트를 별도로 작성함

◆일정표를 만든다

- 모든 과제를 표기한 일정표를 만들고, 팀원들끼리 약속 날짜를 정하여 그 날에는 모두가 최선을 다해 참여하도록 함

◆정기적 · 비공식적 회의를 계획한다

- 지금까지 해온 과정들이 지속될 수 있도록 정기적이면서 비공식적인 회의 일정을 잡을 수 있음

◆다른 사람들을 참여시킨다

- 문제 해결을 위한 새로운 가능성과 잠재력을 도출해 내기 위해서는 팀원 이외의 외부 사람들과 결과물을 함께 공유함

52

2008년 가을 뉴욕에서 소개된 '아쿠아덕트(Aquaduct)' 자전거는 캘리포니아의 젊은 디자이너 5명이 차고에서 만든 것이다. 물이 부족한 아프리카에서 더 많은 식수를 확보하기 위해서는 물의 '정화'와 '운반'을 동시에 해결해야 했다.
디자이너들은 페달을 돌리면 탑재된 콘덴서와 정수기에 전원이 공급되는 자전거를 제작했다. 자전거를 몰고 물이 있는 곳으로 달려가서 자전거에 달린 탱크에 물을 채우고 돌아오기만 하면 된다. 집으로 오는 길에 물은 식수로 정화되기 때문이다.
물 운송의 기능과 물 저장장치 그리고 정수기의 역할을 하도록 되어 있다.
WHO에 따르면 개량된 식수에 전혀 접근할 수 없는 사람들이 전 세계 11억 명에 달한다.

자료 : 기술창업론, 2015, 김진수 외

53

Chapter 4. 창업 아이템 선정

1. 창업 아이템 선정의 의의

- 업종 및 창업 아이템 선정은 창업자가 창업과정 중에서 맨 먼저 해결해야 할 과정

2. 창업 아이템 선정의 기본원칙

① 성장 및 발전가능성 있는 업종 선택
※상품의 수명주기: 도입기-성장기-성숙기-쇠퇴기
② 경험이나 특징을 활용할 수 있는 업종 선택
③ 인, 허가 유무
④ 실패의 위험이 적은 업종
⑤ 자기의 적성과 맞는 업종

54

3. 창업아이템 선정의 전제조건

1) 업종선택의 판단기준

- 자금조달 능력 측면
  - 제조업 : 설비투자 등의 이유로 대부분 5억 원 이상
  - 도매업, 편의점, 서비스업 : 1억 원 내지 5억 원 소요
  - 자본금 1억 원 미만 → 소매업, 서비스업 선택
- 동 업계의 경험 및 출신계통 측면
  - 제조업의 창업 : 생산,관리,판매의 3개 분야 중 적어도 2개 이상의 경험이 있는 경우 적합
  - 서비스업 창업 : 사무직 종사자나 지식산업분야의 전문가에게 적합
  - 도,소매업 창업 : 비전문가인 경우에도 관심과 노력을 통해 극복

55

2)적정자금 투입범위 결정

- 안전한 창업을 위해서는 최소한 60% 정도의 자기자본 확보가 필요함
- 가계에 지장이 없는 범위에서 자금을 투입하는 안.
- 창업자의 주택을 담보하여 창업자금을 조달하는 안.
- 사채와 제3자의 부동산(거주 주택 제외)을 담보하여 창업자금을 조달하는 안.
- 제3자 주택까지 담보하여 창업자금을 조달하는 안.

3)기업의 형태 결정

- 상법상의 회사 : 주식회사,유한회사,유한책임회사, 합명회사,합자회사
- 상법상의 회사가 아닌 개인기업

56

4) 창업자의 연령 검토

연령	창업유형	창업 아이템 선정기준
20대	모험창업	자신의 개성과 추진력을 바탕으로 창업 아이템을 선정
31~35세	선택창업	자신의 적성과 업무능력 등을 고려하여 아이템을 선정
36~40세	기반창업	자신의 경험과 닦아 놓은 기반을 최대한 활용하여 선정
41~50세	전문창업	학력을 불문하고 자신의 전문분야를 최대한 살려서 선정
51세 이상	안전창업	모험성이 전혀없는 안전한 사업분야를 선택하여 선정

자료 : 창업경영, 2014, 방용성 외

57

4. 창업 아이템의 창출기법

- 만족되지 않은 필요성(needs) 또는 욕구(want)를 발견하고 이를 만족시키는 제품이나 서비스를 탐색한다.
- 활용되지 않은 제품, 기술, 재료 등을 발견하고 이를 필요로 하는 사람 또는 시장을 탐색한다.

58

- 필요성의 발견

① 가격에 대한 욕구
② 기능에 대한 욕구
③ 품질에 대한 욕구
④ 차별화의 욕구
⑤ 동질화의 욕구(유명 연예인 등)
⑥ 디자인, 멋, 맛 등에 대한 욕구
⑦ 서비스에 대한 욕구

59

- 제품과 서비스의 발견

① 주변 사업의 관찰
② 성공한 사람에게 문의
③ 해외의 동향조사
④ 신기술 영향의 연구
⑤ 전시회의 참관
⑥ 지방의 고유기능과 제품의 활용
⑦ 간행물의 활용

60

- 자신을 중심으로 한 창업 아이템 탐색

① 내가 가장 즐기는 것은 어느 일의 어느 부분인가?

② 내가 가장 잘 아는 제품이나 공정은 무엇인가?

③ 나의 관심을 끄는 취미와 여가활동은 무엇인가?

④ 생활에 여유가 생긴다면 하고 싶은 일은 무엇인가?

⑤ 내 주변의 인적자원을 이용하여 할 수 있는 사업은 무엇인가?

61

- 기존 제품을 중심으로 탐색하는 방법

① 기존제품 - 기존시장 결합방법

② 기존제품 - 새로운 시장 결합방법

③ 변경제품 - 기존시장 결합방법

④ 변경제품 - 새로운 시장 결합방법

※위험성이 크지만 시장개척이 성공되면 고성장 가능

- 신제품을 중심으로 개발하는 방법

① 신제품 - 기존시장 결합방법(기존제품 개선품)

② 신제품 - 신시장 결합방법(시장에 없는 신제품)

62

☆창업 아이템개발 10계명

① 누구나 좋다고 생각하는 사업아이템에 현혹 당하지 마라.
(진입 난이도, 모방 용이성 참고)
② 사업아이템에도 수명이 있다.(성장기)
③ 현재의 직장을 중시하라.(관련성 고려)
④ 단계를 밟아 사업아이템을 선택하라.(경험,정보)
⑤ 유행성이 높은 사업아이템이나 미확인된 사업아이템을 경계하라.
⑥ 하이테크형 아이템보다 하이터치형 아이템을 추구하라.
(기존 상품의 성능이나 디자인 개선)
⑦ 사업아이템을 조급히 결정하지 마라.(절차와 과정을 거쳐 선정하라)
⑧ 유망 아이템에 대한 선입견을 버려라.(실패고려)
⑨ 사양산업을 무시하지 마라.
⑩ 창업자의 적성, 경험, 능력을 최우선적으로 고려하라.

63

● 제품(서비스)의 수명주기에 따른 선정

구분	도입기	성장기	성숙기	쇠퇴기
소비자	소비 준비	소비 시작	소비 절정	소비 위축
경쟁업자	미약	증대	극대	감소
창업시기	창업 준비	창업 시작	차별화	업종 변경
매출변화	조금씩 증가	최고	평행선	하락
진행	1년차	2년차	3년차	4년차

64

5. 창업 아이템 선정을 위한 정보수집

- 신문, 방송
- 창업 관련 사이트(창업넷, 비즈인포 등)
- 창업 관련 도서

6. 예비 사업성 분석

① 해당 업종 근무 등을 통한 체험 또는 업종의 경영자와 면담을 통하여 사업전망을 타진

② 2~3개 후보 아이템에 대한 소비자 반응도, 시장분포, 경쟁력 등 사업성을 분석

65

7. 2분류법에 의한 창업 아이템 선별방법

번호	질문내용	응답(v)	
		예	아니오
1	법적으로 금지된 사업인가?		
2	환경에 해로운 영향을 미치는가?		
3	국가의 산업정책에 위배되는가?		
4	업종이 사회적으로 혐오의 대상인가?		
5	거대자본과 특수설비가 필요한가?		
6	특수한 기술과 원자재를 필요로 하는가?		
7	경쟁이 치열하고 진입장벽이 낮은가?		
8	시장이나 판매조직이 없는가?		
9	대체재나 보완재가 존재하는가?		
10	진입이 어려운 독점기업이 존재하는가?		

자료 : 창업 및 사업성 검토, 1977, 이석규

66

8. 점수법에 의한 창업 아이템 선별방법

번호	질문내용	응답				
		1점	2점	3점	4점	5점
1	제품의 용도는 다양하며 광범위한가?					
2	제품의 품질은 우수한가?					
3	제품의 가격수준은 품질에 비해 낮은 편인가?					
4	제품의 대체(보완)재 개발가능성은 낮은가?					
5	진입장벽이 높은가?					
6	제품에 대한 잠재수요가 큰가?					
7	경쟁자의 수가 적은가?					
8	기존 유통경로를 쉽게 이용할 수 있는가?					
9	판매 촉진활동의 필요성이 낮은 사업인가?					
10	자본을 조달하는 데 큰 문제가 없는가?					

자료 : 창업 및 사업성 검토, 1977, 이석규

67

번호	질문내용	응답				
		1점	2점	3점	4점	5점
11	필요한 인적자원을 활용하는 데 문제가 없는가?					
12	생산 기술상 큰 문제가 없는가?					
13	생산공정과 설비를 갖추는 데 어려움이 없는가?					
14	특허권의 보호나 이용에 큰 문제가 없는가?					
15	원자재 가격은 비교적 안정적인가?					
16	인건비는 비교적 안정적인가?					
17	경기나 계절 변화시 매출액변동이 크지 않은가?					
18	법률의 개폐에 따른 위험이 크지 않은가?					
19	기술과 설비의 진부화에 따른 위험이 낮은가?					
20	신제품의 출현가능성이 낮은가?					
합계		점				

자료 : 창업 및 사업성 검토, 1977, 이석규

68

※ 점수법에 의한 창업아이템 체크리스트

80점 이상	매우 매력적인 사업
70점 이상~79점 이하	약간 매력적인 사업
50점 이상~69점 이하	확신할 수 없는 사업
50점 미만	위험한 사업

69

9. 창업 아이템 평가방법

1) 1단계 : 평가

창업아이템	지식	경험	기술	진입용이성	독창성	합계

자료 : 창업과 기업가정신, 2013, 한길석

70

2) 2단계 : 점수 부여

- 각각의 아이템에 각 영역별로 0~3점까지 점수 부여
  - ✓ 0점 - 없음
  - ✓ 1점 - 평균아래
  - ✓ 2점 - 평균
  - ✓ 3점 - 평균 위

3) 3단계 : 점수의 합계가 10 미만 아이템 제거,
모든 영역에서 2 이하인 아이템 제거,
독창성 영역 2 미만 제거

71

10. 창업 아이템의 적합성 체크

	체크항목	매우 적합	비교 적 적합	보통	거의 부적 합	전혀 부적 합
자기 적합성	아이템이 자신의 평소 적성에 맞는가?					
	직접 또는 간접적으로 경험이 있는가?					
	현재 자신의 능력만으로도 어느 정도 괜찮은가?					
	자신이 지금 처해있는 상황에 적합한가?					
	장기적으로 시장 경쟁력을 확보할 수 있는가?					

자료 : 창업과 기업가정신, 2013, 한길석

72

	체크항목	매우 적합	비교적 적합	보통	거의 부적합	전혀 부적합
투자 적합성	자신이 감당할 만한 투자규모인가?					
	차입금의 규모는 적합한가?					
	안정적 수익은 예상되는가?					
	다른 사업보다 이 사업이 더 나은가?					
	향후 시장전망은 어떠한가?					

자료 : 창업과 기업가정신, 2013, 한길석

73

	체크항목	매우 적합	비교적 적합	보통	거의 부적합	전혀 부적합
트랜드 적합성	과거보다 매우 경제적(저가격)인가?					
	다용도, 다기능을 확보하고 있는가?					
	기존 제품이나 타 회사 제품에도 적용이 가능한가?					
	남녀노소 다계층을 고객으로 확보할 수 있는가?					
	경쟁사에 비해 서비스가 획기적인가?					

※ 총점 45점이 넘으면 자신에게 적합하다고 판단

자료 : 창업과 기업가정신, 2013, 한길석

74

Chapter 5. 창업(회사 설립)절차

1. 일반적인 창업 절차

예비창업자는 철저한 사업준비를 통하여 효율적인 창업절차를 밟아야 한다.

첫 번째 단계 : 업종 및 사업아이템 선정, 사업규모 결정, 기업형태 결정, 창업팀과 조직구성 등의 핵심요소 결정

두 번째 단계 : 창업자의 경영능력, 제품기술력, 시장 및 수익성 등을 분석, 전문가의 도움을 받아 성공 가능성을 분석

세 번째 단계 : 창업사업계획서 작성, 사업수행 시 계획대로 진행되는지 평가

75

2. 회사 설립 유형 및 절차

- 사업 준비를 마치고 실제 기업을 새로 신설하고자 할 때 우리는 먼저 어떠한 형태의 기업을 만들 것인가를 결정해야 함

[그림 10-1] 기업 형태의 결정 절차

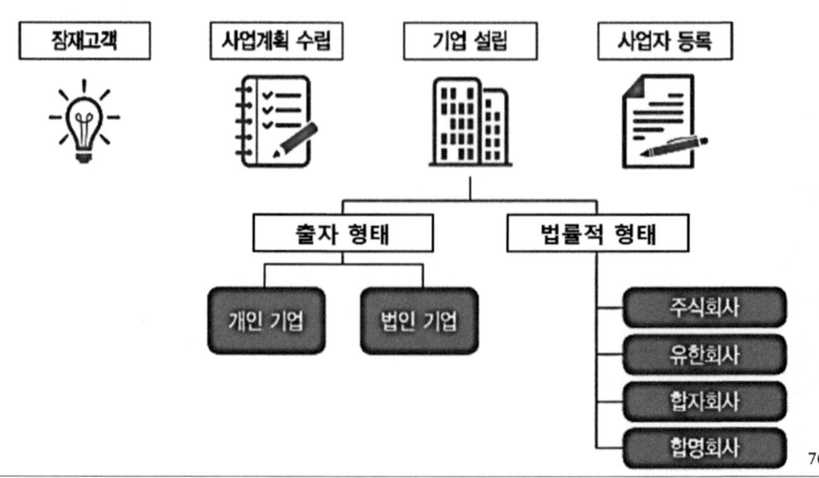

76

1) 개인기업과 법인기업의 비교

- 개인기업 형태의 기업은 완전한 법인격이 없으므로 기업주 개인이 모든 권리와 의무 및 책임의 주체가 되는 형태가 됨
- 일반적인 도·소매 또는 서비스 창업의 경우 규모가 크지 않을 경우 개인사업자의 형태로 출발하고 추후 회사의 성장 속도에 따라 법인으로 전환하는 것이 가장 일반적인 형태임
- 법인기업은 기업 자체가 별도의 법인격을 가지고 권리와 의무의 주체가 되며 기업의 소유자로부터 분리되어 운영됨
- 기술창업의 경우 해당 기술을 사업화하는 과정에서 정확한 소유권의 배분과 다양한 인적자원이 결합되는 경우가 많으므로 주식회사 형태의 법인기업을 설립하는 경우가 많다고 볼 수 있음

77

[표 10-1] 개인기업과 법인기업의 비교

개인기업	비교 기준	법인기업
- 기업과 기업주가 동일 - 기업의 이윤이 곧 기업주의 이윤	이익 배분	- 대표이사라고 하더라도 법인 이윤은 배당 절차를 통해 배분됨
- 기업설립 절차가 용이함 - 초기 창업자금이 적게 소요됨	기업 설립절차	- 설립 시 발기인, 창립총회 개최 등 일정 절차가 필요함
- 기업 활동의 의사결정이 신속함	의사결정	- 중요 결정은 이사회, 주주총회 등을 거쳐야 되므로 느림
- 기업경영상 발생하는 모든 부분은 기업주의 무한 책임	기업주 책임	- 투자지본의 범위 내 유한 책임
- 투자나 차입 등 자본조달에 한계	자본 조달	- 주주 모집 및 증자 등을 통해 자본조달이 용이함
- 소규모 사업의 경우 적합하며 추후 법인으로 전환 가능	업종 규모	- 법인에 대한 대외 공신력이 높아 영업활동에 유리할 수 있음
- 종합소득세법	적용세법	- 법인세법
- 과세표준금액에 따라 6~42%	세율	- 과세표준금액에 따라 10~25%

78

2) 개인기업의 설립 절차

◆ 해당 업종의 인·허가 취득

- 인·허가 등록 및 신고절차를 얻어야만 사업을 개시할 수 있는 업종이 있음
- 창업할 업종에서 해당 절차가 필요한지를 검토하여 사전에 당해 업종을 주관하는 주무관청 또는 지방자치단체를 통해 사업 개시에 따른 인·허가를 취득할 필요가 있음

◆ 사업자등록 절차

- 예비창업자는 사업 개시일로부터 20일 이내에 사업장 소재지 관할 세무서에 신고하여 사업자등록을 해야 함
- 사업자등록 신청 시 구비해야 하는 서류는 사업자등록 신청서, 사업 인·허가증 사본(해당 업종의 경우), 사업장 매매 및 임대차 계약서, 주민등록등본 등이 필요함
- 관할 세무서는 사업자등록 신청일로부터 7일(또는 14일) 이내에 사업자 등록번호가 기재된 사업자등록증을 교부함

79

[그림 10-2] 개인기업의 설립절차

사업 아이템 선정 및 사업타당성 조사

↓

사업계획 수립 : 사업 규모 및 기업 형태 등 결정

↓

관련 인 · 허가 취득(관련 업종 부관부처)

↓

사업자등록(사업장 소재지 관할 세무서)

↓

사업 개시

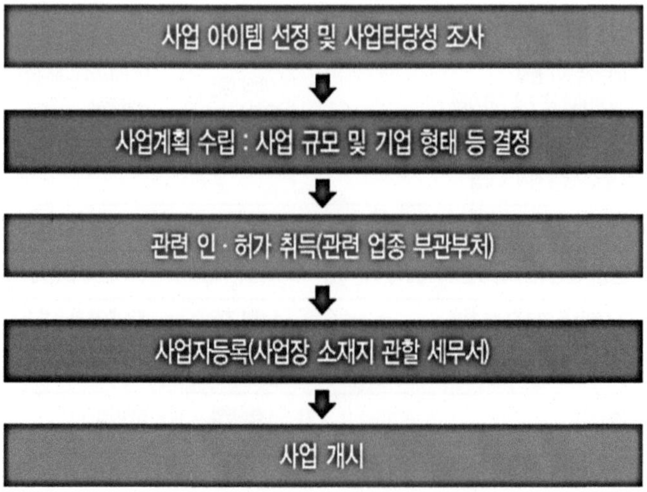

80

3) 법인기업의 설립 절차

- 법인기업은 주식회사의 형태 이외에도 합명회사, 합자회사, 유한회사 등이 있음
- 이 중 실제 예비 창업자들이 가장 많이 선택하게 되는 법인기업은 주식회사의 형태임

◆주식회사 설립절차

- 주식회사는 출자(투자) 또는 인수한 주식 금액에 대하여만 회사에 대한 책임을 지게 되는 유한책임의 특징을 가짐
- 주식회사는 1인 이상의 발기인이 발기인 조합을 구성하여 상법이 규정하는 바에 따라 정관을 작성하고, 주식 인수 및 주금 납입 등의 일정한 절차를 거쳐 법원에 설립등기를 함으로써 설립하게 됨
- 일반적으로 주식회사는 회사를 설립하는 절차에서 약간 복잡한 면이 있으나 회사의 소유와 경영이 분리되고 주식과 사채 발행 등을 통해 불특정 다수인으로부터 필요 시 자본 조달이 가능하며 회계상의 투명성 확보 등의 강점을 가짐
- 따라서 많은 예비창업자들이 주식회사 형태의 법인기업 설립을 선호한다고 할 수 있음

81

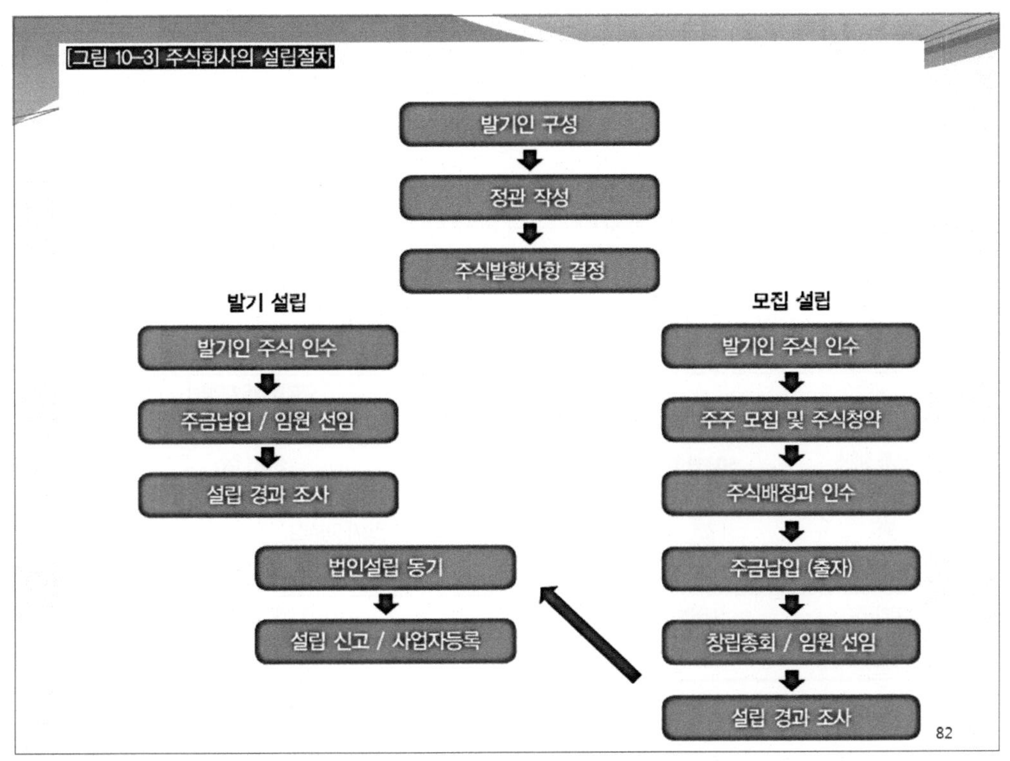

82

◆법인사업자 등록

- 법인의 경우 설립등기가 완료되면 등기를 한 날로부터 20일 이내에 사업장 소재지 관할 세무서에 법인설립 신고 및 사업자등록 신청서를 제출해야 함
- 법인사업자 등록 절차도 개인사업자와 유사하며 인·허가 및 신고 업종여부를 검토하고 필요시 시, 군, 구 등 관련 기관에 관련 인·허가 및 신고절차를 사전에 거쳐야 함
- 사업자 등록 시에 정관 및 주주(출자자)명세서, 현물출자명세서, 자금출처 소명서, 사업장 명세서 등의 서류를 첨부함

◆4대 보험 가입

- 4대 보험은 고용보험, 산업재해보상보험, 국민연금, 국민건강보험을 말하며 근로자를 사용하는 모든 사업장은 반드시 가입함
- 국민연금 및 건강보험의 근로자는 법인의 임원 및 대표자를 포함하지만, 고용 및 산재 보험의 근로자는 법인의 대표자를 포함하지 않음
- 4대 보험관련 신고는 4대 보험 공통서식을 통해 사업장에서 가까운 기관 한 곳에만 신고하거나 인터넷(www.4insure.or.kr)으로 신고하면 원스톱으로 해결 할 수 있음

83

[표 10-2] 4대 사회보험 비교표

구분	국민연금	건강보험	고용보험	산재보험
적용사업장	1인 이상 근로자 의무가입	상시근로자 1인 이상	1인 이상 근로자 의무가입	상시근로자 1인 이상
신고기한	근로자를 사용하는 사업장이 된 이후 14일 이내		근로자 채용일로부터 그 다음달 15일까지	
부과소득 상한선	503만원	9,925만원	상한선 없음	
보험료 부담	사용자와 근로자가 각각 1/2씩 부담		실업급여는 사용자와 근로자 50%부담	사업주 전액부담
납부방법	월납		연납(분할 납부 가능)	
납부마감일	다음날 10일(신고마감일은 15일)		당해 연도의 3월 31일까지	
납부의무자	사용자		사업주	

출처 : 중소기업청 · (사)한국창업보육협회(2015), 기술창업 가이드, p.349.

84

2020년 국민연금 요율

부과기준	근로자	사업주
기준소득월액	4.5%	4.5%

2020년 건강보험 요율

구 분	보험 요율	근로자	사업주
건강 보험료 (보수월액 기준)	6.67%	3.335%	3.335%
장기요양 보험료 (건강보험료 기준)	10.25%	가입자부담 10.25%	사업자부담 10.25%

85

2020년 고용보험 요율

구 분		근로자	사업주
실업급여		0.8%	0.8%
고용안정, 직업능력 개발사업	150인 미만 기업	-	0.25%
	150인 이상 (우선지원대상기업)	-	0.45%
	150인 이상 1,000인 미만 기업	-	0.65%
	1,000인 이상 기업, 국가 지방자치단체	-	0.85%

86

2020년 산재보험 요율 (사업주가 전액부담)

업종 분류(표준산업분류)	임금총액 x 보험 요율
1. 광업	5.83 ~ 18.63%
2. 제조업	0.73 ~ 2.53%
3. 전기·가스·증기 및 수도사업	0.93%
4. 건설업	3.73%
5. 운수·창고·통신업	0.93 ~ 1.93%
6. 임업	5.93%
7. 어업	2.93%
8. 농업	2.13%
9. 기타의 산업	0.73 ~ 1.03%
10. 금융 및 보험업	0.73%

87

[표 10-3] 사업 인·허가의 유형

구분	내 용
허가	- 법령에 의한 일반적, 상대적 금지(부작위 의무)를 특정한 경우에 해제하여 적법하게 일정한 사실행위 또는 법률행위를 할 수 있도록 자유를 회복시켜 주는 행정행위를 말함. - 일반적으로 영업허가는 보건, 위생, 풍속 또는 사회질서와 공공복리 등과 관련된 업종에 대해 국민의 권익을 보호하기 위해 일반적으로는 영업을 금지하고 특정한 경우에 한해 그 금지를 해제하여 영업을 할 수 있게 하는 것으로 법률로서 허가 요건을 엄격하게 정하고 있음.
	예) 먹는 샘물제조업, 식품제조가공업, 연탄제조업, 소금제조업, 비료생산업, 농약원제업, 유해화학물질제조업, 의약품제조업 등
등록	- 등록은 영업과 관련된 일정한 사실이 기재된 등록신청서를 관할 관청에 제출하게 하여 해당 기관에 비치된 등록대장에 등재되도록 하는 것으로 해당 대장에 등재가 되면 어떤 사실이나 법률관계의 존재가 공적으로 공시 또는 증명되는 것으로 일종의 허가의 성질을 갖고 해당 업종에 대한 등록요건을 관련 법률로서 정하고 있음.
	예) 농약 제조업, 수처리 제조업, 정화조 제조업, 출판 및 인쇄업, 음반 및 비디오물 제조업, 열사용기자재 제조업, 계량기 제조업 등
신고	- 신고는 법령 등이 정하는 바에 따라 일정한 사항을 관할 관청에 통지하는 것으로 신고서의 기재사항에 흠이 없고 필요한 구비서류가 첨부되어 있으며 기타 법령 등에 규정된 형식상의 요건에 적합한 때에는 신고서가 접수기관에 도달한 때에 신고의무가 이행된 것으로 함.
	예) 식품영업, 세척제 제조업, 장난감 제조업, 항공우주산업 및 기타 위생용품 제조업 등

자료 : 기술창업론, 2015, 김진수 외

88

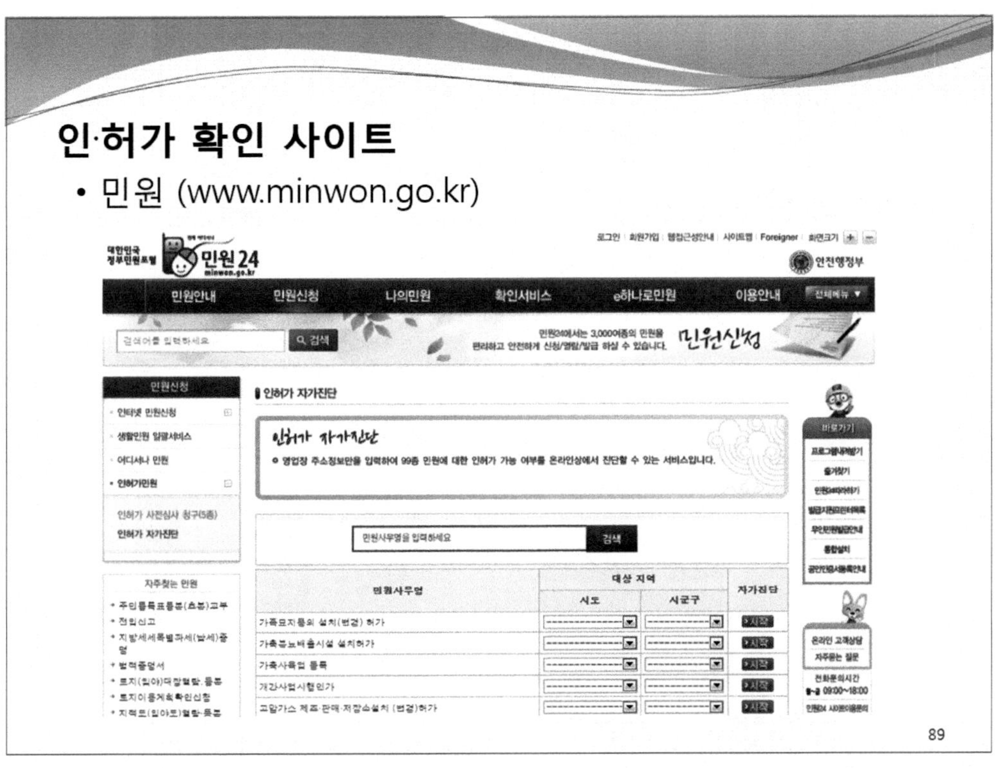
인·허가 확인 사이트
• 민원 (www.minwon.go.kr)
민원24
민원안내
민원신청
나의민원
확인서비스
e하나로민원
이용안내
민원신청
인허가 자가진단
검색
대상 지역
시도
시군구
자가진단
89

인·허가 확인 사이트
• 공감지도 (www.gmap.go.kr)
생활공감지도
인허가자가진단
생활불편신고
공공서비스안내지도
스마트안전귀가
인허가 자가진단 서비스
간편한 클릭으로 인허가를 사전에 도와드립니다.
STEP 1 희망업종 선택하기
희망업종이 무엇입니까?
STEP 2 희망지역 선택하기
어느 지역에서 인허가를 받고자 하십니까?
인허가 자가진단하기 >
생활공감지도
90

인·허가 확인 사이트

- '인허가 자가진단' 스마트폰 앱

91

(견본)

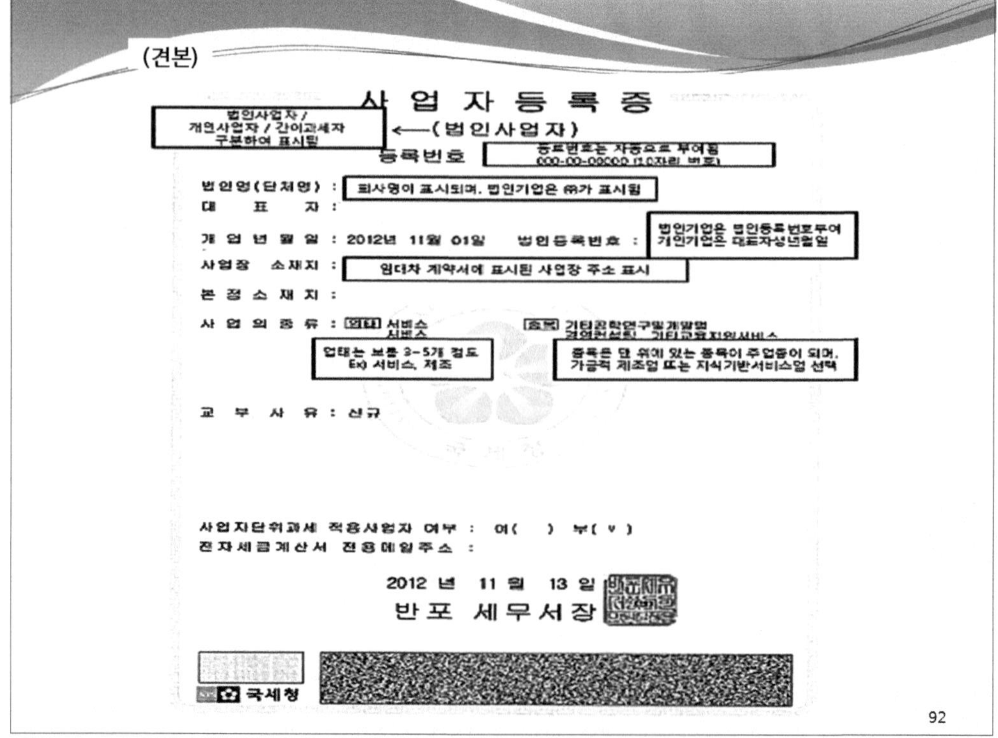

사 업 자 등 록 증

(법인사업자)

[법인사업자 / 개인사업자 / 간이과세자 구분하여 표시됨]

등록번호 [등록번호는 자동으로 부여됨 000-00-00000 (10자리 번호)]

법인명(단체명) : [회사명이 표시되며, 법인기업은 ㈜가 표시됨]

대 표 자 :

개 업 년 월 일 : 2012년 11월 01일 법인등록번호 : [법인기업은 법인등록번호부여 개인기업은 대표자생년월일]

사업장 소재지 : [임대차 계약서에 표시된 사업장 주소 표시]

본 점 소 재 지 :

사 업 의 종 류 : 업태 서비스 서비스 종목 기타공학연구및개발업 경영컨설팅 기타교육지원서비스

[업태는 보통 3~5개 정도 Ex) 서비스, 제조]

[종목은 맨 위에 있는 종목이 주업종이 되며, 가급적 제조업 또는 지식기반서비스업 선택]

교 부 사 유 : 신규

사업자단위과세 적용사업자 여부 : 여( ) 부(v)

전자세금계산서 전용메일주소 :

2012 년 11 월 13 일

반포 세무서장

국세청

92

※ 간이 과세자와 일반 과세자

간이과세자	연간 공급대가 예상액이 4,800만원 미만인 개인사업자
다만, 아래 사업자는 연간 공급대가 예상액이 4,800만원 미만이라도 간이과세를 적용받을 수 없음 ⊙ 광업, 제조업 (과자점, 떡방앗간, 양복·양장·양화점은 가능) ⊙ 도매업 (소매업 겸업시 도·소매업 전체), 부동산매매업 ⊙ 시 이상 지역의 과세유흥장소 ⊙ 전문직사업자(변호사, 신판변론인, 변리사, 법무사, 공인회계사, 세무사, 경영지도사, 기술지도사, 감정평가사, 손해사정인업, 통관업, 기술사, 건축사, 도선사, 측량사업, 공인노무사업, 약사업, 한약사업, 수의사업 등) ⊙ 국세청장이 정한 간이과세 배제기준에 해당되는 사업자 ⊙ 현재 일반과세자로 사업을 하고 있는 자가 새로이 사업자등록을 낸 경우 (다만, 개인택시, 용달, 이·미용업은 간이과세 적용 가능) ⊙ 일반과세자로부터 포괄양수 받은 사업	
일반과세자	간이과세자 이외의 개인 과세사업자

93

※ 개인기업이 사업자등록 신청시 제출서류

• 사업자등록 신청서 1부
• 임대차계약서 사본(사업장을 임차한 경우)
※ 단, 전대차계약인 경우는 "전대차계약서 사본"
(계약서 사본에 건물주의 동의 또는 승낙 표시)
• 허가(등록, 신고)증 사본(해당 사업자)
- 허가(등록, 신고) 전에 등록하는 경우 허가(등록) 신청서 등 사본 또는 사업계획서
• 동업계약서(공동사업자인 경우)
• 재외국민·외국인 입증서류
- 여권 사본 또는 외국인등록증 사본
- 국내에 통상적으로 주재하지 않는 경우 : 납세관리인 설정 신고서

94

온라인 법인설립시스템 안내

법인설립시 상호 검색에서부터 4대사회보험 가입에 이르는 설립 전 과정을 온라인화하여 창업자의 서류작성과 기관방문의 부담을 덜어주기 위해 구축한 시스템입니다.

회원가입 및 개인공인인증서 : 구성원 모두 G4B사이트를 통한 개인명의 회원가입 (법인, 개인사업자 가입불가) 및 은행에서 무료로 발급 가능한 개인 일반은행용 인증서 필요
전자서명시 인증서 필요하며 회원 가입전 인증서 만료일 확인 후 등록해야하며 등록한 인증서는 중간에 재발급 및 변경 자제

법인인감 : 인터넷 등기소를 통해 중복 상호명 유무 확인 후 상호명 기입 된 법인인감 도장 준비
도장 규격은 지름 1㎝~2.4㎝이내

주민등록등본상 주소확인 : 기본정보의 구성원 정보입력시 현재 등본상 주소와 상이할 경우 등기신청 불가하므로 사전에 확인 필요

법인등록면허세 감면신청서류 : 감면대상에 해당하지 않을 경우 추가 서류가 불필요하나 감면대상에 해당 될 경우 감면사유 작성 및 증빙서류 스캔첨부 필요
관할 시, 군, 구청 법인등록면허세과에서 감면 여부 확인 가능

스캐너 : PC와 로컬로 연결된 Twain드라이버 버젼의 스캐너 필요
법인인감 업로드시 필요

자본금통장 : 자본금 납입관련 잔액증명서를 발급받을 발기인대표 명의의 입출금 개인계좌 필요 (10억미만 주식회사 발기설립의 경우만 필요)
단위농협, 신협, 제2금융권, 축협 ,우체국 계좌 불가하며
정기예금, 마이너스, 적금, 예금, 평생계좌 불가

구성원 : 주식회사 설립의 경우 조사보고서 작성을 위한 지분없는 감사 1인 선임 필수인 관계로 최소인원은 대표자와 지분없는 감사 총 2인으로 설립가능. 유한, 합명, 합자 회사의 경우 2인이상, 유한책임 회사의 경우 1인으로 설립가능하며 직책은 별도 참고
최대 구성원 10인 가능

최저자본금 : 최저자본금제 폐지로 100원 이상 비용으로 법인설립 가능합니다.
업종별 자세한 최저자본금은 세무서로 문의

기본정보 및 서식작성 가능 시간

상담센터 이용시간
연계업무 진행가능시간 9시10분~17시 45분

진행단계별 평균 소요시간
최소 20분 ~ 최대 50분

법인유형 미리 살펴보기 바로가기 GO

참고사항

* 법인설립 전 체험서비스 및 법인설립매뉴얼을 이용하시면 사전 정보 획득 및 법인설립 절차를 확인하실 수 있습니다.
* 잔액(고)증명서 발급 가능 은행 : 중소기업은행, 국민은행, 외환은행, 수협중앙회, 농협중앙회, 우리은행, SC제일은행, 씨티은행, 신한은행, 하나은행, 부산은행, 광주은행, 대구은행, 전북은행, 제주은행 단, 제 2금융권은 제외(예 : 우체국, 저축은행 등)
* 사업의 목적 작성시 자세한 정보는 한국표준산업분류표를 참고하시면 됩니다.

법인설립예상 소요비용 계산 바로가기 GO

✓ 하루동안 이 창을 열지 않고자 하는 경우, 하단의 [닫기]를 눌러주세요.

https://www.startbiz.go.kr/index.do#main02

온라인 법인설립시스템 | 새로운 법인설립 시작하기 | 법인설립 전 확인사항 | 법인설립 체험관 | 법인설립 정보관 | 회원가입 · 로그인

새로운 법인설립 시작하기

주식회사
주식의 인수가액에 대한 출자 의무만을 부담하는 회사

유한책임회사
각 사원의 출자금액을 한도로 책임을 지는 회사

유한회사
사원의 출자금액을 한도로 책임을 지는 회사

합명회사
회사의 채무에 대하여 연대하여 무한의 책임을 지는 회사

합자회사
무한책임사원과 유한책임사원으로 구성된 회사

※ 법인 설립등기(관할법원 등기소)시 구비서류

- 설립등기 신청서
- 정관작성(상호, 1주당 주식가격 등)
- 주주명부(이사 3인 이상, 감사 1인 이상), 주주의 인감증명서
- 주민등록등본, 자산명세서, 주주출자 확인서 등
- 발기인 총회 의사록, 이사회 의사록

97

※ 법인이 사업자등록 신청시 제출서류

- 법인설립신고 및 사업자등록신청서 1부
- 법인등기부 등본 1부
- (법인명의)임대차계약서 사본(사업장을 임차한 경우) 1부
- 주주 또는 출자자명세서 1부
- 사업허가 · 등록 · 신고필증 사본(해당 법인) 1부
  - 허가(등록, 신고) 전에 등록하는 경우 : 허가(등록)신청서 등 사본 또는 사업계획서
- 현물출자명세서(현물출자법인의 경우) 1부

98

※ 사회적 기업의 유형

1) 일자리 제공형

- 조직의 주된 목적이 취약계층에게 일자리를 제공

2) 사회서비스 제공형

- 조직의 주된 목적이 취약계층에게 사회서비스를 제공

3) 혼합형

- 일자리 제공형 + 사회서비스 제공형

4) 기타형

- 사회적 목적의 실현여부를 고용비율과 사회서비스 제공비율 등으로 판단하기 곤란한 사회적 기업

5) 지역사회 공헌형

- 지역사회 주민의 삶의 질 향상에 기여

99

※ 사회적 기업과 예비 사회적 기업

구 분	사회적 기업	예비 사회적 기업
법률	사회적 기업 육성법	사회적 기업 육성 지원을 위한 조례·규칙
인증요건	① 조직형태 ② 유급근로자 고용하여 영업활동을 수행할 것 ③ 사회적 목적 실현(취약계층 고용·사회서비스제공 등) ④ 이해관계자가 참여하는 의사결정구조 ⑤ 영업활동을 통한 수입(매출액이 노무비의 30% 이상) ⑥ 정관·규약을 갖출 것 ⑦ (상법상회사의 경우) 이윤의 2/3 이상 사회적 목적을 위해 재투자	① 조직형태 ② 유급근로자고용을 통한 영업활동 수행 (매출규모 무관) ③ 사회적 목적 실현(취약계층 고용·사회서비스제공 등) ④ (상법상회사의 경우) 이윤의 2/3 이상 사회적 목적을 위해 재투자
지원	① 경영컨설팅 ② 공공기관 우선구매 ③ 시설비 등 지원 ④ 세제 지원 ⑤ 사회보험료 지원 ⑥ 전문인력 채용 지원 ⑦ 인건비 지원 ⑧ 사업개발비 지원 ⑨ 모태펀드	① 경영컨설팅 ② 공공기관 우선구매 (기관별 차이 있음) ③ 인건비 지원 ④ 사업개발비 지원 ⑤ 모태펀드

100

※ 휴업 · 폐업 신고

- 사업 개시일 전에 신규 등록한 자가 사실상 사업을 개시하지 아니 할 때는 지체없이 『휴업(폐업)신고서』에 사업자 등록증을 첨부하여 사업장 관할 세무서장에게 제출
- **휴업**
  - 일반적인 경우는 사업장 별로 그 사업을 실질적으로 휴업하는 날이며, 휴업일이 명백하지 않는 경우에는 휴업신고서의 접수일이 됨
- **폐업**
  - 회사정리 절차 중인 경우,사업을 실질적으로 폐업한 날로부터 25일 이내에 신고하여 승인을 받는 경우에 한하여 잔여재산가액 확정일

101

※ 사업자등록 정정신고 사유

- 상호를 변경하는 때
- 법인 또는 단체의 대표자를 변경하는 때
- 사업의 종류에 변경이 있는 때
- 사업장을 이전하는 때(사업장 단위 신고·납부의 경우에 종 사업장 포함)
- 상속으로 인하여 사업자의 명의가 변경되는 때
- 공동사업자의 구성원 또는 출자지분의 변경이 있는 때
- 임대차계약 내용에 변경이 있거나 새로이 상가건물을 임차한 때
- 사업자 단위 신고·납부 승인자의 총괄사업장 이전 또는 변경

102

3. 사업개시 준비

사업인,허가와 회사설립 단계가 완료되면, 사업 추진을 위한 행정절차를 마무리해야 한다.

사업장 설치, 부동산등기, 인력채용 , 사내 업무규정 제정 취업규칙신고, 산업재해보험, 건강보험, 고용보험, 국민연금 신고 등이며, 이것이 완료되면 기업활동을 개시한다.

103

[표 10-4] 연구소 / 연구개발 전담부서 인정 요건

구분			구분
인적요건	연구소	벤처기업	연구전담요원 2명 이상
		연구원창업중소기업	연구전담요원 3명 이상
		소기업	단, 창업일로부터 3년까지는 2명 이상
		중기업	연구전담요원 5명 이상
		국외에 있는 기업연구소 (해외연구소)	연구전담요원 5명 이상
		중견기업	연구전담요원 7명 이상
		대기업	연구전담요원 10명 이상
	연구개발전담부서	기업규모에 관계없이 동등적용	연구전담요원 1명 이상
물적요건	연구시설 및 공간요건		연구개발 활동을 수행해 나가는데 있어서 필수적인 독립된 연구공간과 연구시설을 보유하고 있을 것

출처 : 연구소/전담부서 신고관리시스템(www.rnd.or.kr)

104

기업가정신과 창업모델

창업사업계획 분석 및 작성

Chapter1. 창업 아이디어의 실현가능성 검증

1. 제품 또는 서비스 실현가능성

1) 고객이 제품/서비스를 필요로 하고 있는가?

- 고객이 이미 제품/서비스를 원하고 있다면 초기 창업기업의 마케팅 및 판매 과정이 한결 쉬워질 수 있음
- 비즈니스에서는 판매하는 제품을 필요로 하는 고객이 있다는 것이 가장 중요함
- 반대로 만약 고객이 해당 제품/서비스의 필요성을 특별히 느끼지 못한다면 초기 창업가는 제품의 가치를 알리고 홍보하기 위해서 마케팅에 많은 돈을 지불해야 함
- 따라서 창업가는 발굴한 아이디어를 과연 고객들이 필요로 하고 있는가에 대해 검증하는 것이 비즈니스 모델링 또는 타겟 고객의 피드백 등을 통해 필요함

2

2) 제품/서비스를 판매할 준비가 되어 있는가?

- 초기 창업가(팀)는 언제든지 판매할 수 있게 준비된 제품/서비스를 가지고 있어야 함
- 사용이 바로 가능하며 문제가 없는 제품/서비스를 제공할 수 있는지를 검토해야 함
- 우리 회사의 제품/서비스의 핵심 기능은 개발된 상태이며 어느 정도 시험단계를 마친 상태인지를 객관적으로 살펴보아야 함

3) 제품/서비스에 법적인 책임을 져야 하는 리스크가 있는가?

- 바람직한 창업 아이디어는 법적으로 책임을 져야 할 만한 위험이 없어야 함
- 소송이 빈번한 지금 시대에서 모든 제품/서비스의 잠재적인 법적 리스크는 주의 깊게 평가되어야 하며, 위험요소를 줄이기 위한 모든 노력이 투입되어야 함
- 창업가의 특정한 아이디어에 따른 책임 보험에 가입하거나 이러한 분야의 자문을 받음으로써 제품/서비스의 법적 책임 위험을 감소시킬 수 있음

3

4) 제품/서비스의 수명이 영구적인가?

- 최첨단 기술을 가진 벤처기업들의 애로사항 중에 하나는 그들이 가진 제품의 수명이 짧다는 것이다. 실례로 많은 컴퓨터 하드웨어 제품들은 짧은 시간 내에 구식이 됨
- 제품/서비스는 단기간에 사라지지 않으며, 구식이 되지도 않고 유행 등의 영향을 받지 않고, 수요는 지속되어야 함
- 늘 새롭게 변하는 트렌드(trend), 새로운 혁신, 그리고 기술적 발전은 기존 제품/서비스의 수명을 크게 줄일 수 있음
- 만약 짧은 수명을 가진 제품을 팔 계획이라면 지속적인 혁신이나 스핀오프(spin-off) 등을 통하여 구식이 된(obsolete) 제품을 대체하는 것이 필요함

4

5) 제품/서비스가 특별하며 지식재산권 등을 통해 보호받을 수 있는가?

- 초기 기술창업자는 경쟁사로부터 보호받을 수 있는 특별한 제품/서비스를 가지고 있어야 함
- 예를 들어, 특허, 상표, 저작권 같은 지식재산권은 경쟁사를 막을 수 있는 좋은 진입 장벽이 됨
- 창업가는 지식재산권을 발전시키면서 사업의 가치를 훌륭하게 향상시킬 수 있으며, 제품/서비스에 대해 타 경쟁사들이 이익창출을 막을 수 있고, 출구전략을 실행할 때 또는 사업의 전반적인 가치를 향상시키며, 지재권을 매도하거나 라이센스를 운영함으로써 추가 이익 창출이 가능함

5

6) 제품/서비스 라인은 향후 확장될 수 있는 가능성이 있는가?

- 좋은 기술창업 아이디어는 추가적인 제품/서비스들과 새로운 제품/서비스 라인들을 통해서 확장할 수 있는 잠재력을 가지고 있어야 함
- 하나의 제품/서비스 혹은 제품/서비스 라인으로는 수익성 있는 회사를 지속적으로 유지해 나가는 것이 어려움
- 따라서 회사의 제품과 서비스들은 향상 혹은 중단 가능성에 대해 지속적으로 재평가를 해야 하며, 제품/서비스 라인을 확대할 방법들을 꾸준히 찾고 새로운 제품/서비스들을 고민해야 함
- 새로운 제품/서비스 기회를 발견하기 위해서는 아이디어가 해당 산업 안에서 어떻게 이뤄지고 있는지를 살펴야 함
- 또한, 제품/서비스가 원자재에서부터 완전한 형태를 이루고 고객의 손으로 넘어갈 때까지 필요한 과정들을 조사해야 함

6

2. 시장의 실현가능성

1) 실제 존재하는 시장을 파악할 수 있으며, 구체적인 규모를 측정할 수 있는가?

- 성공적인 창업을 위해서 가장 중요한 것은 바로 시장(market)이고 고객(customer)임
- 따라서 성공적인 아이디어를 통한 제품/서비스들은 쉽게 인지되고 측정되는 시장을 가지고 있음
- 그 제품/서비스들의 시장을 찾고 시장의 크기를 누구라도 명확하게 정의하고 측정할 수 있다면 사업 성공의 실현가능성은 증가할 것이 분명함

7

2) 경쟁사 또는 경쟁제품의 약점을 정확하게 파악할 수 있는가?

- 기업 간의 경쟁은 양날의 검으로, 과대 혹은 과소 경쟁은 모두 위험할 수 있지만 일반적으로 적절한 경쟁은 사업에 도움이 될 수 있음
- 좋은 사업 아이디어는 상대방의 약점을 명확히 파악할 수 있으며, 그러한 약점을 활용한다면 경쟁은 오히려 아이디어를 발전시키는 데 도움을 줄 수 있음
- 이러한 경쟁사에 대한 연구 조사는 경쟁의 약점들과 강점들을 파악하는데 있어서 필수적임

3) 고객들이 자주 구매할 수 있는가?

- 공적인 아이디어는 해당 제품/서비스를 반복적으로 빈번하게 구매할 수 있는 고객들을 가지고 있음
- 그러므로 새로운 고객들이 제품/서비스를 구입하도록 설득하기 위해 특별히 많은 비용을 지출할 필요가 없게 됨

8

4) 유통 채널이 존재하며 활용할 수 있는가?

- 유통채널은 생산자로부터 고객에게 제품/서비스를 효과적으로 전달할 수 있는 다양한 경로를 말함
- 좋은 사업 아이디어는 이미 갖춰지고 접근할 수 있는 유통채널을 가지고 있음
- 유통 시스템이 갖춰진 기존 유통업자들은 새로운 아이템이 그들의 현재 고객들의 요구에 어떻게 맞는지 파악하고 있기 때문에, 이들과 거래하면 이미 확보한 고객들에게 즉시 마케팅을 시작할 수 있다는 이점이 있음

5) 사람들에게 이슈(issue)가 될 만한 흥미로운 아이디어인가?

- 많은 사람들이 관심을 갖고, 다양한 매스 미디어의 관심을 받는 아이디어는 그렇지 못한 경우보다 훨씬 성공적으로 사업화 될 가능성이 높음
- 좋은 아이디어는 훌륭한 보도 가치가 있으며, 영리한 창업가들은 본인 아이디어의 보도가치 특성을 찾아내서 활용할 수 있어야 함

9

3. 재무적인 실현가능성

1) 사업 수행에 소요되는 자금조달을 쉽게 할 수 있는가?

- 창업 자금을 투자하는 자는 확실한 자금 회수와 충분한 이익을 받고 싶어 함
- 초기 창업기업의 성장을 위해서 가장 기본적인 단계가 바로 올바른 자금을 획득(obtain)하는 것이라 할 수 있음
- 초기 창업기업의 자금조달은 다양한 특성을 갖게 되며, 일반적으로 다음 요인들에 따라 자금 조달의 성공 여부가 달려있음

- 사업의 종료	- 필요한 금액
- 산업	- 담보물
- 재무 계약	- 기업가의 개인적 신용 기록
- 알선 (소개)	- 기업가의 해당 사업에 이미 투자한 금액

10

2) 해당 아이디어를 통한 수익이 지속적으로 발생할 수 있는가?

- 성공적인 아이디어는 잠재적 고객들을 대상으로 첫 마케팅 비용을 들인 이후에 지속적인 수익 흐름을 만들어 냄
- 비즈니스를 진행할 때 매번 판매마다 새로운 수익원을 찾아야만 하는 사업을 운영하는 것은 매우 어렵고 비용이 많이 들 수 있음
- 기업의 수익은 고객들과의 관계에서 지속적으로 발생할 수 있는 것이 최선이며, 지속적인 수익원 사업의 예를 살펴보면 다음과 같음

- 약정계약기간 동안 인건비와 고용주 세금 납부를 처리해주는 컨설팅회사
- 매월 수임료를 받고 일하는 공인회계사, 변호사과 같은 전문직 종사자들

11

3) 매출 총이익(gross margin)은 높은 편인가?

- 일반적으로 총 소득(gross income) 혹은 매출 총수익(gross profit)이라 불리는 매출 총이익은 직접 원자재 및 노동 비용을 지불한 이후 남은 금액을 일컬음
- 매출 총이익은 사업의 운영비용을 대체할 수 있는 금액으로 나타냄
- 따라서 매출 총이익에서 운영비용(operation costs)을 빼면 사업에 대한 흑자 혹은 적자의 결과가 나옴
- 비록 어떤 사업이든 대부분의 경우에 100%의 매출 총이익을 갖는 것이 비현실적이지만, 매출 총이익이 클수록 더 좋음
- 기업의 주요 제품/서비스들 보다 더 높은 매출 총이익을 가진 관련 제품/서비스를 판매함으로써 기업의 매출 총이익을 향상시킬 수 있는 방법들을 찾아야 함

12

Chapter 2. 창업 사업계획의 타당성 분석

□ 사업 타당성분석의 의의

창업 혹은 신규 진출 사업의 가치를 평가하는 것

□ 사업 타당성분석의 필요성

- 사업의 필요 요소를 명확히 파악할 수 있다.
  (소요자금, 기술성,시장성,경제성 분석)
- 자신의 사업운영 능력을 향상시킬 수 있다.
- 사업계획의 문제점을 개선할 수 있다.

13

1. 기술적 타당성 분석

1) 기술적 타당성 분석의 의의

계획사업에서 요구되는 제품이나 서비스 등의 생산과 판매에 관한 사항들을 기술적인 면에서 전반적으로 검토하고 분석하는 것

2) 기술적 타당성 분석의 대상

- 제품/서비스의 용도, 품질, 경쟁성 분석
- 생산 및 판매시설의 입지조건과 환경 분석
- 생산 및 판매시설의 적정성 및 장래성 분석
- 생산기술 분석(생산방식, 생산능력, 가동률 등)

14

3) 기술성 평가기준과 내용

평 가 항 목	평 가 내 용
기술의 수준	기존 제품 또는 특정규격 등과 비교한 기술의 수준 평가
기술의 활용성	기존 기술 또는 기존 제품과 비교한 활용도 평가
기술의 파급성	기술적용 범위 및 응용성에 대한 평가
제품생산 가능성	국내 기술적 여건에 의한 제조 가능성 평가

15

2. 시장성 분석

1) 전반적인 시장동향의 분석

- 시장규모 분석
  - 국내 · 외 기존 시장에 대한 과거 및 현재의 자료를 통해 미래규모 예측(동종 또는 유사제품의 수요와 공급)
- 시장특성 및 구조분석
  - 유통구조, 마진, 고객특성, 영업방식, 경쟁업체의 시장점유율, 제품 이미지, 경영상태, 생산능력 등
- 소비자 분석
  - 지역별 연령별 분포, 소비행태, 재 구매주기 등

16

2) 제품성 분석

- 제품의 특성과 품질을 고려한 제품의 강,약점과 수명 주기 (life cycle), 기존 회사의 제품 보급률에 대한 분석
- 자사제품과 타사제품의 기능, 특성, 기술성 분석

3) 경쟁적 지위 분석

- 계획제품을 생산하는 경쟁기업의 범위와 경쟁요소를 분석하는 것으로 시장성 분석의 핵심요소
- 경쟁기업의 재무상태, 생산능력, 생산실적, 주요 경쟁 요소 (상장기업 재무총람, 기업공시 재무제표 이용)
  - 과거 5년간 실적을 기반으로 추세분석

17

4) 제품의 채산성 분석

- 의의 : 사업의 효과성을 파악하는 것
- 분석항목
  - 제품원가분석 : 재료비, 노무비, 경비
  - 마케팅비용분석 : 판매촉진비, 영업비, 관리비
  - 마진 분석 : 매출액 - 매출원가 - 판매비와 관리비 - 영업 외 비용 - 특별손실 = 당기 순이익

18

5) 수요추정

① 총 시장 잠재력 추정법 : 구매자수 × 평균 구매량 × 평균 구매단가 (통계청 인구/산업통계 등 조사자료 이용)

② 구매력 지수법 : 구매가능 인구수 × 가처분 소득 등의 지표 이용

③ 구매의도 조사법 : 설문조사

④ 판매원 의견 합성법 : 자사의 판매원 예측의견 취합

⑤ 전문가 의견법 : 도매상 또는 외부 전문가 예측의견 반영

⑥ 시험 판매법 : 테스트 마케팅(실험점포 판매)

⑦ 시계열 분석법 : 과거 판매자료를 통한 추세분석

⑧ 통계적 수요분석법 : 주로 회귀분석 이용

19

페르미 추정(Fermi Estimate) = 게스티메이션Guesstimation)

시카고의 피아노 조율사 수

이 문제는 페르미가 시카고대학 학생들에게 출제했다고 알려져 있다. 이에 대한 추정의 예는 다음과 같다. 먼저 다음 데이터를 가정한다.
시카고의 인구는 약 300만 명이다.
가구당 구성원은 약 3명이다.
피아노 보유율을 10% 정도라 하면 10만 가구가 피아노를 갖는다.
피아노 조율은 일 년에 한 번 한다고 가정한다.
조율사가 조율에 걸리는 시간은 이동시간을 포함해 2시간 정도이다.
조율사는 하루 8시간, 주 5일, 1년에 50주간 일한다.
이러한 가정을 바탕으로 다음과 같이 대략적인 숫자를 추론할 수 있다.
시카고는 총 100만 가구 (300만/3)
피아노는 총 10만대 (100만/10)
피아노 조율은 연간 10만 건
피아노 조율사는 1년간 1000대를 조율 (4*5*50)
따라서 조율사의 수는 100명 (10만/1000)

20

6) 시장 및 제품환경 분석

- 자연환경(인적자원의 사무, 기술, 영업 능력 등)
- 기술적 환경(경쟁사와 점유율비교,기술수준 등)
- 마케팅 환경(판매방법, 결제방법 등)

7) 판매계획

- 어느 지역에서 언제 얼마만큼 팔 것이냐의 목표를 정하고 그 목표를 달성하기 위한 여러 가지 마케팅 수단들을 동원하는 마케팅계획과 광고 및 판촉계획, 판매비용 계획

21

8) 시장성 평가 요소

평가분야	평 가 항 목
시장성	수요 및 시장규모, 시장 증가율, 수입대체 효과 및 수출 가능성
경쟁력	유사 및 동종 제품과의 경쟁관계, 판로 및 가격경쟁력, 부가가치생산성
업무추진능력	사업자 경력, 사업자 능력 및 의지, 자금조달능력, 사업준비
재무구조	자본구성, 유동성, 수익성

22

3. 재무적 타당성 분석

- 계획사업에 필요한 소요자본의 추정과 수익성 추정, 그리고 이를 기초로 한 경제성 평가가 중심이 됨

□ 소요자금의 추정

- 고정자금
  - 비 유동자산을 구입하는데 소요되는 자금
  - 유형자산 : 토지, 건물, 구축물, 기계장치, 차량, 선박 및 운반구, 공구, 기구, 비품
  - 무형자산 : 특허권, 광업권

23

- 운전자금
  - 재료비, 노무비, 경비 등 실제 지출이 요구되는 제조비용과 판매비와 관리비 등 영업 사이클 1회전 기간의 소요 자금
  - 연간 비용 산출 시 제조업은 3개월, 유통업, 서비스업 등은 1~2개월을 1회전으로 계산하여 추정
  - 사업초기 소요자금과 정상 운영 시 소요자금
  - 창업 시 소요자금

    = 고정자금 + 1회 운전자금 + 초기 투자자금

24

1) 재무상태표 (대차대조표)

- 재무상태표(Statement of Financial Position)란 특정시점에서 기업이 보유하고 있는 자산과 자산을 구입한 자금조달의 원천(부채+자기자본)을 나타내는 표
- 기업이 영업활동을 위해서 보유하고 있는 자산을 어떠한 방식으로 조달했는가를 나타내고 있는 표이며

  "자산 = 부채 + 자기자본"으로 표시됨

25

대차대조표(재무상태표)

(주)예스폼 20 년 월 일 현재

차 변	대 변
자산 Ⅰ. 유동자산 (1) 당좌자산 (2) 재고자산 Ⅱ. 비유동자산 (1) 투자자산 (2) 유형자산 (3) 무형자산	**부채** Ⅰ. 유동부채 Ⅱ. 고정부채 **자본** Ⅰ.자본금 Ⅱ.자본잉여금 Ⅲ.이익잉여금

↓	↓
자금이 어떻게 사용되고 얼마만큼 남아있는지 나타냄	자금을 어디에서 어떻게 조달하였는지 보여줌

26

❖ 자본계정

● 자본금(資本金) : 주식회사 등의 기업을 설립할 때 투자자, 즉 주주들이 출자하는 금액을 기준으로 하여 계산한 일정한 액수를 말한다

● 자본잉여금(資本剩餘金) : 주식발행을 통한 증자 또는 감자 등(자본거래)에서 발생하여 자본을 증가시키는 잉여금

● 이익잉여금(利益剩餘金) : 영업활동이나 재무활동의 결과 축적 사내 유보금 이익준비금, 임의적립금, 미처분 이익잉여금, 배당금 등

● 자본조정(資本調整) : 자본 가감성격 항목

- 자본 차감항목 : 자기주식, 주식할인발행차금, 감자차손, 자기주식처분손실
- 자본 가산항목 : 미교부주식배당금, 신주청약증거금, 출자전환채무, 주식매수청구권

● 기타 포괄손익 누계액 : 당기 순이익에 포함되지 않는 평가손익 등의 누계

- 매도 가능증권 평가손익, 재평가 잉여금(재평가차익), 해외사업 환산손익, 현금흐름 위험회피 파생상품 평가손실 등

27

[표 13-1] 재무상태표 예시

회사명 : K기업 (단위 : 천원)

구분	Historical		Projected		
	2012	2013	2014	2015	2016
자산총계	**500,000**	**550,000**	**605,000**	**665,500**	**732,050**
유동자산	210,000	231,000	254,100	279,510	307,461
– 당좌자산	130,000	143,000	157,300	173,030	190,333
– 재고자산	80,000	88,000	96,800	106,480	117,128
비유동자산	290,000	319,000	350,900	385,990	424,589
– 투자자산	75,000	82,500	90,750	99,825	109,808
– 유형자산	190,000	209,000	229,900	252,890	278,179
– 무형자산	25,000	27,500	30,250	33,275	36,603
부채총계	**200,000**	**220,000**	**242,000**	**266,200**	**292,820**
유동부채	155,000	170,500	187,550	206,305	226,936
비유동부채	45,000	49,500	54,450	59,895	65,885
자본총계	**300,000**	**330,000**	**363,000**	**399,300**	**439,230**
자본금	210,000	231,000	254,100	279,510	307,461
이익잉여금	90,000	99,000	108,900	119,790	131,769

자료: 기술창업론, 2016, 김진수 외

28

2) 손익 계산서

- 손익계산서는 일정기간(보통 1년)동안 기업이 사업을 통해서 얼마의 이익을 벌었는가를 보여주는 재무제표를 말함
- 즉, 영업기간에 발생한 매출액과 비용, 그리고 매출액과 비용의 차이인 이익을 보여줌
- 사업계획서의 가장 중요한 항목인 기술 창업의 재무관리에서는 추정 손익계산서의 작성을 통해 이루어지며,
- 추후 투자자로부터 투자를 받기 위한 기업의 가치평가도 추정 손익 계산서를 통해 이루어지기 때문에 중요함

29

[표 13-2] 손익계산서 예시

회사명 : K기업 (단위 : 천원)

구분	Historical		Projected		
	2012	2013	2014	2015	2016
Ⅰ. 매출액	790,000	869,000	955,900	1,051,490	1,156,639
Ⅱ. 매출원가	(600,000)	(660,000)	(726,000)	(798,600)	(878,460)
매출총이익	190,000	209,000	229,900	252,890	278,179
Ⅲ. 판매비와 일반관리비	(110,000)	(121,000)	(133,100)	(146,410)	(161,051)
영업이익	80,000	88,000	96,800	106,480	117,128
Ⅳ. 금융수익	10,000	11,000	12,100	13,310	14,641
Ⅴ. 금융비용	(30,000)	(33,000)	(36,300)	(39,930)	(43,923)
법인세비용차감전순이익	60,000	66,000	72,600	79,860	87,846
Ⅵ. 법인세비용	(20,000)	(20,000)	(20,000)	(20,000)	(20,000)
Ⅶ. 당기순이익	40,000	46,000	52,600	59,860	67,846

자료 : 기술창업론, 2016, 김진수 외

30

<손익계산서 구조>

매출액
- 매출원가
----
① 매출 총 이익(매출 총 손실)
- 판매관리비
----
② 영업이익
+ 영업 외 수익
- 영업 외 비용
----
③ 경상이익(경상손실)
----
④ 법인세 차감 전 순이익
- 법인세
----
⑤ 당기 순이익(당기 순 손실)

31

3) 현금 흐름표

- 현금흐름표는 기업의 영업, 투자 및 재무활동으로 인하여 발생하는 현금흐름의 유입과 유출을 기록한 표를 의미함
- 손익계산서와 대차대조표가 발생주의 회계원칙에 근거하여 수익과 비용을 인식하는데 반해 현금흐름표는 현금의 교환이 일어나는 거래만을 인식함
- 또한, 손익계산서는 비용을 유연하게 배분하여 인식하는데 비하여 현금흐름표는 현금흐름을 영업활동으로 인한 현금흐름(cash flow from operating), 투자활동으로 인한 현금흐름(cash flow from investing), 재무활동으로 인한 현금흐름(cash flow from financing)으로 분류하며, 일반적으로 분석가 입장에서는 동일한 금액의 현금흐름이라 하더라도 영업활동과 관련되어 정기적으로 일어나는 현금흐름을 보다 중요하게 생각함

32

[표 13-3] 현금흐름표 예시

회사명 : K기업 (단위 : 천원)

구분	Historical		Projected		
	2012	2013	2014	2015	2016
Ⅰ. 영업활동으로 인한 현금흐름	45,000	54,500	64,950	76,445	89,090
매출로부터의 유입액	600,000	660,000	726,000	798,600	878,460
매입에 대한 유출액	(440,000)	(484,000)	(532,400)	(585,640)	(644,204)
영업비의 지급	(65,000)	(71,500)	(78,650)	(86,515)	(95,167)
이자지급	(30,000)	(30,000)	(30,000)	(30,000)	(30,000)
법인세지급	(20,000)	(20,000)	(20,000)	(20,000)	(20,000)
Ⅱ. 투자활동으로 인한 현금흐름	(80,000)	(88,000)	(96,800)	(106,480)	(117,128)
Ⅲ. 재무활동으로 인한 현금흐름	55,000	60,500	66,550	73,205	80,526
Ⅳ. 현금의 증가	20,000	22,000	24,200	26,620	29,282
Ⅴ. 기초의 현금	40,000	44,000	48,400	53,240	58,564
Ⅵ. 기말의 현금	60,000	66,000	72,600	79,860	87,846

자료 : 기술창업론, 2016, 김진수 외

33

4) 창업기업의 매출추정

✓ 투자자들에게 고개가 끄떡여질 수 있도록 할 수 있는 매출추정은 핵심 포인트는,

– 반드시 시장환경분석을 기반으로 비즈니스모델과 마케팅전략의 수립을 통해 도출된 논리적 근거를 바탕으로 계량화된 데이터를 사용하여 작성되어야 함

– 가능한 보수적으로 작성되어야 하며, 시나리오 분석을 사용하는 것이 좋음. 즉, 예비 창업자가 추정한 매출을 중심으로 (-20%, -10%, 추정치, +10%, +20%) 정도의 변동상황을 고려하여 매출을 추정하는 것이 필요한데, 보수적으로 접근했음에도 불구하고 해당 사업이 경제성이 있다는 것을 보여주는 것이 필요

34

◆(상황1) 기존시장에 진입하는 경우의 판매수량 예측

- (방법1) 당신이 생산하고자 하는 제품과 유사한 효용을 제공하는 제품을 생산하는 기업들을 벤치마킹 할 수 있다면 판매수량 추정은 상대적으로 수월할 것임
- 그러나 이 경우에도 제품 및 서비스의 특징에 따라 벤치마킹이 어려울 수 있음
- 시장의 경쟁업체가 제공하는 제품의 효용과 가격 그리고 판매수량을 근거로 활용하되, 당신의 제품이 가진 차별화된 경쟁력을 기반으로 본인의 판매수량을 추정하고, 보수적으로 접근하여 추정되는 매출액의 70~80% 정도로 산정함

- (방법2) 협회 및 정부기관 사이트를 방문해서 전체시장 규모를 예측하고 시장점유율을 추정하여 매출액을 추정함
- 문제는 시장점유율을 예측하는 것인데, 가능한 시장세분화를 통해 목표시장을 정확히 정의하고 가격경쟁력과 차별화 전략을 통해 논리적으로 설명되어야 함
- 마찬가지로 보수적으로 접근하여 추정되는 매출액의 70~80% 정도로 산정함

35

◆(상황2) 신규시장을 창출하는 경우

- 신규시장인 경우 벤치마킹 할 경쟁사도 없고, 시장규모도 파악이 어렵기 때문에 매출 추정이 더욱 어려움
- 이 경우에는 가능한 설문조사를 실시하는 것이 필요하며, 전문적인 스킬이 요구되므로 전문기관에 의뢰하여 조사함
- 당신이 제공하는 제품의 정확한 효용과 가격을 명시하고 제품을 구매하겠는가에 대한 의사를 파악하는 것이 필요함
- 마찬가지로 당신의 주장이 설득력을 얻기 위해서는 목표시장을 최대한 세분화하는 것이 필요함

36

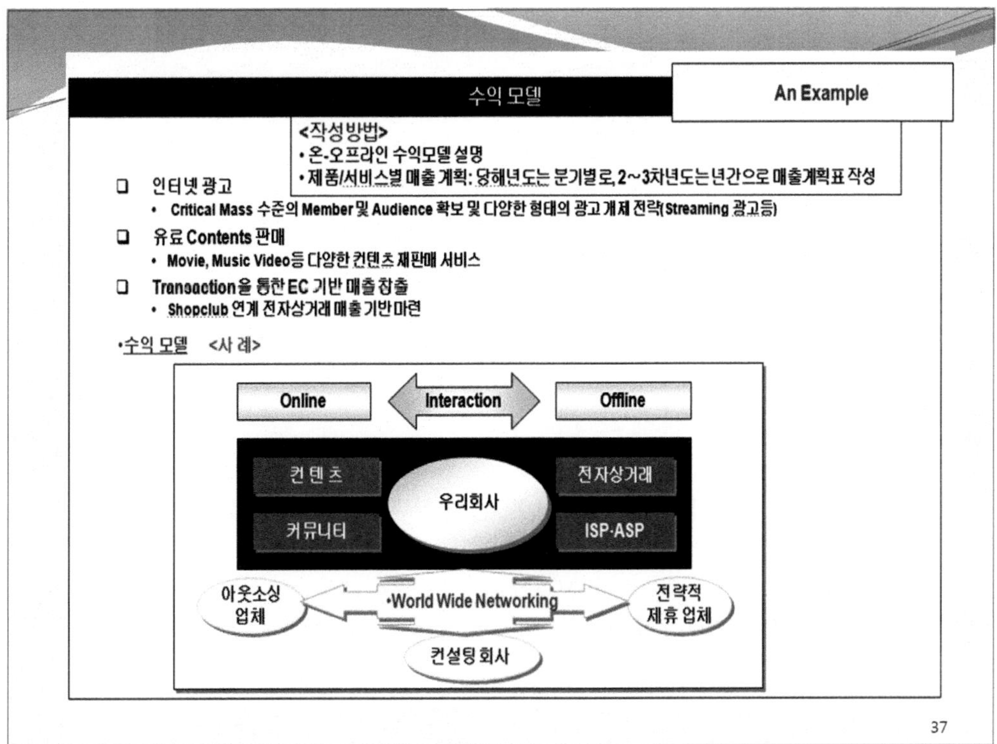

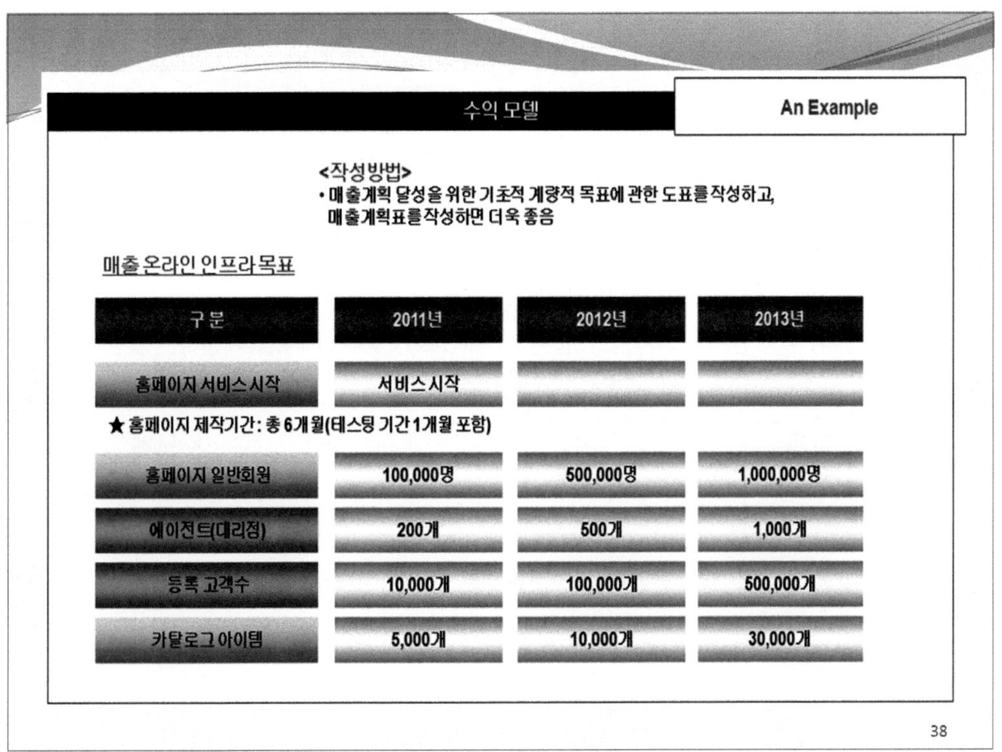

구 분	2011년	2012년	2013년
홈페이지 서비스 시작	서비스 시작		

★ 홈페이지 제작기간: 총 6개월(테스팅 기간 1개월 포함)

구 분	2011년	2012년	2013년
홈페이지 일반회원	100,000명	500,000명	1,000,000명
에이전트(대리점)	200개	500개	1,000개
등록 고객수	10,000개	100,000개	500,000개
카탈로그 아이템	5,000개	10,000개	30,000개

5) 창업기업의 비용추정

- ✓ 매출원가 : 매출액의 일정비율로 계산
- ✓ 인건비 : 인건비 상승을 고려
- ✓ 지급임대료 : 임대료 증가분 고려, 중소기업청 상권정보 활용
- ✓ 광고선전비 : 초기에 많이, 이후 매출액의 일정 비율로
- ✓ 연구개발비 : 매출액의 2~3%
- ✓ 관리비 : 물가상승률 고려
- ✓ 감가상각비 : 초기 투자비(생산에 필요한 각종 장비)를 내용연수로 나눈 금액
- ✓ 기타비용 : 신문대금, 소모품, 식대 등 매출의 2~3%
- ✓ 지급이자 : 부채금액 * 차입이자율
- ✓ 세금 : 개인사업자냐? 법인사업자냐? 에 따라 상이

39

6) 추정 손익계산서의 작성

✓ 창업프로젝트의 경제성 평가 단계

최종 재무 추정 단계는 투자안의 순현가(Net Present Value: NPV)를 계산하는 것임

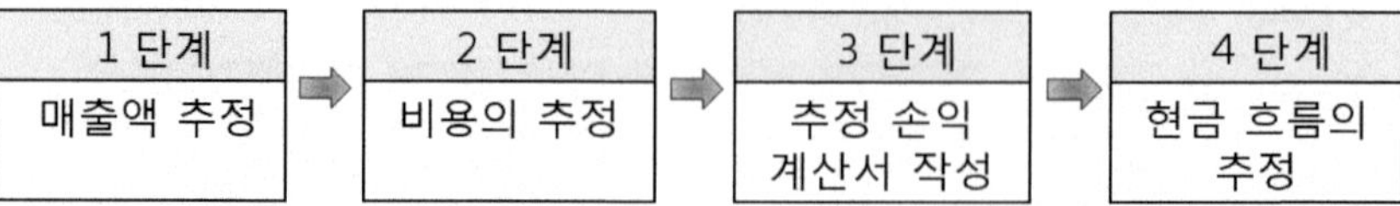

40

✓ 추정손익계산서의 작성 예제

창업 프로젝트 X

당신은 컬러 인쇄가 가능한 저가형 3D프린터를 개발하여 창업을 계획 중에 있다.

◆ 가격은 경쟁사제품을 고려하여 200만원으로 책정하였고, 생산 후 1차년도 판매량은 1,000대로 예상되며, 전문가들은 3D프린터 시장은 매년 10%만큼 성장할 것으로 예상한다.
◆ 3D프린터의 생산에 필요한 매출원가는 판매가격의 55% 수준으로 예상하고 있다.
◆ 3D 프린터의 생산을 위해서 창업 1차 연도에는 10명의 직원을 채용할 예정이며, 평균인건비는 4,000만원으로 예상된다. 인력계획에 따라 3차 연도에 신규인력을 2명 추가로 채용할 예정이며 임금은 매년 5%만큼 인상될 것으로 예상된다.
◆ 임대료는 월 400만원으로 예상되며 매년 3%정도 인상될 것으로 예상된다.
◆ 제품의 인지도 제고를 위하여 창업 첫해 연도에는 매출액의 10%를 광고비로 지출할 예정이며, 이후에는 5% 수준을 유지하려고 한다.
◆ 제품의 성능개선을 위하여 매년 매출액의 3%를 연구개발비로 투자할 예정이다.
◆ 관리비는 매달 150만원이 발생할 것으로 예상되며 매년 5%만큼 상승할 것으로 예상된다.
◆ 감가상각비는 내용연수에 따라 매년 동일한 금액으로 책정하려고 한다.
◆ 기타비용은 매출액의 3%로 책정할 예정이다.
◆ 제품의 생산을 위한 기계 등의 장비구입 및 시설투자에 2억 원의 돈이 필요하며, 초기 운영자금으로 5,000만원이 필요하고 운영자금은 사업 종료시점에 전액 회수될 것으로 가정한다. 기계의 내용연수는 5년이며, 잔존가치는 없다고 가정한다.
◆ 2억5천만 원 중 1억5천만 원은 기술신용보증기금을 통해 연 3%로 차입할 예정이고, 1억 원은 지인 및 친척들에게 주식발행을 통해 조달할 예정이다.

자료 : 기술창업론, 2016, 김진수 외

41

✓ 추정 손익계산서의 작성

[표 13-5] 창업 프로젝트 X의 추정손익계산서

	1차년도	2차년도	3차년도	4차년도	5차년도
매출액	200,000	220,000	242,000	266,200	292,820
매출원가	110,000	121,000	133,100	146,410	161,051
매출총이익	90,000	99,000	108,900	119,790	131,769
인건비	40,000	42,000	52,920	55,566	58,344
지급임대료	4,800	4,944	5,092	5,245	5,402
광고선전비	20,000	11,000	12,100	13,310	14,641
연구개발비	6,000	6,600	7,260	7,986	8,785
관리비	1,800	1,890	1,985	2,084	2,188
감가상각비	4,000	4,000	4,000	4,000	4,000
기타비용	6,000	6,600	7,260	7,986	8,785
영업이익	7,400	21,966	18,283	23,613	29,624
이자비용	450	450	450	450	450
세전이익	6,950	21,516	17,833	23,163	29,174
세금	695	2,303	1,567	2,633	3,835
순이익	6,255	19,213	16,267	20,531	25,339

자료 : 기술창업론, 2016, 김진수 외

42

✓ 손익 분기점 분석

- 손익분기점(Break-Even-Point BEP)이란 기업이 판매를 통해 얻은 총수입과 총비용이 같아지는 매출수준을 의미함
- 특히 창업자에게 손익분기점은 매우 중요한데, 손익분기점을 달성하지 못한다는 것은 수입보다 지출이 많은 것으로 결국 빚을 내야 하기 때문임
- 손익분기점을 구하기 위해서는 제일 먼저 비용을 고정비와 변동비로 구분해야 함

- 고정비는 임대료, 감가상각비, 이자비용, 정규직 인건비와 같이 매출과 상관없이 고정적으로 발생하는 비용임
- 변동비는 매출액과 변동하여 발생하는 비용으로 원재료비, 포장 및 운반비 등이 대표적임

P (손익분기점) = F (고정비)/ 1 - (V *변동비 / S *매출액)

43

$$3{,}333{,}333 = \frac{2{,}000{,}000}{1-(2{,}000/5{,}000)}$$

$$\text{손익분기점 매출액} = \frac{\text{고정비+ 목표이익}}{1-(\text{변동비율})}$$

$$6{,}666{,}667 = \frac{2{,}000{,}000+2{,}000{,}000}{1-(2{,}000/5{,}000)}$$

44

7) 창업 프로젝트의 가치 평가

✓ 화폐의 미래 가치

FV(미래가치) = (현재가치)PV(1+r)

* r은 이자율(interest rate)

PV(현재가치) = (미래가치)FV(1+r)

* r은 할인율(discount rate)

45

심화학습 할인율에 대한 이해 (high risk high return)

지금까지는 현금흐름에 위험(risk)이 없다는 것을 가정하였다. 위험이 없다는 것은 실제결과가 기대했던 값과 차이가 나타날 가능성이 없는 것을 의미한다.

상황

상황1) 만약 사업을 하는 형이(형과의 우애는 매우 돈독하다) 당신에게 와서 1년 뒤 1,000만원을 받기로 한 삼성전자의 어음이 있는데, 급하게 돈이 필요하다고 지금 어음을 줄테니 현금을 달라고 한다. 당신은 형에게 얼마의 현금을 주겠는가?

상황2) 만약 사업을 하는 형이(형과의 우애는 매우 돈독하다) 당신에게 와서 1년 뒤 1,000만원을 받기로 한 A사(코스닥 상장기업)이 있는데, 급하게 돈이 필요하다고 지금 어음을 줄테니 현금을 달라고 한다. 당신은 형에게 얼마의 현금을 주겠는가?

각각의 상황에서 어음과 현금을 얼마로 교환할 것이가는 당신의 판단에 달려 있을 것이다. 그러나 분명한 것은,

1. 1,000만원보다 적은 금액을 준다는 것이다.(time value of money)
2. 삼성전자의 어음과 교환하는 경우 A사의 어음과 교환하는 것보다는 분명 많은 현금을 줄 것이라는 점이다. (high risk high return)

왜냐하면 A사의 어음은 삼성전자의 어음보다 위험하기 때문에 위험을 부담하는 대가로 보다 많은 보상을 요구하기 때문이다. 은행에서 대출을 받는 경우 집을 담보로 대출을 받는 경우가 신용을 담보로 대출을 받는 경우보다 저렴한 이유와도 동일하다. 예를 들어, 삼성전자 어음의 경우 5% 할인율을 적용해서 952.38만원(1,000만원/1.05)의 현금과 교환했다면, A사의 어음은 10% 할인율을 적용해서 909.09만원(1,000만원/1.1)을 지불했을 것이다.

자료 : 기술창업론, 2016, 김진수 외

46

✓ 순 현가법의 이해

➢ 순 현가(Net present value: NPV)
투자의 결과 발생하는 현금유입의 현재가치의 합에서 현금유출의 현재가치의 합을 차감한 값을 의미

[표 7-62] 스마트시계 창업프로젝트의 순현가

(단위 : 100만원)

연도	0	1	2	3
현금흐름	−100	50	40	30
현재가치	−100	46.30[1]	34.29[2]	23.81[3]
누적현재가치	−100	−53.70	−19.41	4.40

1) 46.30 = 50 / (1.08)
2) 34.29 = 40 / $(1.08)^2$
3) 23.81 = 30 / $(1.08)^3$

이 창업프로젝트는 누적으로 4.40백만원의 가치가 있기 때문에 사업을 시작해도 좋다고 판단할 수 있다. 여기서 4.40백만원이 바로 이 사업의 순현가가 된다.

순현가 = 현금유입의 현재가치의 합 − 현금유출의 현재가치의 합
4.40 = (46.30 + 34.29 + 23.81) − 100

자료 : 기술창업론, 2016, 김진수 외

47

✓ 현금흐름 계산과 순 현가 계산

영업현금흐름$_t$ = 영업이익$_t$ + 감가상각비$_t$ − 세금$_t$

구분	1차년도	2차년도	3차년도	4차년도	5차년도
영업이익	7,400	21,966	18,283	23,613	29,624
감가상각비	4,000	4,000	4,000	4,000	4,000
세금	695	2,303	1,567	2,633	3,835
영업현금흐름	10,705	23,663	20,716	24,980	29,789
현재가치	**9,732**	**19,556**	**15,564**	**17,062**	**18,497**

순현가(55,411) = 현금유입의 현재가치의 합(80,411) − 투자금액(25,000)

자료 : 기술창업론, 2016, 김진수 외

48

□ 재무비율에 의한 경영분석

- 경영분석(business analysis)

  재무적 자료를 분석하여 기업의 재무상태와 경영성과의 좋고 나쁨을 평가하는 것

① 유동성 비율

- $\text{유동비율} = \frac{\text{유동자산}}{\text{유동부채}} \times 100$
- $\text{당좌비율} = \frac{\text{당좌자산}}{\text{유동부채}} \times 100 = \frac{(\text{유동자산} - \text{재고자산})}{\text{유동부채}} \times 100$

49

② 수익성 비율

- $\text{총 자본이익률} = \frac{\text{당기순이익}}{\text{총자산}} \times 100$
- $\text{총 매출이익률} = \frac{\text{당기순이익}}{\text{매출액}} \times 100$
- $\text{자기자본 이익률} = \frac{\text{순이익}}{\text{자기자본}} \times 100 = \frac{\text{순이익}}{\text{보통주} + \text{유보이익} + \text{자본준비금}} \times 100$

③ 안정성 비율

- $\text{부채비율} = \frac{\text{타인자본}}{\text{자기자본}} \times 100$
- $\text{이자보상비율} = \frac{\text{이자비용 및 법인세차감전순이익}}{\text{이자비용}}$

50

④ 활동성 비율

- 매출채권 회전율 = $\frac{\text{매출액}}{\text{외상 매출금} + \text{받을 어음}}$
- 매출채권 회전기간 = $\frac{\text{365일(1년)}}{\text{매출채권 회전율}}$
- 총자산 회전율 = $\frac{\text{매출액}}{\text{총자산}}$

⑤ 성장성 비율

- 매출 증가율 = $\frac{\text{당기 매출액} - \text{전기 매출액}}{\text{전기 매출액}}$
- 총자산 증가율 = $\frac{\text{당기말 총자산} - \text{전기말 총자산}}{\text{전기말 총자산}}$

51

⑥ 생산성 비율

- 판매업의 경우 : 부가가치 = 매출액 - 매출원가
- 제조업의 경우 : 부가가치 = 매출액 - 외부구입가격

※외부 구입가격 = 재료 구입비 + 부품 구입비 + 전력 · 용수 구입비 + 외주 가공비 + 외주 용역비

- 부가가치율 = $\frac{\text{부가가치액}}{\text{매출액}}$
- 총자본 투자효율 = $\frac{\text{부가가치}}{\text{총자본}}$
- 노동생산성(종업원 1인당 부가가치) = $\frac{\text{부가가치}}{\text{종업원수}}$

52

Chapter 3. 창업 사업계획서

1. 창업 사업계획서의 개념

- 사업계획서(Business plan)란 새로운 프로젝트나 계획하는 사업에 대한 투자, 개발, 생산, 판매, 자금 등의 추진 계획을 요약 정리한 보고서다.
- 회사의 목표가 무엇인지 설명하고 향후 사업기간 동안 이 목표를 달성하기 위하여 어떠한 수단을 사용할 것인가를 설명하는 보고서로 회사의 사업 방향 및 수행능력 등을 외부에 객관적으로 제시하고 투자자에게 이를 설득시키는 가장 중요한 보고서다.

53

2. 사업계획서의 구성 요소

- 사업계획서 작성 원칙

① 객관성 (Objectivity) : 객관적인 Data를 근거로 작성

② 명확성 (Clarity) : Business Plan의 핵심(장점)을 제시

③ 단순성 (Simplicity) : 일반인도 알 수 있도록 작성

④ 일관성 (Consistency) : 지각적 통일성, 문체의 일관성

⑤ 독창성 : 기존사업이나 경쟁업체와 구별되는 특징 부각

54

사업계획서 성공사례

2012년 설립된 **플리토(Flitto)**는 **단문과 장문 상관없이 전 세계 사람들이 언제 어디서나 서로 번역을 요청**하고 번역해주는 플랫폼이다.
이정수 대표는 고려대학교 경영학과에 재학 중 플리토의 우선 모태가 된 번역 서비스 플라잉캐인을 창업했다. 이후 SK텔레콤에 입사했고 사내벤처 프로그램을 통해 집단지성 번역 서비스에 대한 계획을 더 키워 나갔다.
미래창조과학부 주최 스타트업 2013, 이스라엘 스타트 텔 아비브, 스위스 시드스타스 월드 컴피티션, 대만 아이디어쇼 등 여러 스타트업 대회에서 우승을 차지했다.
"처음 집단지성 번역을 시작했을 땐 스마트폰도 없었고 인터넷도 굉장히 느려 머릿속에 그려온 것들을 실현시키기 힘들었다" 모바일의 발달, 스마트폰의 보급을 통해 플랫폼이 성장하고 커질 수 있었던 것 같다" 고 설명했다. 구글은 "기계번역에는 한계가 있고 그것을 해결하려면 크라우드소싱 번역이 필요하다"고 전했다. **플리토는 전 세계 175여 개국 850만 명의 이용자들에게 한국어와 영어를 포함한 23개 언어의 번역 서비스를 제공하고 있다.**

55

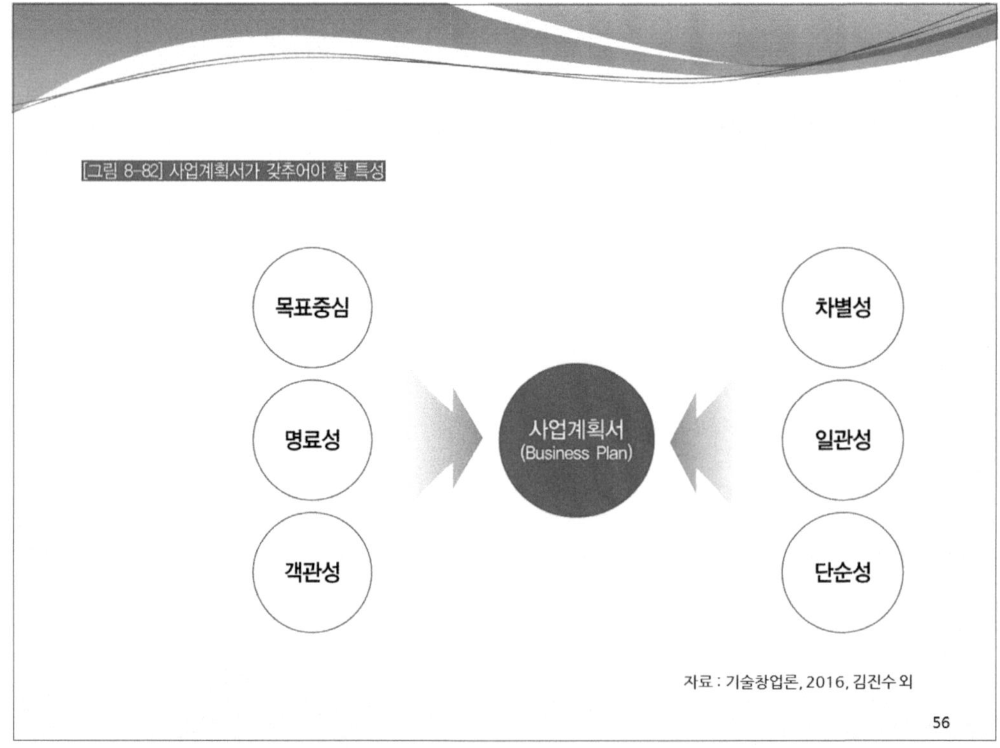

[그림 8-82] 사업계획서가 갖추어야 할 특성

자료 : 기술창업론, 2016, 김진수 외

56

- 사업계획서 구성 요소

① 조직 및 인력 (Organization and HR)
② 아이디어와 기술(Idea/Technical)
③ 시장 및 경쟁자(Market and Competition)
④ 마케팅(Marketing)
⑤ Business System
⑥ 기회와 위험(Opportunities and Risks)
⑦ 재무계획(Financial Planning)
⑧ 추진일정(Implementation Schedule)

57

3. 사업계획서의 용도별 작성요령

[표 9-2] 사업계획서 용도별 작성 포인트

주요 분야	주요 제품 또는 서비스
투자유치용 사업계획서	- 벤처캐피탈, 엔젤 등으로부터 투자 유치를 받기 위한 목적으로 투자기관의 투자 목적 및 의도를 명확히 파악하여 그 목적과 의도에 맞게 작성하여야 함. - 투자유치용 사업계획서는 투자자금 회수 방안을 반드시 제시하는 방향으로 작성하여야 함. - 투자유치용 사업계획서는 시장의 미래성, 사업의 발전성과 수익성, 경영진의 능력 및 신뢰성 등을 강조하여야 함.
기술평가용 사업계획서	- 기술평가용 사업계획서는 기본적으로 기술의 경쟁력, 시장성, 사업화 가능성 위주로 작성하여야 함. - 사업성공을 위한 기술의 명확한 비교우위 차별성과 독창성이 확보된 내용을 사업계획서에 기술하여야 함. - 기술개발전략, 기술개발 로드맵 등 기술과 관련된 사항은 필수적이므로 보다 성실하게 작성하여야 함. - 기술과 관련하여 기존 기술과 비교, 경쟁기술의 현황, 해외 기술과의 차별성, 기술 경쟁우위성 등의 입증에도 중점을 두고 작성하여야 함.
입찰제안용 사업계획서	- 입찰제안용 사업계획서는 잘 포장된 사업계획서보다 기업의 신용과 안정성을 더욱 중시하는 경향이 있는 사업계획서이므로, 예전에 입찰한 성과 위주로 작성하여야 함. - 입찰제안용 사업계획서는 소요자금, 자금운용계획, 상환계획 등 자금흐름과 관련된 항목을 구체적이고 타당성이 있도록 작성하여야 함. - 사업계획서 평가 시 거래관계에 있는 업체가 중요함으로 매출처, 매입처, 관계회사 등을 명확히 제시하여 신용도를 향상시키도록 작성하여야 함.

출처 : 창업진흥원, 주요 업종별 기술창업 가이드, 2009.

58

[표 9-1] 사업계획서 용도별 구성내용

● = 필수 항목, ◎ = 권장 항목

구분	회사소개용	자금신청용	투자유치용	기술평가용	인허가용	주요인증용	입찰제안용
회사개요	●	●	●	●	●	●	●
사업개요	●	◎	●	◎	◎	◎	●
제품 및 기술현황	●	●	●	●	●	●	●
시장환경	●		●	●	◎	◎	◎
개발계획	●	●	●	●	●	●	◎
투자계획	●	●	●	◎	●	●	●
마케팅 계획	●	●	◎	◎	◎	◎	●
생산계획	●	●	◎	◎	●	●	●
조직 및 인원계획	●	◎	◎	◎	◎	●	◎
이익 및 재무계획	●	◎	●	◎	◎	◎	●
투자제안	●	◎	●	●	◎	◎	◎

출처 : 기업금융나들목 홈페이지, 김진수, 이창영, 창조경제시대의 기업가정신과 창업론, 운영사 2014 재수정

59

4. 사업계획서 작성 절차

[그림 8-83] 사업계획서 작성절차

전체 목차 구성

- 사업내용에 맞는 전체적인 목차를 구성하여 나열
- 제품내용, 서비스흐름, 사업모델 등에 관한 자료를 점검
- 양식이 정해진 경우에는 작성에 필요한 내용을 확인

시장분석 및 계획수립

- 시장, 기술, 경쟁사 등의 동향 및 특징 조사를 실시
- 조사된 내용을 분석하고 사업의 방향 및 실행계획을 수립
- 사업내용과 유사한 참고할 수 있는 사업계획서를 확보

계량 분석

- 투자계획, 매출, 및 비용계획, 손익분석 등의 분석 실시
- 내용상 문제점 점검 및 피드백(실행계획 수정)
- 목표로 하는 수치가 나올 때까지 반복하여 분석 실시

내용작성 및 편집

- 목차순서에 상관없이 쉬운 항목부터 세부내용을 입력
- 유사 아이템의 사업계획서를 참고하여 내용 작성
- 내용 작성 후 서체, 글자크기, 색상 등을 통일하여 편집

출처 : 기업금융나들목 홈페이지, www.smetn.or.kr

60

[표 8-67] 사업계획서의 구성 항목 및 주요 내용

구분	작성항목 및 내용
사업요약	작성항목 : 사업모델, 시장전망, 적용기술, 투자금액, 사업비전 등 – 사업과 무관한 사람도 쉽게 이해할 수 있도록 작성 – 제품과 서비스에 대한 독창성과 경재우위성 부각 – 목표시장, 시장 추세 및 성장성 등에 대한 핵심사항
회사개요	작성항목 : 일반현황, 주요 연혁, 비전, 경영이념, 조직, 지적재산권, 주주현황, 재무현황 등 – 사실에 근거하여 최대한 성실히 작성하는 것이 핵심 – 경영 조직의 핵심 역량 부각 – 회사의 비전 및 목표에 대한 정량(수치)적인 기재
사업개요	작성항목 : 사업필요성 및 효과, 사업영역, 사업배경 및 방향, 사업전략 등 – 사업의 핵심역량 및 사업목표(정량 · 정성)를 강조 – 사업의 목적, 필요성 및 효과, 사업분야 및 영역 부각 – 단계별 사업방향 및 전략 기재
제품 및 기술현황	작성항목 : 제품개요, 제품구성, 제품특징 및 효과, 제품 관련 기술, 기술 우위성 등 – 경쟁제품과의 비교 · 분석을 통한 경쟁 우위점을 강조 – 자사 제품의 특징 및 차별성 기재 – 핵심 기술 내용을 타 업체와 비교하여 작성
시장환경	작성항목 : 시장현황, 시장규모, 시장전망, 경쟁현황, 고객동향, SWOT분석 등 – 환경분석 결과 사업성공 가능성이 높음을 제시 – 제시된 시장분석 자료에는 반드시 출처 및 근거를 제시 – 경쟁현황은 반드시 자사와 경쟁사를 비교 분석하여 작성
개발계획	작성항목 : 개발 현황 및 방향, 개발 인력 및 비용, 개발 일정 등 – 사업포트폴리오와 연계된 기술개발 로드맵 강조 – 지금까지의 연구개발 성과와 향후 연구 방향 부각 – 향후 연구개발에 소요되는 비용 및 일정 기재
투자계획	작작성항목 : 사업장 및 시설공사, 설비 및 비품계획, 기타 투자계획 등 – 투자금액에 대한 명확한 산출 내역(근거)제시 – 시설 및 설비의 상세 내역 및 구매처 기재 – 무형자산(특허권, 영업권 등)에 대한 계획 기재

61

구분	작성항목 및 내용
마케팅계획	작성항목 : 마케팅컨셉, STP(Segmentation, Targeting, Positioning)전략, 4P(Product, Price, Place, Promotion)믹스 전략 등 – 마케팅 계획의 실현 가능성에 초점을 맞추어 작성 – 구체적인 마케팅 예산 책정 및 기재 – 경쟁사와의 차별화된 전략 부각
생산계획	작성항목 : 생산공정, 레이아웃, 생산계획, 구매계획, 품질계획 등 – 가능한 한 상세하게 단계별 실행계획 및 예산 기재 – 연도별 생산계획(규모) 및 산출근거 제시 – 구체적인 품질 목표 및 관리 방안 기재
조직 및 인원계획	작성항목 : 조직계획, 인력계획, 인건비계획 등 – 사업규모 및 경영환경에 적합한 조직구성이 포인트 – 핵심 인재 구성 내역 및 확보 방안 기재 – 사업 단계별 조직 · 인력계획을 상세하게 작성
매출 및 이익계획	작성항목 : 매출계획, 제조원가계획, 비용계획, 추정 손익계산서, 추정 재무재표 등 – 재무 관련 수치는 반드시 산출근거를 제시 – 손익계산서 및 재무상태표의 연계성 확보 – 연도별 매출액 및 순이익의 추세 부각
투자제안	작성항목 : 투자포인트, 주식가치 산출, 투자제안 등 – 투자자가 얻을 수 있는 이익에 대한 내용 강조 – 투자자의 관심을 유도할 수 있는 내용 부각 – 투자조건 및 투자 회수방안 제시

출처 : 신용보증기금 홈페이지, www.kodit.co.kr 62

5. 사업계획서, 어떻게 작성해야 할까?

1) 사업 요약

- 사업요약은 계획사업의 사업모델, 시장전망, 적용기술, 투자금액, 사업비전 등 사업의 핵심 내용과 그 가치를 집약해서 설명하는 페이지로 사업과 무관한 사람도 쉽게 이해할 수 있도록 한 눈에 보여주어야 함
- 또한 제품과 서비스에 대한 독창성과 경제 우위성을 부각시켜야 하며, 목표시장, 시장 추세 및 성장성 등에 대한 핵심사항도 나타날 수 있도록 작성 하여야 함

TIP. 요약 문서를 작성 할 때 기술해야 할 부분

◆ 기업의 제품과 목표시장을 설명
– 투자자가 투자할 것이 무엇인지 한 눈에 알 수 있게 한다.

◆ 기업이 성공할 수 있는 이유와 방법을 설명
– 왜 경쟁기업보다 성장 할 수 있는지 설명한다.

◆ 경영진의 이력사항을 기술
– 사업추진에 현 경영진이 얼마나 적합한지 인식시킬 수 있어야 한다.

63

2) 회사개요

[표 9-4] 회사 개요 예시

업체명		(주) ABC 시스템 (ABC System Co., Ltd.)		
사업자등록번호		000-00-00000	법인등록번호	000000-0000000
대표이사		홍길동 (830112 – 1XXXXXX)		
설립일자		2015년 1월 1일		
E-mail 주소		hong@abc.co.kr	홈페이지 주소	www.abcsys.co.kr
본사주소		대전광역시 XX동 000-0	전화/Fax	
사업장	주소	본사와 동일	전화/Fax	
	용도지역	공장 지역		
	면적	대지 900㎡, 공장 200㎡	소유형태	대지 임차, 건물 소유
주 생산품목		폐수 정화 및 세정 설비 제조		
종업원 수		사무직 4명, 기술직 13명 : 총 17명		
자산 총 계		('15말추정) 1,245백만원	총매출액	('15말추정) 1,020백만원

자료 : 기술창업론, 2016, 김진수 외

64

3) 사업개요

- 내 사업이 정말 필요한 사업이며, 타당한 사업이라는 점을 부각하여 내 사업계획서를 끝까지 읽어 보게끔 하는 것이 사업개요의 목표임
- 호소력을 높이기 위해서는 우선 창업자가 하고자 하는 사업의 핵심역량 및 사업의 목표를 강조하는 것이 필요함
- 특히 사업의 목표는 정량적 목표(예를 들면, 창업 3년차 매출액 10억 달성)와 정성적 목표(예를 들면, 국내 소비자 선호도 1위 제품)로 나누어서 제시함.
- 사업의 목표를 강조하는 것 만큼 중요한 것이 바로 창업자(또는 팀)의 핵심역량을 강조하는 것임

자료 : 기술창업론, 2016, 김진수 외

[그림 9-3] 사업개요의 구성요소

65

4) 제품 및 기술현황

◆ 이제 내가 정말 하고 싶었던 말을 할 차례

- 내 사업계획서에 대한 호기심과 호소력에 대해 이해시켰다면, 내가 개발한 제품 및 기술에 대한 것을 말할 차례임
- 대부분 제품 및 기술에 대해 작성할 때, 자신이 개발한 제품 및 기술이 최고라는 식의 표현 오류가 발생하기 쉬움
- 하지만 항상 상대방의 입장에서 내 제품을 바라볼 필요가 있음.

66

◆ **그렇다면 어떻게 표현 하는 것이 좋은 제품 및 기술현황 부문이 될 수 있을까?**

- 가장 쉬운 표현법은 정말 내 제품 및 기술이 잘났다는 것을 확인시켜주는 것임
- 이 세상에서 제일 좋은 제품이고 기술이라는 것을 보여주기 위해서는 현재 시장 내 경쟁 제품 및 기술과 비교하여 보여주는 방법이 가장 효과적임

- **제품 및 기술현황 부문의 작성은" 제품 및 기술 개요 → 유사 제품 및 기술의 국내외 현황 비교 분석 → 자사 제품 및 기술의 특징" 순으로 표현하면 효과적임**

- 간단하게 보유한 제품 및 기술에 대해 언급하고, 국내외 유사한 제품 및 기술을 같은 기준으로 비교 분석함
- 이어서 제품 및 기술의 특징을 강조하여 표현하면 자사 제품 및 기술의 우수성과 성장가능성, 지속가능성 등을 인정받을 수 있게 됨

67

5) 시장환경

- 시장환경 분석은 제품 및 기술현황에서 유사 제품 및 기술현황 분석과 헷갈릴 수 있는 부분임
- 이 부분에서는 앞선 유사 제품 및 기술을 비교하는 것이 아니라, 제품 및 기술이 속해있는 국내(또는 아이템에 따라 해외)시장에서 판매량 증가, 수요량 증가, 매출액 증가 등을 보여줌으로써 시장 상황이 좋다는 것을 보여주어야 함

통계청에서 제공하는 자료는 공신력 있으며 활용하는 방법은 2가지가 있다. 국가통계포털(kosis.kr)과 E-나라지표(www.index.go.kr)이다. E-나라지표는 정부기관에서 엄선한 지표들을 통하여 사회, 경제, 문화 등 다양한 방면에서의 우리나라 현 위치를 보여주는 자료이다. 정부기관에서 선정하기 때문에 부문별 지표와 부처별 지표로 나누어져 있다. E-나라지표는 주로 경제상황(거시적 경제)을 통해 전반적인 국가 경제에 따른 시장변동 사항을 예측하는 목적으로 사용될 수 있다.

68

◆ 국내 온실가스 배출현황과 보일러 업종별 에너지원별 에너지사용현황 자료

[E-나라지표 사용]

[국가통계포털 사용]

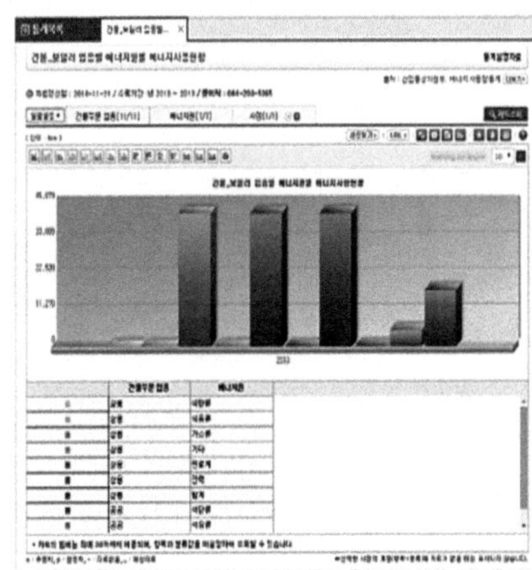

69

6) 개발계획

- 개발계획은 현재 개발현황 및 방향, 개발 인력 및 비용, 개발 일정 등을 상세하게 기재하여 지금까지의 연구개발 성과와 향후 연구방향에 대해 부각하는 것을 목적으로 하고 있음.
- 또한, 향후 연구개발에 소요되는 비용 및 일정을 기재함으로써 투자자에게 필요한 투자자금과 회수 시간에 대해 간접적으로 표현하는 목적도 있음
- 개발하고자 하는 제품과 서비스의 구체적인 계획을 기술하는 것으로써, 해당 제품과 서비스의 특징이 무엇이고, 어떤 기술을 활용하여 어떠한 방식으로 개발할 것인가에 대한 전반적인 계획을 수립하여 제시함

70

[표 9-5] 개발계획의 주요 항목과 주요 내용

주요항목	주요내용
개발목표	최종적으로 개발하고자 하는 제품과 서비스는 무엇인가? 세부적으로 개발되어야 하는 것은 무엇인가?
핵심기술	제품과 서비스 개발에 필요한 핵심 기술은 무엇인가? 자사가 보유한 기술과 핵심 역량은 무엇인가?
리스크 관리 방안	개발하는 과정에서 발생할 수 있는 문제점은 무엇인가? 문제 발생 시 대처방안은 무엇인가?

출처 : 김진수, 이창영, 창조경제시대의 기업가정신과 창업론

71

7) 투자계획

- 사업장 및 시설공사, 설비 및 비품계획, 기타 투자계획 등을 종합하여 투자금액에 대한 명확한 산출 내역(근거)를 제시함
- 시설 및 설비의 상세 내역 및 구매처를 기재하는 것이 좋으나, 대부분의 창업 준비자들은 시설 및 설비를 보유하고 있지 않을 가능성이 높음
- 그럴 경우에는 앞으로 구입할 시설 및 설비에 대해 사전 조사를 통해 얼마가 투자되어야 하는지 정확한 투자금액을 기재하는 것이 좋으며, 무형자산(특허권, 영업권 등)에 대한 계획도 필요함

72

[표 9-6] 투자계획 예시

구분		금액	산출근거	비고
연구개발비	시제품제작비	OO백만원	원재료 : OOO원 * OO개 = OO백만원	8~12개월 소요
	개발장비	OO만원	개발 설비 사용료 : OO원 기타 비품 : OO원	
	제경비	OO백만원	연구인력 O명 * O백만원 = OO백만원	
	소계	OO백만원		
양산설비	토지 매입비	OO백만원	3,000평 * OO만원 = OO백만원	대전지역
	토건비용 등	OO백만원	3,000평 * OO만원 = OO백만원	배수로 등
	사무동건축비	OO백만원	500평 * OOO만원 = OO백만원	식당 포함
	클린룸건축비	OO백만원	800평 * OO만원 = OO백만원	
	기타	OO만원	인허가 비용 = OO만원	
	소계	OO백만원		
총계		OOO백만원		

자료 : 기술창업론, 2016, 김진수 외

73

8) 마케팅 계획

- 사업계획서를 작성하다 보면, 가장 큰 오류에 빠지는 부분이 마케팅계획일 수 있음
- 왜냐하면 마케팅계획은 제품과 서비스에 따라 크게 다르게 나타날 수 있기 때문에, 보는 사람에 따라 관점이 다를 가능성이 높기 때문임

① 마케팅계획을 세우기 위해서는 3C(Customer, Company, Competitor)분석, SWOT(Strength, Weakness, Opportunity, Threat) 분석, STP(Segmentation, Targeting, Positioning)분석을 사용함

② 보통 위 3가지 마케팅분석 툴을 사용하여 마케팅 콘셉트를 만들고,

③ 4P(Product, Price, Place, Promotion)믹스 전략 등을 작성함

④ 이를 통해 구체적인 마케팅계획을 수립하고 실현 가능성을 보이며, 정확한 마케팅 예산을 책정함

⑤ 또한 이를 통해 경쟁사와 어떻게 차별화 할 것인지에 대해도 고민하여 기재해야 함

74

9) 생산 및 인원계획

- 기술 및 제품에 대한 개발 계획과 달리 생산을 어떠한 과정을 거쳐 최종 결과물이 나오는지에 대한 계획 수립이 필요함
- 개발 계획에서는 제품 및 기술이 완성을 위한 단계라고 생각한다면, 이 단계에서는 최종 산출물이 어떤 과정을 거쳐 나타나게 되는지에 대해 보여주는 것임
- 생산공정 과정과 생산일정, 생산에 필요한 원재료 및 특허권 구매계획, 품질 유지를 위한 계획에 인원계획 등이 핵심

75

[그림 9-4] 생산 공정도 예시

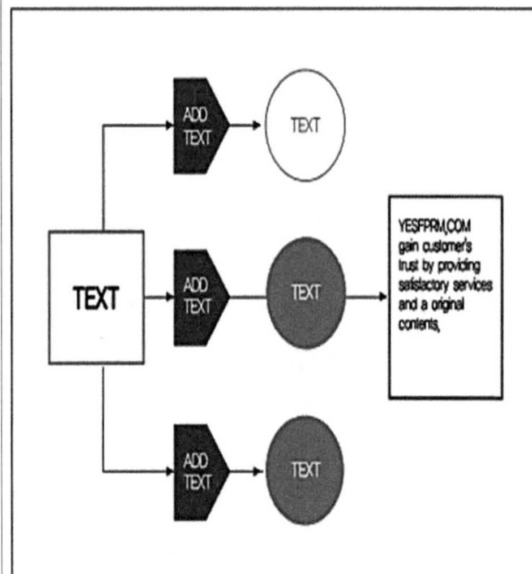

[그림 9-5] 조직도 및 핵심인력 예시

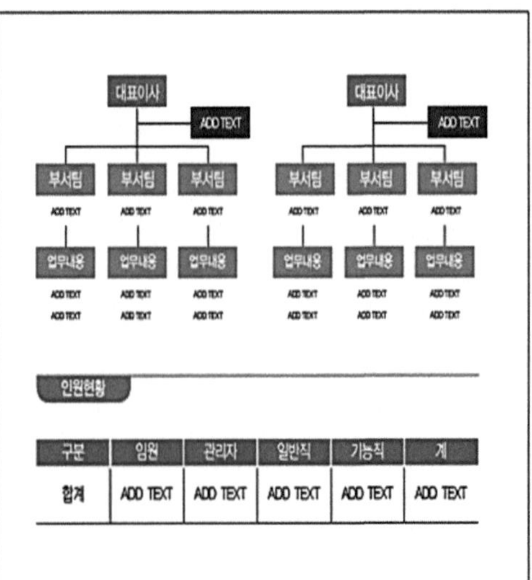

자료 : 기술창업론, 2016, 김진수 외

76

10) 투자제안

- 투자제안 부문은 외부 투자자들에게서 투자자금을 유치하기 위한 목적으로 사업계획서의 용도에 따라 가장 중요한 부분이 될 수 있음
- 투자자금유치용 사업계획서(IRR) 작성 시 이 부분이 가장 핵심이 됨
- 투자제안 부분을 작성 할 때 주의해야 할 점은 투자자에게 왜 우리 기업에게 투자를 해야 하는지, 투자를 했을 때 얻는 예상 수익은 얼마인지 구체적인 수치로 제시해주어야 한다는 점임
- 구체적인 수치 제시를 위해 추정 손익계산서 작성법을 배워야 함
- 투자자금뿐 아니라 원재료, 기술 등 사업에 필요한 재원을 투자 받을 수 있기 때문에 다양한 투자제안 방법이 제시될 수 있음

77

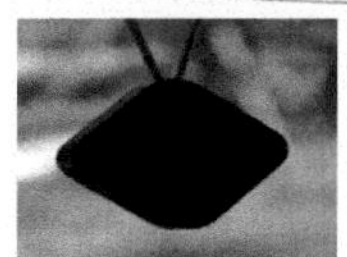

스파코사는 유치원, 초등학교의 차량 관제부터 오토바이, 자전거와 같은 고가의 물건 도난방지에 이르기까지의 기능을 하는 'Gper'를 개발하였다. '앗! 차'서비스는 유치원이나 초등학교 같은 차량을 운영하는 업체에서 월서비스 이용료를 내기만 하면 별도의 위치서비스망 구축비 없이 Gper가 설치된 차량위치를 확인할 수 있다.
Gper는 로라 망을 통해 위치정보를 저희 서버로 쏴주는 디바이스에요. 이 디바이스를 이용해서 앗! 차 서비스를 운영하고 있어요. 앗! 차 서비스는 차량의 실시간 위치를 모니터링 하여 이동경로, 운행 일지, 배차 등의 정보를 위치 클라우드를 통해 제공하는 차량 관제 서비스에요.
소프트웨어를 만드는 회사의 평범한 회사원인 조우주 대표는 퇴사 후 20일 만에 스파코사를 창업하였다. 조우주 대표는 한국뿐 아니라 동남아, 중남미까지 진출할 계획을 가지고 있다.

78

캐스팅엔 www.castingn.com Castingⓝ

Castingn은 지난 2015년 3월 초기 멤버 4인이 모여 시작되었다. B2C 일색이던 스타트업 생태계에서 B2B 시장의 가능성을 알리고 성취하는 보기 드문 팀이라는 평가를 받으며 서비스 1년여 만에 기업 의뢰 건수 2,000건을 돌파하며 성장하는 B2B거래 매칭테크 기업이다.

캐스팅엔은 기업 실무자와 협력업체를 연결하는 **B2B 아웃소싱 플랫폼으로** 양방향 외주 거래 중개 서비스다. '마케팅, 총무, 인사, IT' 분야의 2천여 개의 우수 협력사를 보유하고 있다.

닥터키친은 당뇨 식이요법 전문 연구 기업이다. 당뇨는 500만 명이 앓고 있는 질병이지만, 저염식과 채소반찬이라는 단조로운 식단으로 환자들의 식생활에 어려움이 있어 왔다. 의학적 연구를 철저히 준수하면서도 셰프가 만든 맛있고 풍성한 식단을 먹기 편한 형태로 제공하는 것이 닥터키친의 목표다. https://doctorkitchen.co.kr/

실제 닥터키친은 특급호텔 출신 셰프진이 직접 개발한 370여 개의 레시피로 맛에 차별화를 뒀다. 국내/외에서 발굴한 대체 식재료와 조리법을 활용했으며, 당뇨 환자에게 금기시되던 짜장면, 짬뽕, 파스타, 디저트 메뉴의 개발에도 성공했다.

DR. KITCHEN

79

기업용 모바일 식권 서비스 '식권대장'을 운영 중인 벤디스

2014년 1월 설립된 조정호 벤디스 대표는 "2014년 9월 식권대장 공식 론칭 이후, 기업·기관이 운영하는 단체급식 시장을 겨냥한 구내식당 전용 식권 서비스를 출시하는 한편, 우아한형제들의 신선식품 배송 서비스 배민프레시와의 제휴를 통해 고객사 대상 배달음식 서비스 등 B2E(Business To Employee·기업과 임직원간 거래) 사업모델을 추가하고, SK플래닛의 복지 서비스 플랫폼 베네피아와의 제휴를 통해 B2B 위탁복지 시장에 진입하는 등 사업 확장의 기반을 구축하는 작업을 지속해왔다. https://sikdae.com

보험 O2O 마이리얼플랜, www.myrealplan.co.kr

마이리얼플랜은 보험가입을 원하는 고객과 보험설계사를 이어주는 역경매 보험중개 서비스로 부동산 업계의 '직방'과 비슷한 모델이다.

다수의 보험설계사가 제출한 가입설계서가 보험 분석 시스템을 거쳐 고객에게 전달되고, 고객이 선택을 하면 상담이 시작되는 구조다.

80

캠블리

설립일 : 2012-11-02 / 직원 수 : 8명

캠블리(Cambly)는 원클릭으로 언제, 어디서든 원어민 강사와 언어 회화 연습을 할 수 있게 연결해주는 플랫폼입니다. 회화 학원 등록비, 오며 가며 길에서 보내는 시간, 정작 수업에서는 말 몇 마디 못 하는 억울한 한국인 모두가 영어 울렁증에서 벗어날 때까지 ...

https://www.cambly.com/organizations

81

버킷플레이스 오늘의 집 이승재 대표

서울대 화학생물공학과에 재학 중이던 이승재 대표는 소셜컨설팅그룹(SCG)이라는 모임에서 권순범(연세대 전기전자공학과), 이성구(고려대 경영학과), 구종현(서울대 경영학과) 등을 만났다. 이들은 자주 모여 식사를 하고 창업 아이템을 이야기했다.

2010년 권순범이 아이디어를 내 이큐브랩을 설립한 게 2011년 7월 무렵이었다. 이큐브랩은 태양광을 이용해 쓰레기통에 있는 쓰레기를 압축, 부피를 줄이고 IT를 이용해 효율적으로 수거하는 제품을 고안해냈다.

대학 재학 중이던 2014년 7월 이승재 대표는 버킷플레이스 법인을 설립한다. 버킷리스트의 버킷에 플레이스를 결합한 조어다. 꿈꾸는 공간을 만들어보자는 뜻에서 지었다고 한다. 혼자 창업을 했고 CTO를 비롯해 주요 멤버들을 하나 둘씩 영입했다. 서울대 기술지주회사에서 주최하는 창업경진대회에서 1등을 하는 등 사업 모델에 대한 외부의 평가도 긍정적이었다. 버킷플레이스의 '오늘의 집'은 인테리어 콘텐츠와 제품 구매 관련 정보를 동시에 제공하고 있다. 특히 인테리어를 직접 해 본 적이 없는 초보자들도 쉽게 따라 할 수 있도록 편의성을 높인 것이 특징이다. 앱에서 건물 형태, 스타일, 평수 등을 입력하면 그에 맞는 맞춤형 인테리어 사진들을 확인할 수 있다. 사진 속에 있는 태그를 클릭하면 가구와 소품 정보도 볼 수 있다. 이 제품을 판매하는 쇼핑목이나 다른 쇼룸 등의 사례로 바로 연결도 된다. http://bucketplace.co.kr/

82

기업가정신과 창업모델

비즈니스모델의 이해

Chapter 1. 비즈니스 모델 캔버스

1. 비즈니스모델의 필요성

1) 비즈니스모델과 사업계획서의 차이점

사업계획서 : 전체 사업의 개요뿐만 아니라 사업에 대한 다양한 측면에서의 계획을 구체적으로 기술

비즈니스모델 : 훨씬 압축적이고 상세한 내용을 담기보다는 핵심적인 내용을 간략하게 표현

2) 혁신은 기업의 운명을 좌우하는 중요한 요소로 부각

혁신은 크게 제품/서비스/시장 혁신, 운영 혁신, 비즈니스모델 혁신으로 구분하는데, 비즈니스모델 혁신이 경영혁신에 가장 중요한 역할을 수행

2

2. 비즈니스모델의 정의

사업 아이디어를 가지고, 어느 시장에서, 누구에게, 어떤 가치를 어떤 방법으로 전달하고 어떻게 수익을 창출할 것인지에 대한 전반적인 방향과 방법을 정의한 것

3

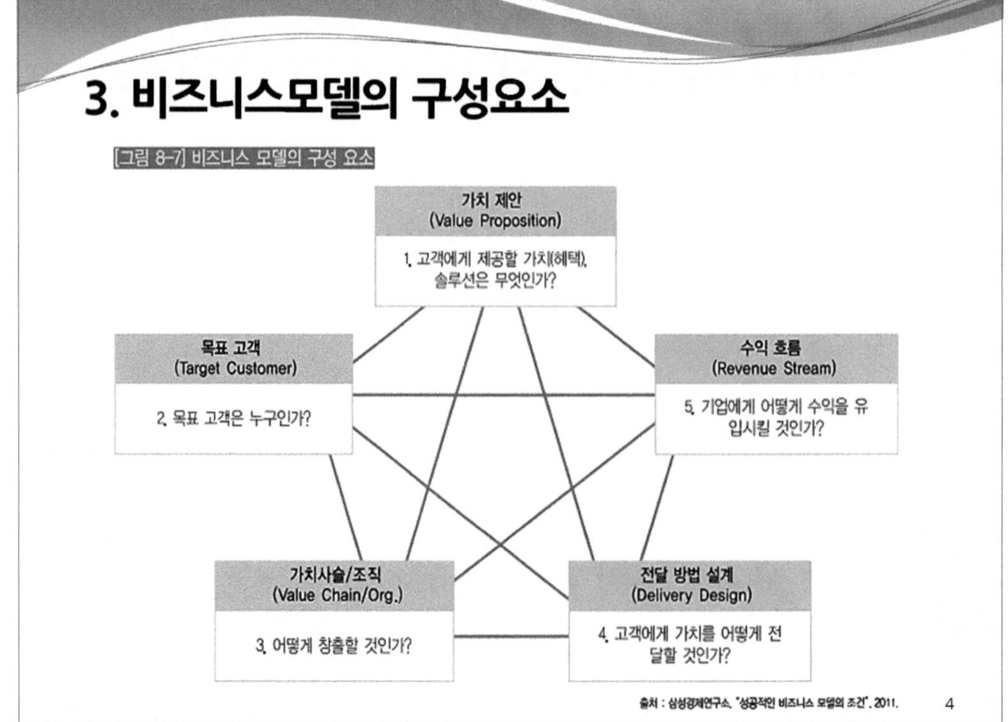

4. 비즈니스모델 캔버스

알렉산더 오스터왈더(Alexander Osterwalder)와 에스 피그누어(Yves Pigneur)가 2010년 "Business Model Generation"이라는 저서를 통해서 제안한 캔버스 모델

[표 8-3] 비즈니스 모델의 9가지 블록

기본 영역	비즈니스 모델 블록	내 용
제품 (Product)	가치 제안 (Value Proposition)	고객을 위한 제품과 서비스의 가치의 대한 종합적 관점
고객 접점 (Customer Interface)	목표 고객 (Target Customer)	가치를 제공하기를 원하는 소비자를 세분화하는 것임
	유통/채널 (Distribution Channel)	고객을 연결하는 수단을 말함
	고객 관계 (Relationship)	자사와 고객을 지속적으로 유지하는 방법을 말함
인프라 관리 (Infrastructure Management)	가치 형태 (Value Configuration)	고객을 위한 가치를 창조하기 위해 필요한 활동과 자원 등의 준비상태를 말함
	역량 (Capability)	고객을 위한 가치를 창조하기 위해 필요한 활동 실행 능력을 말함
	파트너십 (Partnership)	고객의 가치를 창출하기 위해서 2~3개의 기업과 협력 관계를 형성하는 것을 말함
재무적 측면 (Financial Aspects)	비용 구조 (Cost Structure)	비즈니스 모델을 실행하기 위한 모든 비용을 산출하는 것임
	수익 모델 (Revenue Model)	기업에서 다양한 수익흐름을 통해 수익을 창출하는 방법을 묘사한 것임

출처 : THE BUSINESS MODEL ONTOLOGY A PROPOSITION IN A DESIGN SCIENCE APPROACH, Alexander OSTERWALDER, 2004.

5

[그림 5-58] 비즈니스모델 캔버스

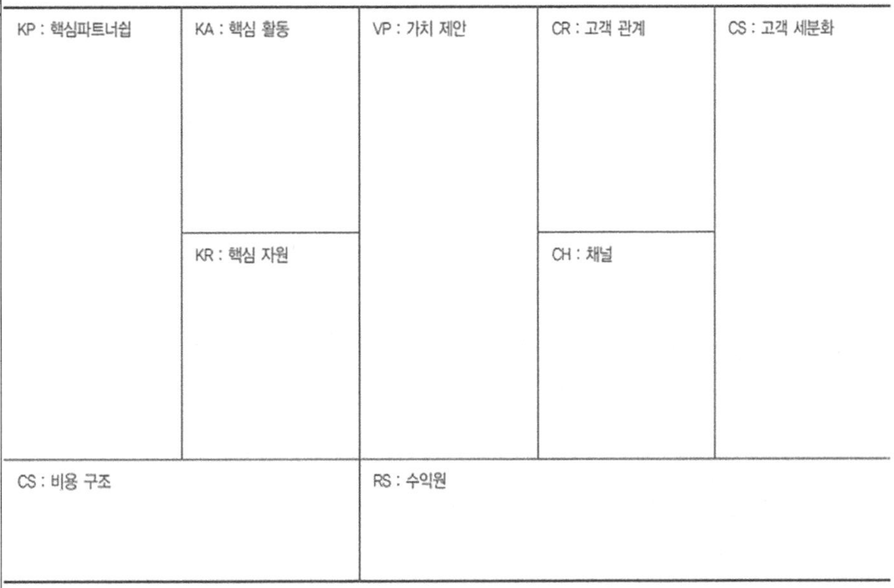

KP : 핵심파트너쉽	KA : 핵심 활동	VP : 가치 제안	CR : 고객 관계	CS : 고객 세분화
	KR : 핵심 자원		CH : 채널	
CS : 비용 구조		RS : 수익원		

출처 : Alexander Osterwalder & Yves Pigneur, "Business Model Generation", 2010

6

1) 고객 세그먼트 (CS : Customer Segmentation)

먼저 고객을 세분화하고 각 고객층의 성향과 특성에 대해서 파악, 인구통계학적, 심리유형적, 구매패턴적, 가치추구적인 분류를 통해서 고객을 세분화

✓ 효과적으로 고객을 세분화하기 위한 질문

– 누구를 위해 가치를 창조해야 하는가?

– 누가 우리의 가장 중요한 고객인가?

✓ 전형적인 고객 세그먼트의 유형

– 매스마켓 : 대부분의 고객을 포함하는 시장

– 틈새시장 : 기존에 형성된 큰 시장과 시장간의 틈새에 형성된 시장으로 일반적으로 기존 기업들의 관심 범위가 아니므로 창업기업이 목표로 하는 고객으로 가장 적합

– 멀티사이드 시장 : 2개 이상의 개별적인 타겟그룹으로 형성된 시장

7

2) 가치 명제 (VP : Value Proposition)

특정한 고객에게 필요로 하는 가치를 창조하기 위한 제품이나 서비스의 조합

목표 시장의 흐름과 기존 제품에 대한 고객들의 결핍을 찾아내어 해결 가능한 가치를 제공하여 수익을 확보하는 것이 결국 사업의 성공과 실패를 결정

✓ 효과적으로 가치 명제를 파악하기 위한 질문

– 고객에게 어떤 가치를 전달할 것인가?

– 우리가 제공하는 가치가 고객이 처한 문제점을 해결해주는가?

– 고객의 니즈를 충족시켜 주는가?

8

※ 전형적인 가치의 유형

- 기존 제품/서비스에 비해 우수한 성능 (Performance)
- 특정 고객을 위한 제품/서비스의 개인화 (Customization)
- 기존 제품/서비스를 뛰어 넘는 혁신 (Innovation)
- 기존 제품/서비스와 구분되는 탁월한 디자인 (Design)
- 기존 제품/서비스와 구분될 만큼 싼 가격 (Price)
- 기존 제품/서비스가 제공하지 못한 편의성 (Convenience)
- 기존 고객에게 비용절감의 기회 (Cost Reduction)
- 기존 고객에게 위험 회피의 기회 (Risk Avoidance)
- 높은 브랜드 지위 (Brand)
- 무언가를 '되게' 만드는 것
- 기존 제품/서비스로 접근이 어려웠던 제품/서비스 제공

9

3) 채널 (CH : Channels)

목표 고객에게 상품이나 서비스를 전달하는 방법

채널의 중요한 요소로는 제품과 서비스에 대한 고객의 이해정도, 가치 제안 평가, 구매 방법, 가치 제안 전달 방법, 판매 이후 서비스 등

✓ 효과적으로 채널을 파악하기 위한 질문

– 각각의 고객 세그먼트는 어떤 채널을 통해서 자신에게 가치가 전달되기를 원하는가?

– 우리는 그들에게 어떻게 다가가는가?

– 어느 채널이 가장 효과적인가?

– 어느 채널이 가장 비용 효율적인가?

10

※전형적인 채널의 유형

- 직접적인 채널 : 영업 팀과 웹사이트 운영
- 간접적인 채널 : 직영 매장, 파트너 매장, 도매 등

4) 고객 관계 (CR : Customer Relationships)

목표 고객에게 어떤 형태로 지속적인 관계를 유지할 것인가를 결정

✓ **효과적으로 고객 관계를 파악하기 위한 질문**

– 각각의 고객 세그먼트는 어떤 채널을 통해서 자신에게 가치가 전달되기를 원하는가?

– 우리는 그들에게 어떻게 다가 가는가?

– 어느 채널이 가장 효과적인가?

– 어느 채널이 가장 비용 효율적인가??

11

※ 전형적인 고객 관계의 유형

- 고객 관계 형성을 위한 방식으로는 고객을 직접적으로 도움을 제공하는 개별 어시스트 방식(판매직원, 콜센터 상담시스템 운영)
- 고객별 전담인력을 두어 헌신적으로 응대하는 헌신적인 개별 어시스트
- 고객이 스스로 니즈를 해결하도록 필요한 모든 수단을 제공하는 셀프 서비스
- 개인별 온라인 프로파일을 통해 맞춤형 서비스를 제공하는 자동화 서비스
- 온라인 커뮤니티 운영
- 고객들의 리뷰 반영과 제품 개발 시 참여시키는 코-크리에이션

12

5) 수익원 (RS : Revenue Streams)

기업이 각 고객 세그먼트로부터 창출하는 현금을 의미 (수익 = 수입 - 비용)

✓ **효과적으로 수익원을 파악하기 위한 질문**

– 고객들은 어떤 가치를 위해 기꺼이 돈을 지불 하는가?

– 현재 무엇을 위해 돈을 지불하고 있으며, 어떻게 지불하고 있는가?

– 고객은 어떻게 지불하고 싶어 하는가?

– 각각의 수익원은 전체 수익에 얼마나 기여하는가?

– 채널과 고객을 위한 업무는 제대로 통합되어 있는가?

13

※ 전형적인 수익원의 유형

- 물품 판매 : 제품의 직접적인 판매를 통해 얻게 되는 수익원
- 이용료 : 특정 서비스를 이용하게 됨으로써 발생하는 수익원(정액 이용료 등)
- 가입비 : 서비스에 대한 지속적인 이용권한을 판매함으로써 발생하는 수익원 (연간 가입비 등)
- 대여료/임대료 : 특정한 자산을 일정기간 이용할 수 있는 권리를 주는 대가로 받는 수수료
- 라이센싱 : 특허/저작권 사용에 대한 사용료
- 중개 수수료 : 중개자와 중개 의뢰인 간에 발생하는 비용으로 매개 역할에 대한 수수료
- 광고 : 특정 제품이나 서비스, 브랜드 광고비를 통해 발생하는 수익원

14

6) 핵심 자원 (KR : Key Resources)

비즈니스를 원활히 진행하기 위해 필요한 자산

✓ 효과적으로 핵심 자원을 파악하기 위한 질문

- 고객에게 가치를 제공하기 위해서 어떤 핵심 자원을 필요로 하는가?
- 공급 채널을 위해선 어떤 자원이 필요한가?
- 고객관계와 수익원을 위해서 어떤 자원이 필요한가?

※ 전형적인 핵심 자원의 유형

- 물적 자원 : 공장, 공장설비, 자동차, 기계, 시스템, 물류 네트워크 등
- 인적 자원 : 생산적인 재능·기술·지식을 갖춘 인력을 말하며, 마케터, 소프트웨어 개발자, 웹사이트 관리자 등
- 지적 자산 : 브랜드, 독점적 지식, 특허나 저작권, 파트너십, 고객 데이터베이스 등
- 재무적 자원 : 현금이나 신용한도, 스톡옵션 등을 활용하는 경우

15

7) 핵심 활동 (KA : Key Activities)

기업이 사업을 원활하게 수행하기 위한 필요한 활동

핵심 활동은 기업이 혹은 창업자가 컨트롤이 가능해야만 성공 가능성을 높일 수 있음

✓ 효과적으로 핵심 활동을 파악하기 위한 질문

- 고객에게 가치를 제공하기 위해서 어떤 핵심 활동을 필요로 하는가?
- 공급 채널을 위해선 어떤 활동이 필요한가?
- 고객관계와 수익원을 위해서 어떤 활동이 필요한가?

16

※전형적인 핵심 활동의 유형

- 생산 : 제품을 설계, 제작, 운송하는 것
- 문제 해결 : 고객이 처한 문제에 대한 새로운 해결책을 찾아 내는 것
- 플랫폼/네트워크 : 플랫폼을 핵심자원으로 설계된 비즈니스 모델은 플랫폼이나 네트워크와 관련된 핵심활동에 의해 지배됨

17

8) 핵심 파트너십 (KP : Key Partnerships)

자사가 부족한 자원/역량을 보완할 수 있는 파트너를 구하는 것

불확실성이 존재하는 경쟁환경에서 리스크를 최소화시키는데 많은 도움

✓ 효과적으로 핵심 파트너십을 파악하기 위한 질문

- 누가 핵심 파트너인가?
- 우리의 핵심 공급자는 누구인가?
- 파트너로부터 어떤 핵심 자원을 획득할 수 있는가?
- 파트너가 어떤 핵심 활동을 수행하는가?

18

※전형적인 핵심 파트너십의 유형

- 비 경쟁자들간의 전략적 동맹
- 경쟁자들간의 전략적 파트너십
- 조인트 벤처
- 안정적 공급을 위한 '구매자 - 공급자' 관계

19

9) 비용 구조 (CS : Cost Structure)

먼저 사업을 운영하면서 발생하는 모든 비용을 의미

가치를 만들어내고 전달하고, 고객관계를 유지하고 수익원을 만들어내는 것은 모두 비용이 발생

✓ **효과적으로 비용 구조를 파악하기 위한 질문**

- 우리 비즈니스모델의 가장 중요한 비용은 무엇인가?
- 가장 중요한 비용은 무엇인가?
- 어떤 핵심 자원을 확보하는데 가장 많은 비용이 드는가?
- 어떤 핵심 활동을 수행하는데 가장 많은 비용이 드는가?

20

※ 전형적인 비용 구조의 유형

- 고정비 : 매출액의 크기가 변하더라도 변하지 않고 발생하는 비용으로 고정비의 성격을 갖는 비용, 인건비(정규직원), 월세, 화재보험료, 광고선전비, 감가상각비 등
- 변동비 : 매출액이 변할 때 매출액 크기와 일정비율을 유지하면서 같이 변하는 비용, 원재료비, 인건비(파트타임), 광고선전비(비정기적 광고) 등

21

[그림 8-9] 비즈니스 모델 캔버스 적용 사례 : 리멤버

핵심파트너쉽
- ◆ 서버 하드웨어 제조업체
- ◆ 정보 보안관리 업체
- ◆ 명함 수거 및 전달 물류업체
- ◆ App 광고를 원하는 기업

핵심활동
- ◆ 모바일 App 개발
- ◆ 실시간 명함관리 서비스
- ◆ App 홍보

핵심 자원
- ◆ 모바일 App 디자이너
- ◆ 타이피스트
- ◆ 운영자

가치 제안
- ◆ 명함 보관 편리성
- ◆ 명함 내용 정확성
- ◆ 정보 보안 안전성
- ◆ 저렴한 가격

고객 관계
- ◆ 자동화 서비스 및 무료 사용
- ◆ 대량명함 관리 서비스 유치
- ◆ 싱글들의 놀이터

채널
- ◆ 어플리케이션 리멤버

고객 세그먼트
- ◆ 명함을 많이 주고 받는 사람 (직장인, 사업가 등)
- ◆ 명함관리를 잘 못하는 사람

비용 구조
- ◆ 모바일 어플리케이션 홍보(마케팅) 비용
- ◆ 어플리케이션 관리 비용
- ◆ 인건비

수익원
- ◆ 모바일 어플리케이션 광고 수수료
- ◆ 대량 명함관리 서비스 수수료

출처 : 기술창업론, 2016, 김진수 외

22

① 고객 세그먼트 (CS : Customer Segmentation)

- 명함입력 서비스(소량) : 명함을 주고받는 직장인, 사업가 등의 일반인을 대상으로 고객을 규정함
- 명함입력 서비스(대량) : 명함을 많이 주고받는 직장인, 사업가 등 명함을 일일이 촬영하여 저장하기 번거로운 사람으로 고객을 규정함

② 가치 명제 (VP : Value Proposition)

- 편리성: 직장인들은 굳이 명함인쇄소에 갈 필요 없이 스마트폰 어플 리멤버를 통해 신청이 가능하며, 고객 DB 관리를 통해서 정보 업데이트가 간편하게 이루어짐
- 정확성 : 명함을 촬영하면 타이피스트가 직접 100% 수기로 입력하는 서비스
- 정보 보안 안전성 : 명함 DB를 이중 암호화하여 관리되고 있어 향후에 무단 도용 및 악용되지 않음
- 저렴한 가격 : 명함 스캔이 100장당 1만 원의 저렴한 가격에 서비스 제공

23

③ 채널 (CH : Channels)

- 명함관리 서비스를 앱을 통해 제공하고 있으므로 채널은 '앱 어플리케이션'

④ 고객 관계 (CR : Customer Relationships)

- 명함 수정 시 자동적으로 업데이트해주는 서비스
- 대량의 명함을 저렴한 가격으로 관리를 대행해주는 서비스
- 회식비 지원 등 다양한 판매촉진 프로모션 서비스

⑤ 수익원 (RS : Revenue Streams)

- 명함관리 서비스 수수료, 광고 수수료

⑥ 핵심 자원 (KR : Key Resources)

- 지적자원: 명함관리 다양한 어플리케이션
- 인적자원: 명함관리 전문 인력
- 물적자원: 명함관리 서비스를 위한 플랫폼, 시설, 장비 등
- 재무자원: 운영 및 유지보수를 위한 자금 등

24

⑦ 핵심 활동 (KA : Key Activities)

- 편리한 명함관리 어플리케이션 개발 및 유지보수
- 고객확보 및 유지관리를 위한 고객관리 활동
- 홍보활동

⑧ 핵심 파트너십 (KP : Key Partnerships)

- 리멤버 어플리케이션을 유지하기 위한 하드웨어 제조업체
- 명함정보 보안을 위한 보안관리 업체
- 대량 명함관리 서비스를 이용하는 소비자의 명함을 수거하고 전달하기 위한 물류업체

⑨ 비용 구조 (CS : Cost Structure)

- 고객에게 리멤버 어플리케이션을 홍보하기 위한 마케팅 비용
- 핵심 자원인 어플리케이션을 유지하기 위한 비용
- 다양한 명함관리 어플리케이션을 지속적으로 개발하는 개발비
- 인건비 등

25

Chapter 2. 린 스타트업

1. 린 스타트업 등장 배경

1) 린 경영

토요타의 생산시스템을 미국식 환경에 맞춰 재정립한 신경영 기법으로 제조업체는 자재구매에서 생산, 재고관리, 판매에 이르기까지의 전 프로세스에서 발생하는 낭비를 최소화시킨다는 개념

끊임없는 진화를 통해 새로운 낭비를 찾는 창의적 관점과 새로운 낭비를 제거하기 위한 새로운 문제해결 역량을 확보하여 기업의 경쟁력을 창출한다는 의미

1993년 MIT 대학과 정부의 항공관련 부서와 산·학·정 컨소시움에 참여한 보잉, 록히드마틴 등 항공우주산업의 모든 부문에 포괄적으로 적용되어 큰 성공을 거둬 본격적으로 알려지기 시작

26

2. 린 스타트업

최근 린 경영의 주요 원칙이 창업기업의 경영 전략으로 소개되면서 실리콘밸리 등에서는 필수적인 전략으로 인식

에릭 리스(Eric Ries)가 자신의 창업의 실패와 성공 경험을 토대로 창업기업의 지속적인 성장을 위해 고안한 경영 전략

창업기업의 경우 인적·물적 자원이 부족하기 때문에 시장에 대한 가정(market assumption)을 테스트하기 위해 빠른 프로토타입(rapid prototype)을 만들도록 권하면서 고객 개발론을 사용하여 실제 고객과 접촉하는 빈도를 높여서 낭비를 줄여 시장에 대한 잘못된 가정을 최대한 빨리 검증하여 회피

27

3. 린 캔버스 구성요소

일부는 비즈니스모델 캔버스의 블록들을 사용하지만 일부 블록은 린 스타트업 개념에 따라서 변경하여 사용

문제	해결책	고유의 가치제안	일방적 경쟁우위	고객군
(가장 중요한 세 가지 문제) 1	(가장 중요한 세 가지 기능) 4	(제품을 구입해야 하는 이유와 다른 제품과의 차이점을 설명하는 알기 쉽고 설득력있는 메시지) 3	(다른 제품이 쉽게 흉내 낼 수없는 특징) 9	(목표고객) 2
	핵심지표 (측정해야 할 활동) 8		채널 (고객 도달경로) 5	

비용구조	수익원
(고객획득비용, 유통비용, 호스팅, 인건비 등) 7	(매출모델, 생애가치, 매출, 매출 총 이익) 6

28

4. 비즈니스모델 캔버스와 린 캔버스 비교

✓ 비즈니스모델 캔버스 : 창업기업과 경영활동을 하고 있는 기업을 대상으로도 활용, 고객, 투자가, 창업가, 컨설턴트 등 다양한 대상이 상황에 맞게 적용이 가능

✓ 린 캔버스 : 오직 창업기업에게만 적용 가능하도록 구성, 오직 창업가만 가능

29

비교 항목	비즈니스모델 캔버스	린 캔버스
대상 (target)	창업기업과 기존기업	창업기업
중점 (focus)	고객, 투자가, 창업가, 컨설턴트, 조언자	창업가
고객 (customers)	고객세분화, 채널, 고객 관계 중시	창업기업은 고객이 누구고 무엇을 팔지를 테스트 하지 않아 고객 세분화가 중요하지 않음
접근방식 (approach)	사업의 예상 수익원과 재무적 원천을 기본 전제하에서 시작	문제점에서 시작, 문제해결방안 제안, 문제를 해결하기 위한 채널, 비용구조와 예상 수익 순으로 시작
경쟁관계 (competition)	목표시장에서 영리하게 살아남기 위해서 양적 질적 조건(가격, 비용 등)적 가치 제안에 집중	사업의 여분의 시장에서 일방적 경쟁우위를 가지고 더 기반을 다지기 위한 방법으로 활용
적용 (application)	자연스러운 이해, 창의성, 논의, 구조적 분석으로 분위기 조성	창업가가 순차적으로 발전할 수 있도록 문제해결 중심적 접근

30

우버(Uber) 서비스의 린 캔버스

[그림 8-12] 린 캔버스 적용 사례 : 우버(Uber)

문제	솔루션	고유의 가치 제안	경쟁 우위	고객군
안정성 문제 가격 문제 탑승대기 문제 법적 규제 문제	신속한 결제 가능 고객 만족서비스 가능 운전자 평가 가능 가격 알람 서비스(푸시 알람) 각 나라 법규에 맞는 사전 승인	안정성과 신뢰성 빠른 고객확보	선발자 우위 운전자와 고객에게만 권한부여 높은 품질의 고객 응대 브랜드 인식 제고 수많은 유명 인사 추천	상류층 사업가 전문직 종사자 도시중산층
	핵심 지표		**채널**	
	고객과 운전자가 함께 하는 더 큰 공유 커뮤니티 구축 고객과 운전자를 위한 마켓 플레이스 플랫폼 구축		초기 : 모바일 앱 채널 활용 확장 : 바로 푸시 알림 시스템	얼리어답터 : 택시나 렌터카 이용 고객

비용 구조	수익원
자동차에 재투자를 하지 않아도 됨 정부 및 규제 관계 비용 절약 서비스 제공자 무고용	- 운행 수수료 - 장비 및 자동차 대출 수수료 - 시장 확대로 인한 수익 증가 - 고객택시를 통한 수익 (우버블랙) - 개인 자동차로 영업 (수익 구조 다양화, 우버엑스)

출처 : 기술창업론, 2016, 김진수 외

31

우버(Uber) 서비스의 린 캔버스

① 문제 (Problem)

- 린 스타트업의 가장 중요한 핵심이 고객의 요구사항에 맡는 제품 개발에 가장 중점을 두고 있기 때문에 문제점에 대한 파악은 선행되어야 할 가장 중요한 내용
- 고객들이 해결해 주기는 바라는 핵심 문제 1~3가지를 기술
- 핵심 문제를 기준으로 현재 고객들이 이 문제를 풀고 있는 기존 대안을 기술
- 고객 중에 새로운 것을 쉽게 수용하는 얼리어답터(early adapter)들이 해당 문제를 어떻게 해결하고 있는지 기존 대안에 대해서 조사해서 기술
- 목표 고객에게 어떤 형태로 지속적인 관계를 유지할 것인가를 결정

32

우버 (Uber) : 문제 (Problem) /

1. 가장 중요한 핵심 문제

◆ 안전성에 가장 큰 문제가 있다.

예) 인도 델리 외각 지역에서 운전자에게 성폭행,

호주 멜버른에서 19살 승객 성폭행 등

◆ 일방적인 우버의 가격결정에 따라야 한다는 문제가 있다.

◆ 급하게 이동해야 하는데, 늦게 온다면 기다릴 수밖에 없는 문제가 있다.

◆ 각 나라마다 법적 규제 문제가 있다.

2. 기존 대안

◆ 한국의 '카카오택시', 중국의 '디디콰이디', 인도의 '올라캡스(Ola Cabs)', 싱가포르의 '그랩 택시(Grab taxi)' 등

33

② 고객 세그먼트 (Customer Segmentation)

- 발견한 문제점을 기반으로 목표 고객을 구체화
- 창업기업은 초기에 인지도 등의 부족으로 초기 사용자를 확보하는 것이 매우 어려움
- 창업 초기에 고려해야 하는 고객은 이 제품이나 서비스를 사용할 얼리어답터를 찾는 것
- 얼리어답터는 특성상 새로운 시도에 관심을 가지고 있고 기꺼이 테스트할 준비가 되어 있는 고객이기 때문
- 일반 주류 고객이 아니라 얼리어답터의 관점에서 이 제품을 사용할 필요에 대해서 명확하게 파악하는 것이 중요

34

우버 (Uber) : 고객 세그먼트 (Customer Segmentation)

1. 고객
   - ◆ 상류층
   - ◆ 사업가
   - ◆ 전문직 종사자
   - ◆ 월 약 100$를 사용하는 기존 고객
   - ◆ 도시 중산층 등

2. 얼리어답터
   - ◆ 택시나 렌터카를 주로 이용하는 고객

35

③ 고유의 가치제안(Unique Value Proposition)

- 제품이 가진 차별점은 무엇이며 구입할 관심을 끌 가치가 있는 이유를 기술
- 이 제품이나 서비스가 기존의 다른 제품이나 서비스와 차별화된 특성이 무엇이며 차별성을 통해서 고객에게 어떤 새로운 가치를 생성할 것인가를 제시

✓ 가치를 제안할 때 고려해야 하는 사항

- 차별화하라 : 가장 효과적으로 차별화 요소가 부각도기 위해서는 해결하고자 하는 문제와 고유의 가치 제안이 연관성을 갖도록 정리하는 방법
- 제품을 사용했을 때 혜택에 집중하라 : 좋은 가치 제안이 되려면 제품의 기능보다 제품을 사용한 후 고객이 누릴 혜택에 초점을 맞추는 것이 바람직

우버(Uber) : 고유의 가치제안(Unique Value Proposition)

1. 승객에게는 안전하다는 신뢰 이미지와 기다림 없이 빨리 탑승할 수 있다는 믿음 제시
2. 운전자에게는 혼잡한 교통 상황에서 승객을 기다리지 않고, 바로 태울 수 있다는 효율성 제시

36

④ **솔루션 (Solution)**

구체적인 솔루션을 고민하기 보다는 각 문제를 해결하기 위한 가장 단순한 솔루션에 대해서 정리

린 스타트업의 가장 중요한 방법 중에 하나인 최소존속제품(Minimum Viable Product)에 포함될 최소한의 핵심 기능에 대해서 정리

우버 (Uber) : 솔루션 (Solution) /
1. 전자 지불 프로세스 및 팁이 이미 포함되어 있어 신속한 결제가 가능
2. 고객만족 서비스가 가능
3. 운전자 평가 가능
4. 가격 제한 및 가격 알람 서비스 (푸시 알림)
5. 바로 알림 서비스 (푸시 알림)
6. 각 나라의 법적 규제에 맞는 사전 승인

37

⑤ **채널 (Channels)**

처음부터 확장 가능한 채널을 고려하고, 해당 채널들을 구축해서 테스트하는 것이 바람직

창업 초기에 사용할 채널과 대규모 고객을 확보할 수 있는 채널에 대해서 구분해서 확보하고 테스트하는 것이 필요

우버 (Uber) : 채널 (Channels)
1. 초기 : 모바일 앱 채널 활용
2. 확장 가능한 채널 : 푸시 알림 시스템

38

⑥ 수익원(Revenue Streams)

- 린 캔버스를 작성할 경우 주로 MVP만을 고려하기 때문에 명확한 가격 결정을 미루는 경우가 많아서 수익원을 측정하는 것은 어려움
- MVP 단계에서도 고객이 지불할 만한 가치를 제공하고 그에 합당한 가격을 책정할 필요가 있음

✓ **MVP 단계에서도 과금해야 하는 이유**

- 가격 또한 제품의 일부, 가격이 고객을 정의
- 고객의 지불을 통해 가장 빠른 형태의 검증이 가능

우버 (Uber) : 수익원 (Revenue Streams) /
1. 운행 수수료 2. 장비 및 자동차 대출 수수료 3. 시장 확대로 인한 수익 증가
4. 고급택시를 통한 수익 (우버블랙)
5. 개인 자동차로 영업을 할 수 있도록 함으로써 수익 구조 다양화 (우버엑스)

39

⑦ 비용 구조(Cost Structure)

- 제품을 시장에 내놓을 때 발생할 비용에 대해 예측해서 작성
- 30~50 명의 고객을 인터뷰 하는 데 드는 비용은 어느 정도 인가?
- MVP를 만들고 테스트 하는데 드는 비용은 어느 정도 인가?
- 프로세스를 진행할 때의 비용은 얼마인가? 고정비와 변동비로 각각 나눠서 써본다.

✓ 수익원과 비용구조를 통해 손익분기점을 계산하고, 손익분기점을 도달하려면 얼마나 많은 시간, 비용, 노력이 필요한지를 추정

우버 (Uber) : 비용 구조(Cost Structure)
1. 자동차에 투자를 하지 않아도 된다. (수리비용 및 보험비용 등)
2. 정부 및 규제 관계 비용을 절약 할 수 있다.
3. 서비스 제공자를 고용하지 않아도 된다.

40

⑧ 핵심 지표 (Key Metrics)

✓ **사업의 진행상황을 측정할 지표**

- 사용자 유치(Acquisition) : 우연히 제품을 찾은 사용자를 관심 고객으로 전환하는 것
- 사용자 활성화(Activation) : 관심이 있는 고객이 처음으로 만족스러운 사용 경험을 하는 것
- 사용자 유지(Retention): 반복해서 다시 제품을 사용하거나, 제품을 쓰겠다고 참여하는 것
- 매출(Revenue) : 돈을 지불하는 경우
- 추천(Referral) : 제품에 만족한 고객이 소개해 새로운 사용자 유치가 일어나는 것

우버 (Uber) : 핵심 지표 (Key Metrics) /

1. 고객과 운전자가 함께 하는 더 큰 공유 커뮤니티 구축
2. 고객과 운전자를 위한 마켓플레이스 플랫폼 구축

41

⑨ 경쟁우위 (Unfair Advantage)

- 만약 경쟁자가 생긴다 해도 쉽게 따라 할 수 없거나, 돈으로 해결할 수 없는 것
- 창업자들이 갖는 경쟁 우위 중에 대표적인 것이 '선발자' 우위
- 새로운 기반을 닦는 일은 대부분 선발자가 감수하지만 명확한 선발 우위를 갖지 못하면 재빠르게 추격하는 추격자들에게 추월 당하는 경우가 자주 발생

(경쟁우위의 종류)

- **내부자 정보, 대규모 네트워크 효과 , 적절한 전문가의 지지, 커뮤니티**
- **환상적인 팀, 기존 고객, 개인적인 권위, 검색 엔진 최적화 순위**

우버 (Uber) : 경쟁우위 (Unfair Advantage)

1. 선발자 우위
2. 공급 된 루프는 운전자와 탑승자에게만 권한을 부여
3. 높은 품질의 고객 응대, 브랜드 경험
4. 노이즈 마케팅 전략은 브랜드 인식을 얻음
5. 수많은 유명 인사 추천

42

산양산삼 "삼이오" (2020.4월 출시)

"산삼이 뭔지는 초등학생도 안다. 전래동화에도 등장하기 때문이다. 그런데 산삼을 일상에서 볼 수 있다는 생각은 쉽사리 하지 못했을 거다. 삼이오를 접하기 전까지는." 허범석 삼이오 대표가 말했다. 허 대표는 지난 4월, 산삼 구독 서비스 '삼이오' 공식 출범을 알렸다. '삼으로 이로움을 즐기시오'라는 뜻을 담아 매주 월요일 집 앞으로 산삼을 배송하고 있다.

구독자가 받아보는 건 산양산삼이다. 산삼은 산에서 나는 삼 종류 중 하나로 그 중에서도 산양산삼은 산삼 씨앗을 깊은 산 속에 뿌려 자연 상태에서 키운 삼을 일컫는다. 삼이오는 매 주말 경기도 용인시 처인구 백암면 일대 산 23만평에서 산삼을 채취한다. 허 대표는 구독모델을 도입한 이유에 대해 "꾸준히 복용해야 효과를 볼 수 있기 때문"이라고 밝혔다.

삼이오가 제공하는 산삼은 모두 정 7년근이다. 야생 환경에서 생존하면서 삼이 면역 물질을 합성해 만드는 데 대개 7년 이상을 고가로 취급한다.

43

가전 전문 플랫폼 "쓱싹"

가전 전문 플랫폼 쓱싹은 종합 가전 쇼핑몰 앱으로 가전에어컨, 도어락 등의 설치 가전부터 공기청정기, 냉장고 등 일반 가전까지 약 30개 카테고리로 구성됐다. 현장 추가비 내역 공개, 우수 서비스 업체 지역 독점권 할당 등의 기능을 통해 덤터기 피해를 방지하고 온라인 가전 시장 문제를 해결하고자 한다.

소수정예 승인제 오픈마켓 구조를 통해 O2O 플랫폼에서 검증된 파트너만 쓱싹에 입점할 수 있다. 우수업체에겐 지역별 독점권을 부여해 과다 마케팅을 방지한다. 쓱싹 측은 "플랫폼이 마케팅비 소모 없이도 제품 판매 환경을 제공하고 소비자가 그만큼 더 할인된 가격으로 가전제품 및 설치를 이용할 수 있도록 유도하는 정책"이라고 설명했다.

쓱싹을 운영하는 이화랑 슬로그업 대표는 "온라인 가전 시장은 그간 IT기술 침투가 이뤄지지 못했고 정보를 공급자가 독점하고 있어 소비자 덤터기가 만연했다"며 "쓱싹이 최저가 낚시, 부당 추가비, AS 먹튀 등 온라인 가전 시장의 폐해를 없애 시장을 개선하겠다"고 전했다.

44

“슈가맨워크” 온라인 쇼핑몰 택배 서비스

슈가맨워크는 국내 이커머스 시장에 특화해 최저 택배비와 포토스튜디오, 택배집하장 시설 등을 갖추고 물량 관계없이 누구나 최저가로 택배를 보낼 수 있는 시스템을 갖춰 온라인 쇼핑몰 사업자 부담을 줄이고 있다. 회사 측 관계자는 "국내 온라인 쇼핑 시장이 급격하게 성장하는 만큼 앞으로 이커머스 사업자를 위한 생태계 구축에 힘쓰겠다"며 소규모 사업자도 부담 없이 창업할 수 있도록 시스템을 만들어갈 예정이라고 밝혔다.

45

트레이너와 운동하는 느낌…오디오 피트니스 앱 ‘사운드짐’

사운드짐은 오디오 기반 피트니스 앱으로 음성 가이드를 통해 언제든 원하는 때에 운동할 수 있는 운동 구독 서비스를 제공한다. 이미림 사운드짐 대표는 "오디오 콘텐츠는 영상 중심의 콘텐츠보다 움직임이 많은 운동을 가이드하는 데 적합하다"며 "영상 중심의 운동 콘텐츠는 화면을 계속 봐야 하는 등의 제한이 있지만 오디오는 제약이 없다"고 말했다.
사운드짐의 차별점은 운동 가이드를 제공하기 어려운 러닝머신, 실내자전거, 야외달리기 등 다양한 카테고리의 운동 콘텐츠를 제공한다는 점이다. 귀에 이어폰만 꼽으면 어느 곳이든 운동할 수 있는 최적의 장소가 되는 것. 또 다른 장점은 트레이너가 직접 옆에 있는 것처럼 느낄 수 있어 동기부여가 된다는 점이다. 트레이너와 처음부터 끝까지 운동하면서 호흡이나 자세를 체크할 수 있도록 돕고 운동효과를 최대치로 높일 수 있는 bpm 음악도 제공한다.
코로나가 장기화되면서 집안에서 활동이 늘어남에 따라 피트니스 앱 수요도 덩달아 증가했다 또 2020. 4월에는 패키지 상품으로 구성된 프리미엄 클래스 콘텐츠를 오픈하고 2분기에는 마인드짐, 라이프짐 등으로 콘텐츠적 확장을 통해 다양한 사용자 니즈에 맞는 서비스를 제공할 예정이다. 이 외에도 다양한 트레이너, 코치, 전문과와 협업해 콘텐츠를 제작, 양질의 콘텐츠를 제공할 예정이다.

46

'홈즈 컴퍼니' 1인 가구 주거 서비스

미스터홈즈가 회사명을 '홈즈컴퍼니'로 바꾸고 1인 가구 주거 서비스 혁신기업으로 도약한다고 2020.5.18일 밝혔다.
홈즈컴퍼니는 사명 변경을 계기로 혁신적 주거 서비스 모델 및 IT 시스템 구축에 집중할 방침이다. 다년간 주거 상품을 운영해온 노하우를 토대로 주택임대업과 숙박업을 접목한 새로운 사업 모델을 시장에 선보일 계획이다.
하반기부터는 충무로 일대에서 착수하는 주거 및 숙박이 결합된 공간 프로젝트의 운영을 맡아 기획 단계부터 참여할 예정이다. 코로나19 사태로 어려움을 겪고 있는 호텔 등 숙박 분야와의 협업도 적극적으로 추진한다는 설명이다.
IT 서비스 개발을 통해 운영효율과 고객만족도를 높이는데도 힘쓴다.
임대인과 임차인이 앱을 기반으로 계약관리, 납부관리, CS 대응 등을 할 수 있는 임대관리 솔루션, 1인 가구 생활서비스를 모아 제공하는 멤버십 서비스를 연내 출시할 예정이다.

47

"네오사피엔스" 인공지능 성우 서비스 타입캐스트(typecast)

네오사피엔스에서 운영하는 인공지능 성우 서비스 타입캐스트(typecast)가 2020.5월 기준 누적 가입자 수 3만 명을 기록했다. 타입캐스트는 전문 성우의 목소리를 활용한 인공지능 음성 생성 기술을 기반으로 50여 개의 다양한 음성을 실시간 오디오 콘텐츠로 변환해 주는 서비스다.
텍스트로 된 문장을 입력 창에 작성한 후 성별, 연령, 콘텐츠 분위기 등에 따라 이용자가 원하는 타입의 성우를 캐스팅하여 편집하면 전문 성우가 녹음한 것과 같은 음성 파일을 간편하게 내려받을 수 있다. 지난해 4월 사전 체험단 모집을 시작으로 시장에 첫 선을 보인 '타입캐스트'는 개인 이용자뿐 아니라 기업의 온라인 뉴스 채널, 교육 및 출판 관계자들에게도 큰 주목을 받았다. 이어 작년 11월 유료 서비스 전환 이후에도 이용자 수가 꾸준하게 상승, 론칭 7개월 만인 올해 5월 초 3만 명을 돌파했다. 유료 결제액 또한 월 평균 50% 이상 지속적으로 상승하고 있다.

48

기업가정신과 창업모델

창업기업의 지식재산 관리

Chapter 1. 창업자의 지식재산권 활용방안

1. 창업지원 자금 유치하기

- 지식재산권 보유시 서류 및 면접심사에서 가점부여 등 평가 받는데 유리

2. 창업 자금 융자받기

- **기술보증기금** : 특허를 보유한 창업자를 대상으로 "특허창업 특례보증" 제도 운영
- **신용보증기금** : 특허권을 보유한 초기 기업에 대하여 우대 지원하는 "지식재산보증"
- **한국산업은행** : 특허권의 가치평가를 통해 산출된 가치금액을 그대로 대출 담보로 인정하는 "지식재산담보대출"
- **기업은행** : 초기 중소기업을 대상으로 10억 원을 한도로 특허 등 지식재산권 담보 대출
- **중소벤처기업진흥공단** : 특허대출담보 등 다양한 지식재산 기술금융 상품

2

3. 정부 R&D 자금 유치하기

- 중소기업청이나 산업자원부 산하 기관의 R&D 자금 신청 시 기술평가에 유리

4. 투자 유치하기

- 지식재산권을 기반으로 투자하는 벤처캐피털이나 자산 운용사가 증가추세
- 아이디어 브릿지 : 지식재산권 전문 펀드를 만들어서 IP Sale & License Back 구조로 중소기업에 투자
- IP SLB 펀드 : 기업 보유 특허권을 약정 기간 후에 환매하는 것을 조건으로 매입

5. 마케팅에 활용하기

- 소비자는 특허기술이 적용된 제품을 우수한 제품으로 인식하는 경향이 있음

6. 기술/품질인증에 이용

- 신기술인증(New Excellent Technology)와 신제품인증(New Excellent Product)은 특허를 받은 경우에만 인증(공공기관의 의무구매, 보증우대, R&D지원 가점 등)

3

7. 기술거래하기

- 특허 소유권을 타인에게 이전하는 특허권 매매와 특허 소유권은 본인이 소유하고 특허 기술의 실시권을 양도하고 로열티를 받는 라이선스 방식이 있음

[표 7-2] 기술거래 유형

기술이전 방식		내 용
기술 매매		매매형태로 이루어지는 기술이전으로서 기술도입자가 대가를 지불하고 지식재산권 등의 권리를 명의이전 받음으로써 계약이 완료
라이센스	전용실시권	기술공급자와 기술도입자의 설정계약으로 정한 일정한 범위내에서 그 지식재산권을 독점적으로 실시할 수 있는 권리
	통상실시권	기술공급자와 기술도입자의 설정계약으로 정한 일정한 범위내에서 그 지식재산권을 실시할 수 있는 권리
	재실시권	기술도입자가 기술공급자로부터 실시권을 허락받은 지식재산권을 제 3자에게 다시 라이센스할 수 있는 계약관계

출처 : 특허청(www.kipo.go.kr), "기술거래 유형", 2012

4

지식재산 지원제도

	기관명	내 용	홈페이지
1	한국발명진흥회 (지역지식재산센터)	특허출원비용 지원, 선행기술조사, 특허맵, 시뮬레이션 지원, 지식재산 교육	www.kipa.org
2	한국지식재산협회 대한변리사회	특허출원(명세서 작성 등) 및 비용지원	www.kinpa.or.kr www.kpaa.or.kr
3	한국여성발명협회	시제품 제작, 지식재산권 교육 및 상담	www.inventor.or.kr
4	지식재산특허지원센터	상용화 검증, 신뢰성 테스트, 패킹지원 등	www.kipex.org
5	공익변리사 특허상담센터	서류작성, 민사소송 비용지원, 분쟁조정 등	www.pcc.or.kr
6	I-PAC 특허지원센터	상품기획 및 R&D, 특허출원, 등록 유지, 특허사업화, 특허금융, 특허분쟁 컨설팅	WWW.ipac.kr
7	한국지식재산보호협회	국제 지재권 분쟁예방 컨설팅	www.kipra.or.kr

자료 : 기술창업론, 2015, 김진수 외

5

Chapter 2. 지식재산권의 종류와 개념

1. 지식재산권의 종류

➢ 지식재산권은 크게 산업재산권, 저작권, 신지식재산권으로 구분됨.

산업재산권	특허	기술적 사상의 창작인 원천, 핵심기술(대발명)
	실용신안	라이프 사이클이 짧고 실용적인 주변, 개량기술(소발명)
	디자인	심미감을 느낄 수 있는 물품의 형상, 모양
	상표	타 상품과 식별할 수 있는 기호, 문자, 도형
저작권	저작재산권	문학, 예술분야 창작물에 대한 재산권
	저작인접권	실연가, 음반제작가, 방송사업자 권리
신지식 재산권	반도체 집적회로 배치설계, 생명공학, 식물신품종	
	컴퓨터 프로그램, 데이터 베이스	
	영업비밀, 멀티미디어, 도메인 네임, 지리적 표시 등	

6

2. 산업재산권의 특징 비교

[표 4-36] 산업재산권의 특징 비교

종류	특허권	실용신안권	디자인권	상표권
정의	자연법칙을 이용한 기술적 사상의 창작으로서 고도한 발명(대발명)	자연법칙을 이용한 기술적 사상의 창작 (소발명)의 고안	물품의 형상, 모양, 색채 또는 이들을 결합한 것으로서 시각을 통하여 미감을 일으키게 하는 것	기호, 문자, 도형, 입체적 형상, 색채, 홀로그램, 동작 또는 이들을 결합한 것
보호 대상	모든 발명	물품의 형상, 구조 또는 조합에 관한 고안에 한정됨	물품의 디자인	상품 및 서비스에 사용하는 표장(브랜드)
존속 기간	등록일 후 출원일로부터 20년이 되는 날까지	등록일 후 출원일로부터 10년이 되는 날까지	등록일로부터 20년	등록일로부터 10년 (10년마다 갱신 가능)

자료 : 기술창업론, 2016, 김진수 외

7

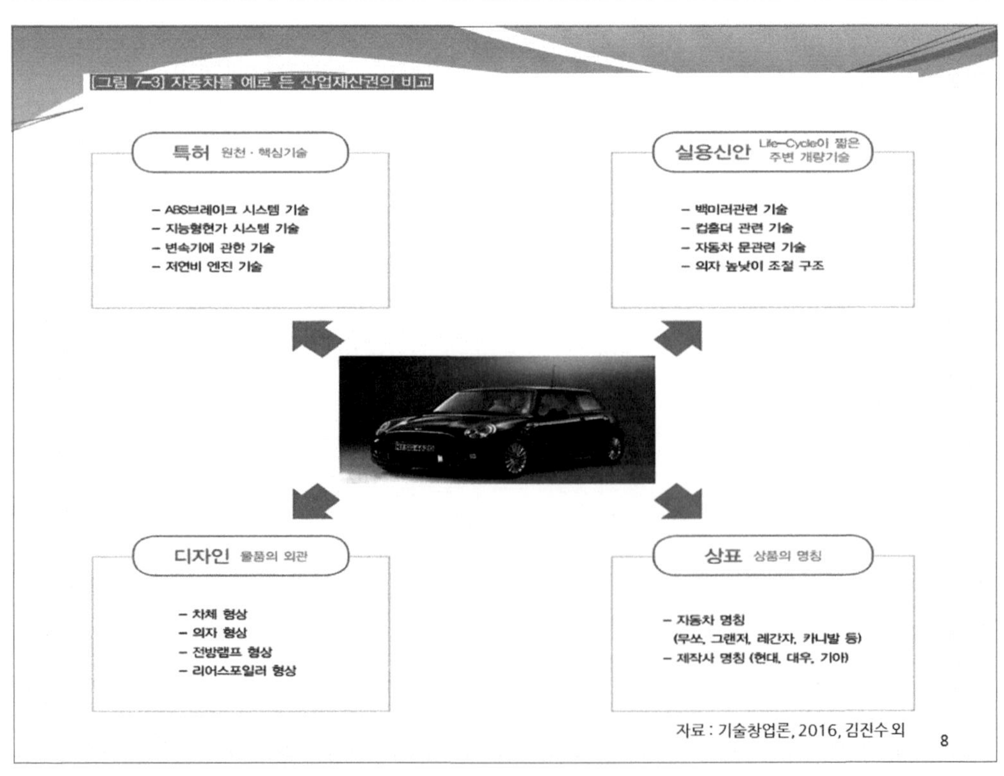

핵심기술에 대한 원천특허 확보 시급!

- CDMA 휴대폰 : 1대당 5.25%, 수출품은 5.75%를 퀄컴에 지불
- PC : 매출의 10%를 IBM, MS사 등에 지불
- 반도체 : 매출의 12%를 TI(텍사스인스트루먼트), 인텔 등에 지불

➢ 원천특허나 표준특허 확보를 통해 거액의 로열티 수입

9

Chapter 3. 특허의 출원과 등록

1. 특허의 성립 조건

① **신규성** : 특허출원시를 기준으로 발명의 내용이 사회에 공개되지 않은 것

➢ 논문을 발표한 후 공지예외를 주장하여 해외에 출원코자 하는 경우, 일본과 미국은 공지일로부터 6개월과 1년 이내에 해당 국가에 출원 가능

② **진보성**

➢ 발명이 속하는 기술분야에서 통상의 지식을 가진 자(이하 '당업 자')가 선행기술로부터 용이하게 발명할 수 없는 정도

➢ 진보성 여부는 당업자(해당 분야의 전문가 중에서 평균수준의 지식을 가진 자)가 판단(실무에 있어서는 특허청 심사관이 목적의 특이성, 구성의 곤란성, 효과의 현저성 등을 검토하여 판단)

③ **산업상 이용가능성** : 산업적으로 이용 가능하지 않는 발명은 거절

10

2. 특허 명세서 (특허를 받고자 하는 발명의 기술적 내용을 명백하고 상세하게 기재한 서면)

① 발명의 명칭

➢ 간단명료하게 발명의 내용을 집약적으로 표시하여 출원발명의 분류, 정리, 검색을 용이하게 하는 역할

② 발명의 상세한 설명

➢ 기술분야 : 발명이 속하는 분야를 너무 구체적으로 한정하는 것은 바람직하지 않으며 가급적 관련 기술 분야까지 넓게 작성

③ 발명의 배경이 되는 기술(종래기술)

➢ 종래기술은 신규성 및 진보성의 판단의 기초가 될 선행기술을 의미

④ 해결하고자 하는 과제

➢ 기존 문제점을 해결하기 위하여 채택한 기술적 수단을 기재

11

⑤ 발명의 효과

➢ 유리한 점, 새로운 효과, 특이한 효과, 특유의 효과, 특징이 되는 점, 부가적인 효과를 기재

⑥ 발명의 상세한 설명 (계속)

➢ 도면의 간단한 설명 : '발명의 상세한 설명'만으로 발명의 내용을 충분히 설명하지 못하는 경우에는 도면을 선택적으로 제출

➢ 발명을 실시하기 위한 구체적인 내용 : 발명의 목적을 달성하기 위한 개개의 수단 및 그 내용을 구체적으로 기재, 발명의 구체적인 실시(예) 등을 표현

⑦ 특허청구범위(CLAIM)

➢ 특허청구범위는 특허 등록되었을 때 특허권의 보호범위를 결정하는 역할을 하는 매우 중요 한 부분임

12

※ 특허 명세서의 구성 목차

[명세서]

[발명(고안)의 명칭]
[기술분야]
[발명(고안)의 배경이 되는 기술]
【선행기술문헌】
  【특허문헌】
  【비특허문헌】
[발명(고안)의 내용]
  [해결하고자 하는 과제]
  [과제의 해결 수단]
  [발명(고안)의 효과]
[도면의 간단한 설명]
[발명(고안)을 실시하기 위한 구체적인 내용]
  【실시 예】
【산업상 이용가능성】
【부호의 설명】
【수탁번호】
【서열목록 자유텍스트】
[특허(실용신안등록) 청구범위]
  [청구항 1]

자료 : 기술창업론, 2016, 김진수 외

13

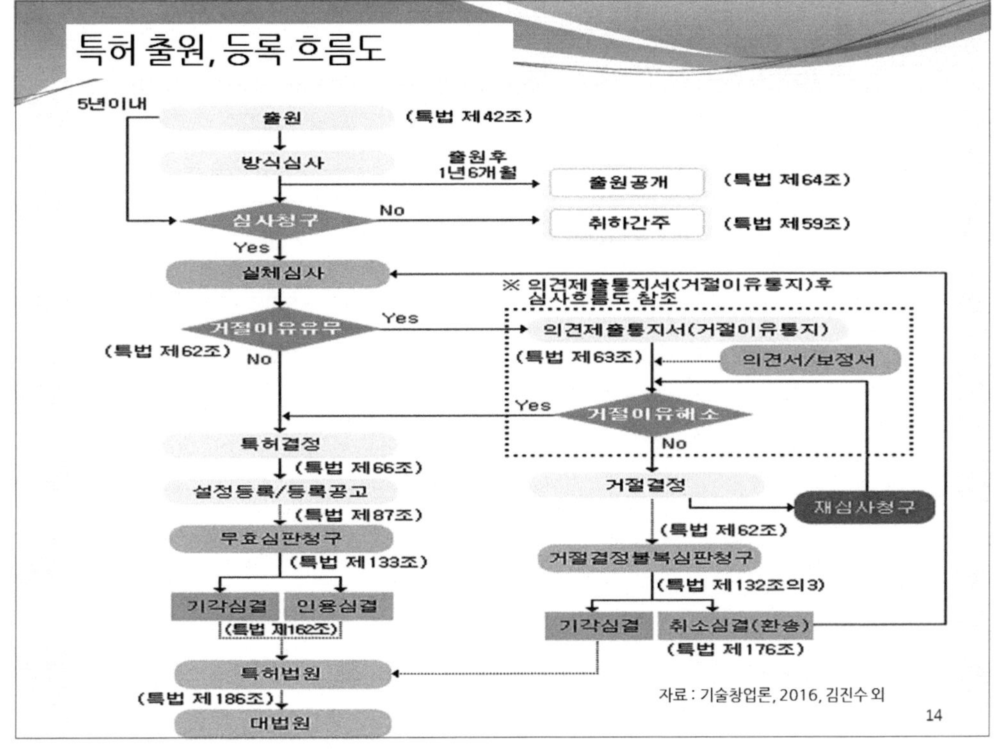

3. 특허 출원 (실습)

1) 문제점 발견 및 분석하기

- 많은 사람들의 불편함을 발견하고 이를 해결하기 위한 현실적이고 효과적인 해결 방법을 제시

2) 초기 해결 아이디어 발견하기

- 브레인스토밍, 마인드맵, 스캠퍼, 트리즈 등의 방법 활용
- 다양한 형태의 초기 해결 아이디어를 발견하는 것이 목적이지 반드시 최적의 해결책을 찾으려고 하는 것은 바람직하지 않다. 중요한 의사결정은 4 단계 특허 아이디어 구체화 및 평가하기에서 확정하면 된다.

15

※ 문제점 초기 해결 아이디어 발견하기 작성서식(예)

영역	문제점 및 불편함 발견		문제 해결 아이디어
제품		1	
		2	
		3	
		1	
		2	
		3	
서비스		1	
		2	
		3	
		1	
		2	
		3	
기타		1	
		2	
		3	
		1	
		2	
		3	

16

3) 특허 정보 검색하기

➢ 특허 정보를 검색하는 것은 초기 아이디어와 관련된 특허가 있는지를 사전 검색하여 아이디어 자체를 변경해야 하는지를 파악하기 위함

➢ 국내에서 가장 많이 사용하는 특허검색 사이트 : KIPRIS(www.kipris.or.kr) 검색 메뉴에서 통합검색 기능을 제공, 데이터 신뢰성이 우수하며, 한국문헌에 대한 상세한 정보를 제공

➢ 키워드 이용을 통해서 선행 특허를 검색

✓ 묘사적 표현 : '둥근', 동그란' 등 다양한 표현을 전부 고려

✓ 축약형 표현 : 해당 기술에서 사용되는 특정 약자가 없는지도 확인

✓ 외래어 표현 : 티브이(TV) , 캡(gap) 등 각국별로 사용되는 키워드 고려

✓ 객체의 동작 등을 나타내는 기능적 표현이 어떤 것인지를 파악

17

➢ 다양한 검색 연산자들을 사용하여 키워드를 상호 조합함으로써 원하는 특허문헌들을 좀 더 쉽고 빠르게 검색

[표 7-5] KIPRIS의 검색 연산자의 예

NO	연산유형		연산자	연산자 설명	검색식 예
1	논리 연산	AND	*	입력된 키워드 2개가 모두 포함된 검색	자전거*거치대
2		OR	+	입력된 키워드 중 1개라도 포함된 검색	자전거+거치대
3		NOT	!	입력된 키워드 2개 중 1개는 반드시 포함하고, 다른 1개는 포함하지 않는 검색	자전거!거치대
4	구문 연산	구문	" "	공란이 포함되고 연속적으로 기재된 구문을 검색	"자전거 거치대"
5		인접배열	^#	첫 번째 검색어와 두 번째 검색어의 거리가 #단어 이하로 떨어져 있는 구문을 검색	자전거^#거치대

자료 : 기술창업론, 2016, 김진수 외

18

4) 특허 아이디어 평가 및 구체화하기

➢ 특허 아이디어 평가

– 다양한 특허 아이디어 중에서 최선의 아이디어를 선정하는데 도움을 주는 방법 (ALU 기법, 평가행렬표, 쌍비교 분석법 등)

✓ ALU 기법

[표 4-40] ALU 기법의 평가 관점

평가관점	평가 내용
장점 (Advantage)	새로운 아이디어가 가지고 있는 강점, 긍정적인 측면은 무엇인가?
제한점 (Limitation)	새로운 아이디어가 가지고 있는 약점, 문제점은 무엇인가?
독특한 특성 (Unique)	새로운 아이디어가 가지고 있는 독특한 특성이나 기능성은 무엇인가?

자료 : 기술창업론 2016 김진수 외 20

✓평가행렬표

– 창출된 아이디어를 미리 정해 놓은 기준에 따라 체계적으로 평가하는 기법

– 각각의 아이디어를 다양한 평가 기준에 따라 체계적으로 평가할 수 있으나 많은 시간과 노력이 소요되는 단점이 있음

[표 4-9] 평가행렬표

	혁신성	경쟁 강도	비용	시간
아이디어 1				
아이디어 2				
아이디어 3				
아이디어 4				

- 첫째, 아이디어는 세로축으로, 평가기준은 가로축에 배열. 둘째, 평가 기준에 따라 점수를 적거나 평가 내용을 기술. 셋째, 결과를 분석해서 최종 아이디어를 선정

자료 : 기술창업론, 2016, 김진수 외

21

⑤ 발명 설명서 작성하기

➢ 특허명세서보다는 간단하지만 특허에 대한 핵심 내용을 기술하는 특허설명서를 작성하여 변리사 자문 등을 받아 진행하면 좋은 특허가 될 것임

발명설명서

【인적 정보】

작성인	[성명] [연락처] [이메일]
출원인 정보	[국문성명] [영문성명] [출원인코드] [주소] [주민등록번호] [연락처]
작성일	

【발명 정보】

발명의 명칭

기술분야 및 배경기술

발명의 배경

발명의 효과

도면

자료 : 기술창업론, 2016, 김진수 외

22

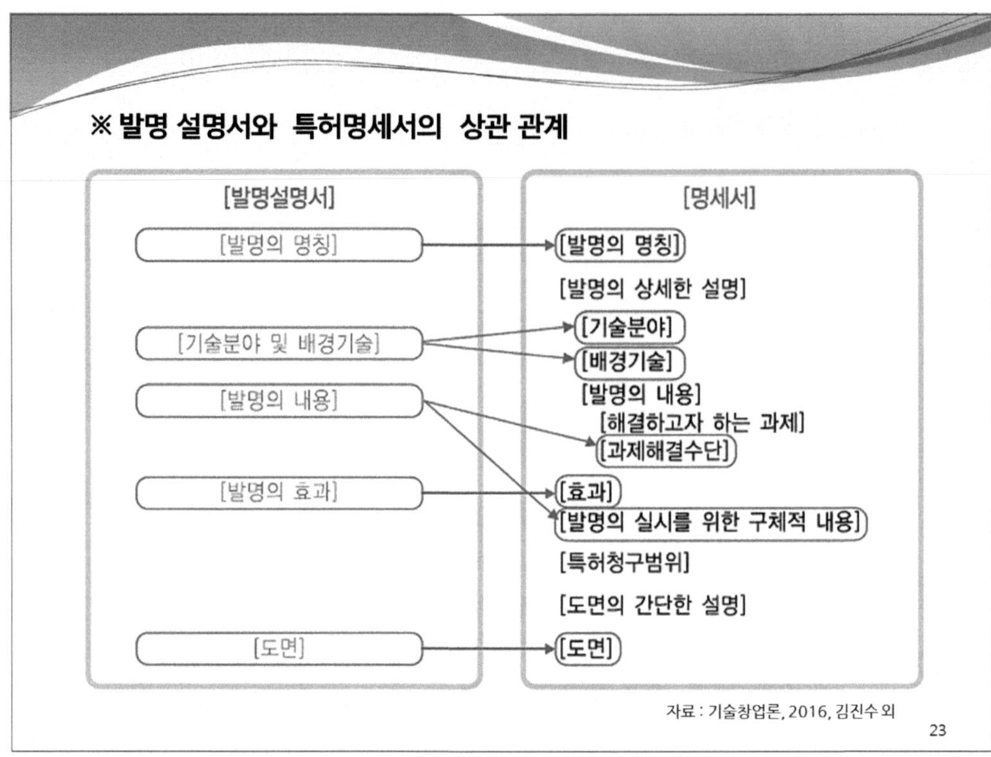

> **발명 설명서의 구성**

✓ 발명의 명칭

간단명료하게 발명의 내용을 집약적으로 표시하여 출원발명의 분류, 정리, 검색을 용이하게 함

✓ 기술분야 및 배경기술

본 발명이 속한 기술분야 및 본 발명과 관련된 선행기술이나 선행특허 등의 내용을 알고 있는 경우에는 출원번호나 등록번호와 간단한 설명을 기술함

* 본 발명을 하게 된 계기 및 기존에 시행되고 있는 선행기술의 문제점이나 선행특허 등의 문제점 및 한계점을 함께 기재

24

✓ 발명의 내용

본 발명의 구성 및 실시 예 등을 상세하게 기재함

* 특히 연구개발노트나 연구일지가 있는 경우 발명이 완성되는 각 과정들에 대해 상세히 차례대로 설명을 해주면 좋은 특허를 작성하는데 도움

✓ 발명의 효과

앞서 발명의 구성 및 내용에서 설명한 특징으로 인해 발현되는 특유의 효과 및 효능 등을 간략하게 기재

✓ 도면

캐드 등 컴퓨터에 의해 작업된 그림파일을 첨부하는 것이 가장 좋으나 컴퓨터 작업이 힘들다면 손으로 스케치

25

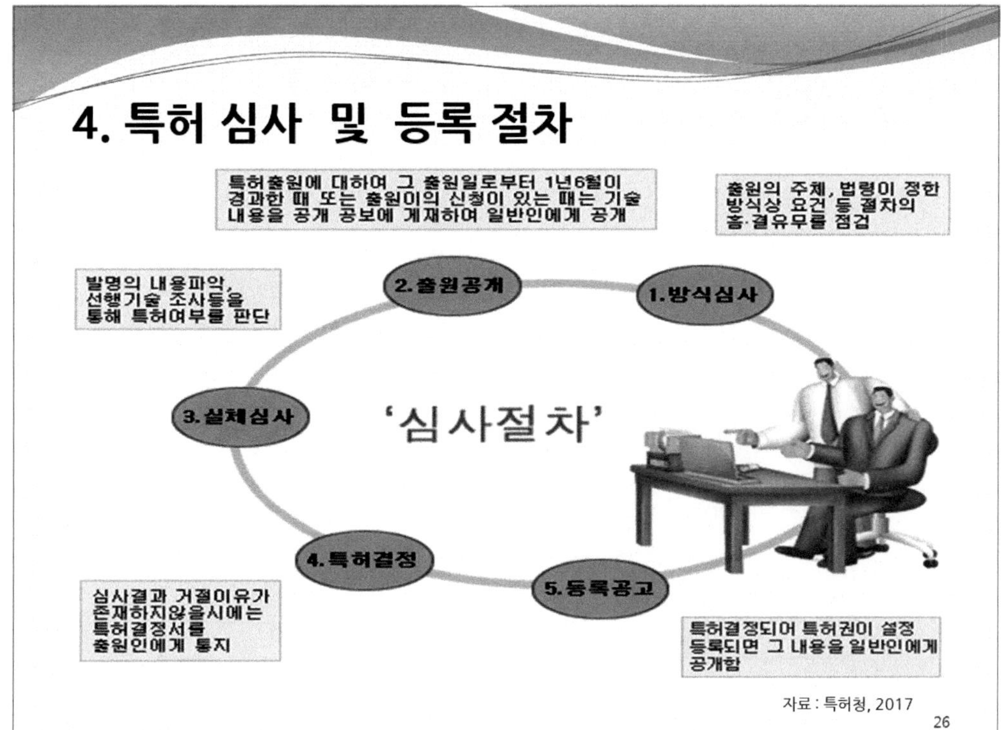

1) 방식심사

- 특허법이 정한 절차적, 형식적 요건 구비여부를 심사하는 것
- 특허 허여 여부를 심사하는 「실체심사」와 구별
- 전자출원은 자동체크 → 출원 전에 문제가 있는지 여부를 확인가능

2) 출원공개

- 모든 특허출원은 출원일로부터 1년 6개월 후 「특허공보」에 공개
- 공개 후부터 특허권 등록까지 기간 동안 침해자에게 서면경고 가능
  - 서면경고를 하게 되면, 특허권 설정등록 후 '보상금 청구권'이 부여됨

❖ 조기공개제도

- **출원일로부터 1년 6월 경과 전이라도 출원인의 신청이 있으면 그 특허출원을 공개**
- **제3자가 출원발명에 대한 기술을 모방할 경우 조기공개를 실시함으로써 모방자에게 경고장을 발송할 수 있고, 특허등록 후 모방자에 대해 보상금을 청구할 수 있음**

27

3) 심사청구

- 특허 출원과 심사청구는 별개로 취급
- 특허 출원과 동시에 심사청구 또는 특허출원 후 별도 심사청구 가능
  - 특허 출원일로부터 5년 이내에 심사청구를 하여야 함.
- 심사청구기간(5년) 내에 심사를 청구하지 않으면 그 출원은 취하로 간주
- 심사청구 후 16개월 ~ 20개월 후 실체심사 착수함 (2010년 7월 현재)

❖우선심사 청구제도 : 일반심사에 비해 빨리 심사해 주는 제도

- 특허 출원인이 아닌 자가 그 발명을 실시하고 있다고 인정되는 경우
- 국방, 환경, 수출, 신기술 등의 사유로 긴급처리가 필요하다고 인정되는 경우
- 외국에 먼저 출원한 경우(해당국 특허청과 상호합의가 된 나라에 한함)
- 전문기관에 의뢰하여 조사된 선행기술조사보고서를 첨부한 경우

※ 우선심사 청구료를 별도로 납부하여야 함

자료 : 창업실무, 2014, 김진영

28

4) 실체심사

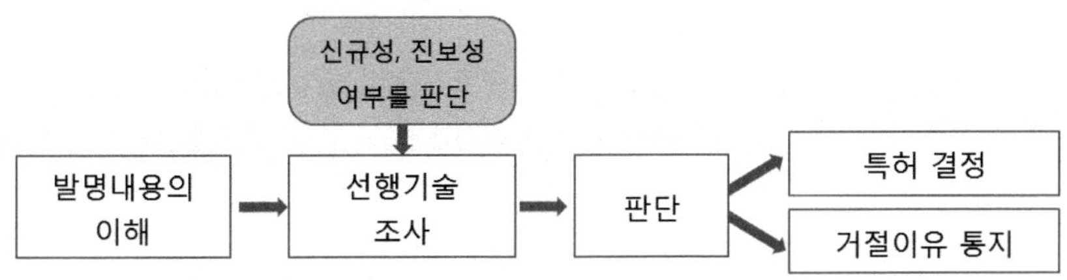

자료 : 창업실무, 2014, 김진영

- 특허 받을 수 없는 이유를 발견하지 못하면 특허결정
- 특허 받을 수 없다고 판단되면 의견제출절차를 거쳐 재심사 후 특허결정 또는 거절결정
- 의견제출통지서 받은 경우 의견서와 함께 출원발명을 수정하는 보정서를 제출할 수 있음
- 의견서, 보정서 제출 전에 직접 심사관 면담을 통해 거절이유에 대한 의견을 청취하고 출원발명에 대한 기술적 설명이나 인용 참증과 대비하여 의견을 제시할 수도 있음

29

※ 특허성 판단 : 특허 받을 수 있는 "발명"

1. 자연법칙을 이용한 기술적 사상인가? — No → 거절결정
2. 산업상 이용할 수 있는 것인가? — No → 거절결정
3. 출원 전에 그 기술사상이 없었는가? — No → 거절결정
4. 기술자, 연구자가 용이하게 발명할 수 없는 것인가? — No → 거절결정
5. 불특허 사유에 해당되지 아니한 것인가? — No → 거절결정
6. 명세서에 발명이 구체적으로 기재되고 청구범위는 명확한가? — No → 거절결정
7. 다른 사람보다 먼저 출원하였는가? — No → 거절결정

Yes ↓

특 허 결 정

자료 : 창업실무, 2014, 김진영

30

❖ 심사관의 주된 거절 이유

- **신규성 결여**

  출원 당시에 이미 공개되어 있는 선행기술과 비교해 볼 때 동일하거나 실질적으로 동일한 경우

- **진보성 결여**

  출원 당시에 이미 공개되어 있는 선행기술들로부터 용이하게 발명할 수 있다고 인정되는 경우

- **상세한 설명 기재불비**

  발명의 상세한 설명은 그 분야 기술자들이 쉽게 실시할 수 있도록 명확하고 상세하게 기재해야 하는데, 그렇지 못한 경우

- **청구범위 기재불비**

  청구범위는 발명의 상세한 설명에 의하여 뒷받침 되어야 하고, 발명이 명확하고 간결하게 기재되어야 하는데, 그렇지 못한 경우

31

- **발명이 아닌 것**

  ① 자연법칙 자체
  ② 발견
  ③ 자연법칙을 위반한 것
  ④ 자연법칙을 이용하지 않은 것
  ⑤ 기능
  ⑥ 단순한 정보의 제시
  ⑦ 미적 창조물
  ⑧ 컴퓨터 프로그램 자체(프로그램이 저장된 매체는 보호)
  ⑨ 반복하여 동일한 효과를 얻을 수 없는 것
  ⑩ 미완성 발명

  * 발명: 실용신안에서는 "고안"이라고 함

32

5) 특허결정 및 거절결정 후 절차

✓ 3개월 이내에 3년치 특허등록료를 납부하고 특허증을 받을 수 있음.

✓ 등록료는 매년 납부하여야 권리가 존속

✓ 납부된 등록료 기간경과 전에 다음해의 연차등록료를 납부하여야 함

✓ 심사관이 거절 결정한 경우 출원인은 특허심판원에 불복심판 청구 가능

✓ 특허심판원 심결에서도 특허허여 않는 경우 특허법원/대법원에 소송 제기

6) 해외출원

✓ 권리를 취득한 국가에서만 특허보호 → 해외 진출 시 그 나라 특허취득 필요

✓ 해외출원의 방법으로는 두 가지가 있음.

- 진출하고자 하는 각각의 외국 특허청에 직접 출원하는 방법
- 국제출원(PCT출원)으로 전 세계 동시출원 효과를 거두는 방법

33

① 외국 특허청에 직접 출원하는 방법 (파리조약)

- 한국 출원일부터 12개월 이내에 해당국 언어로 출원서류 작성하여 해당국 특허청에 직접 출원
- 12개월 이내의 기간에 대하여는 한국에서의 출원일을 해당국에 출원한 날로 인정 (우선권 주장일)

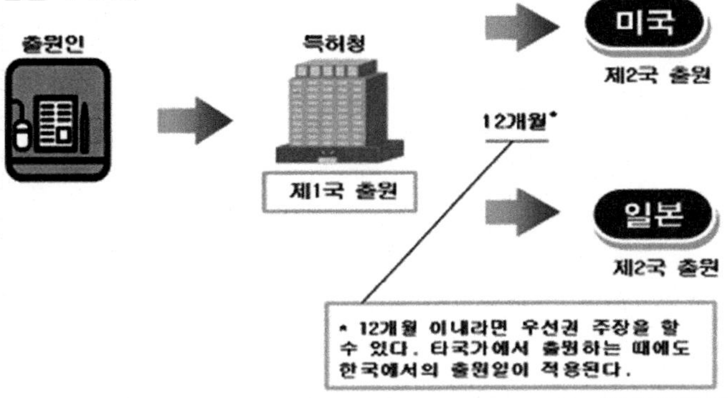

자료 : 창업실무, 2014, 김진영

34

② PCT(특허협력조약) 출원을 이용하는 방법

- PCT에 가맹되어 있는 세계 133개 이상의 나라에 동시에 출원하는 효과
- 한국특허청에 국어, 영어 또는 일어로 PCT 출원 전용서식을 사용하여 출원
- 해당국의 권리를 취득하기 위해서는 30개월 이내에 그 나라 언어로 번역문을 제출하고 소정의 수수료를 지불하여야 함.

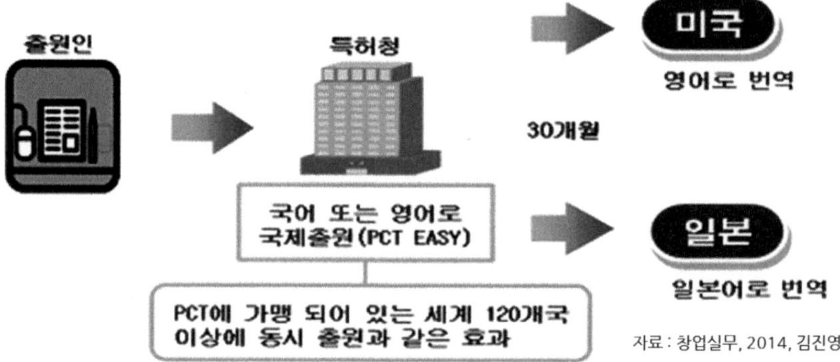

자료 : 창업실무, 2014, 김진영

35

※국제 PCT(특허협력조약) 출원 심사절차

우선일
선출원
국제출원
국제조사/
견해서
국제공개
국제예비심사청구
0
12
16
18
22
28
30(31)
각국
국내
단계
우선권주장 정정/추가
우선권서류 조약19조 보정서제출
조약제34조 보정서제출
국제예비심사보고서

자료 : 특허청, 2017

36

7) 기타의 제도

❖ 특허 청구범위 제출 유예

- 출원일부터 1년 6개월이 되는 날까지(출원 심사청구의 취지를 통지받은 경우에는 통지받은 날부터 3개월이 되는 날까지) 명세서의 특허청구범위 제출을 유예할 수 있는 제도
- 제출기한 이내에 특허청구범위를 제출하지 않으면 취하 간주되며, 특허청구범위가 제출된 경우에 한하여 심사청구 가능

❖ 심사 유예신청

- 늦은 심사를 바라는 경우 원하는 유예시점에 특허출원에 대한 심사를 받을 수 있는 제도
- 늦게 심사받는 대신 희망시점에 맞춰 심사서비스 제공 (심사유예 희망시점으로부터 3월 이내 심사서비스 제공)
- 심사청구시 또는 심사청구일로부터 6개월 이내에 유예희망시점을 기재한 심사 유예신청서를 제출하면 이용 가능(별도 신청료 없음)

37

❖ 분할출원

- 2 이상의 발명을 하나의 특허출원으로 신청한 경우 그 일부를 하나 이상의 출원으로 분할하여 출원하는 제도

❖ 변경출원

- 출원인은 출원 후 설정등록 또는 거절결정 확정 전까지 특허에서 실용신안으로 또는 실용신안에서 특허로 변경하여 자신에게 유리한 출원을 선택할 수 있음

❖ 조약 우선권 주장

- 파리협약이나 WTO 회원국간 상호 인정되는 제도로 제1국 출원 후 1년 내에 다른 가입국에 출원하는 경우
- 제1국 출원에 기재된 발명에 대하여 신규성 진보성 등 특허요건 판단일을 소급하여 주는 제도

38

❖ 국내우선권주장

- 선출원 후 1년 이내에 선출원 발명을 개량한 발명을 한 경우 하나의 출원에 선출원 발명을 포함하여 다시 출원할 수 있도록 하는 제도

❖ 직권보정제도

- 출원에 대해 심사한 결과 특허결정이 가능하나 명백한 오탈자, 참조부호의 불일치 등과 같은 사소한 기재불비만 존재하는 경우,
- 출원인에게 의견제출통지를 하지 않고 심사관이 직권으로 보정해 주는 제도

❖ 재심사청구 제도

- 거절결정이 있은 후 심판청구를 하지 않더라도 보정과 동시에 재심사를 청구하면 심사관에게 다시 심사 받을 수 있음

39

5. 디자인권 출원과 등록절차

- 물품(일부분 및 글자체 포함)의 형상, 모양이나 색채 또는 이들을 결합한 것으로서 시각을 통해 미감을 일으키게 하는 것(디자인보호법 제2조 제1호)
- 권리취득은 심사에 의한 취득과 무심사에 의한 취득이 있음.

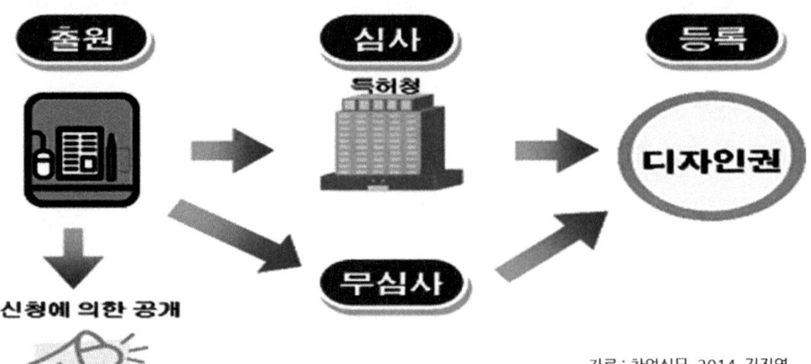

자료 : 창업실무, 2014, 김진영

40

① **유사 디자인** : 이미 등록된 본인의 디자인이나 등록 출원한 디자인(기본 디자인)에 물품의 형상, 모양, 색채 등을 변경한 디자인을 등록함으로써 디자인권의 모방, 도용을 사전에 방지할 수 있는 제도

② **한 벌 물품 디자인** : 상관습상 한 벌로 판매되고 한 벌로 사용되는 물품으로서 전체적인 통일성이 있는 경우에는 하나의 출원으로 등록할 수 있도록 한 제도 (예: 한 벌의 차 세트, 끽연 용구세트 등)

③ **비밀 디자인** : 출원 시 출원인의 신청이 있는 경우에는 디자인권 설정 등록일로부터 3년 이내의 기간 동안 디자인 공보 등에 공고하지 아니하고 비밀상태로 둘 수 있도록 한 제도

④ **디자인 무심사 등록** : 직물지, 벽지, 합성수지지, 등록률이 높은 일부 품목에 대하여는 기본요건만을 심사하여 등록함으로써 현행의 신규성, 창작성 등 실체적 요건 심사에 소요되는 기간을 대폭 줄일 수 있는 효과가 있는 제도

⑤ **복수 디자인 등록 출원** : 디자인 무심사 등록출원에 한하여 20개 이내의 디자인을 하나의 출원서로 출원할 수 있게 하여 출원절차를 대폭 간소화함으로써 출원료 등 비용 부담을 경감하여 주는 제도

41

6. 상표권의 출원과 등록

1) 상표(서비스표)의 정의

- 상품을 생산, 가공, 판매하는 자가 자기의 업무에 관련된 상품(서비스)을 타인의 상품(서비스)과 식별되도록 하기 위하여 사용하는 것
- 기호, 문자, 도형, 입체적 형상 또는 이들을 결합한 것 및 색채를 결합한 것
- 상표(서비스표)는 자기의 상품을 타인의 상품(서비스)과 구별하기 위하여 사업자가 상품(서비스)에 사용하는 표장을 의미

42

2) 상표와 서비스표 비교

상 표	서 비 스 표
상품의 식별표지	서비스업의 식별표지
상품 = 제조 또는 판매자를 떠나 유통되는 것	서비스 = 수요자에게 직접 제공 영업과 불가분적으로 결합됨
상호와는 다름	상호와 경제적 기능이 유사 식당, 학원, 체인점 등 간판이 주요한 역할을 하는 업종이 사용
상품에 직접 부착되어 사용	서비스를 제공하는 수단이나 장소에 부착하여 사용
Coca-Cola	KFC LOTTERIA

자료 : 창업실무, 2014, 김진영

43

상표/서비스표의 출원, 등록 절차

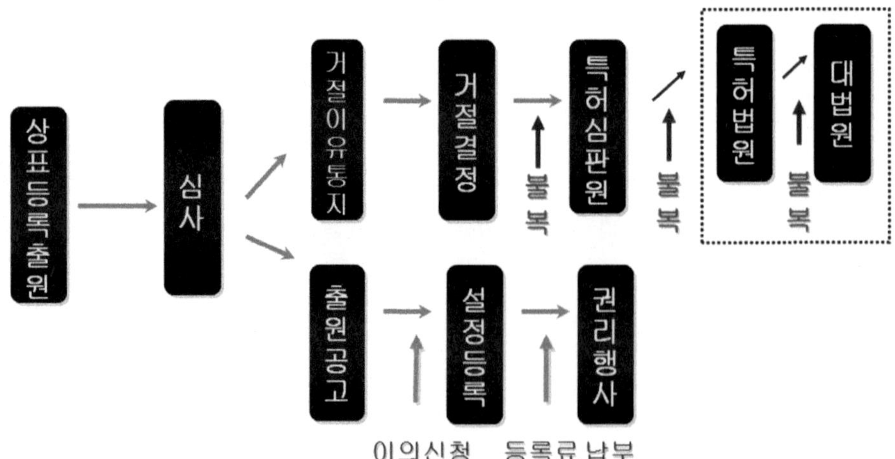

자료 : 특허청, 2017

44

3) 상표권의 주요제도

- **입체 상표:** 현재 상거래에 많이 사용되고 있는 3차원적인 입체 상표 (예: 코카콜라병 모양)를 평면으로 구성된 상표와 마찬가지로 상표등록이 가능하도록 한 제도
- **다류 1 출원:** 상표등록을 받고자 하는 상품이 1개 류 이상에 해당할 경우에도 1개 출원서로 출원이 가능하도록 한 제도
  - 1 출원서로 여러 류를 지정할 수 있으므로 출원절차가 단순해짐
  - 다류의 상품을 하나의 출원으로 할지, 별개의 출원으로 할 지의 여부는 선택사항으로서 출원전략에 따라 결정하는 것이 바람직
- **지정상품(또는 지정서비스업):** 상표(서비스표)를 출원하면 모든 상품종류에 대하여 등록을 받는 경우는 거의 드물고 법이 규정해 둔 테두리 내에서 그 상표의 권리가 미칠 상품, 서비스업을 선택해야만 하는데, 이때 정하는 상품, 서비스업을 지정상품(지정서비스업)이라 함

45

❖ 상표의 동일, 유사판단

- 상표의 유사란 대비되는 두 상표가 동일 또는 유사한 지정상품에 사용된 경우에 상품출처에 관하여 수요자가 오인, 혼동을 일으키는 염려가 있는 것을 말함
- 상표가 유사하기 위해서는 원칙적으로
  - ✓상표의 속성인 외관형상이 유사하거나(예: HOP와 HCP)
  - ✓호칭이 유사하거나(예: NHK와 MHK)
  - ✓의미가 유사(예: 왕과 KING) 하여야 함

❖ 지정상품의 동일, 유사판단

- 상표는 상품(서비스)의 식별표지이므로, 상품(서비스)은 상표출원, 상표심사, 상표권의 효력, 상표 침해 문제에 있어서 표지와 일체 불가분적 의미를 가짐
- 혼동발생 여부는 상표가 동일·유사하다는 사실만으로는 판단이 불가능하고, 동일·유사한 상표를 동일·유사한 상품에 사용해야 비로소 혼동이 발생하므로 상품의 동일·유사 판단이 선행되어야 함

46

7. 저작권의 등록

1) 저작권의 정의

- 문학·음악·연극·미술 작품의 내용과 형식의 복제·출판·판매 등에 대하여 법적으로 보장된 배타적인 권리.
- 저작권은 주로 예술가나 출판업자 또는 기타의 소유자들에 대하여, 권한 없이 그 작품을 모방하는 것으로부터 보호하기 위해 고안된 것
- ✓ 그 작품을 복제하거나, 출판하거나, 공개적으로 상연하거나, 영화화하거나, 방송하거나, 구독자에게 배포되게 하거나, 각색하는 것 등
- 저작권은 저작권자에게 창작물에 대한 일종의 독점권을 부여함으로써 그로부터 파생되는 금전상의 이득을 보장

47

2) 일반적인 저작물의 등록

- 저작물은 특허, 실용신안, 디자인 및 상표와 같은 권리 취득을 위한 출원 및 등록은 저작권의 권리 발생 요건이 아님.
- 저작권의 귀속 등에 대하여 후일 분쟁이 발생할 때에 대한 예방수단으로 저작물 등록을 해두는 것은 의미가 있음

3) 프로그램 저작물의 등록

- 컴퓨터 프로그램도 일반 저작물과 마찬가지로 저작권의 일종으로서 등록하지 않아도 권리는 발생
- 권리의 귀속에 대하여 분쟁이 발생하는 경우 재판과정에서 자사가 사용하고 있는 프로그램을 특정하거나 창작 일시 등을 입증하는 것이 중요
- 따라서 등록제도를 활용하는 것이 일반저작물 이상으로 의미가 큼
- 프로그램 저작물 등록 신청절차는 프로그램심의조정위원회 소프트웨어 온라인등록시스템(http://www.sors.or.kr)에 접속하여 소정의 절차에 따라 진행하면 됨

48

8. 산업재산권 출원 및 등록 수수료

1) 출원료(2013.1.1 기준)

구분/권리		특허★	실용신안★	디자인★		상표
				심사	무심사	
전자출원(온라인, FD)	기본료	38,000원	17,000원	60,000원	45,000원 (1디자인 당)	56,000원 (1상품류 당) 에 1상품류의 지정 상품이 20개를 초과하는 지정 상품마다 2,000원을 가산한 금액 (단,2012.4.1 이후 출원)
서면출원	기본료	58,000원	27,000원	70,000원	55,000원 (1디자인 당)	66,000원 (1상품류 당) 에 1상품류의 지정 상품이 20개를 초과하는 지정 상품마다 2,000원을 가산한 금액 (단,2012.4.1 이후 출원)
	가산료	명세서·도면·요약서의 합이 20면을 초과하는 1면마다 1,000원 가산	명세서·도면·요약서의 합이 20면을 초과하는 1면마다 1,000원 가산	없음	없음	없음

자료 : 창업실무, 2014, 김진영

49

2) 등록료(2013.1.1 기준)

권리		설정등록료 (1~3년분)	연차등록료				
			4~6년	7~9년	10~12년	13~15년	16~25년
특허	기본료	★매년 15,000원씩 45,000원	매년 40,000원	매년 100,000원	매년 240,000원	매년 360,000원	
	가산료 (청구범위의1항마다)	★매년 13,000원씩 39,000원	매년 22,000원	매년 38,000원	매년 55,000원	매년 55,000원	
실용신안	기본료	★매년 12,000원씩 36,000원	매년 25,000원	매년 60,000원	매년 160,000원	매년 240,000원	
	가산료 (청구범위의1항마다)	★매년 4,000원씩 12,000원	매년 9,000원	매년 14,000원	매년 20,000원	매년 20,000원	
디자인	심사	★매년 25,000원씩 75,000원	매년 35,000원	매년 70,000원	매년 140,000원	매년 210,000원	
	무심사	★매년 1디자인마다 25,000원씩 75,000원	매년 35,000원	매년 70,000원	매년 140,000원	매년 210,000원	

상표	설정등록	1상품류구분마다 211,000원 (※ 다만, 2회 분할납부의 경우 매회 1상품류구분마다 132,000원)	* 2012. 4. 1. 이후 출원하여 설정등록 또는 지정상품 추가등록하거나 2012. 4. 1. 이후 존속기간갱신신청하는 것부터 1상품류구분의 지정상품이 20개 초과시 왼쪽금액에 초과하는 지정상품마다 2,000원(분할납부의 경우 1,000원) 가산 (☞ 상세내용은 ☞공지사항 참고) * 등록료 이외 부과되는 지방세 : 9,120원(등록세 : 7,600원, 지방교육세 : 1,520원) - 부과대상 : 상품권설정시, 존속기간갱신등록시
	지정상품추가등록	1상품류구분마다 211,000원	
	존속기간 갱신등록	정상납부 : 1상품류구분마다 310,000원 (※ 다만, 2회 분할납부의 경우 매회 1상품류구분마다 194,000원) 갱신추납 : 1상품류구분마다 340,000원 (※ 다만, 2회 분할납부의 경우 매회 1상품류구분마다 213,000원)	

50

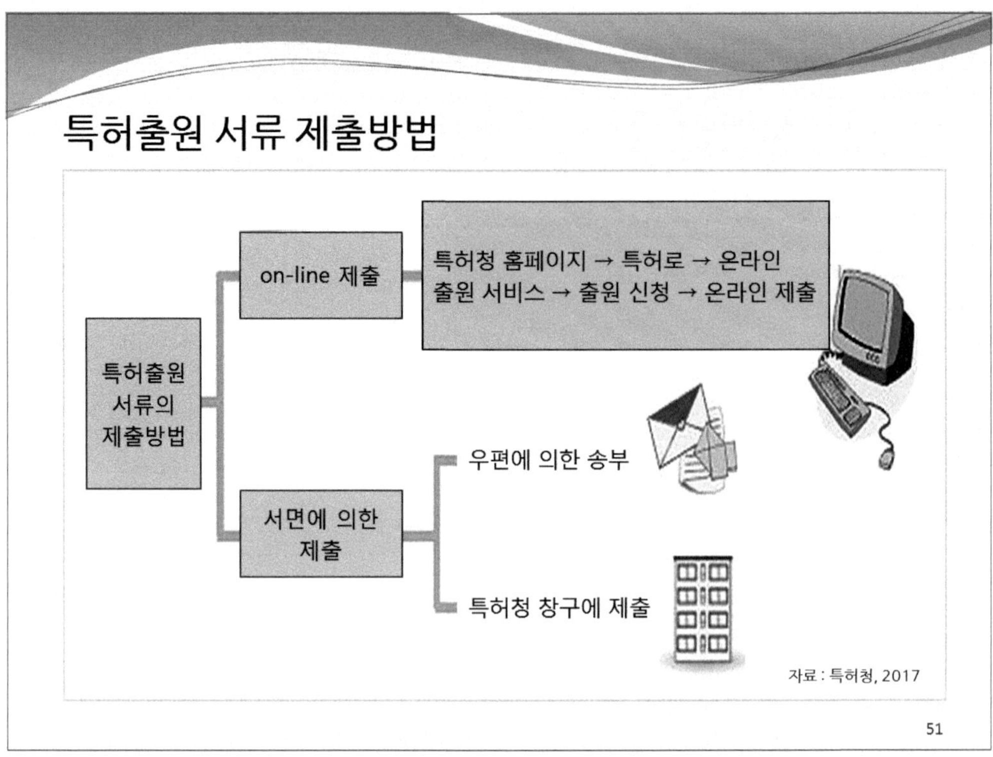
특허출원 서류 제출방법
특허출원 서류의 제출방법
on-line 제출
특허청 홈페이지 → 특허로 → 온라인 출원 서비스 → 출원 신청 → 온라인 제출
서면에 의한 제출
우편에 의한 송부
특허청 창구에 제출
자료 : 특허청, 2017
51

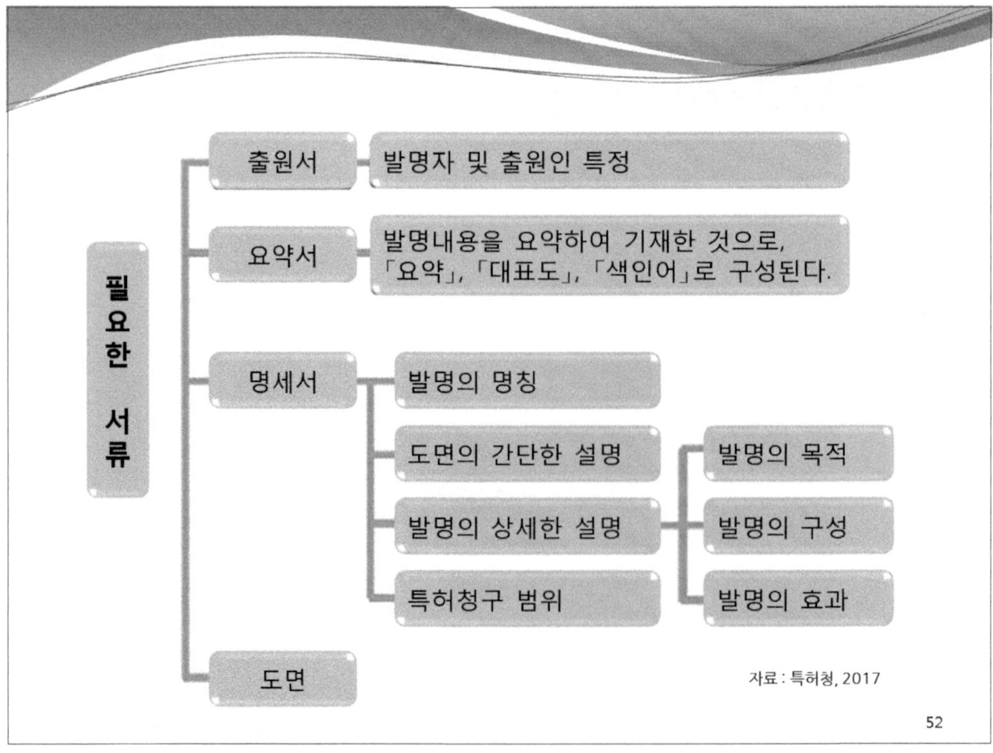
필요한 서류
출원서
발명자 및 출원인 특정
요약서
발명내용을 요약하여 기재한 것으로, 「요약」, 「대표도」, 「색인어」로 구성된다.
명세서
발명의 명칭
도면의 간단한 설명
발명의 상세한 설명
특허청구 범위
발명의 목적
발명의 구성
발명의 효과
도면
자료 : 특허청, 2017
52

특허 출원 시 제출서류

구분		특허/실용신안	디자인	상표
전자출원	On-Line	- 출원서 1통 - 요약서, 명세서, 도면 각 1통 - 방법특허인 경우 도면 생략 가능 (단, 실용신안은 반드시 도면 필요)	-출원서 1통 -도면(또는 사진, 견본) 1통	- 출원서 1통 - 색채(입체)상표 또는 지정 상품에 대한 설명서 1통 (출원인이 필요하다고 인정하는 경우에 한함)
	전자적 기록매체	전자적 기록매체 1장과 전자적 기록매체 제출서를 함께 제출		
서면출원		On-Line 출원 시 제출하는 서류를 각 1부씩 제출		
기타 구비서류 (해당자에 한함)		- 대리인의 경우 대리권 증명서류 1통 - 미성년자 등 무능력자가 법정대리인에 의하여 출원하는 경우는 주민등록 등본 또는 호적 등본 1통		
		- 특허료 등록료 및 수수료 면제 또는 감면 사유기재 및 이를 증명하는 서류 1통	- 단체표장 등록 출원 시 단체표장의 사용에 관한 정판 1통 - 업무표장 등록출원시 업무의 경영사실을 입증하는 서면 1통	

53

- 특허출원을 하면 출원번호통지서와 출원번호 부여
- 출원번호는 10-2013-0000000의 형식
- 앞 번호 10은 특허,
- 20은 실용신안,
- 30은 디자인,
- 40은 상표
- 2013은 해당 출원 년도를 의미

54

Chapter 4. 지식재산권 관리전략

1. 특허정보 분석을 통한 대응방안

- 특허정보조사
  - 중복연구 방지, 개발방향 설정 및 유효특허 확보
- 문제특허 대응
  - 회피설계, 권리의 무효화, 라이선싱, 사업포기
- 특허획득
  - 원천기술 발굴 - 특허포트폴리오 구축
  - 후발 기술 - 개량발명 특허출원

2. 특허의 공격적 활용

- 시장에서의 파급효과가 큰 기술(원천기술 등)
- 특허의 배타권을 활용하여 진입장벽 형성
- 후발 경쟁업체의 시장진입을 원천금지
- 원천특허를 중심으로 개량발명/이용발명 등 특허 포트폴리오 구축

3. 특허의 방어적 활용

- 자기 기술이 그 분야에서 선도적이지 못한 경우
- 경쟁사가 원천기술을 지재권으로 보유한 경우
- 원천기술을 이용한 개량발명을 특허화
- 개량발명의 특허포트폴리오 구성, 방어출원
- 원천기술 특허권자도 개량발명에서 회피불가

4. 특허와 논문의 권리 비교

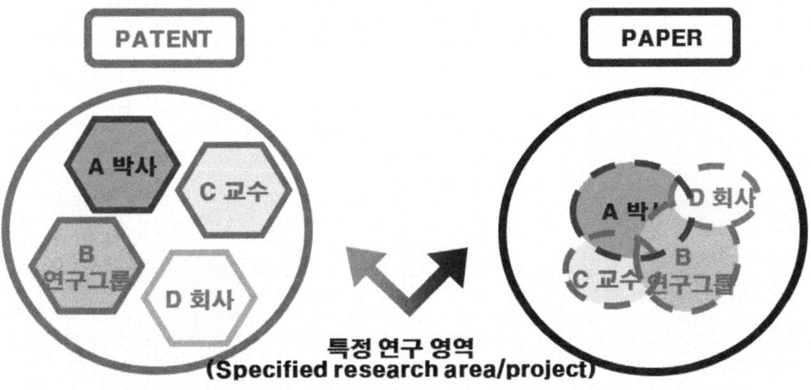

1. 독점권을 발휘할 수 있다.
2. 최소한의 실험적 사실을 기초로 하는 발명 사상을 중심으로 권리설정
3. 최소한의 연구결과로서, 최대한의 연구영역 확보와 경제적 이익추구 가능

1. 누구나 들어가 공유할 수 있다.
2. 실험적 사실에 기초한 학술적 의미 부여
3. 언제라도 후발 연구자에게 연구영역을 정복당할 가능성이 있으며, 직접적 이익 추구 불가

자료 : 특허청, 2017, 임성택

58

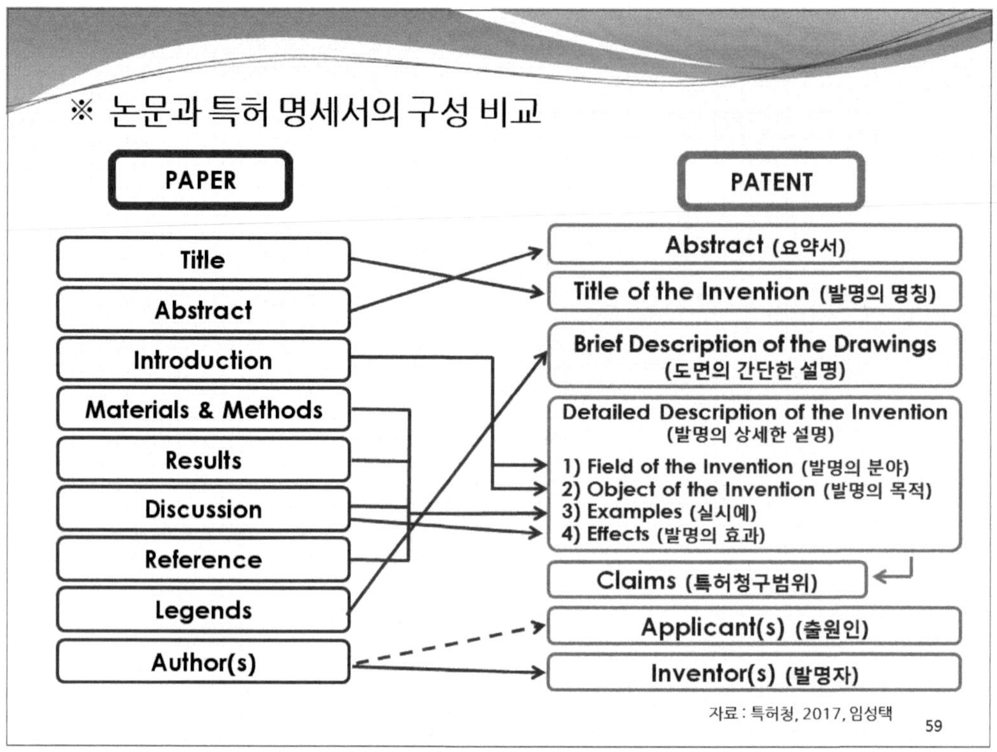

5. 특허 풀 (Patent Pool)

▶ 특허권을 공동 관리하는 특허권의 집합체

▶ 특허권의 공동 라이센싱

▶ Patent Pool ≒ Licensing Administrator

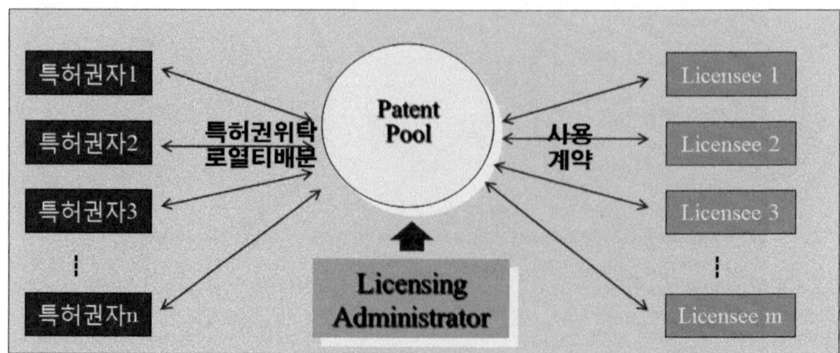

* Cross-License : 당사자간 보유 특허권에 대한 상호 실시권 허락을 계약

자료 : 특허청, 2017, 임성택

60

※ 특허 풀의 장점

특허권자 (Licensor)	제3자 (Licensee)
• One-stop selling	• One-stop shopping
• 특허관리 비용시간 절감	• 기술도입 비용시간 절감
• 안정적인 로열티 수입	• 저렴한 로열티
• 타인 특허 사용 용이	• 특허분쟁 최소화

Win-Win Strategy

6. 디자인·브랜드 경영의 중요성

- 브랜드 인지도가 구매의사의 핵심요소
- 소비자 브랜드 만족도가 가격 프리미엄 결정
- 잠재적 경영자에 대한 시장진입장벽 형성
- 기술과 품질만으로 경영성과 극대화에 한계
- 기술/제품은 시간이 지나면 모방,브랜드는 모방 불가능

62

디자인전략 성공 사례 - 모나미

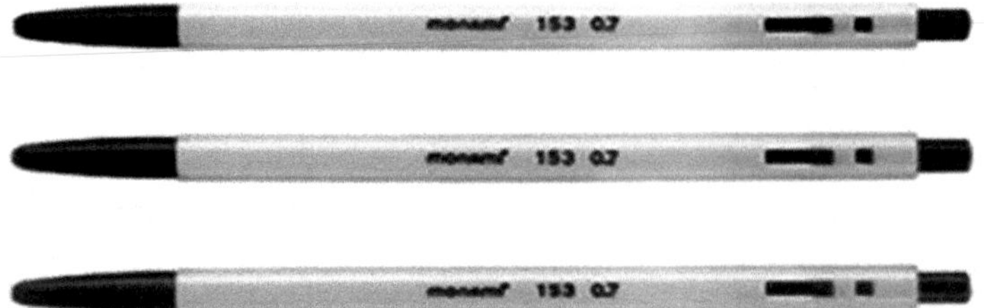

- 국민볼펜 '모나미'
- 63년 5월1일 탄생, 33억 자루 판매
- 46년 동안 원형유지 (지속성)
- 153의 의미는 ?

자료 : 특허청, 2017, 임성택

63

상표(서비스표)와 상호의 차이점

구분	상표(서비스표) *상표법 적용	상호(상법, 영업비밀보호법 등)
의의	자기의 상품 또는 서비스를 타인의 것과 식별하기 위해 사용	상인이 자기의 영업을 표시하는 명칭
구성	기호, 문자, 도형, 색채, 이들의 결합	문자
권리성질	독점, 배타적으로 보호하는 재산권	재산적 가치와 인격권적 성질의 결합
기능	지정상품의 출처표시, 품질보증, 광고 선정기능	영업표지 기능
권리발생	특허청에 설정 등록	선점, 선 사용
효력	국가전역(독점 배타권)	상호 등록지역

64

좋은 브랜드 네임 만드는 방법

- 브랜드는 간결한 메시지 전달을 통해 고객의 머릿속에 오랫동안 자리잡아야 하고, 한번 정하면 쉽게 바꿀 수 없으므로 처음부터 아래 사항들을 고려하여 만들어야 한다.

  ✓ 기억하기 쉽고, 발음하기 쉬운 단어를 사용하라.
  ✓ 부정적 이미지나 거부감이 들지 않아야 한다.
  ✓ 소비자 입장에서 지어야 한다.
  ✓ 경쟁사와 차별화가 이루어지도록 한다.
  ✓ 법적으로 보호를 받거나 독점적 사용권을 획득해야 한다 등

65

좋은 브랜드 네임 사례들

좋은 브랜드 네임사례	
눈높이 교육	교육 철학' 을 적절히 표현하였다
물먹는 하마	제품 효능이 이름에 잘 반영되었고 친근한 동물을 내세워 재미를 주어 기억을 쉽게 했다
딤채	김치의 옛말을 이용하여 쉽게 김치냉장고를 대표적으로 연상할 수 있게 하였다
휘센	휘~, 바람 부는 듯한 의성어와 세다,의 변형어로 에어컨의 대표적 특징을 표현 하였다
백세주	쉬주,라는 사투리를 활용하여 전통주로서 자연스러운 뜻과 어감으로 대표성을 띠는 브랜드이다
e편한 세상	아파트의 컨셉을 적절히 표현하였고 소비자의 구매 욕구를 잘 반영하였다

66

Chapter 5. 지식재산권 분쟁 대응

1. 타사의 권리침해가 의심되는 경우

- 타인이 자사의 지재권을 침해한다고 의심되는 경우에는 실시품(침해가 의심되는 물건, 방법, 브랜드, 디자인 등)을 분해, 분석하고 자사 특허와의 관계를 조사하여 침해 증거를 잡는 것이 선행되어야 함
- 증거를 잡은 후에는 경고장에 의해 제조나 판매 등을 중지하도록 요구하며 경고장을 송부해도 계속 침해품을 제조나 판매하는 경우에는 소송제기
- 경고는 통상 서면으로 행하고 경고장에서는 권리자 권리의 특정(특허번호, 공고번호, 발명의 명칭 등) 및 상대방 실시양태의 특정(침해품, 방법 등) 및 회답기한 등을 명시하여 통상, 내용증명 우편으로 상대방에 발송
- 상대방이 복수인 경우, 상대방을 특정하지 않고, 신문지상에 게재 경고하는 경우도 있으나 많은 경우에는 직접 상대방에게 내용증명 우편으로 경고하는 방법이 가장 바람직함

67

2. 타사로부터 권리침해 경고를 받은 경우

- 타 기업체에서 경고장을 받은 경우 경고장의 내용을 충분히 숙지하여 상대방의 요구에 따라 적절히 대응할 필요가 있음
  - ✓ 경고장 내용의 사실관계를 검토하고 동시에 상대방의 의향을 파악 필요
- 경고장에 침해주장 이유, 근거가 명확하게 제시되지 않은 경우, 명확한 근거자료를 요구함으로써 상대방에게 심리적 부담을 줄 수 있음
- 상대방 특허에 대해 무효 항변을 하는 경우, 효과적으로 대응할 수 있음
  - ✓ 상대방 특허를 침해하고 있다고 판단되더라도 그 특허가 무효사유를 가지고 있어 무효항변을 제기할 수 있다면 소송에 있어서 유리
- 경고장에 대해서는 될 수 있는 한 마찰을 피하기 위해 기간 내에 성의 있는 회답이 필요

68

3. 분쟁해결제도의 종류

1) 소송제도

- **무효심판 청구** : 특허침해 등을 이유로 경고장을 보내왔을 때 상대방의 특허를 무효화 시키는 전략으로서 해당 특허에 내재된 신규성, 진보성 상실 사유 또는 기타 법적인 하자를 찾아내어 공격하는 방법으로서 특허 심판원에 청구
- **적극적 권리범위 확인심판 청구** : 자신의 특허를 침해한 상대방에 대하여 상대방의 침해 제품이 자신의 특허 권리범위에 해당한다는 것을 확인해 달라는 심판으로서 특허심판원에 청구
- **소극적 권리범위 확인심판 청구** : 특허침해 등을 이유로 경고장을 보내왔을 때 상대방이 침해라고 주장하는 물건 등이 상대방 특허의 권리범위에 해당하지 않는다는 것을 확인해달라는 심판으로서 특허심판원에 청구

69

- **침해금지 및 예방청구** : 특허권자, 전용실시권자는 자기의 권리를 침해한 자 또는 침해할 우려가 있는 자에 대하여 고의, 과실을 불문하고 침해의 금지 또는 예방을 청구할 수 있음

  - 침해금지 청구권의 내용 : 침해행위를 조성한 물건(물건을 생산하는 방법 발명인 경우 침해행위로 생긴 물건을 포함)의 폐기, 침해행위에 제공된 설비의 제거 기타 침해예방에 필요한 행위에 대한 청구

- **손해배상청구** : 특허권자, 전용실시권자는 고의 또는 과실로 권리를 침해한 자에 대하여 손해배상을 청구할 수 있음
- **신용회복조치청구** : 특허권자, 전용실시권자는 타인이 고의 또는 과실로 특허발명을 침해하여 업무상의 신용을 실추케 한 때에는 법원에 신용회복 조치를 청구할 수 있으며, 법원은 손해배상에 갈음하거나 손해배상과 함께 신용회복조치를 명할 수 있음

70

- **가처분** : 특허권자는 자신의 특허권이 침해되고 있음을 이유로 침해금지 명령을 발해줄 것을 법원에 청구할 수 있는 바, 특히 본안에 관한 최종적인 심리이전의 단계에서(제소 전, 후를 불문) 침해피의자에게 잠정적인 침해 금지명령을 내리는 것을 가처분이라 함
  - 가처분 명령은 특허권자에게는 매우 실효적이고, 강력한 공격수단이 되며 침해혐의자에게는 사업중단을 초래하는 두려운 존재
  - 따라서 법원에서의 가처분 인정은 매우 엄격한 요건을 요하고 있는데, 이는 침해혐의자에 대한 불측의 손해를 입힐 수 있기 때문
  - 가처분이 인용되기 위한 요건들에 대한 입증책임은 가처분 신청권자(원고)가 부담
- **특허권 침해죄** : 특허권 또는 전용실시권을 고의로 침해한 자는 7년 이하의 징역 또는 1억 원 이하의 벌금에 처하도록 되어 있음(친고죄로서 특허권자 또는 전용실시권자의 고소 필요)

71

2) 소송외적 해결제도

- 심판·소송을 통한 해결은 일반적으로 장기간의 시간이 소요되는 한편, 상품의 라이프 사이클이 짧아지고 기술수명이 날로 단축되고 있으므로,
- 사법적 절차가 종료되는 시점이 되면 사실상 법적 구제 실익이 희박해지며, 기업은 분쟁해결에 큰 비용을 지불해야 하는 등 기업 경쟁력을 잃게 됨.
- 따라서 첨단기술분야 등의 급속한 발전으로 분쟁내용이 고도화, 복잡화되어 감에 따라 지식재산권 분야의 전문가에 의한 간이 중재·조정제도가 요청되고 있음
- 소송외적 해결제도의 장점
  - 신속하고 비용 측면에서 경제적이다.
  - 편리하고, 비공식적인 절차에 의하여 문제를 해결할 수 있다.
  - 소송보다 저렴한 비용을 들여 손해배상의 청구가 가능하다.
  - 당해 분야의 전문가들의 도움으로 분쟁을 조기에 해결할 수 있다.
  - 소송절차에 의하여 공개될 수 있는 회사의 영업비밀 보호 가능

72

- **중재** : 분쟁 당사자의 합의에 따라 분쟁에 관한 판단을 법원이 아닌 제3자(중재인 또는 중재기관)에게 맡겨 그 판단에 복종함으로써 분쟁을 해결하는 방법
  - 대표적인 중재기관으로는 대한상사중재원(www.kcab.or.kr)이 있음
- **조정** : 산재권 분쟁을 경제적이고 신속하게 대응하기 위하여 각계 전문가들로 분쟁조정위원회를 구성→ 당사자간 원만한 해결 유도
  - 신청일로부터 3개월 이내에 조정 완료(민원인의 비용부담 없음)
  - 특허권, 실용신안권, 디자인권, 상표권의 침해.양도 또는 실시에 관련된 분쟁 및 직무발명보상에 관련된 분쟁 등을 조정
  - 분쟁조정위원회의 조정권고를 바탕으로 양 당사자의 합의조정이 성립되면 확정판결과 동일한 '재판상 화해' 효력 발생
  - 문의처 : 특허청 지식재산보호센터(www.kipo.go.kr/ippc)
- **협상** : 협상에 참여하는 양당사자가 협상의 타결(또는 협상의 대상)에 대한 서로의 기대를 일치시켜가는 과정
- **침해물품 통관보류** : 산업발전을 저해하고 소비자를 기만하여 국제적으로 금지되고 있는 불공정 무역행위인 상표권 침해물품, 저작권 침해물품에 대하여 관세청이 수출입을 금지

73

투자 유치 플랫폼 '넥스트 유니콘'

넥스트 유니콘은 AI 기술을 기반으로 유망 스타트업과 투자자를 빠르고 쉽게 연결해주는 서비스다. 스타트업의 비지니스 분야와 투자 정보를 기반으로 맞춤형 투자자를 찾아주고 원하는 투자자에게 투자 검토를 요청할 수 있는 투자 검토 서비스를 우선적으로 서비스한다.

넥스트 유니콘은 간단한 절차만으로 스타트업의 비지니스에 투자 가능성이 높은 투자자를 24시간 내로 찾아준다. 투자자의 경우 연락처 공개 없이 구독 신청만으로 관심 분야의 유망 스타트업의 자료를 받아 볼 수 있다. 장재용 하프스 대표이사는 "투자 유치과정에서 스타트업과 투자자 양쪽 모두의 고민과 어려움을 해소할 수 있는 서비스를 제공하도록 최선을 다하겠다."며 "서비스 이름인 넥스트 유니콘의 의미처럼 차기 유니콘 기업을 발굴하고 함께 성장할 수 있도록 돕겠다."고 말했다.

74

기업가정신과 창업모델

창업기업의 마케팅 관리

Chapter 1. 상품 생산관리

1. 상품 생산관리의 정의

상품생산관리란 모든 경영활동의 가장 기본적이고 중요한 것 중의 하나로서, 간단하게 재화나 서비스의 산출과정이라고 할 수 있다. 즉, 생산자원이나 생산요소를 유.무형의 생산재로 전환시킴으로써 가치를 증진시키고 효용을 생성시키는 경제적 기능이라 할 수 있다.

1) 표준화

표준화(standardization)는 표준을 설정하여 이를 활용하는 조직적 행위로서, 기업은 생산의 표준화를 통해서 대량생산을 달성할 수 있고 또한 규모의 경제를 실현할 수 있으므로 경제적인 생산이 가능하다.

표준화를 실현함으로써 얻을 수 있는 이득으로는 대량생산, 품질향상 및 부품의 호환성 증가, 종업원 교육훈련의 용이, 작업능률의 향상, 원가절감 등이 있다.

2

2) 단순화

단순화(simplification)는 제품이나 서비스의 품목, 형태, 크기 등의 종류를 줄임으로써 작업과정을 간단하게 하는 원칙을 말한다. 단순화함으로써 불합리하고 비효율적인 낭비를 줄이고 인력이나 자재를 절감할 수 있다.

3) 전문화

전문화(specialization)는 작업을 비롯하여 종업원, 공장, 기계공구 등의 특정부문을 전문화하는 것으로서 전문화는 단순화되고 표준화된 제품 및 방법을 기초로 해서 실시되어야 합리적이다. 전문화의 효과는 종업원의 작업숙련도가 높아져 생산성이 향상되고 전문분야별로 분담이 명확해져 통제가 용이하며, 비용을 절감시켜 경영의 합리화를 기하는 것이다.

3

2. 상품 재고관리

상품재고관리는 기업이 원재료나 부품, 재공품 그리고 완제품 등의 수량과 품질을 가장 적정한 수준에서 유지하면서, 보관비용이나 이자 등의 재고비용을 최저로 하여 기업이 필요로 할 때 효과적으로 사용할 수 있도록 계획하고 통제하는 것이다.

1) 상품 재고관리 비용

상품재고자산에의 투자는 주문, 구매, 보관, 유지, 파손, 멸실 등의 비용을 수반하기 때문에 적정재고를 유지함으로써 비용의 극소화를 추구할 수 있다.
재고관리비용은 주문비용, 보관비용, 부족비용, 구매비용 등이 있다.

4

2) 상품재고 유지방법

① 불확실한 변화에 대처하기 위한 안전재고 : 판매의 불확실성, 생산의 불확실성, 자재조달의 불확실성에 대처하여 보유하는 재고

② 장래에 대비하는 예비재고 : 계절적으로 수요가 절정에 이르렀을 때를 예상해서 제품이나 자재를 비축, 계획적으로 공장의 가동을 중지할 때에 대비하여 자재나 제품을 사전에 마련함으로써 생기는 재고

③ 롯트 사이즈 재고(lot size stock) : 자재를 구입, 제품을 생산하는 경우 이들 구입량, 생산량이 매일매일의 제품판매량과 일치하는 경우는 거의 드물며, 실제로는 일시에 일정량(롯트)을 구입(생산)할 때 생기는 재고

④ 수송기간 중 생기는 재고 : 대금을 지불한 물품으로 수송 중에 있는 재고

⑤ 공정의 독립을 위한 공정품 재고 : 전 공정에서 갑작스런 사고로 공정품이 넘어 오지 못할 때 연쇄적으로 후속공정에 영향을 미치게 된다. 이와 같은 사고를 막고 각 공정의 독립을 유지시키기 위해서 말하자면 예비일감을 미리 준비하여 두는 것을 말한다.

5

3. 품질관리

1) 품질관리의 정의

국제경쟁에서 기업이 생존하고 성장하기 위해서는 반드시 경쟁우위에 있어야 한다. 이를 위해서는 제품의 생산원가를 낮춤으로써 제품가격을 저렴하게 하는 것도 중요한 일이나 보다 중요한 것은 품질을 향상시키는 것이다. 품질의 개념은 내부적인 견해와 외부적인 견해로 이해할 수 있다. 내부적 견해에서 품질은 조직이 내부적으로 설정한 규격과 표준을 의미하며, 외부적 견해에 있어서 품질이란 고객들이 중요시하고 기대하는 결과를 성취하는 것이라고 정의하고 있다.

6

2) 품질관리의 방법

품질관리방법에는 전통적 품질관리기법과 전사적 품질관리기법이 있다.

전통적 품질관리 접근방법에서는 제품의 생산공정이 완료된 다음 제품검사에 의존하는 시정적 통제에 초점을 두고 있다. 이러한 품질관리를 위한 책임은 품질검사원이나 품질검사부서에 주어지며, 그들은 불량품을 선별하여 폐기시키거나 재생산작업을 실시하도록 요청하는 기능을 수행한다.

전사적 품질관리(total quality control: TQC)는 품질의 책임을 모든 종업원이 함께 지도록 하는 조직전략으로서, 철저한 고객만족을 실천하기 위해서 다양한 예방적, 시정적 통제방법을 추구하게 된다.

7

3) ISO 9000시리즈와 품질보증

무역거래가 활발해지면서 상품의 품질문제가 국제통상활동의 중요 요인으로 등장함에 따라 국가간에 품질을 신뢰할 수 있도록 품질제도의 존중 및 상호인증이 요청되는 현실이다. 이와 같은 현실에서 **ISO(국제표준화기구)**에서는 품질보증시스템 인증제도가 공급자의 신뢰도를 높이고 국가간 품질상호인증의 기본이 된다는 입장에서 **"품질경영과 품질보증에 관한 국제규격"(ISO 9000~9004)을 1987년에 제정하였다. 전 세계적으로 'ISO 9000시리즈'를 품질시스템 표준으로 수용하고 있고,** 'ISO 9000시리즈'의 등록이 전세계적인 품질보증 내지 품질인증의 선행요건이 될 것이라는 점, 그리고 **국제시장에서 인증취득을 요구하는 기업이나 조직이 증가하고 있다는 이유에서 관심이 된다.**

8

Chapter 2. 마케팅의 개념과 전략

1. 마케팅의 개요

1) 마케팅의 개념과 특성

✓ 마케팅의 기본 개념

- 마케팅은 '기업의 제품 및 서비스를 통해 고객의 니즈(needs), 욕구(want), 그리고 수요(demands)를 창출하고, 고객에게 가치와 만족을 제공하여 기업과 고객 간의 관계를 구축하며, 이러한 관계가 다시 시장(market)에 반영되어 고객의 니즈, 욕구, 그리고 수요가 다시 창출되는 순환 과정'을 의미
- 따라서 마케팅 과정은 제품 판매 및 광고뿐만 아니라, 고객의 니즈 파악을 위한 시장 조사, 제품 및 유통, 촉진, 마케팅 전략 수립 등의 모든 활동을 포함

9

2) 창업 마케팅 프로세스

✓ 창업 마케팅 프로세스

- 창업기업에 있어서 마케팅은 새로운 시장을 창출하거나 기존 기업의 경쟁력에 대항할 만한 비즈니스 기회를 발견하고, 선점한 기회에서 또 다른 기회를 찾을 수 있도록 고객과의 접점을 도와주는 핵심 기능을 할 수 있어야 함.
- 창업 마케팅 프로세스는 창업자가 기회를 탐색(exploration), 점검(examination), 활용(exploitation), 그리고 확장(expansion)하는 단계로 이루어짐.

10

[창업기업의 마케팅 프로세스(4E)]

구분	주요 내용
Stage 1 : 기회의 탐색	◆ 제품 또는 서비스가 출시되기 전에 잠재적 고객들에게 아이디어를 공개하고 그들로부터 피드백을 수집하는 단계
Stage 2 : 기회의 점검	◆ 시제품을 얼리어답터들(early adopters)로부터 검증받고 그들로부터 피드백을 수집하는 단계로, 제품 또는 서비스의 베타버전을 시험 ◆ 예를 들어 자사가 향후 고객에게 제공할 서비스가 무료라면, 정말 아무런 비용도 수반하지 않는지, 주 수익원이 될 광고가 정말로 수익을 창출할 수 있는지를 점검해 볼 수 있는 중요한 단계임.
Stage 3: 기회의 활용	◆ 자사의 제품 또는 서비스를 일반 대중에게 공개함으로써 시장의 모든 사람들이 사용 가능하도록 하는 단계 ◆ 1단계 및 2단계가 수월히 진행되었다면 초기에 제품 및 서비스를 검증한 얼리어답터들 이외의 고객들이 이 단계에서 구매를 시작하게 됨.
Stage 4 : 기회의 확장	◆ 자사의 제품 또는 서비스에 대한 촉진활동을 펼침으로써 고객층을 추가 확보하는 단계 ◆ 3단계 활동과 4단계 활동은 동시에 진행될 수 있으며, 2단계인 기회의 점검 단계를 대신하기도 함.

출처 : 기술창업론, 2015 , 김진수 외

11

[창업 마케팅 모델]

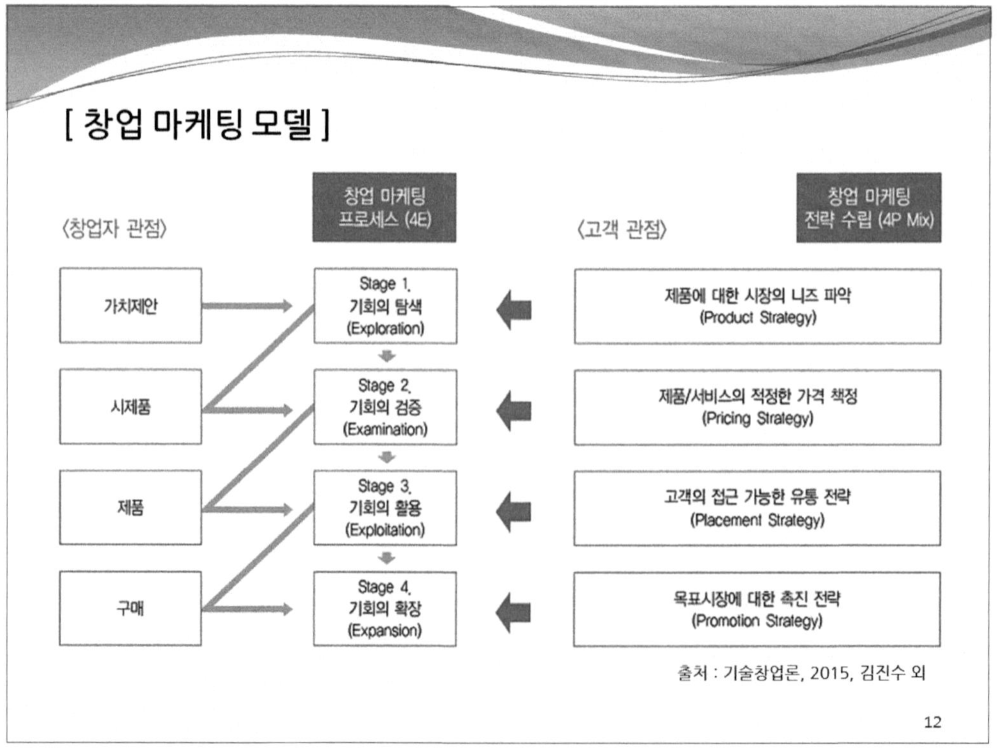

출처 : 기술창업론, 2015, 김진수 외

12

2. 기술창업 마케팅 환경 분석

● 3C 분석

[표 12-4] 3C 분석의 평가 요소 및 기준(예)

구 분	평가 요소	평가 기준
고객 (Customer)	- 시장 규모 - 시장 성장률 - 시장 구조변화 - 시장 세분화 - 고객 집단별 니즈 현황 및 변화 추이	- 목표 시장의 규모는 적절한가? - 시장의 성장 가능성이 높은가? - 세분화된 시장의 잠재적인 고객 수요는 어느 정도 인가? - 고객 집단별 니즈와 변화 추이는 어떠한가?
경쟁사 (Competitor)	- 자사의 주요 경쟁사 현황 - 주요 경쟁사의 강점 및 약점 - 잠재적 경쟁사의 진입 가능성	- 현재 우리 기업의 주요 경쟁사들은 공격적이고 강력한가? - 잠재적 경쟁사의 진입 가능성은 높은가?
자사 (Company)	- 시장 점유율 - 브랜드 이미지 - 기업 목표 - 기업 문화 - 기술력/제품력/판매력	- 우리 기업의 시장 점유율은 어느 정도 인가? - 목표 시장은 우리 기업의 목표 및 조직 문화, 브랜드 이미지와 일치하는가? - 우리 기업의 기술력, 제품력, 판매력은 경쟁사에 비해 강력한가?

출처 : Service Design Platform(http://www.servicedesignplatform.com/?share=3c-analysis) 자료를 토대로 재구성

13

3. 기술창업 마케팅 전략

1) 마케팅 전략 수립 프로세스

① '누구'에게 '어떤 제품'을 팔 것인가?

- 기업의 규모가 크고 작고의 여부와 상관없이, 어느 기업이든 한정된 자원과 능력을 가질 수밖에 없으므로 모든 사람들이 가지는 모든 니즈를 충족시키기는 어려움.
- 따라서 자사가 보유하고 있는 자원, 능력과 현 상황을 객관적으로 진단해 본 후, 특정한 고객을 선정하여 그들의 어떤 특정한 니즈를 충족시킬 것인지를 명확히 하는 것이 마케팅 활동의 효율성 측면에서 무엇보다 중요

14

② "그 제품을 '어떻게 잘" 팔 것인가?"

- 창업자는 "그 제품을 '어떻게 잘' 팔 것인가?"에 대한 의사결정을 내리기 위해 4P 믹스를 활용할 수 있음.
- 4P 믹스의 제품, 가격, 유통 및 촉진 전략들은 기업이 기회를 탐색, 점검, 활용 및 확장하는 본격적인 마케팅 활동 수행 과정에서 실제적으로 반영되어야 할 전략들을 의미

출처 : 기술창업론, 2015, 김진수 외

15

[창업 마케팅 전략 수립 프로세스]

거시적 환경 분석 ▶ 마케팅 전략 수립 ▶ 마케팅 실행

거시적 환경 분석	미시적 환경 분석	전략 방향성 및 전략 도출	마케팅 활동 수행
PEST 분석 - 정치적 요인 - 경제적 요인 - 사회적 요인 - 기술적 요인	**산업 분석** - 산업 내 경쟁강도 - 신규 진입자 - 대체재의 위협 - 구매자 교섭력 - 공급자 교섭력	**SWOT 분석 & 전략 방향 도출** - 강점/약점 - 기회/위협 - Swot 매트릭스	**4E 실행** - 기회의 탐색 ◀ 제품 전략 - 기회의 점검 ◀ 가격 전략 - 기회의 활용 ◀ 유통 전략 - 기회의 확장 ◀ 촉진전략
	3C 분석 - 자사 - 경쟁사 - 고객	**STP 전략 수립** - 시장 세분화 - 목표시장 선정 - 포지셔닝	
		4P 믹스 - 제품 전략 - 가격 전략 - 유통 전략 - 촉진전략	

출처 : 기술창업론, 2015, 김진수 외

2) SWOT 분석 & SWOT 매트릭스

① SWOT분석

- 기업이 전략적 목표를 결정하거나 전략 수립을 위한 기초 자료를 확보하기 위해 가장 일반적으로 사용하는 분석 기법
- "SWOT"은 강점(Strengths), 약점(Weaknesses), 기회(Opportunities), 위협(Threats)의 약자를 조합하여 만든 용어
- 강점과 약점에 해당하는 요인들은 기업의 내부 환경 분석에 의해 도출되며, 기회와 위협 요인들은 기업의 외부 환경 분석에 의해 도출됨.

17

[SWOT 분석의 구성 요인]

S 우리 기업/제품의 강점은 무엇인가?	우리 기업/제품의 약점은 무엇인가? W
- 차별화된 핵심 역량 - 자금조달과 운영 - 창업팀 구성원 역량 - 구매자/공급자와의 관계 - 유리한 시장 점유율 - 창업자의 경영 능력 - 규모의 경제 - 독점적 기술 - 원가우위 - 경쟁우위 - 제품 혁신 능력 - 안정적인 공급 채널	- 협소한 제품군 - R&D 능력 부족 - 낙후된 설비 - 경영 및 관리 능력 부족 - 수익성 저하 - 브랜드 이미지 약화 - 낮은 광고효율 - 마케팅 능력 부족 - 자금조달력 부족
O 우리 기업/제품의 기회는 무엇인가?	우리 기업/제품의 위협은 무엇인가? T
- 신시장/신고객 집단의 등장 - 높은 경제 성장률 - 시장의 빠른 성장 - 새로운 기술 등장 - 산업의 세계화 - 소득수준 증대 - 낮은 진입장벽 - 경쟁 기업의 쇠퇴 - 유리한 정치, 정책, 법규, 경제, 사회, 문화, 기술, 환경, IT, 금융, 환율 등의 변화	- 새로운 경쟁기업의 출현 - 대체재의 판매량 증가 - 시장 성장률의 둔화 - 불리한 정책, 법규, 제도의 변화 - 경쟁압력 증가 - 경기 침체 - 구매자/공급자의 협상력 증대 - 구매자의 욕구변화 - 외국의 무역규제

출처 : 기술창업론, 2015, 김진수 외

18

② SWOT 매트릭스

- SWOT 분석을 통한 마케팅 전략 방향성 도출기법으로 SWOT 분석 결과 각각의 강점, 약점, 기회, 그리고 위협 요인을 조합하여 전략을 도출
- SWOT 분석 결과를 바탕으로 강점은 강화시키고, 약점은 보완하며, 기회는 활용하고 위협은 방어하는 마케팅 전략의 방향성을 크게 4가지로 도출함.

내부 환경 요인 / 외부 환경 요인	S 강점 (Strengths)	W 약점 (Weaknesses)
O 기회 (Opportunities)	SO 전략 공격 전략	WO 전략 만회 전략
T 위협 (Threats)	ST 전략 우회 전략	WT 전략 생존 전략

- S.O(강점-기회) 전략 - 기회를 활용하기 위해 강점을 사용하는 마케팅 전략을 수립하는 방법
- W.O(약점-기회) 전략 - 약점을 보완하여 기회를 살리는 전략
- S.T(강점-위협) 전략 - 위협요인을 회피하거나 최소화하기 위해 강점을 활용하는 마케팅 전략을 수립하는 방법
- W.T(약점-위협) 전략 - 위협을 회피하고 약점을 최소화하는 전략

출처 : 기술창업론, 2015, 김진수 외

19

3) STP 전략

- 전체 시장을 일정한 기준에 따라 나누고(segmentation), 우리 기업과 제품에 적합한 시장을 선정하여(targeting), 소비자의 마음속에 어떠한 위치를 선점하여(positioning) 그들에게 다가가는 과정을 의미
- 'STP'는 세분화(segmentation), 목표시장 선정(target), 그리고 포지셔닝(positioning)의 각 단계별 활동의 줄임말

> ➢ 세분화 - 기업의 제품을 필요로 할 수도 있는 사람들을 제품에 대한 니즈, 인구통계적 특성, 구매 행동 등의 일정한 변수 기준에 따라 집단으로 구분하여 전체 시장을 나누는 것
> ➢ 목표시장 선정 - 세분화된 각각의 시장의 매력도를 평가하여 기업과 제품에 맞는 시장을 선정
> ➢ 포지셔닝 - 목표로 선정한 세분화된 시장에 우리 기업의 제품을 어떠한 이미지로 각인 시킬 것인가를 결정하는 활동

출처 : 기술창업론, 2015 ,김진수 외

20

① 시장 세분화(Segmentation)

- 시장 세분화는 일정한 기준에 따라 수행하여야 하는데, 그 기준은 크게 인구통계적 변수, 심리분석적 변수, 구매행동 변수, 사용상황 변수, 그리고 추구 효익(benefit) 변수 등의 다양한 변수들이 대상이 됨.

변 수		세부 내용
인구통계적 변수		◆ 연령, 성별, 거주 지역 ◆ 가족 구성단위, 가족 생활주기, 개인 또는 가족소득 ◆ 직업, 학력, 종교
심리분석적 변수	사회계층	◆ 농촌하층, 도시하층, 중하층, 중상층, 상층
	라이프 스타일	◆ 전통적 알뜰형, 합리적 생활 만족형, 진보적 유행추구형, 보수적 생활 무관심형
	개성	◆ 강제적, 사교적, 권위주의적, 야심적
구매행동 변수	사용기회	◆ 규칙적, 불규칙적
	사용경험	◆ 비사용자, 이전 사용자, 잠재적 사용자, 최초 사용자
	사용량	◆ 소량 사용자, 보통 사용자, 다량 사용자
	상표 애호도	◆ 전무, 보통, 강함, 절대적
사용상황 변수		◆ 제품에 따라 상이(예: 어버이 날, 스승의 날, 졸업식 등)
추구 효익 변수		◆ 기능적 효익, 심리적 효익

출처 : 기술창업론, 2015 ,김진수 외

21

● 시장 그리드(Market Grid)를 이용한 세분화

- 잠재 고객의 특징을 이용하여 시장을 다양한 세분시장으로 나누는 이차원적인 시장세분화 방법이다.
- 제품의 특성보다는 시장 중심의 시장관점을 강화하고 현재의 고객보다는 잠재 고객의 특징을 사용한다.
- 고객의 특징은 지리적, 사회 · 경제적, 행태적, 심리학적 차원을 고려한다.
- 잠재적 소비자 특징 목록이 작성되면 실제 그리드를 만든다.

22

〈신발에 대한 그리드1〉

구분	연령					
	0-7	8-12	13-25	26-40	41-65	65세 이상
여성						
남성						

〈신발에 대한 그리드2〉

활 동	소 득		
	하	중	상
여가			
공식활동			
근로			
레크리에이션/스포츠			

23

② 목표 시장 선정(Targeting)

- 목표시장의 선정은 시장의 매력도와 기업의 적합도를 고려하여 전략을 결정

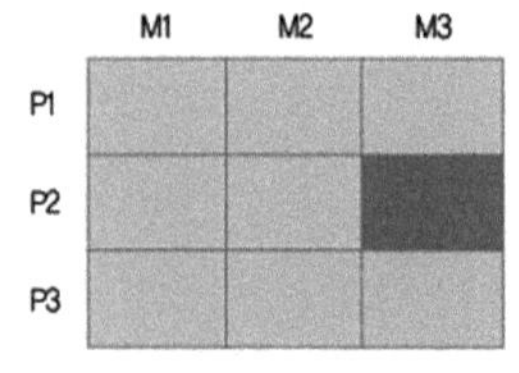

하나의 세분화된 시장에 집중

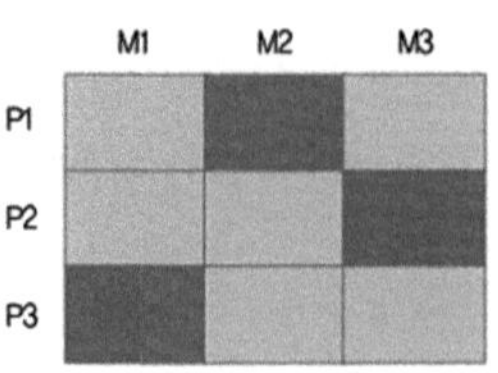

선택적 전문화
(selective specialization)

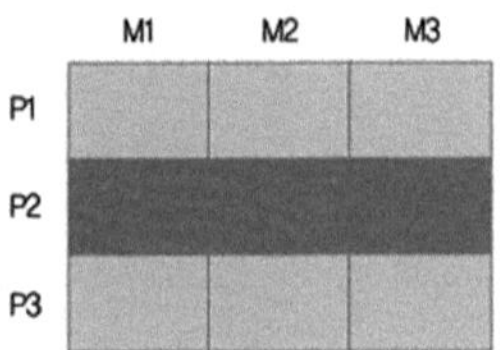

시장 전문화
(product specialization)

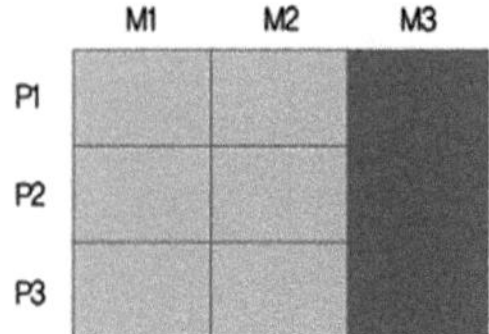

시장 전문화
(market specialization)

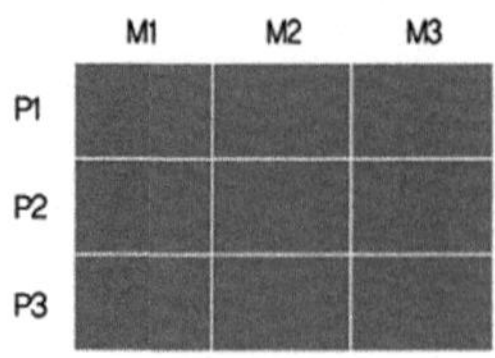

전체 시장

M = 시장(Market)
P = 제품(Product)

자료 : McDaniel, Lamb, & Hair(2008), Introduction to Marketing, South-Western, a division of Thomson Learning

24

③ 포지셔닝(Positioning)

- 포지셔닝은 세분화된 목표 시장 내의 잠재 고객의 마음에 우리 기업의 제품과 이미지를 통해 차별화된 위치를 선점하는 전략을 의미
- 포지셔닝 맵을 그리는 것이 자사 제품의 상대적 위치를 확인하는 데 용이하게 활용됨.

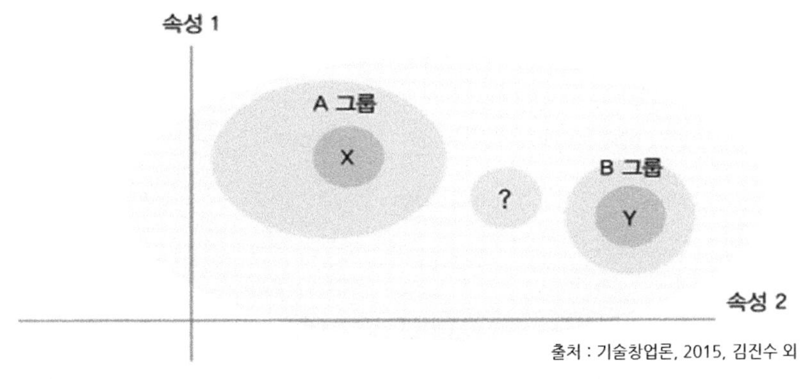

25

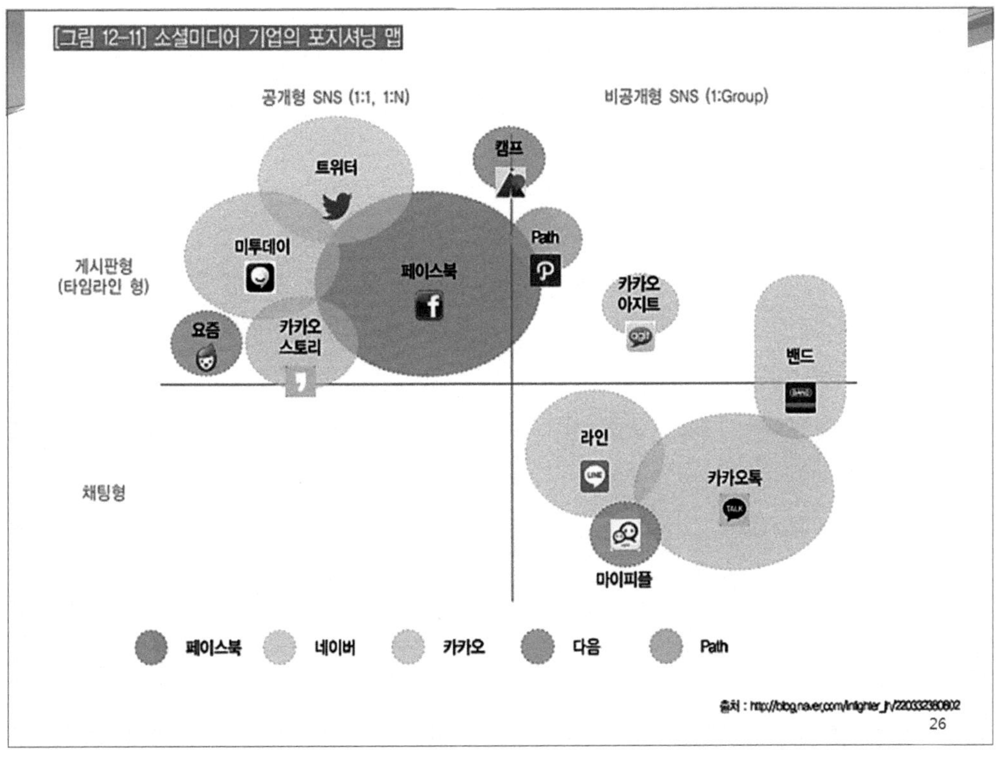

26

4) 4P 믹스

- STP전략을 통해 선정한 목표 시장에서 실질적인 마케팅 활동을 수행하고 기대하는 성과를 달성할 수 있도록, 기업이 통제 가능한 전략계획을 수립하기 위해 사용하는 전통적인 마케팅 이론을 의미
- 4P 믹스를 개발하게 되면 '고객에게 어떤 특성을 가진 제품을 어떤 가격으로 어떤 경로를 이용하여 어떤 판매 촉진활동을 통해 전달할 것인가?'에 대한 종합적인 계획 수립이 가능

출처 : 기술창업론, 2015, 김진수 외

27

① 제품 전략(Product Strategy)

- 제품의 차별화 전략은 물리적 차별화와 서비스 차별화로 구분
- 물리적 차별화 - 자사 제품의 종류, 디자인, 기능, 성능, 품질, 내구성, 포장, 크기나 규격 등의 측면에서 타 제품과 다른 특징적인 요소를 가미하는 방법
- 서비스 차별화 - 품질보증 서비스, 고객 상담, 고객 관리, A/S, 주문의 용이성 등의 서비스 측면에서 차별화를 시도하는 것

② 가격 전략(Pricing Strategy)

- 제품의 적정 가격을 설정하고 할인 여부와 정도, 할부기간 등과 같은 가격 정책에 대한 의사결정을 내리는 것

28

✓ 가격 걷어내기(Pricing Skimming)

고객마다 제품에 대해 느끼는 가치가 다르다는 점에 기반하여, 가치를 높게 느끼는 고객부터 낮게 느끼는 고객까지 모든 고객층에 접근하는 가격 정책이다. 즉, 신제품이 출시될 때 제품에 기꺼이 높은 가격을 지불할 수 있는 고객들로부터 이익을 극대화하고, 이후에 점차적으로 가격을 낮춤으로써 더 낮은 가격을 지불할 만한 고객들까지 제품을 구매하도록 유도하는 전략이다.

✓ 침투 가격(Penetrating Pricing)

침투 가격 전략은 판매량을 극대화하거나 시장점유율을 유지하기 위하여, 제품의 초기 가격을 수요와 공급에 따라 발생하는 가격보다 낮게 책정하는 방법이다. 이 전략을 사용하게 되면 기업은 높은 브랜드 인지도를 획득할 수도 있지만, 제품 판매를 통해 높은 수익 마진을 올리기 어려울뿐더러, 한번 결정된 가격을 올리게 되면 이탈하는 고객이 많이 발생하게 되므로 가격을 올리기도 쉽지 않게 된다. 따라서 침투 가격 전략을 사용할 경우에는 원가 절감을 위한 노력이 반드시 병행되어야 한다.

29

✓ 품위/명성 가격(Prestige Pricing)

품위/명성 가격 전략은 고가의 가격정책을 펼치는 방법을 말한다. 기업은 제품의 가격을 높게 설정함으로써, 고객의 마음속에 브랜드의 품질 또는 배타성을 각인시킬 수 있다. 대부분의 사람들은 가격이 높으면 품질이 좋다는 인식을 갖고 있는 경우가 많기 때문에, 이 전략을 사용할 경우 오히려 가격을 내리게 되면 판매량이 감소할 수 있다는 점을 주의해야 한다. 가격이 낮아지면 고객들은 기업이나 제품에 문제가 있는 것은 아닌지 의심할 수 있기 때문이다.(Skimming pricing)

✓ 낚시 가격(Bait and Hook Pricing)

낚시 가격 전략은 초기 제품의 가격을 낮게 설정하여 고객들의 구매를 유도한 후, 제품 사용에 필요한 추가 구매품, 교체 부품 또는 소모품에 높은 가격을 설정하여 수익을 얻는 방법을 말한다. 캡슐 커피 머신이 대표적인 예다. 기업은 커피 머신 자체에 높은 가격을 책정하지 않더라도, 고객들이 자사 머신의 규격에 맞는 커피 캡슐을 필요로 하기 때문에 캡슐 판매를 통한 지속적인 수익 확보가 가능하다.

30

✓ 가격 프로모션(Price Promotion)

가격 프로모션 전략은 일시적으로 가격을 할인해주거나 1+1 이벤트, 사은품 또는 쿠폰을 제공하는 방법들이 포함된다. 이 전략은 신제품을 출시한 경우나 경쟁사로부터 고객을 끌어오기 위한 경우, 또는 재고를 처리하기 위해 기업이 많이 사용하는 방법이다. 그러나 가격 프로모션을 하게 되면, 기존의 구매 고객들이 차후의 프로모션을 기다리면서 제품을 정가로 구매하지 않을 가능성도 있다는 점을 유의해야 한다.

지금까지 제품의 가격을 설정하기 위한 다양한 방법을 알아보았다.

가격 결정 시 무엇보다 중요한 것은 고객이 충분히 지불할 만한 합리적인 가격인가를 고객들로부터 피드백을 받아야 한다는 점이다. 또한 창업자는 경쟁사의 가격정책 변화 추이를 살펴보는 노력을 지속할 필요가 있다.

31

✓ 버저닝(Versioning) 가격전략

- 개인별, 용도별, 성능별로 차별화 된 버전으로 구성된 제품을 다른 가격으로 판매, 하이테크 제품의 경우 신제품의 성능에 따라 여러 버전으로 가격책정
- 버저닝 전략에서 유의할 점은 버전 간 자기잠식(Cannibalization)의 우려
- 유사한 상품간 대체와 갈등의 가능성 존재

✓ 번들링(Bundling) 가격전략

- 둘 이상의 상품을 하나로 묶어서 패키지화하여 제공
- 컴퓨터 구입 시 하드웨어와 소프트웨어가 함께 필요하므로 이를 한데 묶어 번들링 가격을 설정
- 고객의 입장에서는 별도로 구매하는 것보다 번들링된 가격의 구매를 선호
- 첨단 기술제품의 경우 소비자에게 부과되는 전환 비용으로 인해 소비자를 묶어 두는(lock-in)효과

32

[하이테크 제품의 가격 설정 방법]

가격 설정 방법	세부 내용
원가 기반 가격 결정 (원가 + 이익 마진)	제품의 제작과 유통에 소요되는 단위 원가의 일정액 또는 일정비율의 이익 마진을 추가하여 가격을 결정하는 방법
이익률과 손익분기점 결정	1. 단위가격 계산 *가격 = 단위 비용 + [(이익률 x 투자) ÷ 판매량] 2. 손익분기점 결정 *고정비용과 변동비용을 충당하는 판매 수치
시장 가격	주요 경쟁사의 가격에 따라 자사 제품의 가격을 설정하는 방법
경매 가격	경쟁 입찰 정보에 기반한 가격 설정
대체재 가격과의 비교	자사의 제품을 대체할 수 있는 주요 대체재의 가격을 고려하여 가격을 설정
가치 기반 가격 설정	고객이 제품에 대해 느끼는 가치에 기반하여 가격을 설정하는 방법 1. 가격 걷어내기 2. 침투 가격 3. 품위/명성 가격 4. 낚시 가격 5. 가격 프로모션

출처 : 기술창업론, 2015, 김진수 외

33

③ 유통 전략(Placement Strategy)

- 우리 기업의 제품을 고객이 원하는 시간과 장소에 고객이 원하는 수량을 제공할 수 있도록, 고객에게 판매 또는 유통할 수 있는 지점을 결정하는 것
- 제품이 고객에게 전달되는 유통 경로(market channel)는 크게 직접유통 경로와 간접유통경로로 구분되는데, 유통 전략 설정 시에는 이와 같은 직접유통방식, 간접유통방식, 또는 이 둘을 혼합하는 방식을 결정하도록 함.

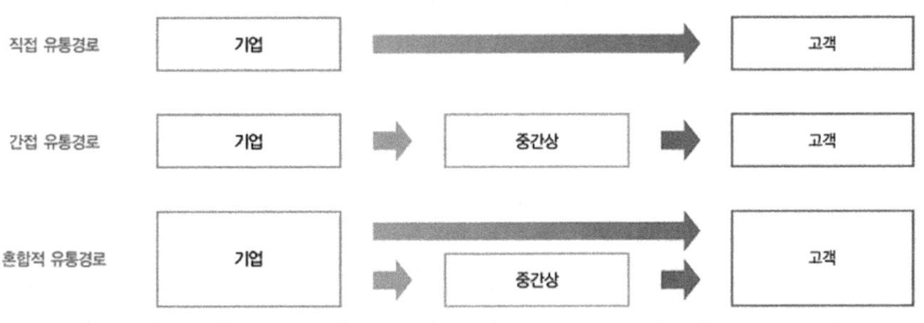

출처 : 기술창업론, 2015, 김진수 외

34

※ 유통의 개방성 정도

	정의	특징
전속적 유통	일정 지역 내에서 한 개의 중간상에게만 상품을 공급하는 것 (이 중간상은 경쟁상품은 취급하지 않음)	판매시점에서 더 낮은 경쟁으로 중간상에게 더 높은 마진이 보장되므로 중간상이 적극적으로 푸쉬(PUSH)함 : 제조업자의 통제가능성 높음. 고급가구와 같은 전문품에 적합
개방적 유통	일정 지역 내에서 가능한 많은 수의 중간상들에게 상품을 공급하는 것	중간상에 대한 통제권이 낮고 판매사이클이 더 높을 수 있음. 중간상의 푸쉬(PUSH)보다는 소비자의 풀(PULL)에 의해서 팔리는 상품에 적합(저가의 생활용품 같은 편의품이나 유행상품)
선택적 유통	전속적 유통과 집약적 유통의 중간 형태	중간상들 간에 경쟁이 생길 수 있으며 중간상의 충성도가 더 작은 형태임.

출처 : 마케팅 원리, 2000, 박찬수

35

- **복수경로 마케팅과 하이브리드 마케팅**

- 직접유통과 간접유통의 장점을 모두 살리기 위하여 복수경로 마케팅을 구축
- 유통기능 중 일부를 서로 나누어 실시, 이것이 하이브리드 마케팅
- 프로모션, 클로징 등 은 제조업자가 실시하고 배달, a/s 등을 유통업자에게 위탁하는 경우

- **수직적 마케팅시스템(Vertical marketing system)**

- 경로구성원 중 어느 한쪽이 더 큰 파워를 갖고 타 구성원을 통제,조정

· 기업형 VMS : 한 업체가 다른 업체(들)을 법적으로 완전히 소유
in-house화하는 형태임

· 관리형 VMS : 지도적 위치에 있는 기업(채널 캡틴)이 타 구성원의 활동을 통제 · 조정함. 국내에서는 농산물의 경우 중간상이 캡틴, 의류의 경우 대형소개업자가 캡틴의 역할을 함

36

● 하이테크 창업기업의 유통경로 설계

경로설계는 대체로 다음의 다섯 가지 기준에 의거하는 것이 적합

(1) 시장규모에 따른 설계

- 시장규모 및 다양성이 커질수록 간접적 유통방식이 필요

·1950년대 : 소수 잠재고객대상, 시스템정교, 직접영업, Sales engineer 동원

·1970년대 : 미니컴 출현, 사용자 증가, 외부유통경로 증가(OEM형식 등)

·1980년대 : 미니컴 발달, 유통기관 활용 증가, 직접마케팅 발달

·1990년대 이후 : 다양한 세분시장 도달, 다양한 마케팅조직 관리 필요성 증가, 딜러, 유통체인, EDI, Web site, 인터넷상 유통

(2) 유통망 운영 비용에 따른 설계

- 대안별 절대 비용이 아닌 고객 1인당 비용을 산출해 비교
- 유통기관을 이용 시 변동비용이 급상승
- 예컨대 Diadem은 유통을 유통기관에 전적으로 위임하고 유통기관은 재무위험을 감수하는 대신 고마진을 보장받음

출처 : 창업마케팅, 2010, 서상혁

37

(3) 제품특성에 따른 설계

- 제품이 비 표준제품일 경우 직접적 영업조직이 필요
- 제품이나 서비스가 특정고객 필요에 따라 제작되며 고객접촉이 필요
- 표준제품의 경우 유통기관 활용, 대규모 판매, 단위당 비용이 저렴
- 예컨대 Dell컴퓨터는 실제로 딜러들이 소비자보다 더 많은 지식을 갖추지 못한 경우에 착안하여 강력한 맞춤형 컴퓨터로서 고객을 직접상대

(4) 유통기관 통제 정도에 따른 설계

- 일부 유통기관들은 고객에 대한 정보공개를 기피
- 제조업자가 설정한 이미지나 포지션을 위반
- 이에 따라 제조업자는 고객과의 장벽이 생길 수 있으며 고객의 요구에 대한 피드백이 어려워 리스크가 발생

38

(5) **유통계약의 유연성**
- 유통계약 내용의 융통성, 신축성 등 임
- 유통계약이 장기적이거나 다른 조건으로의 전환이 불가능할 경우 처음부터 직접 유통의 형태를 설계
- 하이테크 제품의 범주가 매우 신속하게 변화하면서 상호 연계되어 있을 경우 세분시장이 지속적으로 변화할 수 있으며 이에 따라 유통기관과의 채널구축의 어려움이 더 커짐

- **하이테크제품 유통기관의 완벽한 조건**
- 시장지식을 갖추고
- 고객과 경쟁자 정보를 제조업자에게 제공하며
- 제조업자들간에 명성을 가지고 있고
- 판매에 적극적이며 고객 유지와 고객 서비스 제공에 전문성을 갖추고
- 판매 예측을 실시하고 그 결과를 제공하며
- 재무적 리스크를 제조업자와 공유하는 것이다.

39

- 하이테크 창업기업의 유통경로 관리

– 유통기관 활용 결정 이후 유통기관 선택, 지휘, 평가 필요
- 유통기관들은 하이테크 제품의 혁신성으로 인해 확고한 지식보유가 필요
- 하이테크 제품의 빈번한 변화로 인해 적기 입수가능성 보장
- 주기적인 고객과 유통기관 조사로 변화를 추정하여 판매손실을 최소화
- **하이테크 콘텐츠의 경우 기술적 노하우를 갖춘 전문가조직 필요**
- 고객 서비스는 하이테크 부문의 필수사항
- 신속한 대응이 미흡한 경우 전체적 노력이 실패할 수 있음
- 유통기관의 유통기관 기술자가 지원해준 서비스는 철저히 서비스내용의 품질을 기준으로 보상
- 인센티브 프로그램, 신제품 교육 프로그램, 신기술 사전검토 제공, 기술적 의문해소 지원 등이 강조

40

④ 촉진 전략(Promotion Strategy)

- 기업이 마케팅 목표를 달성하기 위하여, 기업이나 제품에 대한 정보를 고객에게 의도적으로 전달하기 위한 방법을 결정하는 것
- 광고, 판매촉진, PR, 인적 판매, 직접 마케팅, 박람회 참가 등이 촉진 전략에 포함
- 촉진 전략을 수립할 때는 고객이 개인 소비자인지 또는 기업 고객인지 여부를 잘 고려하여 결정하도록 함.

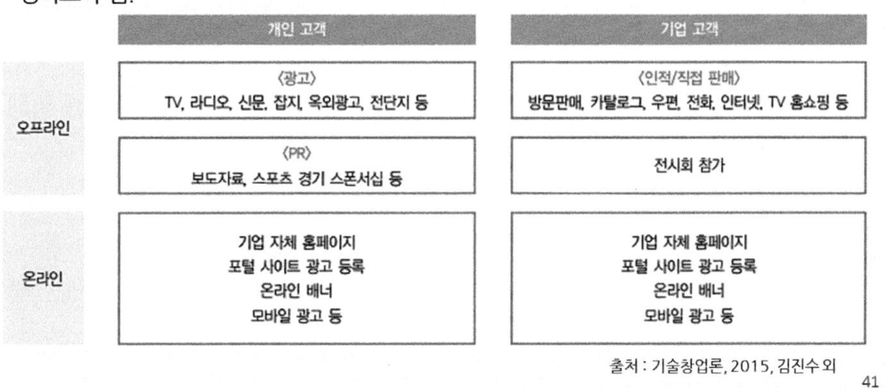

	개인 고객	기업 고객
오프라인	〈광고〉 TV, 라디오, 신문, 잡지, 옥외광고, 전단지 등	〈인적/직접 판매〉 방문판매, 카탈로그, 우편, 전화, 인터넷, TV 홈쇼핑 등
	〈PR〉 보도자료, 스포츠 경기 스폰서십 등	전시회 참가
온라인	기업 자체 홈페이지 포털 사이트 광고 등록 온라인 배너 모바일 광고 등	기업 자체 홈페이지 포털 사이트 광고 등록 온라인 배너 모바일 광고 등

출처 : 기술창업론, 2015, 김진수 외

41

✓ 광고(Advertising)

- 고객과 직접적으로 대면하기 보다는, 주로 대중매체를 활용하여 간접적으로 고객에게 우리 기업의 아이디어나 제품 또는 서비스의 내용을 전달하는 방법

✓ 판매촉진(Sales Promotion)

- 고객에게 우리 기업의 제품을 구매하도록 유도하기 위해 행사를 기획하여 고객들을 혹하게 하는 전략

✓ PR(Public Relations)

- 기업의 좋은 이미지를 구축하여 장기적으로 제품이나 서비스의 판매를 유도하는 전략(보도자료, 스폰서십 활용)

42

✓인적/직접 판매(Personal/Direct Selling)

- 인적판매 전략은 영업이나 방문판매를 통해 직접적으로 고객과 대면하여 판매하는 방식(B2B 형태로 기업고객에게 판매할 때 적합한 방법)
- 직접 마케팅은 카탈로그, 우편, 전화, 인터넷, TV 홈쇼핑 등을 활용하는 방식

✓전시회(Trade Show) 참가

- 단 기간에 상품 소개와 기업 이미지 제고, 신 시장 개척 등을 전시회 참가를 통해 달성 가능

✓온라인 기반 촉진전략

- 상대적으로 저비용을 투입하면서도 더 많은 잠재적 고객에게 노출될 수 있는 웹 기반 또는 모바일 사용 환경을 활용하는 촉진 전략

43

● AIDA 모델(Attention, Interests, Desire, Action)

- 청중의 반응은 인지 → 선호 → 구매의도 → 구매 등의 커뮤니케이션 효과로 구분

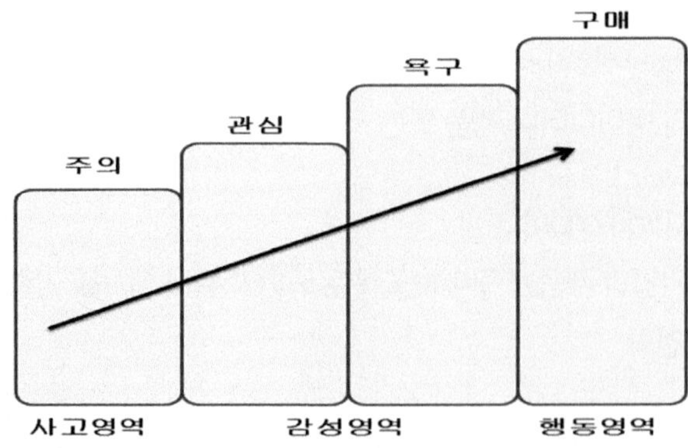

- 소비자들은 관심 있고 필요한 정보만 적극적으로 수집하고 나머지 정보는 무시하는 것을 선택적 주의(Selective attention)라고 함
- 소비자 스스로가 우리 메시지에 관심을 갖고 공유하게 하는 '커뮤니케이션 2.0'적 사고가 필요, 커뮤니케이션 수단은 더욱 다양해지고 더 저렴해졌으며, 실시간 쌍방향 의사소통도 가능

출처 : 창업마케팅, 2010, 서상혁

44

● 창업기업의 판매촉진 전략

- 제품자체를 고객, 유통업자, 언론 및 이해관계자들에게 직접 제시

소비자 판촉	유통업자 판촉
견본품, 가격할인, 가격할인쿠폰 리베이트, 프리미엄, 사은품 경품, 마일리지 서비스, 제품사용	수량할인, 현금할인 촉진제공, 트레이스 쇼 경품

출처 : 창업마케팅, 2010, 서상혁

➢ 무료 마케팅(Free marketing)이 유용한 경우

✓ 제품생산원가가 낮을 때
✓ 전환비용이 낮을 때
✓ 유통이 용이할 때
✓ 고객의 생애가치가 높을 때

45

4. 창업기업의 마케팅 방법

✓게릴라 마케팅(Guerilla Marketing)

"적이 다가오면 우리는 후퇴한다. 적이 천막을 치면 우리는 그들을 괴롭힌다. 적이 피곤해지면 우리는 그들을 공격한다. 적이 후퇴하면 우리는 그들을 뒤쫓는다."

– Mao Tse-Tung

▪ 게릴라 마케팅은 게릴라 전술을 마케팅에 응용시킨 것으로, 거대한 비용이 투자된 마케팅 전략에 대항하여 아직 선두 기업이 진입하지 않은 틈새시장을 공격하거나, 상대적으로 적은 비용을 가지고 장소와 시간에 구애 받지 않고 고객에게 파고들어 치고 빠지는, 즉, 짧은 시간에 많은 대중에게 빠르고 효과적인 마케팅 전략을 펼치는 것

46

[게릴라 마케팅 사례]

Coca-Cola의 버스정류장 광고

Fitness First의 버스정류장 광고

Cover Girl 마스카라 제품의 지하철 출입구 광고

Lynx Schedule의 건물 벽면 광고

출처 : 기술창업론, 2015, 김진수 외

47

✓ 앰부시 마케팅(Ambush Marketing)

- 게릴라 마케팅의 일환으로, 어떤 공식 스폰서가 후원하는 이벤트에서 공식 스폰서가 아닌 기업이 스폰서인 것처럼 가장하여 마케팅 활동을 펼치는 것 - 기존의 공식 스폰서를 매복한다(ambush)는 의미

[앰부시 마케팅 사례]

출처 : 기술창업론, 2015, 김진수 외

48

✓ 래핑 마케팅(Wrapping Marketing)

- 시간과 장소에 구애받지 않고, 이동성이 커서 많은 대중에게 노출 될 수 있는 차량을 활용하여 광고물을 전면에 도색하거나 붙이는 것 - 무엇인가를 싸거나 포장한다(wrap)는 의미

[래핑 마케팅 사례]

출처 : 기술창업론, 2015, 김진수 외

49

✓ 입소문 마케팅(Word of Mouth Marketing)

- 기업의 고객 또는 관계자들로부터 입에서 입으로 전달되는 구전 효과를 마케팅으로 활용하는 기법
- 마케팅 대상의 10% 정도는 특정인, 즉, 우리 기업의 핵심 고객이 될 잠재적 고객군이나 여론 형성에 주도적인 사람들을 공략하는 것이 기본 전제

✓ 노이즈 마케팅(Noise Marketing)

- 기업의 제품 또는 서비스와 관계된 이슈를 화제로 만듦으로써 일부러 소음(noise)을 조성하여 사람들의 이목을 집중시키는 마케팅 기법

✓ 래디컬 마케팅(Radical Marketing)

- '래디컬 마케팅은 무방비상태의 소비자에게 갑작스럽게 제품이나 브랜드를 노출 시키는 방법으로,기존의 마케팅 법칙의 상식에서 탈피한 파격적인 기법임
- 현재 가진 마케팅 자원을 최대한 활용하여 고객과 속마음을 터놓을 수 있는 깊은 연대감을 구축하고 목표에 대한 장기적인 전략을 추구함

50

✓ 바이럴 마케팅(Viral Marketing)

- 기업이 직접 제품 또는 서비스를 홍보하는 것이 아닌, 잠재적 고객들이 자발적으로 홍보하도록 유도하는 방법

✓ 버즈 마케팅(Buzz Marketing)

- 사람들의 흥미를 유발하기 위해 각종 이벤트를 펼치거나 선전 활동을 하는 것을 의미

✓ SNS 마케팅

- 소셜네트워크서비스(Social Network Service)는 사회적인 상호 교류와 공감대의 형성을 위한 기반이라는 측면이 강조됨
- SNS 마케팅은 이와 같은 상호교류와 공감대의 형성을 기반으로 마케팅을 하는 것을 의미함

51

✓ 인플루언서 마케팅(Influencer Marketing)

- 인플루언서는 소비자에게 영향을 미치는 중립적인 제3자로 파워 블로거, 시티즌 저널리스트, 시티즌 마케터 등과 같은 개념이다

✓ 퓨전 마케팅(이업종간 협력마케팅)

✓ Focus Marketing(초점마케팅, 나노캐스팅)

✓ Permission Marketing(무료제품 배포 후 본래 프로젝트상담)

✓ 대화형 마케팅(고객과의 대화,인터넷 블로그를 통한 질의답변 등)

✓ 소비자 행복마케팅(선택의 기쁨, 사용가치, 의미, 소비자 몰입, 참여)

52

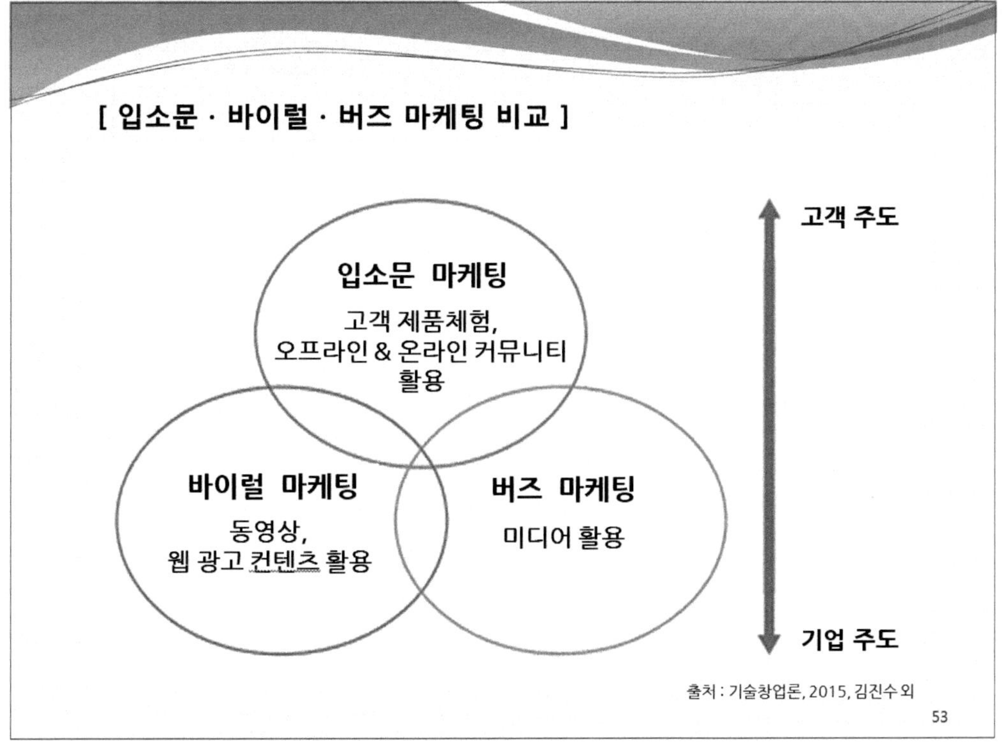

Chapter 3. 시장분석과 수요조사

- 시장 : 제품/서비스를 구매할 현재 및 잠재고객 등의 집합

> 시장분석 항목

① 기술(제품)이 틈새시장에 적합한 것인가?
- 총 시장규모, 시장의 성장성 등

② 기술시장의 성격은 어떠한가?
- 혁신빈도, 수요의 안정성, 주요경쟁자의 규모

③ 시장의 경쟁력이 다수의 참여자에게 분산되어 있는가 혹은 소수에 집중(과점)되어 있나?

54

④ 시장에 중요한 제약이 있는가?
(예 : 규제, 산업, 협회, 지배적 가격 선도자 등)

⑤ 경쟁자들의 마케팅활동 특징 : 적극성 등

⑥ 유사기술의 개발활동 : 경쟁적 연구/개발 노력, 복제 용이성,
경쟁사팀의 연구단계 등

⑦ 이 기술(제품)은 단일품목을 위한 것(즉 단일품목 의존적)인가?

⑧ 이 산업에 대한 진입장벽은 얼마나 큰가?

⑨ 사업 목적을 달성하려면 시장점유율은 얼마나 되어야 하는가?

⑩ 이 제품이 가용단계에 있을 때 소비자들은 얼마나 신속하게 이를 인식하고 반응을 보일 것인가?

1. 시장분석

출처 : 창업마케팅, 2010, 서상혁

56

1) 시장분석의 차원

- 얼마나 좋은 시장인가 ? : 시장규모, 성장성, 수익성, 진입장벽··
- 시장의 변화는 ? : 시장의 추세, 새로운 기회/위협요소, 변화요인

〈표 1-2〉 시장분석의 차원

시장규모	주요 하부시장, 하부 시장별 규모
성장성	성장속도, 쇠퇴 중 시장, 쇠퇴 속도, 매출 추동력
수익성	수익가능성, 기존업체간 경쟁도, 잠재진입자 및 대체제품 위협, 공급선 및 구매자의 교섭력···
원가구조	주요 원가 및 부가가치 창출 요소
추세	시장 추이

출처 : 창업마케팅, 2010, 서상혁

57

2) 분석요소

- 기존 고객(Existing customers) : 현재의 고객
- 잠재 고객(Potential customers) : 미래시장의 수요, 새로운 용도, 새로운 사용자 집단, 사용빈도증가 등에 기인
- 최대 시장규모(Market potential) : 이상적인 조건하에서 모든 기업 이 달성할 수 있는 최대 매출액
- 최대 매출규모(Sale potential) : 최대시장규모 중 자사가 차지 할 수 있는 최대 매출액
- 구매교체 및 신 고객 구매율
- 시장점유율 및 잠재시장 점유율

58

● 최대 시장규모

➢ 상기 분석차원들이 명확히 이해되어야 시장의 현재 및 미래수요에 대한 평가가 가능할 것임

➢ 여기서 특히 유의해야 할 개념은 최대시장규모(Market potential)로 Potential 이라는 용어 때문에 잠재시장이라고 간주하면 혼란이 발생

➢ 시장규모는 정부간행물 중 통계자료나 협회 등 생산자단체 보유자료, 각종 시장조사 기관의 조사결과, 기업 공시자료 등 2차 자료 분석을 통해 추정할 수 있음

59

● 표출 수요 / 비 표출 수요

➢ 편협한 시장 초점을 가질 경우 고객의 "표출수요"(Articulated needs) 에만 관심을 두게 되지만, 포괄적인 시장선견을 가지면 "비표출수요" (Unarticulated needs)를 발견하고 신규시장 기회포착이 가능해짐

➢ 예컨대 Nike의 시장은 스포츠 의류뿐만 아니라 스포츠신발류 등도 포함하며 마이크로소프트의 빌게이츠에게 시장은 컴퓨터 사용자 전체임

60

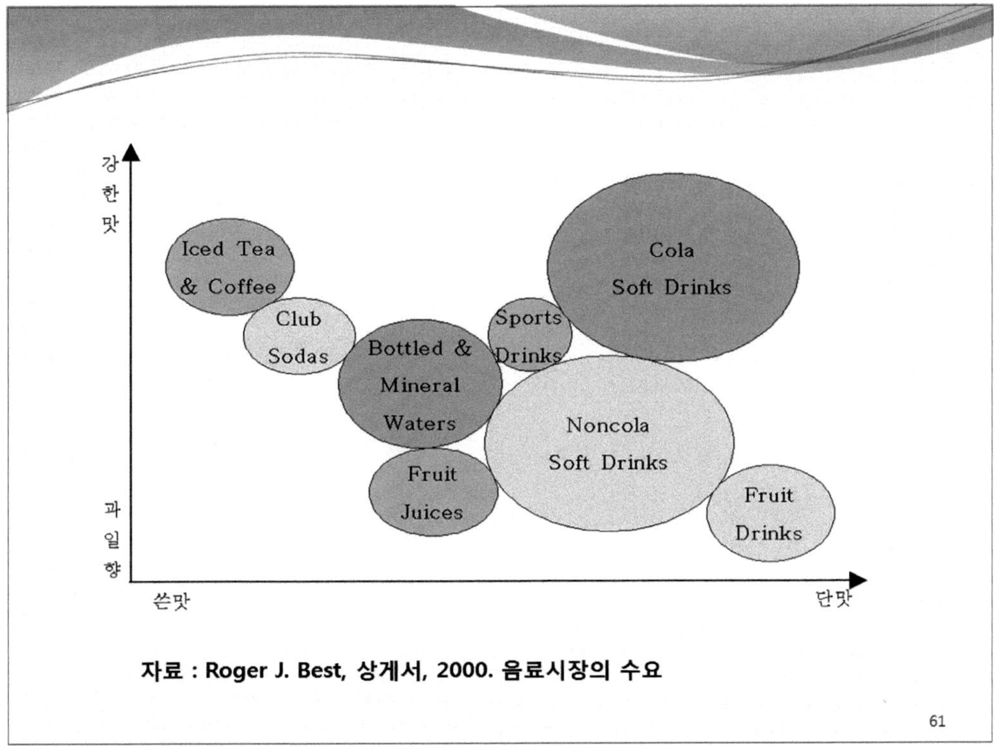

자료 : Roger J. Best, 상게서, 2000. 음료시장의 수요

61

- 시장개척 지수 (Market Development Index)
  - 포괄적 차원에서 시장정의를 한다는 것의 실제적 이점은 시장의 최대 수요와 현재 시장수요 억제요소를 이해하게 된다는 것임
  - 최대시장 수요와 현재시장 수요간의 비율을 시장 개척지수(MDI)부름
  - 만약 시장개척지수가 33 이하라면 상당한 수준의 성장잠재력이 있는 시장을 뜻함

$$\text{시장개척지수(MDI)} = \frac{\text{현재시장수요}}{\text{최대시장수요}} \times 100$$

62

● 시장 점유율 : 마케팅 요소들의 상호작용 결과로 나타난다

➢ 제품 : 제품 매력도와 선호를 창출하기 위해 고안된 효익 관련 포지셔닝 전략

➢ 가격 : 소비자 가치 창출을 위한 가격에 기반을 둔 구매의도 확대전략

➢ 유통 : 구매를 촉진하기 위한 제품 가득성 및 서비스관련 전략

➢ 촉진 : 제품 및 효익의 인지도를 높이려는 전략

63

● 시장의 계절성/주기성

➢ 시장규모는 주기적인 형태로 변동할 수 있음.

➢ 주기적 변동요인은 크게 계절적 요인과 주기적 요인으로 구분되는데, 그 기준은 흔히 일년이라는 기간으로 함

➢ 계절성이 있는 제품은 냉난방 기구, 음료수, 아이스크림 등이며, 주기성이 있는 제품은 자동차, 조선 등 주로 장치 산업에 해당함

➢ 호황기에는 생산시설 풀가동, 고 인건비 등의 부담이 있으나 반면 비수기에는 재고처분, 가격경쟁 등 부담이 큼

64

● 사업 기회에 대한 분석

어떤 비즈니스에 추가적인 돈과 시간을 투입해야 할 것인지 분석

구분	점포당 매출	1인당 평균매출
시장 전체		
특정 지역		

● 신설 점포의 매출액 추정

- 1인당 평균매출 = 산업판매 총액 ÷ 실질 인구 수
- 총 시장규모 = 1인당 평균 매출 × 인구 수(증가 또는 감소율 반영)
- 신설점포 매출 추정액 = 총 시장규모 ÷ 점포수

65

※ 시장규모 예측방법

1. 기존 제품의 시장규모 추정
   ① 상대적 잠재 매출지수 : 제품수명주기상 성숙단계에 있는 제품의 총 산업매출 중 지역별 매출비중
   ② 시장요인 방법 : 지역별 인구 추계 × 1인당 판매액
   ③ 회귀분석 방법 : 연도별 판매액과 시장요인을 분석

2. 신제품(서비스)의 시장규모 추정
   ① 판단추정 : 전문가의 여론을 이용, 델파이기법 사용
   ② 소비자조사 : 잠재적 소비층에 대한 조사, 산업재 등
   ③ 대체법 : 기존제품의 대체 잠재력에 근거하여 추정

66

2. 시장의 성장성 분석

● 추동력

➢ 시장규모의 추정 다음에는 시장의 성장률분석이 중요함

➢ 이때에는 무엇보다 시장 매출액의 변화를 결정하는 추동력[推動力] (Driving force) 파악이 필요함

➢ 즉 포도주시장에 영향을 미치는 요소에는 금주운동, 세금정책, 적포도주와 건강관계인식 등이 있을 수 있음

● 성장 선행지표

➢ 시장성장성을 분석하기 위하여 추세분석을 통한 성장률과 성장전환점 (Turn point)에 주목해야 함

➢ 전환점의 예측을 위해서는 시장 매출액의 선행지표 파악이 유용, 그 예로서 다음을 들 수 있음

67

✓ 65세가 될 인구수치 → 실버 산업 수요 선행지수

✓ PC, Printer 매출액 → 소모품, SVC수요 선행지수

✓ 신규시장 경우 유사업종을 토대로 하여 추정한다
예컨대 컬러 TV 시장의 성장성은 흑백TV시장의 성장률을 바탕으로 유추한다 Analog (Color TV ← 흑백 TV)

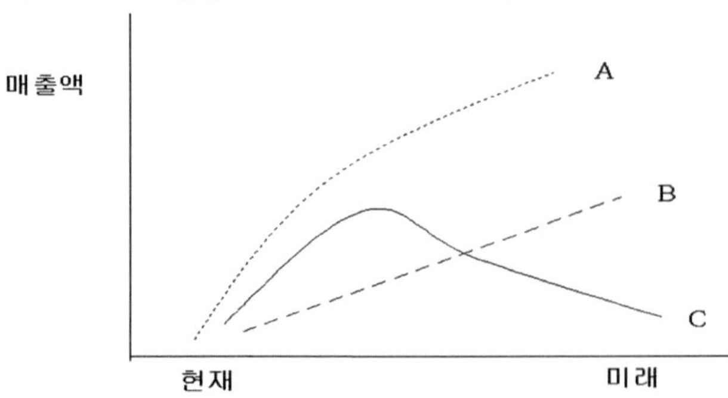

<그림 16> 성장 전환점

출처 : 창업마케팅, 2010, 서상혁

68

● 성장률을 고려한 시장수요 추정

➢ 시장수요는 시장 내 고객수와 고객당 구매량으로 추산할 수 있으며, 고객은 기존고객과 신규고객으로 구분됨

➢ 이 두 고객집단의 평균 사용량은 서로 다를 수 있으므로 시장수요 산출 시 별도로 계산함

(예) 휴대폰 시장은 매년 5백만 명의 신규시장 창출. 2000년까지 6,500만 명에 도달 할 것으로 전망되나 신규 고객은 기존 고객보다 더 낮은 비율로 소비할 것으로 추정

✓ 시장수요 = (6,000만 명 × 연간 400분) +
(500만 명 × 연간 200분) = 연간 250억 (분)

69

● 시장 수명주기

➢ 일반적으로 성장기 시장이 가장 매력적임(가파른 성장율).
- 매출액의 중요 전환점은 성숙단계나 쇠퇴단계로 변환하는 시기임.
- 이 기간은 전체적 시장성격이나 핵심성공요인(KSF) 등이 변화하는 시점임.

➢ 시장의 성숙기, 쇠퇴기 여부를 판단하려면 시장 매출액 및 이윤추이 를 분석하면 되지만, 제품차별화 부족, 과잉설비, 가격압박, 고객의 무관심, 고객의 제품지식 증대, 대체품 출현, 시장포화 등과 같은 지표도 유용

● 시장 성장 촉진요인

➢ 소비자의 제품 관련 인지율과 제품 가용성이 충분하다는 전제하에 시장성장율 결정 요소는 크게 고객 관련 요인, 제품 관련 요인, 시장 관련 요인 등 세 가지로 분류할 수 있음

70

3. 시장의 수익성 분석

- ➢ 장기적인 투자 수익율(ROI)에 의해 측정되는 시장 매력도는 대체로 산업구조분석 접근법에 의존하는 경우가 많음
- ➢ 시장의 수익성은 현재시장의 경쟁강도, 잠재경쟁사 존재 여부, 대체재존재 여부, 구매자 교섭력, 공급자 교섭력 등의 요인에 의해 결정됨

● 잠재 경쟁사

- 잠재경쟁사의 시장 진입 여부는 진입장벽의 특성과 크기에 좌우됨.
- 일반적으로 진입장벽요소는 필요투자 자본 정도, 규모의 경제 존재 여부, 유통경로 확보용이성, 제품차별화, 고객애호도, 기업 이미지 등임

71

● (기존) 경쟁사

➢ 기존 경쟁사간의 경쟁강도는 다음과 같은 요인에 의해 영향을 받음

- 경쟁자 수가 많을수록, 경쟁자의 크기가 클수록, 자사와 제품과 전략의 유사성이 높을수록 가격압박이 높음
- 경쟁사의 시장 몰입도가 높을수록, 즉 다각화의 정도가 낮거나 설비조달 투자가 높을수록 경쟁강도가 높음
- 퇴출장벽의 내용과 규모 : 기업 특유자산(타 사업 이전 시 잔존가치 희박), 노동협약, 사회적 책임, 기업이미지 등
- 높은 고정비의 존재 여부

● 공급자의 교섭력

➢ 공급이 몇 개 기업에 집중해 있을 때 혹은 여러 구매자에게 공급 중일 때 공급자의 가격 영향력이 확대됨

72

● 대체품 출현

➢ 기존 제품과 매우 높은 관련성을 가지며 시장수익성에 영향을 미치는 위협 요인

➢ 예컨대 전자경보시스템은 경비시장의 대체품으로 가능

● 구매자의 교섭력

➢ 구매자의 구매량이 클 때, 구매자가 구매선을 바꿀 수 있을 때 교섭력이 강화되며, 가격인하 혹은 서비스 증대를 요구함으로써 수익성을 저하 시킬 수 있음

➢ 구매자가 때로는 후방통합을 하여 제품의 일부를 만들기도 함, 또한 유통업체의 강력한 정보기술력은 교섭력을 강화시킴

73

4. 시장의 기회분석

● 시장 추세분석

➢ '변화'에 초점을 맞추고 '중요한 것'을 파악하는 것이며, 그 결과 전략적 통찰력 을 획득하려는 것임

➢ 예컨대 청량음료시장의 경우 가격민감도가 높아지고 소비자의 건강, 영양 관심이 커지며 기존 향에 대한 싫증을 나타내고 있음

● 수직적 / 수평적 시장기회

➢ 수직적 시장기회란 수직적 시장의 가치사슬(Value chain)에 따른 시장기회를 나타냄, 기업은 시장영역과 성장기회를 확대하기 위해 전, 후방 통합을 함. 소매유통망을 인수하는 제조업자는 수직적 시장 확대와 성장기회 확대를 도모하는 것임

➢ 수평적 시장기회는 대체적 제품/시장에 존재,
(예) 청량음료시장에서 스포츠 음료

● **시장의 환경적 요인** : 인구통계적 환경,경제,사회,기술,법률적 환경 등

74

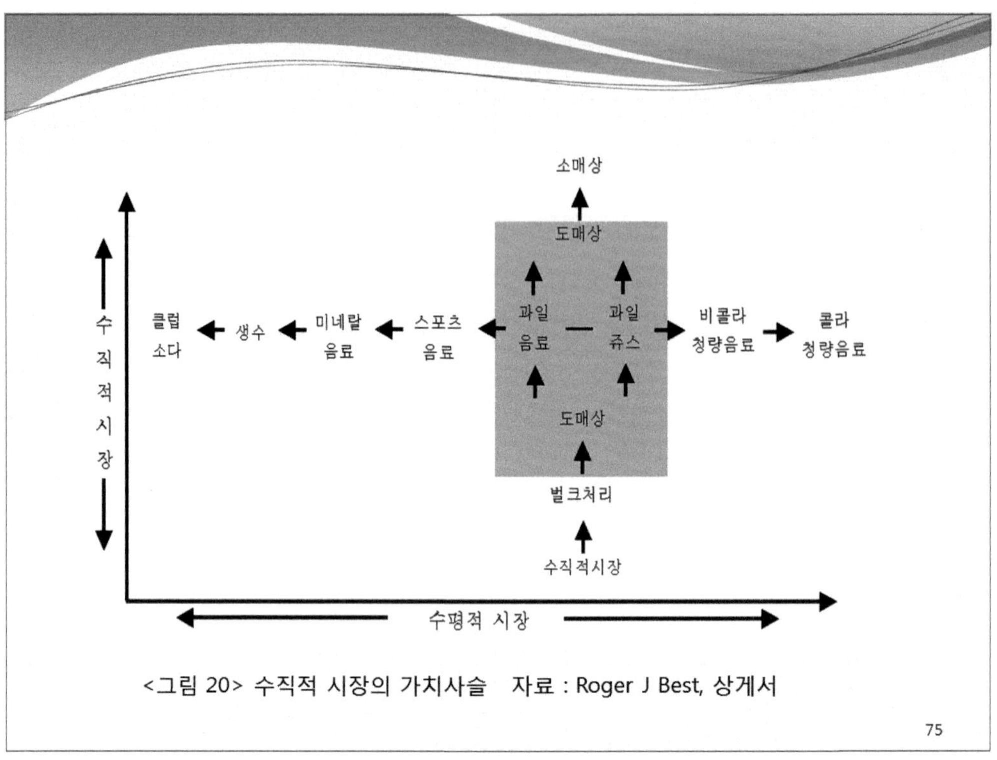

<그림 20> 수직적 시장의 가치사슬 자료 : Roger J Best, 상게서

75

5. 시장조사 및 수요예측

● 시장수요의 발생구조 : 신제품 수용 과정

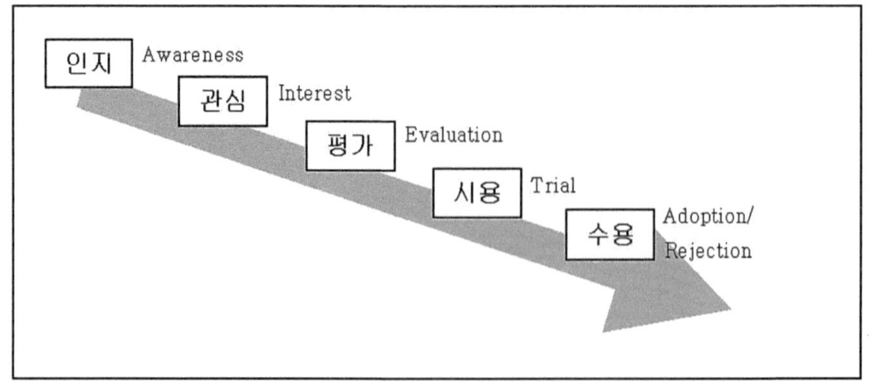

출처 : 창업마케팅, 2010, 서상혁

76

1) 최대 시장규모 추정

※ 최대시장규모 = 잠재구매자 수 × 구매자당 평균 구매량 × 가격

- 연쇄비율법(Chain ratio method)
  - 고객이 될 수 있는 인구 전체에서 출발하여 구매 관련 조건(확률)들을 연쇄적으로 곱하여 압축해 나가는 기법임
  - 예컨대 어느 맥주회사의 다이어트 맥주 최대매출액을 추정하려면 다음과 같은 절차를 거치게 됨

총 인구 × 개인 가처분소득 × 총 가처분소득 중 식품소비 평균비율 × 총 식품 소비액 중 음료에 소비하는 비율 × 총 음료 소비액 중 주류소비 비율 × 맥주 소비 비율 × 다이어트 소비 예상 비율

출처 : Philip Kotler, 전게서, 2000.

77

일회용 기저귀 시장의 최대매출액 추정

연령대	총 인원 수 ①	하루 평균 사용량 ②	연간 총 사용량 (=①*②*365)
12개월 이하	69만	10개	25억 1,850만 개
13개월 이상~ 24개월 이하	71만	5개	12억 9,575만 개
총 계			**38억 1,425만 개**

자료 : 박찬수, "마케팅원리" 법문사, 2002.

- 산업재의 경우 표준산업분류(SIC, Standard Industrial Classification)를 사용하여 총 시장규모를 산출하는 경우가 많음
- 예컨대 전기코일생산 판매기업의 경우 SIC로 분류하면 다음 <표 1>와 같음
- SIC코드 D30011번에 속하는 기업들이 총 1.6억 원을 구매하였고, 이 기업들의 근로자가 총 3,200만 명이라면 근로자 1명당 5만 원어치씩 구매한 셈임

78

- 그런데 SIC코드 D330011번에 속하는 기업들이 고용하는 근로자수가 34,913명 이라면 이 시장에서의 최대 시장규모는 17억 4,600만 원으로 추정됨
- 나머지 SIC코드에 대해서도 마찬가지로 계산하면 총 최대시장규모는 약 1,200억 원으로 추정됨

〈표 2-1〉 전기코일의 최대시장 추정

SIC	명 칭	구매액수 (백만 원)	구매처의 근로자수	일인당구매 액수(백만 원)	총 종업원수	잠재력추정치 (백만 원)
D29511	가정용전열기기제조업	2,840	10,896	0.26	119,330	31,145
D29519	기타가정용전기기기제조업	4,010	4,678	0.86	46,805	40,112
D30011	컴퓨터제조업	160	3,200	0.05	34,913	1,746
D31101	전동기기 및 발전기 제조업	5,015	4,616	1.09	42,587	46,249
계		12,025				119,252

출처 : 창업마케팅, 2010, 서상혁

79

2) 의견 조사법

● 소비자 구매의도 조사(Survey of buying intentions)

- 구매의도분석이란 잠재고객을 대상으로 주로 설문조사를 통해 신제품을 구매하거나 사용할 가능성을 조사한 후 이를 신제품 구매확률로 환산해 내는 방법임
- 구매의도를 구매확률로 환산하는 방식은 예컨대 "분명히 사겠다"라는 응답에 0.8을 곱하고, "아마도 살 것이다"에 0.5를 곱하는 등 확률수치를 적용

구매의사의 환산

응 답	1. 전혀 없다	2. 조금 있다.	3. 많다	4. 매우 많다	5. 확실하다
응답자	50	35	7	5	3
구매확률(%)	0	0.1	0.3	0.5	0.7
산출	0	3.5	2.1	2.5	2.1
Σ			10.2		

출처 : 창업마케팅, 2010, 서상혁

80

● 판매원 / 유통업자 의견수렴

- 구매자를 직접 면접하기 어려운 경우 자사 영업사원이나 유통업자에게 조사하여 수요를 예측할 수 있음
- 이때에도 판매원이나 유통업자가 추정한 결과를 조정하여 사용함
- 즉 판매원이나 유통업자의 본성이 낙관적이거나 비관적일 수도 있으며 최근의 실적에 따라 극단적인 성량을 보일 수도 있기 때문임
- 응답자에게는 인센티브를 제공하는 것이 좋음
- 이 방법의 장점은 고객과 가장 가까운 위치에 있는 사람들의 통찰력을 활용할 수 있다는 점임

81

● 전문가 의견 합성

- 특정 제품, 기술, 혹은 산업분야에 대한 전문가들을 대상으로 예측치를 수집한 다음 이를 평균하는 방법임
- 대표적인 방법으로는 델파이법(Delphi method)이 있는데 이는 집단토의 혹은 개별 측정을 통합함
- 델파이 법은 흔히 3차이상의 수정반복(round)을 통하여 컨센서스를 추구하게 됨
- 이 방법은 미래 매출액에 대한 영향요인을 반영하여 전문적인 예측을 얻을 수 있는 장점이 있는 반면, 외부전문가 활용비용이 높으며, 전문가들의 예측도 매우 큰 오차를 나타내기 쉽다는 점이 한계임
- 따라서 이 방법은 다른 방법의 보완적인 형태로 실시되는 경우가 많음

82

3) 시장 시험법(Market test)

● 소비재 시장시험

➢소비재의 경우 시장 테스트법은 잠재구매자들로 하여금 신제품을 직접 사용해 보도록 한 다음 이들의 반응을 조사하고, 이 결과를 기초로 하여 매출액이나 시장점유율을 예측함

➢이 방법은 실제로 수백 개 정도의 가정에 신제품과 경쟁제품을 주고 일정기간 동안 사용케 한 다음 구매의도나 만족도, 재 사용률을 조사하거나, 몇 개의 시험도시에서 일정기간 실제판매와 같은 방식으로 유통경로를 통하여 마케팅 활동을 전개해 봄

➢또한 경우에 따라서는 실험실이나 모의시장에서 수백 명의 잠재고객을 대상으로 예비시험을 하기도 함

83

● 산업재 시장시험

➢고가의 산업재나 새로운 기술제품 등은 대체로 기업내의 알파 테스트나 외부고객 대상 베타 테스트를 거침

➢시험기간이 끝난 후에는 참가 고객들로 하여금 구매의도나 기타 의견을 진술토록 요구함

➢전시회를 통해서 실시하는 산업재 시험방식은 신제품을 단시간 내에 소개하는 목적도 달성됨

➢전시회에 초청 받은 고객들이 신제품의 특성과 조건들에 대해 어떤 반응을 보이는지 구매의도나 주문 정도는 얼마나 되는지 알 수 있음

➢유통기관의 전시장을 통한 시장시험은 일상적 판매환경에서 고객의 선호도를 조사할 수 있음

84

Chapter 4. 창업기업의 신제품 출시 전략

● 창업기업의 출시전략

- 신제품이나 새로운 서비스의 마케팅에서 가장 중요한 시점이 시장 진입 초기제품에 대한 긍정적 이미지 제고를 위한 성공적 제품을 출시 필요
- 베타테스트 과정을 통해 준거고객(Reference Account)을 확보하고 이들로 언론을 움직이고, 제품을 보완하는 등의 활용이 필요

● 준거고객

- 제품의 출시 초기 준거고객은 가장 큰 도움을 주는 고객층
- 조직화된 준거고객의 활동은 언론 홍보 및 광고, PR의 역할이 됨
- 기업은 초기 제품 출시 기간 동안 가격할인, 제품의 활용정보 등을 준거고객에게 제공
- 가끔씩 준거고객으로 인해 시장진입 초기의 자금 리스크를 줄일 수도 있음

85

● 초기 준거고객을 확보하는 문제

- 혁신성이 강하고, 위험성이 높은 제품이나 서비스로 초기 준거고객으로 누구를 확보하는가에 따라 제품의 향후 시장에서의 수용 여부의 결정에 영향
- B2B 제품이나 서비스의 경우 초기 기업 확보에 큰 어려움이 따르기에 무엇보다도 준거고객을 확보할 필요가 있음

미국의 GE사는 MRI와 CT Scanning의 시장진출을 매우 성공적으로 하였다. 단지 이들의 기술력으로 성공하기보다는 영향력 있는 준거고객(의사와 병원 및 휘트니스센터) 등과 강력한 관계를 맺고 있기 때문이다. 따라서 경쟁사들이 미국의 의료기기 시장에 진출하기는 매우 어렵다.

이스라엘의 Elscint이라는 회사는 GE사보다 뛰어난 기술력을 보유하고 있으나 국시장에서 성공하지 못했다. 이는 GE사가 가지고 있는 뛰어난 준거고객 확보가 되어 있지 않기에 시장의 진출이 매우 힘들었다.

86

● 베타프로세스

- 최종 제품의 출시 전 실제 사용자로 하여금 테스트를 받는 과정이 베타테스트임
- 주로 엔지니어링 분야에서 필요에 의해 운영되나, 이를 잘 이용하면 제품을 마케팅 하는데 큰 도움을 제공
- 사용자는 베타테스트에 참여하게 되고 기업은 베타테스터에게 허용된 시간만큼 제품의 서비스를 제공
- 기업은 핵심 전략 고객리스트(특정 기업, 지역, 소비층 등)를 만들어 새로운 제품의 효익, 제품의 커뮤니티 형성, 가격할인, 경쟁사 대비 이점 등을 지속적으로 홍보
- 베타테스터의 입소문에 의해 출시 전 제품의 홍보, 장기적으로 기업의 준거고객을 확보할 수 있는 수단
- 베타테스터의 입소문에 의해 출시 전 제품의 홍보, 장기적으로 기업의 준거고객을 확보할 수 있는 수단으로 활용

87

◆ 시장진입을 방해하는 실수 요인들

- 강요된 회원 가입
- 너무 긴 URL과 URL이 없는 경우
- 검색기능의 부재, 공유방법의 부재
- 회사 연락처의 제한,부재
- 정보제공 혹은 콘텐츠와 PR, 뉴스레터 이메일 부재
- 이메일주소 아이디 활용 불인정
- 대소문자 구별방식의 아이디와 비밀번호

〈마케팅 우수사례〉

놀부보쌈(전국 동일 맛과 신선한 재료, 포장서비스 제공 등)
한국야구르트 투티(치아보호 기능), LG생활건강(여성용 치약 44,55,66)

88

Chapter 5. 하이테크 제품의 마케팅 전략

- 시장에 대한 평가와 기술에 대한 평가를 동시에 수행
- 하이테크 마케팅은 제품수명주기와 공정수명주기 단축
- 하이 스피드 마케팅이 중요
- 이익을 조기실현 해야 하므로 시장진출시점이 중요
- 일반 제품보다 더 많은 서비스 필요
- 탁월한 서비스 제공자를 벤치마킹하는 일이 필요
- 모든 경영기능을 소비자가치 제공 지향적으로 활성화
- 사전대응적 관리와 신속한 반응능력이 중요
- 기술과 마케팅간 융합은 병렬적 방식으로 수행 필요
- 아이디어 창출부터 확산,채택단계까지 전반적 관리
- 시장의 기회를 기술적 능력과 결합시키는 과정 관리

89

1. 연속적 혁신과 불연속적 혁신

- 기술수용 주기론

- 1963년 케즘그룹의 무어 박사 저서 "혁신의 확산"에서 발표함
- 1991년 케즘마케팅, 1995년 토네이도 마케팅 두 권의 책에 수록
- 이는 실리콘밸리 첨단기술 마케팅의 지침서로 가장 큰 영향을 줌
- 무어 박사는 첨단기술을 "연속적인 혁신" 과 "불연속적인 혁신"으로 구분하고 첨단기술 마케팅을 불연속적 혁신을 다루는 마케팅 이라 함

- 연속적 혁신

- 소비자들에게 행동양식의 변화를 요구하지 않는 점진적이고 일상적인 성능과 기능향상의 첨단기술(현존 가치사슬을 향상 시키는 혁신)

- 불연속적 혁신

- 소비자에게 "극적인 효익의 가치제안"을 약속하고 공급자에게는 "엄청난 부의 창출기회를 제공"

90

● 불연속적 혁신은 시장 형성이 어려움

- 첨단기술의 불연속적 혁신 제품은 마케팅 인프라가 부족
- 검증된 해결 방안의 부재로 소비자의 두려움과 의심을 극복해야 하는 노력

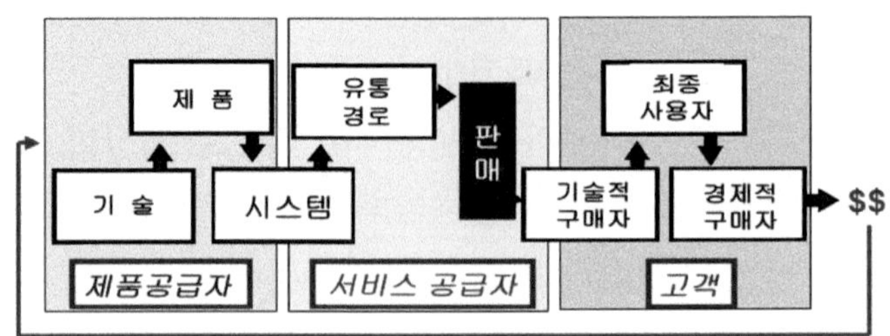

출처 : 창업마케팅, 2010, 서상혁

91

2. 불연속적 혁신과 기술수용 주기

- **혁신 수용자(기술애호가)** : "테키"라고도 부르며 시장 전체의 2.5% 차지, 예산은 불충분하나 신기술의 잠재력을 최초로 비평,선각수용자에게 기술의 잠재가능성과 편익에 대한 조언자 역할
- **선각수용자(진보적 성향의 선구자)** : "선두주자"로서 새로운 가능성을 남보다 먼저 보고 이용한다. 전체 시장의 13.5%를 차지하며 예산동원력과 투자의지가 강하여 첨단기술 분야에 영향력이 크다.
- **전기 다수 수용자(실용주의자)** : 기술인프라 구매자 대부분이며 전체 시장의 1/3을 차지,신기술에 중립적이며 신기술 제품의 안정성, 호환성, 신속성 등 기능과 신뢰성, 생산성 향상이 검증된 후에 혁신기술을 수용하는 사람들(회사의 기간 시스템책임자 등)
- **후기 다수 수용자(보수주의자)** : 전체 시장의 1/3을 차지하며 주위 대부분이 신기술제품을 사용하거나 불편을 느껴야 마지 못해 수용하고, 가격에 매우 민감하고 요구사항이 많다 제품/시스템을 쉽게 활용 선호
- **지각수용자(회의론자)** : 첨단기술 분야에 비판적이며 전체의 1/6 차지 잠재고객이라기보다는 상존하는 비평가들로 회피마케팅 전략 필요

92

<기술수용 주기를 구성하는 소비자 집단>

구분	혁신수용자 Innovators	선각수용자 Early adopters	전기다수수용자 Early majority	후기다수수용자 Later Majority	지각수용자 Laggards
별칭	기술애호가 (Technology enthusiasts)	진보적 선구자 (Visionaries)	실용주의자 (Pragmatists)	보수주의자 (Conservatives)	회의론자 (Skeptics)
행동 태도 (개인별 동기화)	- 신기하다 - 시험해보자 - 지적 호기심	- 무리보다 앞서자 - 경쟁우위 확보	- 무리와 함께 - 점진적 생산성 향상	- 버틸 만큼 버텨보자 - 경쟁자와 현상유지	- 어쨌든 싫다 - 무사태평 - 현상유지
역할	선각수용자에 조언, 수문장	신설 기업이나 사업에 자금 제공자	회사 운영에서 기간시스템 구매자	신규 대규모 수요 창출 기회 제공자	첨단기술 초기정착의 방해자

출처 : 창업마케팅, 2010, 서상혁

93

3. 캐즘 마케팅

- 1990년 초까지는 기존의 기술수용주기로 시장을 개발 하였음
- 하이테크 시장으로 오면서 기존의 기술수용주기는 어긋나는 상황이 발생
- 특히 선각수용자에서 전기다수수용자로 이동하는 시점은 항상 곤경에 빠짐
- 두 집단이 서로 인접해 있지만 가치관의 큰 차이로 서로 신뢰하지 못함
- 이를 캐즘(Chasm: 간격)이라 함

<캐즘 발생의 원인>

선각수용자 - 진보 성향의 선구자 Visionaries	전기 다수수용자 - 실용주의자 Pragmatists
- 직관적 - 변혁 선호 - 선두에서 독주함 - 자신들의 판단에 따름 - 위험부담 감수 - 장래 기회가 동기유발 요인 - 기능성 추구	- 분석적 - 점진적 변화선호 - 다수와 함께 지냄 - 동료들과 협의 - 위험부담 관리 - 현재 문제가 동기유발 요인 - 실현성 추구

출처 : 창업마케팅, 2010, 서상혁

94

캐즘 마케팅(Chasm Marketing)이란 ?

첨단기술 제품 또는 혁신 제품의 개발 과정에서, 소수의 혁신적 성향의 소비자가 지배하는 초기시장에서 실용주의자가 지배하는 주류시장으로 이행하는 단계 사이에 일시적으로 수요가 정체하거나 후퇴하는 단절 현상을 '캐즘'이라고 하는데, 이를 극복하기 위해 시장을 구매의 형태로 구분을 하고 그 구분된 시장의 형태에 맞는 마케팅을 하는 것을 '캐즘 마케팅'이라고 한다. 캐즘 마케팅은 5가지 모델이 있는데 각 집단마다 성격이 다른 별도의 시장이므로 각 집단으로 진입하는 과정에서 캐즘이 생긴다.

95

Chasm 의 발견

Chasm

초기 시장

주류 시장

- **문제점**
  - 대부분 **80%**의 해결책 -- **100%**는 없다.
  - 실용주의자들은 **80%** 해결책을 사려고 하지 않는다.
- **잘못한 점 :**
  - 가장 일반적인 개선 요구사항을 위한 작업 수행.
  - 어느 고객의 요구사항도 해결하지 못했다.
- **해결방안**
  - 단일 교두보에 집중하라
  - 그 세그먼트의 완전제품 형성을 가속화 하라.
  - 고객의 요구목록을 구하여 끝마쳐라!

명백한 Chasm: 주류시장의 진입을 방해한다.

출처 : 창업마케팅, 2010, 서상혁

96

● 캐즘 뛰어넘기(Crossing the Chasm)

- 캐즘 극복방법은 세분시장선택(Selection)과 집중(Focusing) 공략이다

*완전완비제품 : 표적 소비자가 제품구매충동을 갖는데 필요한 최소한의 구성을 갖춘 제품

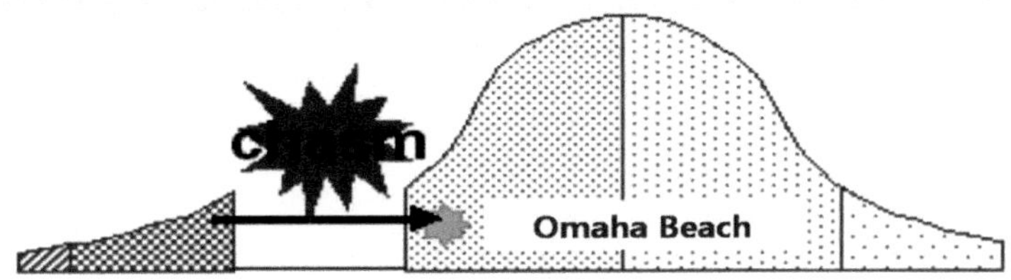

- Chasm에 머무는 시간을 최소화 한다
- 단일 세분 목표시장을 설정한다(특정응용분야)
- '완전완비제품(Whole Product)의 형성을 가속화한다
- 목표한 세분시장 지배를 위해 완전완비제품을 이용한다.
- 시장에서 얻은 성공과 완전제품 투자를 근간으로 시장 확장을 꾀한다
- 사례: 탠덤, 애플.

캐즘에서 오래 지체하면 할수록 그만큼 틈새에서 벗어나기 어렵다

출처 : 창업마케팅, 2010, 서상혁 97

4. 틈새 마케팅- 블링앨리(Alley) 단계

- 틈새 시장 공략의 이유 : 기존 paradigm 잔존, 신제품에 대한 강력한 구매사유 미흡, 신제품의 일반화 가능성 미숙지
- 새로운 틈새시장 선도자로 포지셔닝, 현안 문제에 고도의 맞춤형 solution 제공
- 구전 효과 : 완전 제품에 대한 보답, 후발 경쟁자 진입 억제 , 새로운 선도자로 인정

볼링 앨리의 마케팅 전략

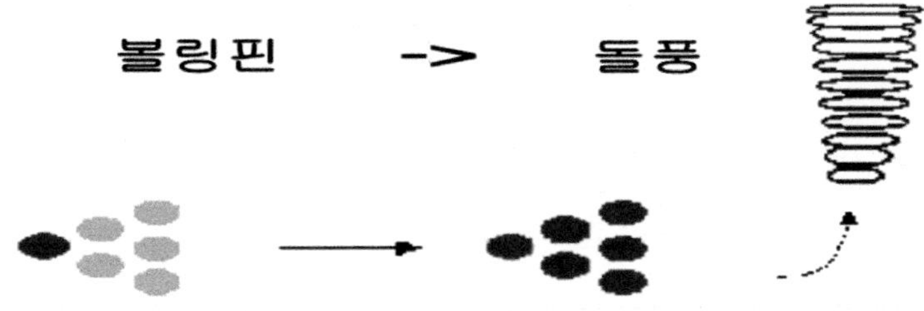

출처 : 창업마케팅, 2010, 서상혁

98

◈ Bowling Alley 단계

- 볼링핀에 해당하는 표적 시장의 요건 (2)
  - 강력한 충동구매사유 보유, 어떤 경쟁자도 미충족 상태
- Don't attack any segment bigger than you are
  - 재원 지출 가능한도를 초과하는 표적 시장의 관리는 위험
  - 시장을 창출해서 경쟁자에게 내어줄 우려
- 기술보다는 경제적 사용자(표적 시장의 경영자)에게 초점을 맞출 것

99

○ 공격지점 선정

- 주류시장 중 첫 번째 공략 대상 고객 탐색 → targeting

- 3차원의 시장 세분화 요소 : 고객 / 제품 / 응용분야

○ 시나리오 기법

➢ **목표시장 고객의 전형적 인물 상정, 자사 상품평가 요구**

- 개별 표적시장 고객 입장에서 상품의 기능, 응용 가치 평가

- 평가시 조기 다수 수용자집단 입장을 고려

- 최고 점수로 평가한 집단을 표적시장으로 선정

100

○ Whole product (완전완비제품)

➢ 표적시장고객의 문제에 완전한 해법(complete solution) 제시

➢ 상품계층 : 본원제품, 기대제품, 증폭제품, 잠재제품

✓ 본원제품 : 본질적 기능

✓ 기대제품(expected product) ⇒ 본질기능 이외의 기대
(예: 본체 이외 응용 S/W)

✓ 증폭제품(Augmented Product) : 추가제공, 유무형 제품/SVC, 차별화수단

✓ 잠재제품 (Potential product) : 잠재적 확장성, 미래가치
(예 : upgrade 용이성)

❖ 기술수용주기 후반으로 갈수록 증폭제품, 잠재제품 중요

101

● 완전완비제품 (Whole Product)

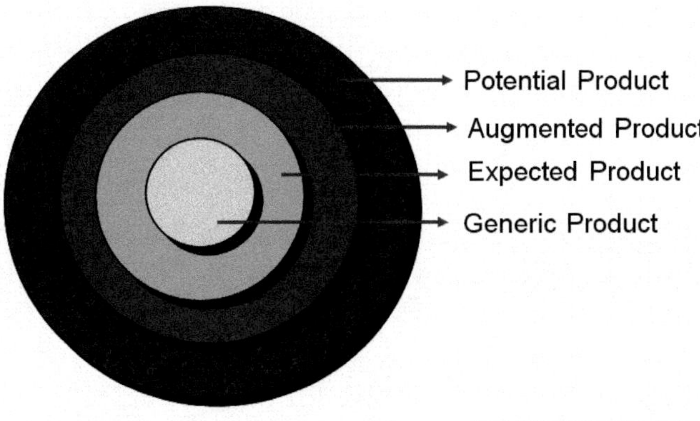

출처 : 창업마케팅, 2010, 서상혁

102

◈ 성공사례 : Documentum(자료관리 s/w 사업)

- **컴퓨터 이용 신약인증 s/w의 틈새시장에서 출발**
  - 제약업계 지배적 S/W 공급자로 부상

- **교두보 후보 세분시장 추출 시 시장 평가기준**
  - 표적 시장 예산 확보 여부, 영업 사원 접근 가능성
  - 구 강력한 구매 사유 (compelling reason)
  - whole product 제공 가능성
  - 시장 진입 장벽이 될 기존 경쟁사 유무
  - 표적시장 성공 시 leverage 유무

- **매출 급성장 , 캐즘 탈출, 시장 선도**

103

5. 토네이도 단계

- 볼링핀 전략이 주효하면 인접 틈새시장으로 확산 (새로운 질서 촉발)
- 돌풍(Tornado)단계에는 실용주의자들이 시장선도자의 제품만 구매
- 구 패러다임 ⇒ 신 패러다임으로 전환, 인프라 교체 완료
- 최대 80%의 시장을 점유하는 거대 고릴라 기업의 탄생
- 수요 > 공급, 수요적체현상 발생으로 최대한 양적 우선의 제품을 출하
- 돌풍 종료기 : 매출과 이익의 급감, 임원진의 대거 사퇴, 주식 가격의 극적 하향
- 사전 경고 : 초기경고, 초고속 상승 중단, 돌풍 통과, 남성적 공격성, 슬로건 철수

- 첫 번째 : IBM이 대규모 인프라 제공, Lotus 1, 2, 3 초기 추진력 제공
- 두 번째 : Microsoft, 인텔이 지배 기업(단일 H/W : Compaq, Dell)

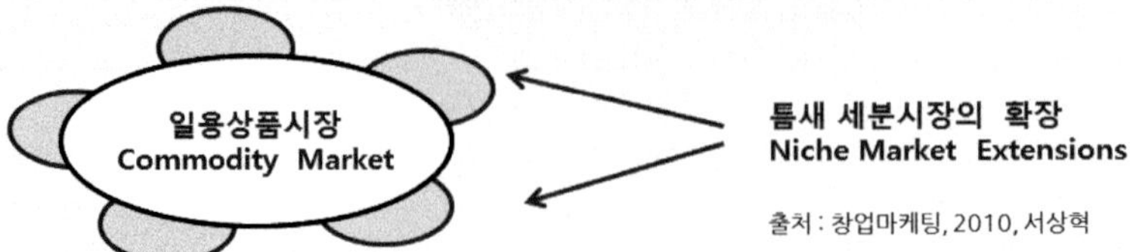

출처 : 창업마케팅, 2010, 서상혁

104

시장 개발 모델

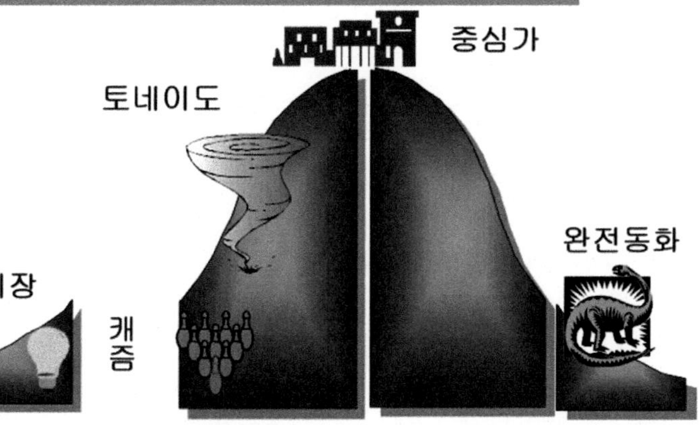

출처 : 창업마케팅, 2010, 서상혁

105

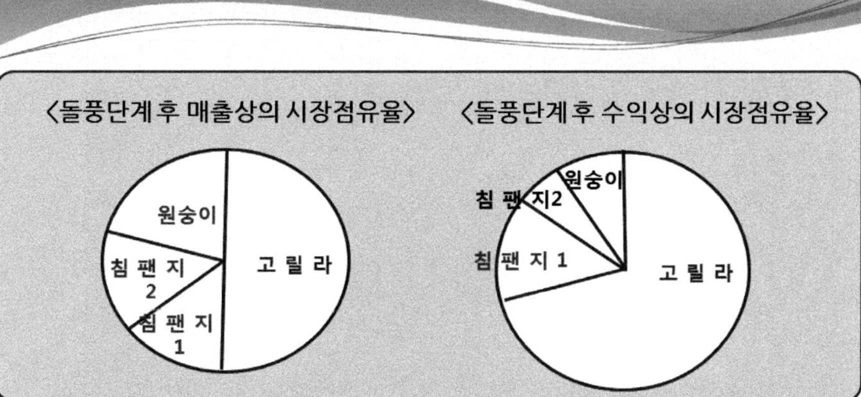

- 승자독식의 원리	수확체증적 사고, 사용자 기반의 확보가 관건
- 유통 시장의 장악	파이프라인을 빠르게 장악, 표준화된 제품을 신속하게 공급 중요
- 표준화 및 단순화	마케팅의 예외상황 인정, 제품을 표준화, 단순화가 빠른 확산과 보급에 중요, 시장점유율에 전력투구 하는 시기
- 광고와 전략적 파트너링	전략적 무기(광고, 파트너링), 실용주의자들을 겨냥한 네트워킹은 구매를 극대화 시키는 유용한 심리 도구로 수행

출처 : 창업마케팅, 2010, 서상혁

106

▪ Oracle의 Tornado MKT교훈
- It's not enough that we win, all others must lose
- 유통망의 신속한 확장 : 수요의 절정에 대처
- 고객을 당분간 무시한다
: 한가지 표준 규격으로 고객 만족시키는 인프라 배치
(신속, 저렴, 편리한 구매 >개별고객의 요구사항)

▪ Intel과 M/S 의 돌풍 시장 기본 원리
- 강력한 whole product를 위한 파트너를 모집
: (예) M/S의 CD롬 시장 파트너 양성
- whole product 를 시장 선도제품으로 제도화 : 시장 선도자로 굳히기
- 파트너를 제외시킴으로서 whole product를 일용상품화 시킴
(ppt, M/S mail….)

107

6. 중심가 단계(Main Street)

▪ 기본 현상
- 소비는 계속 증가, 공급이 수요를 초과, 구매자 시장으로 재 전환. 혼돈과 대확산
- 매출 성장 정체, 보수적 경제적 구매자와 구매 담당자 관심

▪ 최종 사용자에게 초점
- mass customization(대규모 맞춤 마케팅) 전략 중요 : Hi tech 분야에서 놀라운 영향력
- 디자인의 감각적 변형 등으로 최종 소비자에게 차별화된 가치 제공
- 더욱 향상된 기술보다는 더욱 편리한 솔루션

108

◈ Main Street

- whole product + 1 (대규모 맞춤 마케팅)
  - 완전제품에 부차적 특성의 향상을 통한 차별화 : 지렛대 효과 증대
  - (예) H/P 의 저가 500시리즈 잉크젯에 소형 휴대용 프린트 300시리즈, 팩스 겸용 office 등
- 제품판매를 통한 조사
  - Test MKT 중시 : 실제 소비자의 신뢰성 있는 응답
- +1 기회의 탐색
  - 엔지니어와 MKT 간의 불화 : 상호 몰이해, 실패하는 전략
  - 시장에 대한 관점, 소비자의 경험 형성 MKT comm. 중요
    (예) 테디 베어, 나이키, 몽블랑 펜…
  - 비용의 추가 발생 미미, 제품 가격 상승 효과 (프리미엄 가격)

출처 : 창업마케팅, 2010, 서상혁

109

7. 완전동화 단계

- 불연속적 혁신이 완전 동화되는 시기로 기술수용주기의 말기이다.
- 이 단계부터는 일반 소비재 마케팅이 그대로 적용된다.

수명주기 단계별 우선순위의 변화

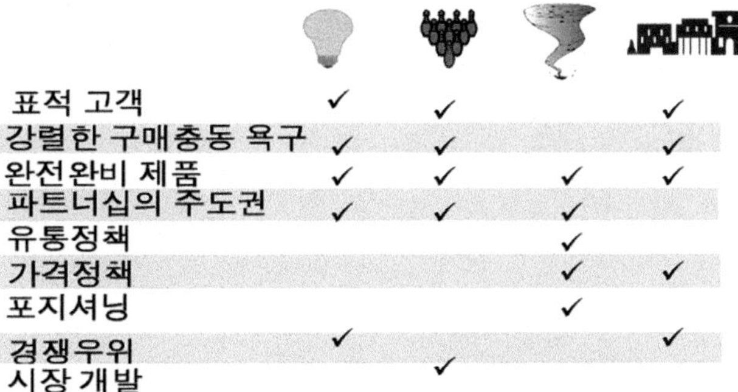

표적 고객	✓	✓		✓
강렬한 구매충동 욕구	✓	✓		✓
완전완비 제품	✓	✓	✓	✓
파트너십의 주도권	✓	✓	✓	
유통정책			✓	
가격정책			✓	✓
포지셔닝			✓	
경쟁우위	✓			✓
시장 개발		✓		

자료의 나머지는 위에서 표시된 우선순위 문제에
촛점을 둔 전술적 모델을 보여준다.

출처 : 창업마케팅, 2010, 서상혁

110

"집토스" 중개 수수료 없이 방을 구해준다

집토스는 방을 구하는 1~2인 가구에게 중개 수수료 없이 방을 구해주는 부동산 중개 서비스이다. 직접 수집한 매물 정보를 제공하고 오프라인 중개사무소 직영점을 통해 무료로 중개해준다.

집토스는 관악점, 신대방점, 홍대점, 강남점, 송파점, 건대점, 영등포점, 수유점, 왕십리점 등 기존 9개 지점을 운영해왔으며 상도점 외에 올해 말까지 16개까지 지점을 확장할 예정이다.

이재윤 집토스 대표는 "이번 상도점을 통해 동작구에도 중개 서비스를 무료로 제공할 수 있게 됐다."면서 "지점 확장에 속도를 내 2020년에는 서울 전역에서 중개수수료 없는 부동산 서비스를 제공할 계획"이라고 밝혔다.

111

기업가정신과 창업모델

창업기업의 회계 관리

Chapter 1. 창업기업의 회계체계 구축

- 회계(accounting)
  - 회계정보 이용자들이 합리적인 의사결정을 할 수 있도록 기업의 경제적 정보를 식별, 측정, 전달하는 과정
  - 기업의 의사소통을 위해 필요한 중요한 수단
  - 창업 초기에는 이해관계를 가진 외부 이용자들보다 회사 내부 임직원들이 주요 이용자가 됨

2

1. 기본적인 정리체계의 구축

- 회사에서 작성할 재무제표의 계정과목의 선택
  - 대차대조표(재무상태표), 손익계산서, 원가명세서 등
- 회사에서 사용할 회계장부와 전표 체계 구축

  초보기업의 경우 전표(입금, 출금, 대체전표), 현금출납장부, 급여대장, 어음기입장부, 매출장부, 매입장부 등
- 각종 비용지출 증빙체계 유지, 각종 규정 제정 등

3

대차대조표(재무상태표) 계정과목

- 자 산

분류	계정과목	코드	내용
당좌자산	현금	101	통화, 자기앞수표, 타인발행 당좌수표, 가계수표
	당좌예금	102	당좌거래와 관련한 예금
	보통예금	103	보통예금 입.출금
	기타제예금	104	기타 달리 분류되지 않는 예금
	정기예금	105	각종 정기예금 입.출금
	정기적금	106	각종 정기적금 입.출금
	유가증권	107	국채, 공채, 지방채 등의 매입 및 처분
	외상매출금	108	상품 또는 제품을 매출하고 대금을 외상으로 한 경우
	받을어음	110	받을어음 입.출금
	공사미수금	112	건설업의 공사관련 미수금
	단기대여금	114	타인에게 대여한 대여금(대여기간 1년 이내)
	미수금	120	고정자산을 매각하고 대금을 외상으로 한 경우
	선급금	131	물품을 인도받기 전 대금을 미리 지급한 경우
	선급미용	133	각종 비용을 미리 지급한 것(미경과비용)
	가지급금	134	대표이사에게 일시적으로 돈을 빌려준 것
	부가세대급금	135	물품 등의 구입시에 부담한 부가가치세
	선납세금	136	예금이자에 대한 이자 소득세 등
	종업원대여금	137	업무와 관련 없이 종업원에게 대여하여 준 것
	전도금	138	회사의 업무와 관련하여 경비 확정 전 일시 지급한 금액

4

재고자산	상품	146	상품(도,소매업)
	제품	150	제조업의 완성제품
	완성건물	152	건설업의 완성건물
	원재료	153	제조업의 원재료
	건설용지	165	건설업의 건설용지
	가설재	166	가설재(건설업)
	재공품	169	일정시점에 생산과정에 있는 미완성된 제품의 평가액
투자자산	장기성예금	176	예금 중 예치기간이 1년을 초과하는 장기성 예금
	특정예금	177	사용이 제한되어 있는 예금
	투자유가증권	178	투자를 목적으로 취득한 주식 등
	장기대여금	179	대여기간이 1년을 초과하여 기업의 자금을 대여한 것
	임차보증금	188	사무실, 공장 등의 임차보증금
	전세권	189	전세권
	기타보증금	190	영업보증금, 수입보증금 등
	부도어음	193	받을 어음이 부도난 경우 최종 처리시까지 부도어음으로 관리
	전화가입권	195	전화가입권

5

분류	계정과목	코드	내용
유형자산	토지	201	토지
	건물	202	사무실, 공장, 창고 등 회사소유 건물
	구축물	204	용수설비, 폐수처리장치 등
	기계장치	206	각종 기계장치
	차량운반구	208	화물자동차, 승용자동차, 지게차, 중기 등
	공구와기구	210	공구. 기구로서 100만 원을 초과하는 것(이하 : 소모품)
	비품	212	책상, 의자, 에어컨, 캐비넷, 컴퓨터, 팩시밀리, 복사기 등
	건설중인자산	214	건설중인 자산의 가액
무형자산	영업권	231	영업상의 권리
	특허권	232	특허와 관련한 권리를 금전적 가치로 계상한 것
	상표권	233	특정상호가 상표법에 의하여 등록된 경우 그 가치
	실용신안권	234	제품 등을 현재상태 보다 사용하기 편하게 만든 것
	의장권	235	의장관 관련한 권리
	면허권	236	면허권 취득과 관련한 비용(건설업면허 등)
	환율조정차	238	환율변동으로 인한 비정상적 손실이 발생한 것
	개발비	239	개발과 관련하여 지출한 고액비용
	소프트웨어	240	고가의 소프트웨어 구입비, 개발비

6

● 부채

분류	계정과목	코드	내용
유동부채	외상매입금	251	물품 등을 구입하고 그 대금을 나중에 지급하기로 한 것
	지급어음	252	대금결제를 어음을 발행하여 지급한 것
	미지급금	253	고정자산 등을 구입하고 그 대금을 나중에 지급하기로 한 것
	예수금	254	갑근세,국민연금,건강보험 등을 근로자로부터 미리 받아둔 것
	부가세예수금	255	매출시 매입자로부터 받아 둔 부가가치세
	당좌차월	256	당좌예금잔액을 초과하여 발행한 수표금액(사전약정 체결)
	가수금	257	대표이사로부터 일시 차입한 돈
	예수보증금	258	임대보증금
	선수금	259	제품을 인도 하기전 그 대금을 미리 받은 것
	단기차입금	260	1년 이내에 상환하여야 하는 차입금
	미지급세금	261	법인세 등의 미지급액
	미지급비용	262	비용과 관련하여 그 대금을 나중에 지급하기로 한 것
	선수수익	263	수입금 중에서 당기의 것이 아니고 차기 이후의 것
비유동 부채	사채(社債)	291	1년 이후에 상환예정인 회사채(개인사채가 아님)
	장기차입금	293	상환기간이 1년을 초과하는 차입금
	외화장기차입금	305	외화로 빌린 차입금

7

● 자본

분류	계정과목	코드	내용
자본금	자본금	331	법인의 경우 납입자본금
자본잉여금	자본 잉여금	341	주식발행초과금, 감자차익
이익 잉여금	이익 준비금	351	이익 잉여금의 처분으로 사내에 유보된 금액
	기업합리화 적립금	352	기업합리화 적립금
	제 준비금	36	해외시장 개척준비금, 수출손실 준비금 등
	임의 적립금	355	이익잉여금의 처분으로 임의로 사내에 유보한 금액
	이월 이익잉여금	375	다음 사업 연도로 이월하는 이익 잉여금

8

✓ 자본조정(資本調整, capital adjustment)

임시적인 자본의 차감 및 가산항목이다. 자기자본에 변경을 주는 거래로 자본금, 자본잉여금, 이익잉여금 등 어느 것에도 해당되지 않는다. 자본조정의 종류에는 자기주식, 주식할인발행차금, 주식선택매입권 등이 있다.

✓ 기타 포괄손익 누계액(accumulated other comprehensive income)

손익계산서에 포함되지 않은 손익의 잔액으로 매도가능 증권평가이익, 해외사업환산손익, 현금흐름위험회피 파생상품평가손익 등이 해당된다. 기업이 일정기간 동안 소유주와의 자본거래를 제외한 모든 거래나 사건에서 인식한 자본의 변동액으로서 당기 순이익에 기타 포괄손익을 가감하여 산출한 포괄손익의 내용을 주석으로 기재한다. 여기서 기타 포괄 손익의 항목은 법인세비용을 차감한 순액으로 표시한다. 기타 포괄손익의 잔액은 기타 포괄 손익 누계액의 계정과목으로 대차대조표상 자본항목에 포함한다.

9

손익계산서 계정과목

분류	계정과목	코드	내용
매출	상품매출	401	도.소매업 매출
	제품매출	404	제조업 매출
	공사수입금	407	건설업 매출
	매출	412	기타 매출
매출원가	상품 매출원가	451	기초상품 + 당기 상품 매입액 - 기말상품 재고액
	제품 매출원가	455	기초제품 + 당기 제품 매입액 - 기말제품 재고액
	매입	460	매입 즉시 매출원가로 처리하는 경우

10

손익계산서 계정과목

판매비 일반 관리비	임원급여	801	임원 등의 급여(소기업은 구분할 필요 없이 급료에 포함)
	급료	802	사무실 직원 급료
	상여금	803	사무실 직원 상여금
	제수당	804	기본급 외 제수당(소기업은 구분할 필요 없이 급료에 포함)
	잡금	805	임시직원 및 일용근로자 급료 및 임금
	복리후생비	811	식대, 차대, 4대 보험 중 회사부담금, 직원경조사비, 회식비, 생수대금, 야유회경비, 피복비, 구내식당운영비등
	여비교통비	812	직무와 관련한 각종 출장비 및 여비
	접대비	813	거래선접대비, 거래선 선물대, 거래선 경조사비 등
	통신비	814	전화요금, 휴대폰요금, 정보통신요금, 각종 우편요금 등
	수도광열비	815	수도요금, 가스요금, 난방비용 등
	전력비	816	사무실 전기요금
	세금과공과금	817	재산세, 종합토지세, 인지대, 면허세, 주민세(8.31납기) 등 사업소세, 환경개선부담금, 수입증지
	감가상각비	818	유형자산(건물, 비품, 차량유지비 등)의 감가상각비
	지급임차료	819	사무실 임차료

11

분류	계정과목	코드	내용
판매비 일반 관리비	수선비	820	사무실 수리비, 비품 수리비 등
	보험료	821	건물 화재보험료, 승용자동차 보험료 등
	차량유지비	822	유류대, 주차요금, 통행료, 자동차수리비, 검사비 등
	연구개발비	823	신기술의 개발 및 도입과 관련하여 지출하는 경상적인 비용
	운반비	824	택배요금, 퀵서비스요금 등
	교육훈련비	825	직원교육 및 업무훈련과 관련하여 지급한 금액
	도서인쇄비	826	신문대,도서구입비,서식인쇄비,복사요금,사진 현상비 등 명함, 고무인제작비, 명판대
	회의비	827	업무회의와 관련하여 지출하는 각종 비용
	포장비	828	상품 등의 포장과 관련한 지출비용
	사무용품비	829	문구류 구입대금, 서식구입비 등
	소모품비	830	각종위생용 소모품,철물 및 전기용품, 기타 소모품
	지급수수료	831	기장수수료, 송금, 각종 증명발급, 추심, 신용보증, 보증보험수수료, 홈페이지 유지비, 전기가스점검 및 환경측정수수료, 신용조회수수료

12

판매비 일반 관리비	보관료	832	물품 등의 보관과 관련하여 지출하는 비용
	광고선전비	833	T.V, 신문, 잡지광고비, 홈페이지제작비, 등록비 등 광고비용
	판매촉진비	834	판매촉진과 관련하여 지출하는 비용
	대손상각비	835	외상매출금,미수금 등의 회수불능대금
	기밀비	836	판공비, 사례비 등
	건물관리비	837	자가 소유 건물의 관리비용
	수출제비용	838	수출과 관련한 제비용
	판매수수료	839	판매와 관련하여 지급한 수수료
	무형고정자산상각	840	이연자산 상각(유형자산 ~ 감가상각 무형자산 ~무형자산 상각)
	견본비	842	견본물품 등의 구입과 관련한 비용
	잡비	848	오폐수 처리비, 세탁비, 소액 교통사고배상금, 방화관리비 청소 용역비 등 기타 달리 분류되지 않는 각종 비용
	창업비	8	법인설립 당시에 소요된 창업관련 제비용
	개업비	8	법인 설립 후 사업개시일까지 소요된 제비용

13

영 업 외 수 익	이자수익	901	예금 및 적금이자, 대여금 이자수입 등
	유가증권이자	902	국채, 지방채, 공채, 사채(社債) 등의 이자
	배당금수익	903	주식투자와 관련하여 소유주식 회사로부터 지급받는 배당금
	수입임대료	904	부동산 임대수입
	유가증권처분이익	906	유가증권 처분시 발생하는 이익
	외환차익	907	외화자산, 부채의 회수 및 상환시 환율변동으로 발생하는 이익
	수입 수수료	909	수입수수료
	관세 환급금	911	원재료 수입시 납부한 관세를 수출시 환급받는 금액(~ 매출원가차감)
	판매 장려금	912	매입처로부터 지급받는 판매장려금
	유형자산 처분이익	914	유형자산 처분시 발생하는 이익
	투자자산 처분이익	915	투자자산 처분시 발생하는 이익
	국고보조금	917	정부출연금, 정부보조금, 고용관련 보조금 등
	잡이익	930	기타 달리 분류되지 않는 이익

14

분 류	계 정 과 목	코드	내 용
영 업 외 수 익	유형자산처분이익	914	유형자산 처분시 발생하는 이익
	투자자산처분이익	915	투자자산 처분시 발생하는 이익
	국고보조금	917	정부출연금, 정부보조금, 고용관련 보조금 등
	잡이익	930	기타 달리 분류되지 않는 이익
영 업 외 비 용	이자비용	931	지급이자, 어음할인료 등
	외환차손	932	환율변동으로 인하여 발생하는 손실금액
	기부금	933	교회 및 사찰헌금, 학교기부금,불우이웃돕기 성금 등
	유가증권처분손실	938	유가증권의 처분시 발생하는 손실
	재고자산감모손실	939	재고자산의 손상 및 분실금액
	재고자산평가손실	940	재고자산의 평가 결과 발생한 손실금액
	유형자산처분손실	950	유형자산(기계장치, 차량운반구 등)의 처분시 발생하는 손실
	투자자산처분손실	951	투자자산의 처분시 발생하는 손실
	잡손실	960	분실금, 기타 달리 분류되지 않는 영업외비용
법인세 등	법인세 등	998	법인세, 법인세할 주민세, 법인세 중간예납세액
소득세 등	소득세 등	999	종합 소득세, 종합 소득세할 주민세

15

원가명세서 계정과목

재 료 비	원 재료비	501	제조 및 공사현장에 투입된 재료비
	부 재료비	502	부 재료비
노 무 비	급여	503	급여
	임금	504	생산현장 또는 공사현장 인건비
	상여금	505	설날,추석,휴가,연말상여금 등
	제수당	506	제수당(소기업의 경우 임금에 포함)
	잡급	507	일용노무자 및 임시직원의 임금
	퇴직급여	510	퇴직금
경 비	복리후생비	511	직원식대,차대,4대 보험 회사부담금, 경조사비, 회식비,, 피복비 등
	여비교통비	512	생산현장 직원의 출장비
	접대비	513	생산과 관련한 접대비
	통신비	514	현장 전화비, 팩스요금 등
	가스수도료	515	생산현장의 수도요금, 난방비 등
	전력비	516	전기요금
	세금과공과금	517	공장건물의 재산세, 토지의 종합토지세 등
	감가상각비	518	기계장치, 공장건물 등의 감가상각비
	지급임차료	519	공장 임차료,기계장치 리스료 등
	수선비	520	기계장치수선, 공장수선경비
	보험료	521	화물자동차의 자동차보험료, 공장의 화재보험료 등

16

분류	계정과목	코드	내용
경비	차량유지비	522	화물차의 유류대, 수리비, 통행료, 계량비, 주차요금
	연구개발비	523	신기술 및 신제품개발을 위하여 투입하는 비용
	운반비	524	제품의 운반과 관련한 운임
	교육훈련비	525	생산직 근로자의 교육훈련을 위하여 지출하는 비용
	도서인쇄비	526	생산현장의 신문대금,도서구입비, 복사비 등
	회의비	527	생산현장 회의와 관련하여 지출하는 비용
	포장비	528	제품포장비용
	사무용품비	529	생산현장의 사무용품비
	소모품비	530	생산현장의 각종 소모품비
	지급수수료	531	생산현장의 측정수수료 등
	보관료	532	제품 등의 보관과 관련하여 지출하는 비용
	외주가공비	533	하청과 관련한 임가공료
	시험비	534	시험비
	기밀비	535	생산현장 판공비 등
	잡비	536	기타 달리 분류되지 않는 비용
	하자보수비	537	하자보수와 관련하여 지출하는 비용
	장비임차료	538	중기 등의 임차와 관련하여 지출하는 비용
	유류대	539	유류대

17

1) 회사에서 사용할 계정과목의 선택

- 차변은 자금의 사용내역, 대변은 자금의 조달방법과 수입과목을 설정

✓차변 : 자산의 증가, 부채의 감소, 자본의 감소, 비용의 발생

✓대변 : 자산의 감소, 부채의 증가, 자본의 증가, 수익의 발생

※ 계정과목이란 거래의 성격과 유형을 나타내 주는 명칭으로 K-IFRS(한국채택국제회계기준)에 의해 일정하게 정해져 있음

BUT! 회사가 사용할 계정 과목을 정해놓지 않으면 동일한 사건임에도 불구하고 담당자에 따라 다른 계정과목이 발생하여 의사소통에 심각한 문제를 가져올 수 있음

18

2) 전표체계의 구축

-전표는 3전표제(입금전표, 출금전표, 대체전표)와
1전표제(분개전표 등)을 많이 사용

✓ **초기 창업자 → 1 전표제를 채택하면 거래내역을 복식부기의 원리에 의하여 보다 쉽게 작성 가능**

3) 장부의 구축

- 주요장부는 분개장, 총계정 원장을 보조장부는 각 계정원장 및 명세장을 비치
- 회사 내부관리 장부: 관리목적에 따라 설정

4) 비용지출에 따른 증빙범위의 제한

- 접대비 지출 : 1만 원 이상은 세금계산서나 현금영수증 필요
- 3만 원 이상의 지출 : 세금계산서나 현금영수증 필요

19

5) 각종 규정의 정비

- 상법 등 각종 법률에서 규정하고 있는 사항들 **中** 정관에 규정되어 있어야 효력이 발생하는 경우는 → 반드시 정관의 규정에 반영
- 회계기준과 상법, 증권 관련 법률 등에 위반되지 않도록 확인

20

2. 법인기업의 회계관리

1) 모든 거래는 법인 명의로 처리

- 임대차계약
- 부동산
- 회원권
- 예금,적금, 보험
- 각종 요금 및 등기등록을 요하는 것
- 법인이 사용, 소비하는 것은 모두 대표자나 임직원의 명의가 아닌 법인 명의로 해야 함
- 부가가치세 환급, 절세 등을 위해서도 필요

21

2) 법인과 임직원의 구분 경리

- 법인에 입금될 금전을 대표자 등의 개인통장에 입금하면 안됨
- 개인이 거래한 금전을 법인통장에 입금하는 것도 좋지 않음
- 임직원이 법인의 돈을 인출한 경우 가지급금으로 처리하지 않으면 세법상 비용으로 인정되지 않고 상여금이나 배당금을 받은 것으로 간주하여 추가적으로 세금을 부담하는 불이익이 발생

22

3) 매출누락 등 가공거래 방지

- 법인이 매출누락이나 가공비용이 밝혀질 경우, 자금이 임직원에게 처분되었다면 부담해야 할 것
  - ✓ 당초 누락금액 추가산입, 법인세 추가부담
  - ✓ 부가가치세 추가부담, 근로소득세 추가부담
  - ✓ 배당소득세 추가부담,
  - ✓ 가산세 (자진 신고시 가산세 면제)
- 뒤늦게라도 발견 시, 자진신고 → 가산세 부담 줄일 수 있음
- 실제거래가 없이 세금계산서만 주고 받는 경우
  - ✓ 세금 +「조세범처벌법」에 의거한 형사처벌

23

4) 부동산 및 주식의 취득과 양도거래

- 부동산 및 주식 등을 취득하거나 양도하게 되면,취득세, 양도세, 증권거래세 부담 등 기타 주의를 요하는 조세부담 발생
  - ➢ 주식의 이전 : 양도소득세, 증권거래세 + 과점주주 지방세 중과세 등 예기치 않은 여러 문제 발생
  - ➢ 부동산 취득 : 비업무용 부동산 취득 여부로 문제 발생

5) 각종 신고기간이나 납부기한 준수

- 각종 신고나 감면 등의 신청은 꼭 적기에 하여야 하며 감사나 임원 등의 변경도 기한을 넘겨 불이익을 받지 않도록 하여야 함

24

6) 각종 규정 등의 작성 및 비치

- 기밀비 지급, 임원 상여금 및 퇴직금 지급, 가지급금 지급 등 각종 세법에서 요구하는 지급규정 및 약정서 등이 정관규정인지, 이사회 결의사항인지, 주주총회 결의사항인지를 확인 후 작성, 보관.

7) 세금계산서 등의 수취

- 3만 원 이상의 거래 : 세금계산서(계산서) 받거나 신용카드로 결재
- 접대비 : 1만 원 이상은 무조건 세금계산서를 받거나 신용카드를 사용하도록 하는 등 세금계산서의 발급과 수령에도 각별한 주의 필요

25

3. 기업의 현금관리

- 창업 초기의 자금 조달 문제뿐 아니라 창업 이후에도 일시적인 현금부족으로 회사에 중대한 어려움이 오는 경우가 종종 발생함
- 현금을 어떻게 체계적으로 관리, 감독하느냐
  →기업의 생존과 직접적인 관련이 있는 중요한 사항

26

1) 수입, 지출관리의 의의

- 재무제표 : 세금계산의 기준이 되고 세무서에 제출되어야 하는 서식

➢ 회사가 작성하고 관리(소규모 기업은 반드시 직접 작성)

➢ 회사 전체의 재무적인 의사결정사항이나 경영의 성과를 파악하는 데는 유용

❖ BUT

- 작성기간 길다(1년)
- 관련 법규 및 규정에 의하여 작성 → 초점이 수익, 비용에 맞추어져 있으므로 재무 관리의 직접적인 사항인 수입, 지출을 관리하는 용도로는 부적합

27

2) 수입,지출관리의 유용성

- 수입의 관리

- **입금통장관리** : 소규모 회사의 경우에 수입과 매출은 거의 일치하므로 회사의 수입이 들어오는 계좌를 일정하게 유지.
  회사의 수입 이외에 다른 금액(가사용 예금이나 출금)이 유입되지 않게 해놓는 것이 좋음
- **수입내역서 관리** : 수입 중 당일 은행 입금이 안되거나 수취 후 즉시 지출되는 등으로 입금통장을 경유하지 않고 지출될 수 있고, 거래처로부터 받은 외상대금의 입금은 실 거래일과 전표 또는 증빙 등의 작성 수취일과 차이가 날 수 있기 때문에 정확한 수입관리를 위해서는 수입내역서를 따로 관리하는 것이 좋다.

28

● 지출의 관리

-**지출전용 통장** : 매일매일 일어나는 소액의 경비들을 지출하기 위한 통장.
정기적으로 입금통장에서 일정금액을 이체하여 사용

✓ 수입통장에서의 이체 이외, 가사용 자금, 기타 예금의 입금을 삼가하여야 함

✓ 소액의 경상적 지출 → 영수증 보관

✓ 일정금액 이상의 지출 → 당연히 일자와 금액 기록

✓ 당일 들어온 현금은 바로 지출하지 말고 입금

✓ 각종경비 지출은 지출통장 이용하는 것이 좋으며, 통장을 거치지 않으면 현금의 관리, 감독이 어렵고 부정 발생의 원인이 될 수 있음

29

●수입, 지출관리의 유용성

- 회사의 개략적인 현금의 흐름을 알 수 있음
- 현금의 수입처와 지출처 관리 및 파악이 용이
- 대규모 현금지출 시 회사가 벌어드린 수입의 잔액으로 감당이 가능한지 여부와 앞으로 계획된 현금의 지출이 회사운영에 미치는 영향 예측 가능

30

4. 기업의 중점관리사항

1) 인건비의 처리

- 정규급여 : 근로소득
  - ➢ 갑종근로소득세 원천 징수한 후 지급
  - ➢ 의료보험과 국민연금 등에 가입해야 함
- 영업수당
  - ➢ 사업소득원천징수 규정에 따라 3.3%(주민세 포함)를 징수
  - ➢ 사업소득원천징수 신고
  - ➢ 직원 본인은 5월 종합소득신고

31

2) 접대비 관리

- 접대비 : 업무와 관련하여 특정관계에 있는 사람에게 금품 등을 제공하는 것(거래처 식사, 거래처 선물 등)
  - ➢ 신용카드로 구입
  - ➢ 세금계산서 받기

3) 기부금의 인정

- ➢ 국가 기부금 : 전액 인정 받음(별도의 증빙 필요 없음)
- ➢ 사회단체 기부 시, 세법상 기부금 손금인정대상 단체인가 확인
- ➢ 종교에 헌금 시 유지재단 명의의 영수증을 받아야 함

32

4) 업무무관 경비

- 회사가 지출한 경비 중 업무와 무관한 경비는 비용으로 인정받을 수 없다.

  (예) 가사비용은 대표자의 소득으로 간주하여 소득세 부과

5) 증빙불비경비

- 지출된 경비 중 증빙(영수증 등)을 갖추지 못한 경비

  → 세법상 비용으로 인정 불가

  → 대표자의 소득으로 간주하여 소득세 부과

33

Chapter 2. 창업기업의 재무회계

1. 재무제표의 의의

- 재무 상태표
  일정시점의 재무상태를 나타내는 보고서
- 포괄 손익계산서
  일정기간의 기업의 경영성과를 나타내는 재무보고서
- 자본 변동표
  일정기간의 자본변동내용을 나타내는 재무보고서
- 현금 흐름표
  회계기간 동안의 자금조달과 사용내역에 대한 재무보고서

34

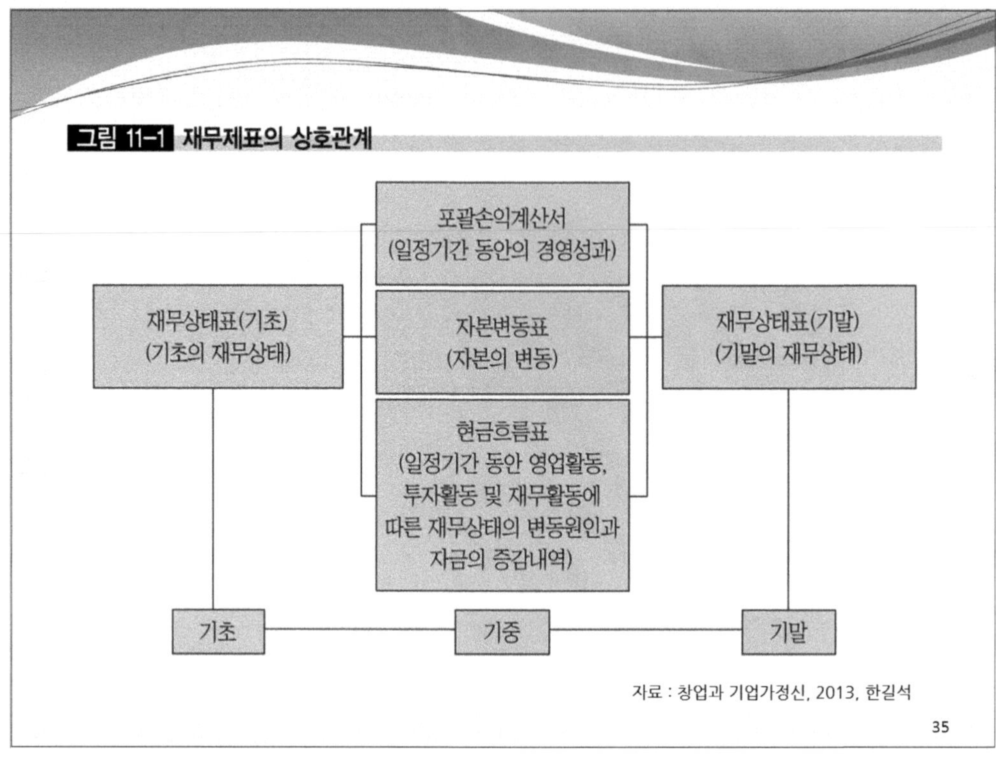

2. 재무상태표
(statement of financial position, F/P)

1) 기업의 경제적 자원과 채권자 지분 및 소유자 지분에 대한 정보 제공

- 경영활동을 위하여 구입한 자산의 운용상태
- 자산구입 재원을 어떻게 조달했는가에 대한 정보 제공

2) 기업의 장,단기 부채 상환능력에 대한 정보 제공

- 자산과 부채를 유동성 기준으로 분류
- 단기적: 유동부채를 상환할 수 있는 유동자산은 충분한가
- 장기적: 부채를 상환할 수 있는 기업실체의 자산은 충분한가

3) 기업의 재무구조의 건전성에 대한 정보 제공

36

그림 11-2 재무상태표

재 무 상 태 표

제×기 20××년 ×월 ×일 현재

회사명: (단위: 원)

과목	제×(당)기	제×(전)기	과목	제×(당)기	제×(전)기
자산			부채		
Ⅰ. 유동자산	×××	×××	Ⅰ. 유동부채		
(1) 당좌자산			Ⅱ. 비유동부채	×××	×××
(2) 재고자산				×××	×××
Ⅲ. 비유동자산	×××	×××	부채총계		
(1) 투자자산				×××	×××
(2) 유형자산			자본		
(3) 무형자산			Ⅰ. 납입자본	×××	×××
(4) 기타자산			Ⅱ. 이익잉여금	×××	×××
			Ⅲ. 기타자본요소	×××	×××
				×××	×××
			자본총계	×××	×××
자산총계	×××	×××	부채와자본총계		

자료 : 창업과 기업가정신, 2013, 한길석

37

※ 재무상태표의 구성요소

- 자산(assets)

1) 의의 : 기업이 소유하고 있는 재화, 채권 및 권리로서 화폐로 측정 가능한 것

2) 분류 : 1년 기준 적용

① 유동자산(current assets) : 1년 이내 현금화 목적의 소유자산

② 비유동자산(non-current assets) : 1년 이후에 현금화 또는 영업활동에 활용할 목적으로 소유하는 자산

38

유동자산	현금 및 현금성 자산	현금, 예금, 현금성 자산
	당기 손익인식 금융자산	당기 손익인식 금융자산, 단기매매금융자산
	대여금 및 수취채권	외상매출금, 받을 어음, 단기미수금, 단기대여금
	재고자산	상품, 제품, 반제품, 재공품, 원재료, 저장품
비유동자산	투자자산	매도가능금융자산, 만기보유금융자산, 관계기업투자주식, 장기대여금, 투자부동산
	유형자산	토지, 건물, 비품, 기계장치, 차량 운반구, 건설중인자산
	무형자산	산업재산권, 저작권, 광업권, 개발비
	기타 비 유동자산	이연 법인세 자산, 보증금, 장기매출채권, 장기미수금

39

- 부채(liabilities)

① **유동부채(current liabilities)** : 1년 이내 상환일이 도래하는 부채
외상매입금, 지급어음, 단기차입금, 단기미지급금, 선수금, 예수금, 미지급비용, 선수수익, 미지급법인세

② **비 유동부채(non-current liabilities)** : 1년 이후 상환일 도래 부채, 사채, 장기 차입금, 장기매입채무, 장기미지급금, 퇴직급여 충당부채, 판매보증 충당부채, 이연 법인세 부채

- 자본(capital)

1) 의의 : 기업의 자산총계에서 부채총계를 차감한 잔액

2) 자본등식 : 자산 - 부채 = 자본

3) 자본의 분류 : 자본금, 자본잉여금, 이익잉여금

40

3. 포괄 손익계산서

- 포괄 손익계산서(income statement, I/S)의 의의

➢ 일정 기간 동안 기업의 경영성과를 나타내는 재무제표

① 기업의 경영성과에 관한 정보 제공

② 포괄손익계산서상의 당기 순이익을 조정하여 법인세법상 과세소득결정의 기초자료 제공

③ 과거의 이익정보를 이용하여 미래의 이익과 현금흐름의 예측에 관한 정보 제공

④ 경영자의 업적평가를 위한 자료 제공

41

※ 포괄 손익계산서 구조

- 포괄 손익계산서의 머리부분

① 기업의 명칭

② 재무제표의 명칭인 손익계산서 표시

③ 손익계산의 대상이 되는 회계기간 표시

- 본문 : 수익(revenues), 비용(expenses)로 구성

① 순이익(net income) : 수익에서 비용을 차감한 후 남는 금액

② 당기 순 손실, 이익에 기타 포괄손익을 가감하여 총 포괄 손익이 산정됨

42

그림 11-3 포괄손익계산서

포괄손익계산서(보고식)

제×기 20××년 ×월 ×일부터 제×기 20××년 ×월 ×일까지

회사명: (단위: 원)

과목	제×(당)기	제×(전)기
Ⅰ. 매출액	×××	×××
Ⅱ. 매출원가	(×××)	(×××)
Ⅲ. 매출총이익	×××	×××
Ⅳ. 판매비와관리비	(×××)	(×××)
Ⅴ. 영업이익	×××	×××
Ⅵ. 영업외수익	×××	×××
Ⅶ. 영업외비용	(×××)	(×××)
Ⅷ. 법인세차감전순이익	×××	×××
Ⅸ. 법인세비용	(×××)	(×××)
Ⅹ. 당기순이익	×××	×××
Ⅺ. 기타포괄손익	×××	×××
Ⅻ. 총포괄손익	×××	×××

자료 : 창업과 기업가정신, 2013, 한길석

43

4. 한국채택 국제회계기준에 의한 계정과목 분류 (K-International Financial Reporting Standards)

※ 거래를 기록할 때 계정과목을 설정하는 이유

- 경제적 사건을 구분하여 정보 이용자에게 제공
- 의사결정에 유용한 회계보고서 작성을 위함
- 재무 상태표 계정 : 자산, 부채, 자본계정
- 손익계산서 계정 : 수익과 비용계정

44

1) 재무상태표의 계정과목 (자산계정, 부채계정, 자본계정)

- 유동자산 : 현금, 당좌예금, 유가증권, 매출채권, 재고자산, 선급금, 선급비용, 가지급금 등
- 비유동자산 : 장기금융상품, 유형자산, 무형자산, 투자 부동산, 장기 선급금 등
- 유동부채 : 매입채무, 단기차입금,선수금 등
- 비유동부채 : 사채, 장기 차입금, 충당부채, 장기성 매입채무
- 자본 : 자본금, 주식발행초과금, 이익잉여금, 자본조정, 기타 포괄손익 누계액 등

45

2) 손익계산서 계정과목

- 수익계정 : 매출액, 영업외 수익
- 비용계정 : 매출원가, 판매비와 관리비, 영업외 비용, 법인세 비용

46

Chapter 3. 창업기업의 세무회계

1. 세무회계 관리체제 구축

1) 사업계획 수립단계

- 사업타당성 검토
- 창업자의 조세감면제도 검토
- 개인기업과 법인기업 등 기업형태의 결정

2) 법인설립단계

- 자본금 규모와 자금조달방법의 결정
- 법인설립등기와 사업자등록 준비
- 주주명부에는 실제 주주만 등재
- 개업과 관련된 비용증빙의 유지

47

3) 사업자 등록단계

- 영업허가 업종 유무의 확인과 영업허가증 수령
- 사업자 등록의 실시
  * 사업자 등록 : 사업 개시일로부터 20일 이내 해야 함
  * 사업개시일 : 재화 또는 용역의 공급개시일 또는 재화의 제조 개시일, 광물의 채취 개시일을 의미
  * 사업자 등록하지 않은 경우
    ① 세금계산서를 교부하지 못함
    ② 미등록 가산세 부과
    ③ 등록 전 부가가치세 매입세액을 매출세액에서 공제 불가
    ④ 조세범처벌법에 의한 처분을 받는 불이익이 있음

48

- 공동사업자 등록 등의 검토
  * 동업자가 있다면 공동사업자로의 등록 검토
  * 소득세법 : 4단계 초과누진세율 적용
  * 소득을 동업자의 수로 나누어 세율 적용하면 단일 소득자로 계산한 세금보다 절감됨
- 사업자 유형의 결정
  * 매출액의 규모에 따라 크게 간이과세자 및 일반 과세자로 구분
  * 부가가치세 계산 방법이 각각 다름

49

4) 영업활동 단계

- 장부의 기장 및 비치 의무의 준수
- 각종 신고, 납부 의무의 준수
- 각종 세제지원제도 활용

● 간편장부제도의 이용 검토

- 간편장부의 작성 대상자

① 일반적인 경우 : 간편장부의 대상자는 직전 사업연도 수입금액(매출액)을 기준으로 함

50

직전년도 수입금액에 따른 기장의무 및 적용 경비율

업종구분	복식부기 의무자	간편장부 대상자	기준경비율 적용대상자	단순경비율 적용대상자
1. 농업 및 임업, 어업, 광업, 도매업 및 소매업(상품중개업 제외), 부동산매매업	3억원 이상자	3억원 미만자	6천만원 이상자	6천만원 미만자
2. 제조업, 숙박 및 음식점업, 전기, 가스, 증기 및 수도사업, 하수, 폐기물처리, 원료재생 및 환경복원업, 건설업(비주거용 건설업은 제외, 주거용 건물 개발 및 공급업 포함), 운수업, 출판, 영상, 방송통신 및 정보서비스업, 금융 및 보험업, 상품중개업	1억5천만원 이상자	1억5천만원 미만자	3천6백만원 이상자	3천6백만원 미만자
3. 부동산임대업, 부동산관련서비스업, 전문, 과학 및 기술서비스업, 임대업(부동산임대업 제외), 사업시설관리 및 사업지원서비스업, 교육서비스업, 보건업 및 사회복지서비스업, 예술, 스포츠 및 여가관련 서비스업, 협회 및 단체, 수리 및 기타 개인서비스업, 가구내 고용활동	7천5백만원 이상자	7천5백만원 미만자	2천4백만원 미만자	2천4백만원 미만자

* 해당되는 업종이 2 이상인 경우에는 주된 업종(수입금액이 가장 큰 업종)의 수입금액 기준으로 환산하여 판단

51

② 신규사업자의 경우

- 작년 신규사업자의 경우: 수입금액을 계산할 때 연간 단위로 환산해야 함

* 사업개시 후 12월까지의 월수를 12월로 환산한 금액으로 계속 사업자 기준을 적용(1월 미만은 1월로 간주)
* 산출금액 = 직전 과세기간의 수입금액 X 12/사업개시일부터 직전 과세기간 종료일까지의 월수
* 올해 신규로 개업한 사업자 : 올해 종합소득세 신고 시까지 수입금액에 관계 없이 무조건 간편장부의 대상

52

③ 간이과세자의 경우

- 간이과세자라 해도 간편장부를 기장할 의무가 있음
  직전연도 수입금액이 4,800만 원 미만인 사업자는 소규모 사업자로
  분류되어 기장을 안 해도 가산세 부담하지 않음

④ 여러 업종을 겸업하거나 사업장이 2개 이상인 경우

- 수입금액 = 주 업종의 수입금액 + 주 업종외 업종의 수입금액 X (주 업종에 대한 기준 금액/주 업종외 업종에 대한 기준금액)

⑤ 하나의 사업장을 여러 명이 공동 운영 시 : 사업장을 기준으로 수입금액 산정

⑥ 업종을 전환한 경우 : 폐업 전 수입기준으로 간편장부 대상 여부 판정

53

※ 여러 업종을 겸업하거나 사업장이 2개 이상인 경우(예)

- 주 업종이 제조업이고, 직전연도 수입금액이 1억 원이며, 부동산임대업의 직전연도 수입금액이 3,000만 원일 경우
  - 제조업이 주 업종 → 부동산 임대업의 수입금액을 기준
    수입금액에 대한 비율로 환산 시
    3,000만 원 X 15,000만 원 / 7,500만 원 = 6,000만 원
  - 10,000만 원 + 6,000만 원 = 16,000만 원
  - 제조업의 기준 수입금액인 1억 5,000만 원을 초과하므로 간편장부 대상사업자가 아니라 복식장부 기장 의무자
  - 장부의 기장 여부 : 사업자별로 계산하고 사업장별로 계산하지 않음

54

※ 간편장부의 형식

날짜 (200X)	거래 내용	거래처	수입 (매출)		비용 (원가관련 매입 포함)		고정자산증감 (매매)		비고
			금액	부가세	금액	부가세	금액	부가세	
소계									

자료 : 창업과 기업가정신, 2013, 한길석

55

① 간편장부의 작성대리 : 인터넷ASP, 세무사, 회계사

② 간편장부의 혜택

- 종합소득세 신고 시 연간 100만원의 한도 내에서 산출세액의 10% 세액공제
- 장부를 작성하지 않으면 내야 하는 세금의 20%만큼의 무기장 가산세 추가 납부
- 특별한 사유가 없는 한 2년간 세무조사 면제
- 기장상 오류나 미비점이 있더라도 장부대로 인정

56

③ 간편장부 대상자가 종합소득세 신고할 때 제출해야 하는 서류

- 총수입금액 및 필요경비 명세서
- 간편장부 소득금액계산서
- 종합소득세, 농어촌특별세, 지방소득세 과세표준확정신고 및 납부계산서

57

2. 부가가치세

- 부가가치세(Value Added Tax : VAT)

  물건을 사다가 파는 과정에서 부가된 가치에 대하여 내는 세금으로 물건값에 포함 → 소비자 부담

- 간접세

  세금을 실제로 부담하는 사람과 납세의무자가 다른 세금

58

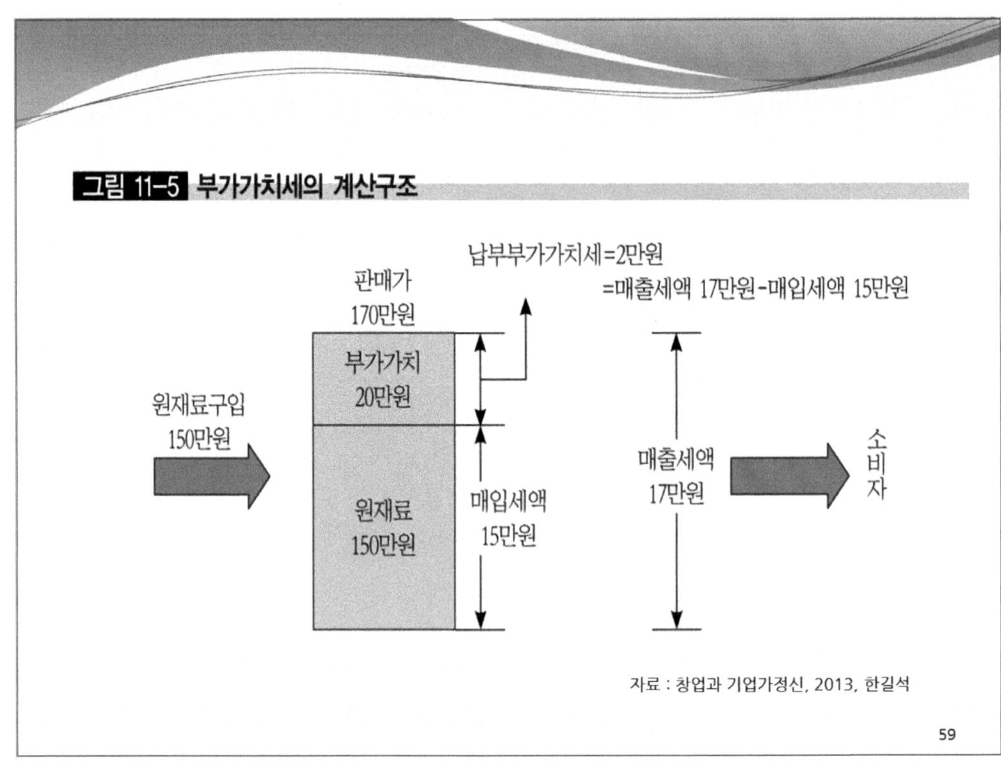

1) 납세의무자

- 부가가치세의 납세의무자 : 사업자
- 사업자 : 영리목적의 유무에도 불구하고 사업상 독립적으로 재화 또는 용역을 공급하는 자
- 영리목적 유무와 관계없이 개인, 법인, 사단, 재단, 조합, 국가, 지방자치단체도 납세의무자
- 사업적으로 재화,용역을 공급한 경우는 사업자 등록 및 부가세 징수 여부와 관계없이 납세의무자
- 자기책임하에 독립적으로 재화 또는 용역을 공급하고 다른 사람에게 고용되지 않아야 부가세 납세의무사업자로 인정(농가부업소득 사업 활동은 제외)

60

2) 과세 대상

- 재화 또는 용역의 공급
  - 재화 : 재산적 가치가 있는 모든 유체물과 무체물
  - 용역 : 재화 이외의 재산적 가치가 있는 모든 역무행위
- 재화의 수입
  - 부가가치세 납세의무자인 공급자가 국외에 있기 때문에 원칙적으로 우리나라 부가가치세의 과세 대상이 아니나, 소비지국 과세원칙에 따라 수입국인 우리나라에서 과세함

61

3) 영세율의 적용

① 영세율 제도의 의의

- 특정한 재화 또는 용역의 공급에 대하여 공급가액에 0의 세율을 적용하여 매출세액을 0으로 하되, 사업자가 재화 또는 용역의 매입 시 이미 부담한 매입세액은 전액 공제(환급)하여 주는 완전면세 제도

② 영세율 제도의 취지

- 국제적인 이중과세 방지, 수출 촉진

③ 영세율 적용대상

- 수출하는 재화
- 국외에서 적용하는 용역
- 선박 또는 항공기의 외국항행 용역
- 기타 외화를 획득하는 재화 또는 용역

62

4) 영세율의 면세

① 면세제도의 의의

특정한 재화 또는 용역의 공급에 대하여 부가가치세 납세 의무 자체를 면제함으로써 매출세액이 발생하지 아니하며, 동시에 사업자가 그 재화 또는 용역 매입 시 이미 부담한 매입세액도 공제(환급)하지 아니하는 제도로 부분면세 제도에 해당한다.

② 면세제도의 취지

- 동일한 세부담 → 세부담의 역진성 완화하기 위해 면세제도를 실시
- 토지의 공급이나 근로의 제공, 인적용역, 금융보험용역 등은 부가가치 생산요소에 해당하므로 면세
- 국가, 지방자치단체가 공급하는 재화나 용역 그리고 우표, 인지 등은 공익 등 국가 정책적 목적의 실현을 위하여 면세

63

③ 면세 적용대상

- 미 가공식료품(식용에 사용하는 농, 축, 수, 임산물 포함)
- 국내에서 생산된 비식용 농, 축, 수, 임산물로서 미 가공된 것
- 수돗물
- 연탄과 무연탄
- 여객운송 용역(고속철도는 과세)
- 주택과 그 부수토지의 임대용역

64

5) 납세지

- 납세의무자가 부가가치세에 관한 신고,납부 등 제반 납세의무를 이행하고 정부가 부과, 징수권 등을 행사하는 관할세무서를 결정하는 기준이 되는 장소
- 원칙적으로 각 사업장 별로 납부
- 예외 : 사업자에게 2개소 이상의 사업장이 있는 경우 → 일정한 절차를 밟아 주된 사업장인 본점 또는 주 사무소에서 총괄하여 납부

65

6) 세율과 납부세액 계산

① 일반과세자
- 납부세액 = 매출세액(공급가액X10%) - 매입세액

② 간이과세자
- 사업규모가 상대적으로 작은 중소 개인사업자에 대하여 세 부담을 완화하고 부가가치세 신고납부 절차를 간소화하여 납세 편의를 도모
- 대상 : 직전 1역년의 공급대가가 4,800만 원(서비스업 중 도급, 중개, 대리, 주선업은 1,200만 원) 미만인 사업자

66

※간이과세자 업종별 부가가치율

업 종	부가가치율
전기, 가스, 증기, 수도사업	5%
소매업, 재생용 재료수집 및 판매업, 음식점업	10%
제조업, 농업, 임업 및 어업, 숙박업, 운수 및 통신업	20%
건설업, 부동산임대업, 기타서비스업	30%

* 간이과세자는 1년간의 총 공급대가가 3,000만 원 미만인 경우에는 부가가치세 납부 의무가 면제됨

67

③ 간이과세자 부가가치세 납부세액 =

공급대가 X 업종별부가가치율 X 10% - 매입세액 X 부가가치율

* 공급대가 : 재화, 용역 공급에 대한 부가가치세가 포함된 대가
(공급가액+부가가치세)

7) 신고와 납부

구 분	제 1 기	제 2 기
신규사업자 (최소 과세기간)	사업개시일 ~ 6.30	사업개시일 ~ 12.31
계속 사업자	1.1 ~ 6.30	7.1 ~ 12.31
폐업자 (최종 과세기간)	1.1 ~ 폐업일	7.1 ~ 폐업일

*사업자는 과세기간이 끝난 후 25일 이내에 부가세 과세표준과 납부세액, 환급세액을 사업장 관할 세무서장에게 신고 납부하여야 한다.

68

8) 가산세

표 11-5 가산세의 적용

종류	사유	가산세액 계산
미등록 및 허위등록 가산세	사업개시일부터 20일 이내에 사업자등록을 하지 않은 경우나 타인명의로 등록한 경우	공급가액×1% (간이과세자 0.5%)
세금계산서(전자세금계산서 포함) 부실기재 가산세		공급가액×1%
세금계산서(전자세금계산서 포함) 지연발급 및 발급불성실 가산세		공급가액×1%
세금계산서(전자세금계산서 포함) 미발급 및 위장 · 가공세금계산서 발급(수취) 가산세		공급가액×2%
타인명의 세금계산서(전자세금계산서 포함) 발급(수취) 가산세		공급가액×2%
매출처별 세금계산서 합계표 불성실 가산세	① 미제출 · 부실기재	공급가액×1%
	② 지연제출	공급가액×0.5%
매입처별 세금계산서 합계표 불성실가산세	① 매입세금계산서 지연수취	공급가액×1%
	② 합계표의 미제출 · 부실기재로 경정시 세금계산서 등에 의하여 매입세액 공제받는 경우	
	③ 합계표의 공급가액을 과다기재하여 매입세액 공제받는 경우	

자료 : 창업과 기업가정신, 2013, 한길석

69

종류	사유		가산세액 계산
신고불성실 가산세	① 무신고	부당 무신고	해당세액×40%
		일반 무신고	해당세액×20%
	② 과소신고	부당 과소신고	해당세액×40%
		일반 과소신고	해당세액×10%
	③ 초과환급신고	부당 초과환급	해당세액×40%
		일반 초과환급	해당세액×10%
납부불성실 가산세	① 미달납부(초과환급 받은) 세액		미당납부(초과환급)세액 ×(3/10,000)×일수
현금매출명세서 미제출 등	① 현금매출명세서 미제출 가산세		미제출 또는 부실기재 금액×1%
	② 부동산임대공급가액명세서 미제출 가산세		미제출 또는 부실기재 금액×1%
영세율 과세표준신고 불성실 가산세	① 과세표준의 무신고 · 과소신고		공급가액×0.5%
	② 영세율첨부서류 미제출		공급가액×0.5%
대리납부 불성실 가산세	대리납부의 불이행		미납세액×(3/10,000)× 일수[한도: 10%]

자료 : 창업과 기업가정신, 2013, 한길석

70

3. 종합소득세

1) 소득세(income tax)

- 자연인이 얻은 소득에 대하여 부과되는 조세

2) 납세의무자

- 거주자 : 국내에 주소를 두거나 1년 이상 거소를 둔 개인
- 거소 : 주소지 외의 장소 중 상당기간에 걸쳐 거주하는 장소로서 주소와 같이 밀접한 일반적인 생활관계가 형성되지 않은 장소
- 국내원천 소득을 포함한 모든 소득에 대하여 소득세 납세 의무를 짐
- 비거주자 : 국내원천소득에 대한 소득세 납세의무

71

3) 소득의 종류

- 이자, 배당, 사업, 근로, 연금, 기타, 퇴직, 양도의 8가지 소득
- 종합소득, 퇴직소득, 양도소득의 3가지로 크게 분류

그림 11-6 소득세법상 소득의 구분

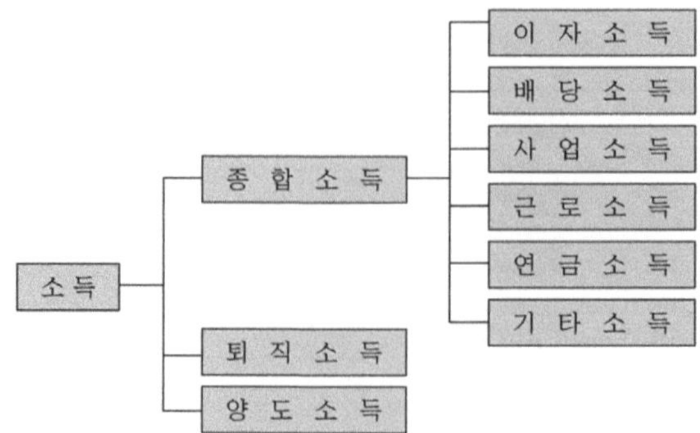

* 사업소득은 사업으로 번 돈, 부동산 임대소득, 주택임대소득, 기타 사업소득(강연료 등) 등을 포함

자료 : 창업과 기업가정신, 2013, 한길석

72

4) 신고와 납부

① 신고기한

- 소득세의 과세기간 :
  원칙적으로 매년 1월 1일부터 12월 31일까지
- 사망한 경우에는 1월 1일부터 사망할 날까지
- 외국에 출국한 경우에는 1월 1일부터 출국한 날까지가 과세기간
- 종합소득금액, 퇴직소득금액, 양도소득금액이 있는 거주자
  - 과세표준을 당해 연도의 다음 연도 5월 1일부터 5월 31일까지 납세지 관할세무서장에게 신고
  - 당해 연도의 과세표준이 없거나 결손금액이 있는 때에도 반드시 신고

73

※소득세 신고절차

구 분	신고여부	내 용	납부기한
중간예납	고지납부	6개월간의 소득세를 미리 납부	11월 30일까지
예정신고	자진신고	부동산을 양도한 자가 세액을 미리 납부	양도일 속하는 달의 말일부터 2월 이내
사업장 현황보고	자진신고	면세사업자가 사업장의 내용을 보고	다음연도 1월 말까지
확정신고	자진신고	소득세를 신고 납부	다음연도 5월 말까지

자료 : 창업과 기업가정신, 2013, 한길석

74

② 확정신고 자진납부

- 종합소득 산출세액, 퇴직소득 산출세액 또는 양도소득 산출세액에서 감면 공제세액과 기 납부세액을 공제한 금액을 과세표준 확정 신고기한까지 납세지 관할세무서에 납부

75

5) 소득세 계산방법

① 세액계산 구조

- 4단계
  1. 소득금액의 계산 : 총 수입금액에서 필요경비를 공제
  2. 과세표준의 계산 : 소득금액에서 소득공제를 차감
  3. 산출세액의 계산 : 과세표준에 세율을 곱하여 계산
  4. 납부세액 : 산출세액에서 세액감면, 공제를 차감하여 계산

76

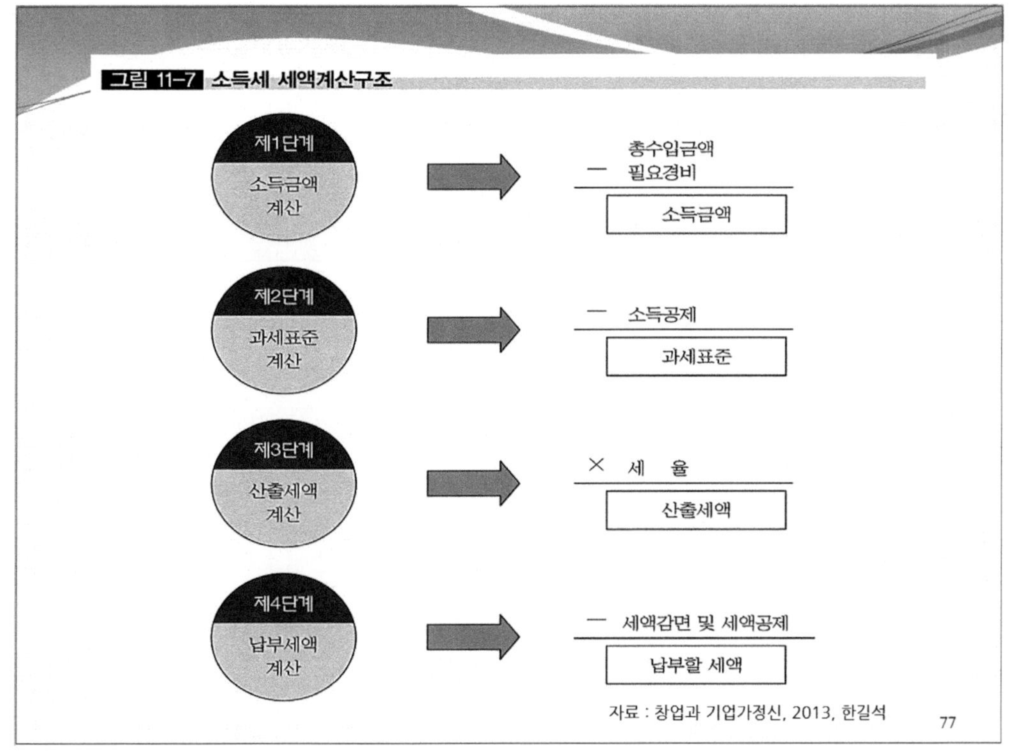

② 소득별 소득금액의 계산

- 소득세의 소득금액 : 이자소득, 배당소득, 사업소득, 근로소득, 연금소득, 기타소득 등의 총 수입금액으로부터 필요경비를 차감하여 산출
  - 각종 소득 공제 후 종합소득세 과세표준 결정
  - 종합소득공제 : 기본공제, 추가공제, 소수공제자 추가공제, 특별공제(보험료, 의료비, 교육비 등)

78

※ 소득별 소득금액의 계산

구 분	소득 금액의 계산
이자소득	총수입금액 = 이자소득금액
배당소득	총수입금액 + 귀속법인세 = 배당소득금액
사업소득	총수입금액 - 필요경비 = 사업소득금액
근로소득	총급여액 - 근로소득공제 = 근로소득금액
연금소득	총수입금액 - 연금소득공제 = 연금소득금액
기타 소득	총수입금액 - 필요경비 = 기타소득금액

자료 : 창업과 기업가정신, 2013, 한길석

79

③ 세율

- 소득세법상 세율
  종합소득과세표준, 퇴직소득과세표준, 양도소득과세
  표준에 기본세율을 적용하여 산출세액을 계산

과세표준	세율	누진공제액
1,200만 원 이하	6%	0원
4,600만 원 이하	15%	1,080,000원
8,800만 원 이하	24%	5,220,000원
1억 5천만 원 이하	35%	14,900,000원
3억 원 이하	38%	19,400,000원
5억 원 이하	40%	25,400,000원
5억 원 초과	42%	35,400,000원

80

6) 중간예납

① 소득세

1월 1일부터 12월 31일까지의 기간을 과세기간으로 하여 계산한 세액을 다음연도 5월1일부터 5월31일까지 확정 신고하여 납부하는 것이 원칙

② 중간예납

1월 1일부터 6월 30일까지의 기간을 중간예납 기간으로 하여 이 기간에 대한 소득세를 당해 연도 11월 30일까지 과세기간 중간에 예납하는 것

81

7) 장부의 기장, 비치의무

① 복식부기 의무자인 사업자

- 원칙상 소득금액을 계산할 수 있도록 증빙서류 등을 비치하고 그 사업에 관한 모든 거래사실이 객관적으로 파악될 수 있도록 복식부기에 의하여 장부에 기록, 관리
- 장부 : 확정신고기간 종료일로부터 5년간 보관

82

4. 법인세

1) 납세의무자

- 구성형태
  - 사단법인
  - 재단법인
- 영리목적의 유무
  - 영리법인
  - 비영리법인
- 본점과 주 사무소의 소재지
  - 내국법인
  - 외국법인

83

2) 과세 대상

① 법인세의 과세대상 : 법인의 소득

② 분류

- 사업연도 소득
- 청산소득
- 부동산 양도소득
  - 각 사업연도의 소득 : 각 사업연도 종료 시 납세의무 성립
  - 청산소득 : 해산 또는 합병 시에 납세의무 성립
  - 부동산 양도소득 : 부동산 등을 양도한 사업연도 종료 시에 납세의무 성립

84

※ 법인세 과세대상과 납세의무

구분	법인 유형	각 사업연도 소득	청산소득	특별부가세
과세 법인	영리 내국법인	국내 외 모든 소득	과세	과세
	비영리 내국법인	국내 외 수익사업소득	비과세	과세
	영리 외국법인	국내원천 모든 소득	비과세	과세
	비영리 외국법인	국내원천소득 중 수익사업소득	비과세	과세
비과세 법인	국가, 지방자치단체, 지방자치단체조합	비과세	비과세	비과세

자료 : 창업과 기업가정신, 2013, 한길석

85

3) 신고와 납부

① 신고시 제출서류

법인세 과세표준 및 세액신고서에 재무 상태표, 포괄손익계산서, 자본변동표, 현금 흐름표(외부감사 대상 법인에 한함), 법인세 과세표준 및 세액조정계산서, 기타 부속서류 등

② 신고기한 : 사업연도 종료일로 부터 3개월 이내

86

4) 법인세 계산방법

① 법인세

법인세 과세표준금액에 법인세 세율을 곱하여 산출한 세액

- 법인세의 세율 : 2단계 초과누진세율 적용

과세표준	세율	누진공제
2억 원 이하	10%	-
2억 원 초과 200억 원 이하	20%	2천만원
200억 원 초과 3,000억 원 이하	22%	4억 2천만원
3,000억 원 이상	25%	94억 2천만원

87

- 산출세액에서 법인세법과 조세특례제한법상 규정된 공제감면세액을 차감
- 법인세법이 정한 의무위반 시 제제 목적으로 부과하는 가산세를 더하고 준비금 등 미사용 시 이자 상당 가산액을 더하면 회사가 납부하여야 할 총 세액(총 부담세액이라 함)이 계산됨
- 계산된 총 부담 세액에서 기 납부한 중간예납세액, 원천납부세액, 수시부과세액(기부납부세액)을 공제하면 차감납부세액이 계산됨

88

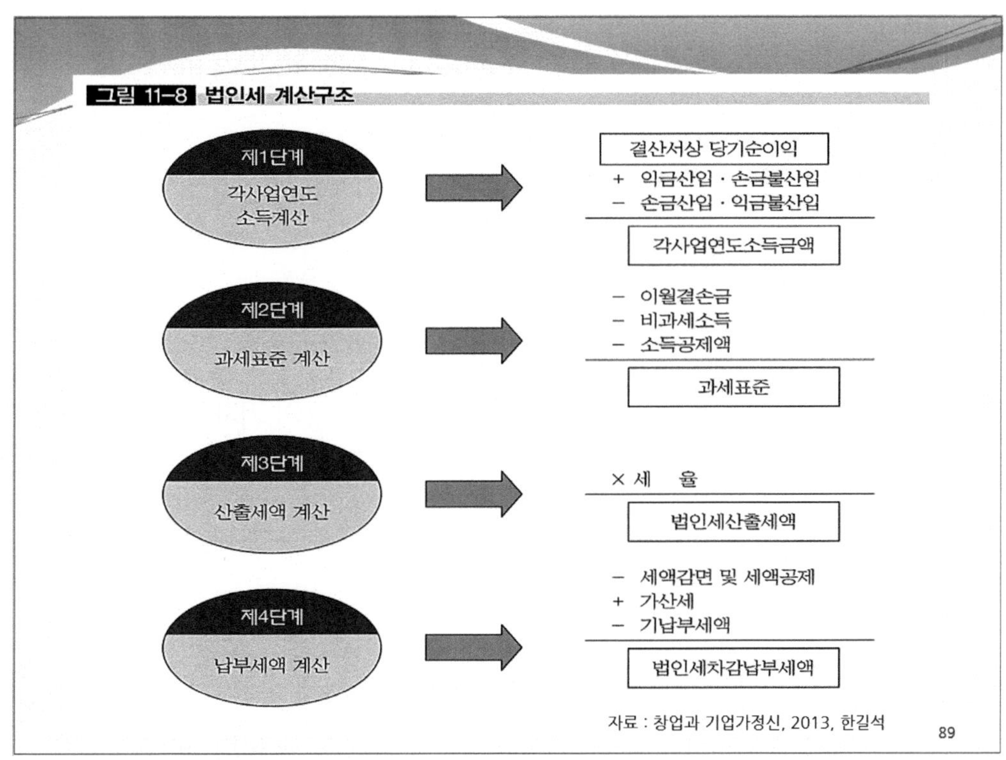

5) 법인세 중간예납

- 목적 : 조세수입의 확보, 조세수입의 연중 평균화, 조세 부담의 분산 등
- 중간 예납제도 : 사업연도의 개시일로부터 전반기(6개월간)에 대한 법인세액을 사업연도 중에 미리 신고, 납부하여야 하는 것

➤ 사업개시일로부터 6개월간 대상

➤ 사업연도가 6월을 초과하는 법인만 중간예납 의무 있음

➤ 청산법인, 휴업법인, 국내사업장이 없는 외국법인, 신설법인의 최초 사업연도 등은 중간 예납의무가 없음

90

6) 장부의 기장, 비치의무

- 복식부기에 의한 기장
- 장부와 관계있는 중요한 증빙서류는 5년간 보관
- 주주의 설명과 주소 및 주민등록번호 등의 사항이 기재된 주주명부 또는 사원명부를 작성하여 비치해야 함

91

Chapter 4. 창업기업의 4대 보험 관리

1. 국민연금

1) 가입대상자

- 사업장의 18세 이상 60세 미만의 근로자와 사용자는 의무적으로 국민연금에 가입하여야 함
- 일용근로자도 1개월 이상 근무 시 가입대상

2) 보험료율 및 납부

표준소득월액의 9%에 해당하는 금액을 본인과 사용자가 각각 4.5%씩 부담하여 매월 사용자가 납부해야 함

92

2. 국민건강보험

1) 가입대상자

상시근로자 1인 이상의 사업장은 1개월 이내에 해당 국민건강보험공단 지사에 신고

2) 보험료율 및 납부

- 국민건강보험공단 에서 규정하고 있는 보험료율
- 2020년 건강보험료는 표준보수월액의 6.67%
  장기요양보험료는 건강보험료의 10.25%
- 사용자와 근로자가 50%씩 분담하여 매월 사용자가 납부

93

3. 고용보험

1) 가입대상자

- 고용보험 : 근로자 1인 이상 사업장 당연 적용
- 제외 적용대상
  - ➢ 65세 이후에 새로이 고용된 자
    (실업급여는 적용 제외하나 고용안정·직업능력개발사업은 적용)
    ※ 65세 이전부터 고용보험에 가입된 자가 65세 이후에 퇴직 후 근로 단절 없이 다른 사업장에 고용된 경우는 실업급여 적용 대상('19.1.15.시행)
  - ➢ 1개월간 소정근로시간이 60시간 미만인 자(1주간의 소정 근로시간이 15시간 미만인 자를 포함)

94

2) 가입 절차 및 서류

- 고용보험의 당연적용 사업장
  - 보험관계가 성립한 날로부터 14일 이내에 주된 사업의 소재지를 관할하는 근로복지공단 지사에 '고용보험관계성립신고서' 제출
  - 사업주는 피보험자 자격취득일로부터 14일 이내에 사업장 소재지 관할 지방노동관서에 피보험자격 취득신고를 해야 함
- 고용보험의 당연가입 사업주
  - 보험관계가 성립한 날로부터 70일 이내에 사업장 소재지 근로복지공단 지사에 개산 보험료를 보고 후 한국은행 국고수납 대리점에 납부

95

- 당연적용 사업
  - 사업이 폐지되거나 사업이 종료된 날의 다음날에 보험관계는 소멸됨
  - 사업주 : 사업의 폐지 또는 종료된 날로부터 14일 이내에 '고용보험보험관계소멸신고서'를 사업장 소재지 관할 근로복지공단 지사에 제출

96

3) 보험료의 신고, 납부

- 고용보험료
- 보험년도 3월 말까지(연도 중 보험관계 성립 시는 70일 이내) 사업주가 스스로 당해 보험연도의 근로자 임금총액 추정액에 보험사업별 보험요율은 곱하여 보고, 납부(개산보험료)
- 다음 연도 초에 근로자의 실제 임금총액에 보험사업별 보험요율을 곱하여 확정보험료를 보고, 납부하여 정산(확정보험료)

97

4) 고용보험료 부담

구분		근로자	사업주
실업급여		0.8%	0.8%
고용안정, 직업능력 개발사업	150인 미만 기업	-	0.25%
	150인 이상 (우선지원대상 기업)	-	0.45%
	150인 이상 1,000인 미만 기업	-	0.65%
	1,000인 이상기업, 국가, 지방자치단체	-	0.85%

98

4. 산재보험

1) 가입 대상자

1인 이상 사업장의 사업주는 당연히 산업재해보상보험의 보험 가입자가 됨

2) 보험가입 및 절차

산재보험 가입 대상이 된 날부터 14일 이내 근로복지공단 지역 본부(지사)에 보험관계 성립신고서를 제출

99

- 상시 근로자수 30인 미만 기업은 근로복지공단의 인가를 받아 사업주로부터 보험사무를 위탁받아 처리하는 "사무대행기관"에 고용 · 산재보험 업무를 위탁 가능
- 산재보험료는 사업주가 전액부담하고 매년 3월 10일까지 전년도 보험료의 실정산 및 확정과 금년도 예상보험료(개산)를 자진 신고

3) 산재보험료 = 보수총액 X 업종별 보험료율

100

❍ 산재보험 요율

업종 분류	산재보험 요율
1. 광업	5.83 ~ 18.63%
2. 제조업	0.73 ~ 2.53%
3. 전기·가스·증기 및 수도사업	0.93%
4. 건설업	3.73%
5. 운수·창고·통신업	0.93 ~ 1.93%
6. 임업	5.93%
7. 어업	2.93%
8. 농업	2.13%
9. 기타의 산업	0.73 ~ 1.03%
10. 금융 및 보험업	0.73%

101

"신용보증기금" 투자유치 플랫폼 유커넥트

"유커넥트의 유는 여러분(YOU)과 유니콘(Unicorn)을 의미한다, 파트너와 함께 유니콘을 육성하는데 최선의 노력을 다할 것." 신용보증기금(이하 신보) 민간 투자유치 플랫폼 유커넥트가 2019년7월2일 서울창업허브에서 출범했다.

유커넥트는 민간투자유치 활성화를 위해 신보가 마련한 투자유치 플랫폼으로 투자 활성화를 위한 IR, 유커넥트 매칭 보증을 골자로 한다.

현재 LB인베스트먼트, D2스타트업팩토리, 매쉬업엔젤스, 캡스톤파트너스 등 국내 벤처캐피탈, 액셀러레이터 등 100여 개 파트너사가 파트너로 합류했다.

신보가 내세운 강점은 21만 개에 달하는 풍부한 스타트업 IR 풀이다.

유커넥트로 투자 유치에 성공한 유망 혁신기업에는 투자금액과 매칭을 통해 우대 보증이 지원되는 유커넥트 매칭보증 혜택도 주어진다. 매칭 보증은 투자 금액 3배수 이내에서 1,000억 원까지 제공할 예정이다. 온라인 플랫폼을 통한 IR서비스도 제공할 예정이다.

102

기업가정신과 창업모델

창업기업의 성장과 회수전략

Chapter 1. 창업자금의 조달

1. 창업자금의 의의

- 창업기업에 대한 성장단계별 자금 공급체계 ⇒ 창업단계, 사업화 및 성장단계, 안정/성숙단계로 구분
- 일반창업자들은 창업초기단계의 자금지원(start-up financing)이 가장 필요
  - ✓ 창업초기에는 창업인력의 인건비, 사무실 운영비, 연구개발비, 자재 구입비 등 생존과 사업 아이템 개발을 위한 최소한의 경비가 필요
  - ✓ 사업계획 단계에서 아무리 치밀하게 계산하여도 실제 사업 준비 시 전혀 예상치 못한 경비 소요 ⇒ 사업이 예상보다 지연되는 경우에 대비하여 처음부터 여유 있게 예산을 세우는 것이 안전

2

2. 단기자금과 장기자금

- ✓ 통상적으로 외부 차입에 의한 장·단기의 구분은 1년을 기준으로 함
- ✓ 자금을 외부에서 조달하는 경우 가급적이면 장기자금으로 조달하여야 재무구조가 안정성을 띄게 됨

3. 내부자금과 외부자금

- 내부자금의 원천
  - 당기 순이익,내부 유보 이익, 매출채권과 재고자산 등 자산 처분
  - 투자금, 단기 채권, 선급비용 등 회수, 투자계획 등 비용관리
- 외부자금의 원천
  - 차입 : 주변 인물이나 은행 등 금융기관으로부터의 자금조달
  - 자본금 증자 : 외부투자자를 물색하여 자본금 증액

3

4. 창업기업의 자금조달과 고려사항

1) 자금을 조달하는 방법

① 부채의 형태로 조달 : 채권을 발행하거나 은행 등 금융기관에서 차입. 채권자들에게 지급하는 이자는 고정비 성격임.

※ 부채비율(부채/자기자본)은 200% 이하를 유지하는 것이 바람직함.

② 자기자본의 형태로 조달 : 주식을 발행해서 조달, 주주들에게 지불하는 배당은 변동비 성격임. 창업기업의 경우 대표자가 70% 이상의 지분 보유가 바람직함.

4

2) 개인 및 지인자본 활용

① 개인자본 활용

- 창업자가 소유한 재산으로 창업자금을 조달하는 것이 자기자본 창업임
- 자기자본 창업의 장점은 이자 부담과 원리금 상환부담이 적어 사업이 안정적임

② 지인자본 활용

- 많은 창업자에게 있어 가족이나 친구 등 지인은 중요한 자금조달원이 됨
- 지인들은 창업자에게 융자를 해주거나 또는 투자를 통해 주식을 매입하기도 함
- 가족이나 친구의 경우 제품(서비스)보다는 창업자를 보고 투자를 하는 경우가 많음
- 창업 초기 기업은 위험성이 매우 높기 때문에 많은 자금을 가족 및 지인을 통해 조달할 경우 가족 전체가 금전적 어려움에 빠질 수 있다는 것을 유의해야 함

5

3) 정부자금 활용

① 순수한 자금지원 방식(창업사업화 자금 ⇒ 보조금)

- 창업아이템개발과 사업화 지원을 위해 1억 원 내외의 보조금을 평가를 통해 지원하는 방식이며, 계획대로 사용하면 갚지 않아도 되는 돈임
- 엄격한 심사가 병행되기 때문에 지원금을 받기가 쉽지는 않지만, 관련 공고가 뜨고 자사의 사업과 연관이 있다면 도전해 볼 필요가 있음

② 이자가 낮은 저리대출 방식(정부 정책자금 ⇒ 융자금)

- 이자가 낮은 저리 자금대출은 보통 중소기업진흥공단, 소상공인시장진흥공단, 기술보증기금, 신용보증기금, 지역신용보증기금 등에서 일정한 평가 후 대출 또는 보증서를 발급받는 방식임
- 신용보증서의 경우 몇 천만 원에서 몇 억 원까지 보증서를 발급해 주는데 이를 가지고 거래 은행에서 대출을 받으면 됨

6

4) 투자유치

- 투자유치 방법은 크라우드 펀딩, 엔젤투자자, 엑셀러레이터, 벤처캐피탈임

① 크라우드 펀딩(Crowd Funding)을 통한 자금조달

크라우드 펀딩은 군중을 의미하는 영어단어 크라우드(Crowd)와 자금조달(Funding)을 조합한 용어입니다. 창의적 아이템을 가진 초기 기업가를 비롯한 자금수요자가 중개업자(온라인소액투자중개업자)의 온라인플랫폼에서 집단지성(The Wisdom of Crowds)을 활용하여 다수의 소액투자자로부터 자금을 조달하는 행위를 크라우드 펀딩이라 함.

- 자금모집방식 : 후원금·기부금납입
- 보상방식 : 무상 또는 비금전적 보상
- 주요사례 : 문화·예술·복지·아이디어 상품

- 자금모집방식 : 대출계약 체결
- 보상방식 : 금전적 보상 (원금·이자)
- 주요사례 : 자금이 필요한 개인, 사업자

- 자금모집방식 : 증권(주식·채권) 발행
- 보상방식 : 금전적 보상 (배당금, 원금·이자 등)
- 주요사례 : 창업 초기기업

7

- **발행인의 범위**

크라우드 펀딩을 통하여 증권을 발행할 수 있는 자(온라인소액증권발행인)는 비상장 중소기업으로서 창업 후 7년 이내이거나 프로젝트성 사업을 수행하는 기업이어야 함. 다만, 비상장 벤처기업, 이노비즈기업, 메인비즈기업, 사회적기업은 업력이 7년을 초과하더라도 크라우드 펀딩을 통한 증권발행이 가능함.

크라우드펀딩 제외업종 : 금융·보험업, 부동산업, (유흥)주점업, 무도장 운영업 등

- **발행증권의 범위**

크라우드펀딩으로 발행할 수 있는 증권은 지분증권, 채무증권, 투자계약증권으로 한정

- **발행한도**

- 발행인이 크라우드펀딩으로 발행할 수 있는 증권의 발행한도는 1년간 15억 원
- 크라우드펀딩을 통한 모집가액과 직전 1년간 발행금액(증권신고서를 제출하고 발행한 금액+소액공모 금액+크라우드펀딩 금액)을 모두 합산한 금액이 15억 원 이내 일 것 다만, 전문투자자가 해당 크라우드펀딩을 통해 발행되는 증권을 취득하면서 1년간 전매제한 조치를 취하는 경우 그 투자금액만큼 차기 모집시 발행한도에 복원됨

8

투자자별 투자한도
일반투자자
적격투자자
전문투자자등
동일 발행인 투자한도
500만원
연간 총 투자한도
1,000만원
동일 발행인 투자 한도
1,000만원
연간 총 투자한도
2,000만원
동일 발행인 투자 한도
한도없음
연간 총 투자한도
한도없음
적격투자자
- 금융소득종합과세 대상자
- 사업소득+근로소득이 1억원 이상인 자 外
- 최근 2년간 크라우드펀딩을 5회 이상, 1,500만원
('19.12.31까지 1,000만원) 이상 투자한 사람
전문투자자등
- 창투조합, KVF, 신기술조합, 개인투자조합
- 전문엔젤, 적격엔젤(투자실적 충족限) 外
9

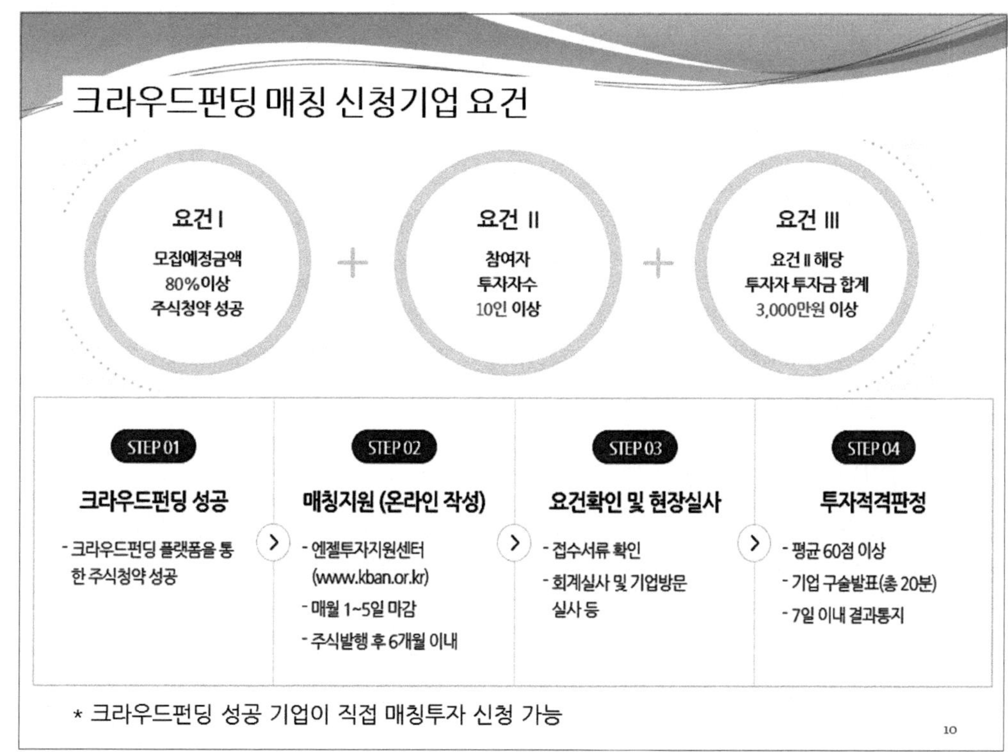
크라우드펀딩 매칭 신청기업 요건
요건 I
모집예정금액
80% 이상
주식청약 성공
요건 II
참여자
투자자수
10인 이상
요건 III
요건 II 해당
투자자 투자금 합계
3,000만원 이상
STEP 01
크라우드펀딩 성공
- 크라우드펀딩 플랫폼을 통한 주식청약 성공
STEP 02
매칭지원 (온라인 작성)
- 엔젤투자지원센터 (www.kban.or.kr)
- 매월 1~5일 마감
- 주식발행 후 6개월 이내
STEP 03
요건확인 및 현장실사
- 접수서류 확인
- 회계실사 및 기업방문 실사 등
STEP 04
투자적격판정
- 평균 60점 이상
- 기업 구술발표(총 20분)
- 7일 이내 결과통지
* 크라우드펀딩 성공 기업이 직접 매칭투자 신청 가능
10

② 엔젤투자를 통한 자금조달

- 엔젤투자란 개인들이 돈을 모아 창업하는 벤처기업에 필요한 자금을 대고 주식으로 그 대가를 받는 투자형태를 말하며 주로 투자클럽의 형태로 운영됨
- 벤처캐피탈이 후기 성장단계를 중심으로 투자한다면, 엔젤은 초기 성장단계를 중심으로 투자하므로, 경영자에게 다양한 전문지식과 노하우를 제공하면서 경영 참여 비중이 벤처캐피탈보다 큼
- 창업기업에게 자금, 경영경험 등을 제공하는 리드엔젤(lead angel)과 법률, 회계, 마케팅 등의 전문지식을 지원하는 서포트 엔젤(support angel)로 구분됨
- 리드엔젤은 비상근이사로 창업기업에 참여하기도 하며 멘토로서 역할을 수행하기도 함, 서포트 엔젤은 전문지식을 통해 자문의 역할을 수행하기도 하고 직접 자금을 투자하기도 함
- 엔젤투자자들이 투자자금을 회수하는 방법으로는 주식상장을 통한 수익창출, 상장 전 지분양도, M&A가 있음

11

엔젤투자 매칭펀드

창업 초기 기업에 엔젤투자자가 먼저 투자를 한 뒤에 매칭투자를 신청하면, 정부에서 엔젤투자자와 투자를 받은 기업에 대해 평가하고 특이사항을 검토한 뒤 매칭하여 투자하는 펀드임. 스타트업에 투자하는 엔젤투자자와 투자를 받은 스타트업을 동시에 지원해서 엔젤투자자는 수익을 내서 후속 투자를 계속 진행할 수 있고, 스타트업은 더 많은 자금을 유치해서 후속 사업을 지속할 수 있도록 돕는 정책임.

2020 엔젤펀드 매칭 투자계획

업무집행조합원 : ㈜한국벤처투자
엔젤관리협력기관 : 엔젤투자지원센터, 지역엔젤관리기관
조성규모 : 1,920억 원, 지원규모 : 최대 6억 원
신청기간 : 매달 1~5일(펀드 예산 소진 시까지)
신청방법 : 엔젤투자지원센터 홈페이지를 통한 온라인 접수

12

연간 매칭 한도는 개별 엔젤투자자 2억 원, 전문 엔젤투자자 20억 원, 엔젤클럽 40억 원, 개인투자조합 40억 원, 액셀러레이터 • 적격벤처기업 • 창업지원기관 등은 40억 원이며 매칭 비율은 개별 엔젤투자자는 최대 1.5배수 이내, 액셀러레이터와 전문 엔젤투자자(지방기업 투자 시)는 최대 2.5배수 이내, 팁스(TIPS)프로그램 운영사가 투자하는 기업은 2배수 이내임

신청대상	내용
창업초기기업	「중소기업창업지원법」시행령 제4조에서 정의하는 "창업에서 제외되는 업종"이 아닌 업종을 영위하는 기업가치(post-money 기준)가 70억원 이하인 기업으로 아래 항목 중 하나라도 해당되는 기업 ① 창업 3년 이내의 중소기업 ② 창업 3년 ~ 7년 이내의 중소기업 * 신청일로부터 최근 3년간 연간 매출액 20억 이하 ③ 창업 7년 이상의 중소기업 * 벤처기업, 기술혁신형기업, 경영혁신형기업 중 하나인 중소기업이면서 신청일로부터 최근3년간 연간 매출액 20억이하
엔젤투자자	- **개인형엔젤투자자** : 개별엔젤투자자, 전문엔젤투자자, 엔젤클럽, 개인투자조합 - **법인형엔젤투자자** : 적격엔젤투자전문회사, 적격벤처기업, 창업지원기관, 지역창업관련기관, 산학협력기술지주회사, 대학관련투자가능기관, 창조경제혁신센터 추천기관, 신기술창업전문회사, 창업경진대회 투자약정기관, 액셀러레이터

13

③ **엑셀러레이터**(민간투자주도형 기술창업,TIPS)를 **통한 지원**

- 창업기업의 성장을 가속시키는 역할을 하는 엑셀러레이터(accelerator)로 민간투자주도형 기술창업지원사업“TIPS”(Tech Incubator Program for Startup)가 있음.
- TIPS운영사의 투자를 통해 발굴된 유망한 기술창업팀(2인 이상,창업 7년 이내)에게 엔젤투자, 보육, 멘토링과 함께 정부의 R&D, 창업사업화·해외마케팅 등을 매칭 방식으로 지원(Pre-TIPS는 창업 3년 이내, 창업자 2인 이상으로 구성된 초기 창업기업)
- 민간 엑셀러레이터가 투자하고 정부가 지원하는 혁신적인 민관협력 모델로 자금지원 뿐만이 아니라 성공한 선배 창업가들로부터 전문 멘토링을 받을 수 있다는 점이 큰 장점임

✓ 창업팀당 최대 10억 원 내외(3년 이내)지원 : 엔젤투자(1억 원) + 보육·멘토링 + R&D(5억) + 창업자금 1억 원, 엔젤매칭펀드 2억 원, 해외마케팅 1억 원

✓ Pre-TIPS 기업은 사업 아이템 구체화를 위한 사업화 자금 1년간 최대 1억 지원 (1천만원 이상 투자유치 실적 필요)

14

④ 벤처캐피탈을 통한 자금조달

- 벤처캐피탈은 제품 및 서비스의 성공가능성을 검토 후에 창업기업에게 자금을 투자하고, 기술개발이나 경영지원으로 투자이익을 얻는 방법을 의미함
- 금융기관은 신용도나 담보를 조건으로 지원여부를 결정하지만, 벤처캐피탈은 창업기업의 시장성 및 성장가능성을 평가하여 무담보 투자를 하고 있음
- 우리나라의 벤처캐피탈은 중소기업 창업투자회사와 신기술사업 금융회사가 대표적이며, 투자조합을 결성하여 경영전반의 종합적 지원업무를 수행하기도 함
- 벤처캐피탈이 가장 큰 특징은 창업기업의 제품 및 서비스, 아이디어, 기술 등의 아이템의 성장가능성만을 가지고 투자한다는 것임
- 따라서 투자 결정 이후 창업기업이 성장 할 수 있도록 경영 지원을 해주기도 함
- 벤처캐피탈의 입장에서도 창업기업에 대한 지원이 실패가능성을 줄이고 성공가능성을 높여 투자에 대한 안전성을 확보하여 이득을 취할 수 있기 때문에, 이처럼 벤처 캐피탈은 창업기업과 동반자적 특성을 가짐

15

5. 은행의 활용

◆ 융자절차 흐름도

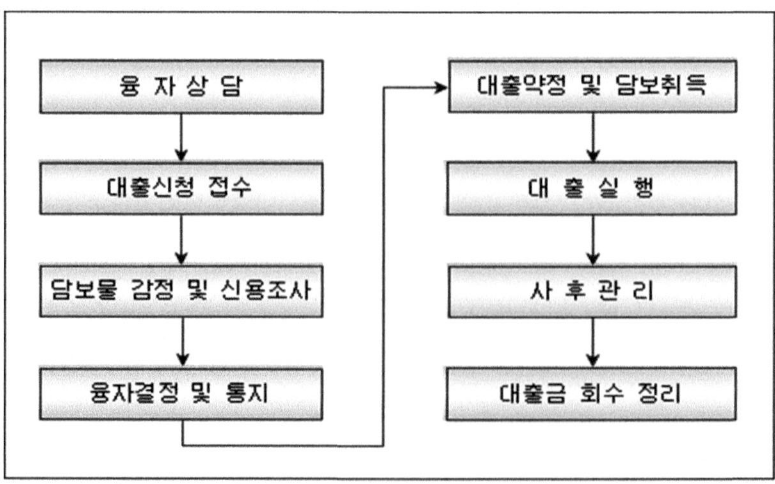

16

◆ 융자신청서류

기본 서류	필요시 요구 서류
- 융자상담 및 차입신청서 - 이사회 차입결의서(법인인 경우) -법인인감증명서(법인인 경우)	- 사업계획서(시설자금대출) - 신용조사 및 감정서류 - 사업자등록증 사본(개인기업) - 주무관서의 인가서 또는 추천서 사본 - 기타 필요한 서류

17

◆ 담보물 감정서류 및 신용조사서류(융자 신청시)

구 분	기본 서류	필요시 징구 서류
담보물 감정 서류	- 토지등기부등본 - 건물등기부등본 - 도시계획확인인원 - 공장인 경우 . 기계기구 목록 . 수입면장 또는 국산기계구입 영수증 사본	- 토지대장 - 건축물 관리대장 - 주택의 경우 임대차 계약서 사본 - 기타 필요한 서류
신용 조사 서류	- 사업현황서 - 법인등기부등본 - 사업자등록 사본 - 최근 2년간 결산 재무제표 및 부속명세서 - 최근 월말 합계잔액시산표	- 주요 주주명부 - 납세완납증명서류 - 향후 3년간 추정 재무제표 - 기타 필요한 서류

18

◆ 신청서류의 검토사항

① 신청인의 본인 여부, 본인이 아닌 경우에는 그 위임관계
② 신청인의 법률상 행위 능력
③ 대리인이 본인의 인감을 소지하고 있는 경우에는 그에 대한 충분한 이유가 있는지 여부
④ 신청인의 호적상 지위, 직업 및 생년월일
⑤ 제3자가 담보를 제공하는 경우에는 구체적인 담보제공 사유
⑥ 담보물건이 적합하고 채권 보전상 충분한가의 여부
⑦ 사업의 개요, 사업현황 및 전망, 과거의 거래현황
⑧ 자금 용도의 적부
⑨ 차주의 인격, 경영능력, 종업원과의 관계, 과거 경력, 건강상태 등
⑩ 상환자원의 적부 등
⑪ 법령, 기타 지시사항 및 관계규정과의 부합여부
⑫ 기타 필요한 사항

19

◆ 현장 답사 후 심사를 실시하는 물건

① 대지 이외의 토지
② 환지 미정리지구(임야 포함) 내의 토지 및 건물
③ 도시계획에 저촉되는 건물
④ 공유지분대지 및 동 지상 건물
⑤ 공장
⑥ 기타 전문적인 감정기법을 필요로 하는 물건

◆ 신용조사 대상

① 여신거래 신청자 및 그 보증인
② 당좌거래를 신규로 개설하려는 자 및 기존거래자
③ 기타 필요하다고 인정되는 자

20

◆ 신용조사내용

① 기업체 개요 : 기업체명, 대표자, 업종, 기업체 연혁, 경영진, 기업형태, 경영방식, 종업원 관계, 조직, 계열기업 등

② 조업 현황 및 전망 : 생산 능력 및 생산실적, 가동률, 재고상황, 원료조달, 판매,수출입,기술수준,입지조건, 업계에서의 지위 등

③ 재무 분석 평가 : 제출된 기업의 재무제표를 기초로 유동성, 안정성, 수익성, 활동성, 생산성 등 평가

④ 차입금 상환 능력 : 단기지급능력, 장기지급능력

⑤ 금융거래현황 : 예금, 대출상황, 담보상황, 거래신뢰도

⑥ 동 업계의 현황 및 전망 : 생산, 판매, 수출실적, 가동률, 원료조달

21

◆ 기업체 종합평가 항목

① 재무상태 : 자본구성, 수익성, 안정성

② 사업현황 및 전망 : 활동성, 성장성, 생산성, 사업전망

③ 은행과의 관계 : 거래신뢰도, 채무상환능력, 기업경영상담

④ 경영상태 및 인적사항(대기업) : 경영방식, 경영능력, 경영자 인격 및 종업원 관계

⑤ 인적사항(중소기업) : 경영능력, 경영자 및 종업원 관계

◆ 기업체 종합평가표 작성을 생략하는 경우

① 약식 신용조사대상, 간이 신용조사대상

② 복식부기 의무자 이외의 개인사업자 등 영세기업에 대한 여신

③ 기업체 종합평가표 작성기준에 의거 평가가 불가능한 경우

22

◆ 담보취득대상물

종 류	범 위
부 동 산	- 토지, 건물, 공장시설 - 공장재단, 광업재단 - 등기된 선박, 건조 중인 선박 - 등록된 자동차, 중기, 항공기 - 등록된 광업권, 어업권, 등록된 입목 - 부동산상의 권리 등
동 산	- 시장성 있는 제품, 원자재 등의 유체물, 기계 등
유가증권	- 국공채 - 사채 - 수익증권 - 상장주식 - 특별법에 의하여 정부 또는 법인이 발행한 채권
채 권	- 은행의 예금, 적금 - 확정채권

23

6. 보증기관 이용방법

◆ 신용보증기금

- 설립 목적
  - ■ 담보능력이 미약한 기업의 채무보증으로 자금융통 원활
  - ■ 신용정보의 효율적 관리운용을 통하여 건전한 신용질서를 확립

  ⇒ 신용사회 구현과 균형 있는 국민경제 발전에 기여

- 보증 대상
  - ■ 사업을 영위하고 있는 영리를 추구하는 개인 사업자
  - ■ 사치성, 불건전 오락사업 및 산업연관 효과가 적거나 국민경제 기여도가 적은 업종에 대하여는 자금용도 및 보증지원의 타당성을 검토하여 보증지원 여부 결정

24

◆ 보증금지 기업 (신규보증을 받을 수 없는 자)

① 기금이 보증 채무를 이행한 후 구상채권의 변제를 받지 못한 기업

② 기금의 어음보험계정에서 보험금을 지급한 후 대위채권을 회수하지 못한 어음의 발행인

③ 위 "①"기업이 법인인 경우 그 기업의 이사 또는 업무집행사원 중 기금법 시행령 제 25조의 규정에 해당하는 자가 대표자로 되어있는 기업

④ 위 "①"및 "②" 기업이 개인기업인 경우 그 개인(공동대표자 포함)이 대표자로 되어있는 기업

⑤ 주택금융신용보증기금이 보증 채무를 이행한 후 구상권의 변제를 받지 못한 개인이 대표자로 되어있는 기업

25

◆ 보증제한 기업

① 휴업 중인 기업

② 금융기관의 대출금을 빈번히 연체하고 있는 기업

③ 금융기관의 금융거래확인서 기준일 현재 연체중인 기업

④ 신용불량 해당기업

⑤ 기금이 보증 채무를 이행한 후 구상채권의 변제를 받지 못한 기업의 연대보증인인 기업 및 연대 보증인이 대표자로 되어있는 기업

⑥ 부실자료 제출기업으로서 보증제한기간이 경과하지 아니한 기업

⑦ 보증사고 기업

26

- 기술신용보증기금
  - 담보부족으로 어려움을 겪고 있는 중소기업인들이 금융기관으로부터 신속하고, 편리하게 대출을 받을 수 있도록 보증 지원하는 중소벤처기업부 산하 정부출연기관
  - 벤처기업의 육성을 위하여 기업의 기술성과 사업성을 평가하여 보증을 지원하는 벤처전담 보증기관
  - 주요 업무
    - 신용보증
    - 기술평가
    - 벤처기업지원

27

7. 기업공시 제도와 IR

- 기업공시제도(Corporate Disclosure System)의 개념

투자판단에 영향을 미칠 수도 있는 기업관련 주요 정보를 제공하도록 강제

  - 경영실적, 재무상태, 합병, 증자 등
  - 기업정보를 입수할 기회가 적어 정보의 비대칭으로 인한 불이익을 감수해야 하는 비합리성을 해소하기 위해 상법과 증권거래법으로 강제
  - 공시정보는 투자판단에 유용한 정보를 효과적 방법으로 투자자들에게 전달 ⇒ 투자의사결정 지원
  - 기업정보는 발생 즉시 신속하게 공시, 투자판단에 오류가 생기지 않도록 최근 정보 제공

28

◆ 기업공시제도와 IR(Investor Relation)

- 기업공시제도 : 법으로 강제하는 기업정보 공시
- IR(Investor Relation) 투자자관계 기업설명회
  - 비 제도적 · 자발적 · 임의적 기업 정보제공
  - 정보제공 활동으로서의 높은 효용성
  - 정보내용을 간결하고 명확하게 가공 ⇒ 가능한 한 정보의 시각적 어필 도모
- 기업정보의 투자자 전달이라는 측면에서는 기업공시제도와 IR은 동일선상에 위치

29

※ IR과 PR(Public Relation)의 차이점

구 분	IR(투자설명)	PR(홍보)
대상	주주 · 투자자	불특정 다수의 일반 대중
목적	기업가치의 적정한 평가 투자 매력의 어필(appeal)	기업 이미지 제고 제품과 서비스, Promotion
Communication 내용	Value Driver 나쁜 정보도 포함	회사의 특 · 장점 회사의 특 · 장점
Communication 방법	자발적 쌍방향(Push & Pull)	전략적 일방적(Push)
기간	지속적	목적에 따라 특정기간 선택

30

◆ 투자안내서(Investor Relation)의 정보

- 생산, 판매, 재고, 구매 등 세부 데이터(제품별 내역 등)
- 연구개발비, 설비투자와 자금조달 방법
- 인건비, 감가상각비
- 불량채권 현황
- ROE 등의 경영지표
- 업계의 전체적 동향 및 회사의 지위, 시장 점유율
- 세계 시장동향 및 회사와의 관계
- 현금흐름에 관한 사항

31

◆ IR(Investor Relation) 목차(예시)

- 회사소개
- 사업소개
- 산업동향
- 경영현황
- 경영계획 및 전략
- 장기비전
- 투자메시지
- 첨부자료

32

◆ IR작성시 유의사항

- 투자자의 정보욕구에 주목한다.
- 특징이 있어야 한다.
- 시장분석은 다각적으로 실시한다.
- SWOT분석은 필수적이다.
- 가치토대(Value Platform)를 분석한다.
- 가치창조 전략을 제시한다.
- 투자자의 판단기준에 유의한다.
- 과장은 금물이다.
- 정보의 시각적 전달에 힘쓴다.

33

◆ 인터넷 IR의 목차

- 회사정보
- CEO 정보
- 주가정보
- 경영정보
- 재무정보
- 투자정보
- 공시정보
- 보도자료
- IR자료실
- 주주게시판
- FAQ
- 공지사항
- E-mail 서비스
- Contact Us
- Site Map

34

Chapter 2. 창업기업의 성장전략

1. 성장기업의 유형과 특징

✓기업의 성장유형은 저성장, 보통 성장, 고성장으로 구분

- 예를 들어, 산업의 성장속도가 빠른 IT산업의 경우 조직에서도 각 성장단계들이 상대적으로 빨리 나타나지만 바이오나 의약산업과 같은 분에서는 산업의 성장속도도 느리며, 따라서 조직의 성장속도 또한 느리게 나타남

✓성장의 형태에 따라 비즈니스 유형도 생활형 사업, 집중형 사업, 그리고 지식기반 사업 등으로 연결

✓성장에 영향을 미치는 내부 요인 : 조직, 리더십, 전략, 자원 등

35

	저성장	보통 성장	고성장
비즈니스 유형	지방, 라이브스타일 사업	지역, 집중된 사업	잠재력이 높은 지식기반 사업
조직	효율성을 강조한 기초적 시스템, 기업가에게 보고	책임 영역 위임, 예산 및 통제 시스템	복잡한 제어 시스템, 공식적 경영, 분산관리
리더십	설립자	설립자와 관리자	전문경영
전략	외부환경 변화를 예측 및 적응	차별화의 원인을 이용 및 갱신, 새로운 기회 인지	현재 이점을 확장하는 것부터 잠재적 혁신을 탐구하는 투자 포트폴리오
자원	이익 잉여금, 신용카드, 가족, 친구, 은행으로부터의 대출	자산 담보 대출, 주식(엔젤)	주식 : 엔젤, 벤처자본, 투자은행, 출구 전략(판매, IPO)

자료 : Bygrave and Zacharakis(2009)

36

✓창업 초기는 모든 것을 새롭게 시작하므로 창업자를 비롯해 대부분 조직원들이 기업가적으로 행동하기 때문에, 그 특성상 기업가적 성향이 강하게 나타남

✓성장기에 접어들면서부터, 기업 규모가 커질수록 효율성이 중요해지고 관료화되면서 기업가 정신이 사라질 우려가 있기 때문에, 사내 기업가정신 유지를 위해 지속적인 노력 필요

- **성장기**에 신사업 아이디어를 효과적으로 평가할 수 있는 기준을 확립하거나 참신한 **아이디어발굴을 위한 사내 경진대회**를 개최하는 등 **기업가정신이 조직 전반에 확산될 수 있게 경영문화 구축이 필요함**
- 성숙기를 맞은 기업이 성장의 속도를 늦추지 않으려면 기존역량을 십분 활용할 수 있는 신사업 창출에 중점적인 노력을 하여야 함
- 쇠퇴기에 접어든 기업이 사내 기업가정신을 성공적으로 실현하기 위해선 최고경영진의 강력한 리더십이 필요함
- 산업의 성장속도가 빠른 IT산업의 경우 조직에서는 각 성장단계들이 상대적으로 빨리 나타나지만 바이오나 의약산업과 같은 분에서는 산업의 성장속도도 느리며, 따라서 조직의 성장속도 또한 느리게 나타남

37

세계 3대 소형 인공위성업체로 성장한 벤처기업 쎄트렉아이

한국과학기술원(KAIST)은 1989년 인공위성연구센터를 세우고 국내 처음으로 위성 제작에 도전했다. 관련 기술도 경험도 없었기 때문에 먼저 위성 설계, 제작 기술을 가르쳐 줄 곳부터 찾아야 했다. KAIST는 우주 산업 분야에서 경험과 기술이 풍부한 영국 서리대학을 스승으로 삼았다. 1980년 학생 다섯 명을 유학 보낸 것을 시작으로 모두 스물일곱 명을 보내 위성 제작 핵심 기술을 배우도록 했다.

유학생들은 서리대가 만든 UoSAT-5 위성을 바탕으로 새로운 실험장치를 탑재했다. 본체도 일부 개량 해 무게 50kg짜리 미니 관측위성 '우리별-1호'를 만들었다. 우리별-1호는 1992년 프랑스가 만든 아리 안-4 로켓에 실려 지구 궤도에 올라갔다. 지구 표면 사진을 촬영 전송하고 아마추어 무선사 '햄'들에게 통신 서비스를 제공했다. 이 미니위성 덕분에 한국은 세계에서 스물두 번째로 위성을 보유한 나라로 이름을 올렸다.

우리별 위성은 서리대의 기술 지도를 받은 데다 영국에서 모든 부품을 사서 만든 탓에 "우리 별이 아닌 남의 별"이라는 놀림을 받기도 했다. 그러나 우주개발 후진국인 한국이 소형 위성 제작 분야에서 그 나마 명함이라도 내밀고 있는 것은 우리별 1~3호를 개발하며 쌓은 기술과 노하우 덕분이다. 우주발사체 기술에서 우리는 북한보다 10년 가량 뒤처져 있다는 평가를 받고 있지만 위성 기술만큼은 훨씬 앞서있다.

2000년 들어 KAIST의 인공위성 개발 사업은 한국항공우주연구원으로 통합됐다. 그러자 서리대 첫 유 학생 다섯 명 중 네 명을 포함한 우리별 개발팀 멤버들이 '쎄트렉아이'라는 우주항공 벤처기업을 창업하고 독자적인 연구에 나섰다. 쎄트렉아이는 2005년 말레이시아에 소형 위성을 처음으로 수출한 데 이어 아랍에미리트에도 위성 두 개를 팔았다. 싱가포르 위성 두 개와 아랍에미리트 위성 한 개도 추가로 수주하며 잇단 성과를 냈다. 쎄트렉아이는 세계 소형 위성 시장을 주도하고 있는 영국 SSTL과 유럽 EADS 아스트리움보다 기술력에서 오히려 앞선다는 평가를 듣고 있다.

쎄트렉아이가 2014년도에 스페인에 지구 관측 위성을 수출해 처음으로 유럽 시장에 진출하는 쾌거를 이뤘다. 20여 년 전에는 위성 제작의 가장 초보적인 기술도 몰랐던 학생이 이제는 스승을 능가할 실력 을 쌓은 것이다. 쎄트렉아이는 우리가 우주산업을 키워가는데 하나의 모델이 될 수 있다. 우주개발 선진국들과의 격차를 빠르게 좁혀 나가려면 무엇보다 더 많은 쎄트렉아이가 나와야 한다.

출처 : 조선일보(2014.6.19), 인공위성 수출, 김기천 논설위원

38

2. 성장 기업의 선택 : 매각, 유지, 성장

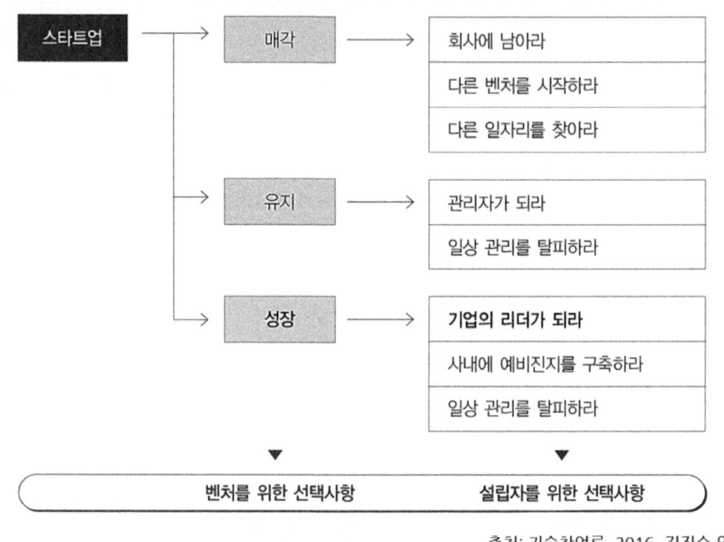

출처: 기술창업론, 2016, 김진수 외

39

3. 기업 성장단계별 주요 성공요인

1) 조직

- 기업이 지속적으로 성장하기 위해서는 합리적이고 체계적인 조직 구조를 가지고 있느냐가 중요한 성공요인임
- Aiman-Smith et al.(2005)은 조직 내 역량을 진단하고 개선하기 위한 차원을 9가지 요인으로 제시하였으며 이를 VIQ(Value Innovation Quotient) 라고 함

[그림 14-5] 조직성장을 위한 9개 진단요인

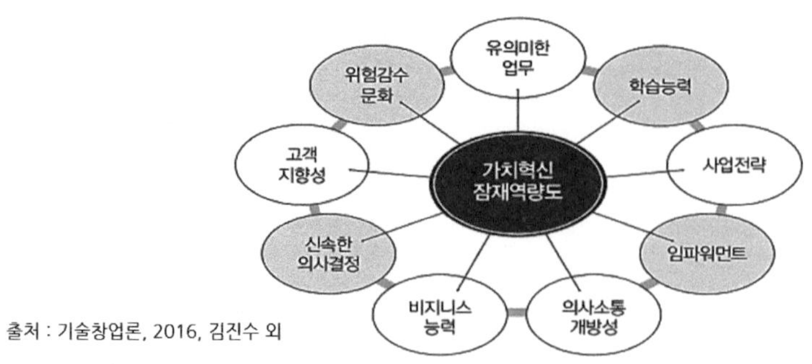

출처 : 기술창업론, 2016, 김진수 외

40

[표 14-1] 조직성장을 위한 9개 진단 요인

차원	설명
의미있는 업무	업무에서 각 개인이 조직과 고객에게 영향을 미치는지에 대한 것
위험감수 문화	높은 수익을 이끌어내기 위해 약간의 위험을 감수하는 것
고객지향성	잠재적 시장에서 Needs와 Want를 식별, 요구를 제품과 서비스 가치로 전달하는 것
신속한 의사결정	아이디어와 분석에 대한 사용 결정을 내릴 권한을 부여, 얼마나 빨리 조직이 결정을 내리는가
비즈니스 능력 (business intelligence)	시장 및 사업 동향을 감지하고 환경과 경쟁자를 확인하여 전략적 문제를 이해하는 조직의 능력
의사소통 개방성	도전적인 일을 말하여 변화를 지원
임파워먼트(권한 위양)	직원들이 독립적으로 문제를 파악하고 고심하는 것
사업 전략	사업계획시 사용하는 정해진 기법이 있으며, 폭넓은 사람들이 계획과정에 참여하는 것
학습능력	조직구성원들이 새로운 지식, 기술을 지속적으로 학습하며, 회사로 이를 위해 지원을 함.

출처 : 기술창업론, 2016, 김진수 외

41

2) 리더십

- 창업가가 새로운 아이디어에서 기회를 찾아 비즈니스를 창출하고 비전을 제시하는 반면, 관리자는 계획, 조직, 통제활동을 주로 함
- 그러나 기업가적 리더는 성장조직을 성공적으로 이끄는데 큰 역할을 함

[표 14-2] 기업가 vs 관리자 vs 기업가적 리더

기업가	관리자	기업가적 리더
새로운 아이디어 탐색	현재 운영을 유지	새로운 기회 모색을 하면서 핵심 사업을 활용
사업 시작	사업 실행	진행 중인 조직 내에서 사업 시작
기회가 구동	자원이 구동	능력과 기회가 구동, 능력을 활용하고 기회요인을 확장하기 위해 새롭게 구축
비전을 설정 및 실행	계획, 조직화, 직원, 통제	비전을 설정하고 이를 수행하기 위해 다른 사람을 최대한 활용
기회 주변에 조직을 구축	조직의 효율성 향상	조직성장에 따라 기업가적 능력을 유지, 기업가정신에 도움이 되는 문화, 구조, 시스템 보장; 장벽 제거
다른 사람들을 리드하고 고무함	다른 사람들을 감시 및 감독	기업가적 개인을 개발 및 유도; 다양한 전문지식과 방향을 보유한 개인과 집단 사이의 다리
경쟁 환경의 변화를 조정	일관성 및 예측가능성을 유지	조직 및 경쟁 환경의 변화를 조정

출처 : Bygrave, Zacharakis(2009)

42

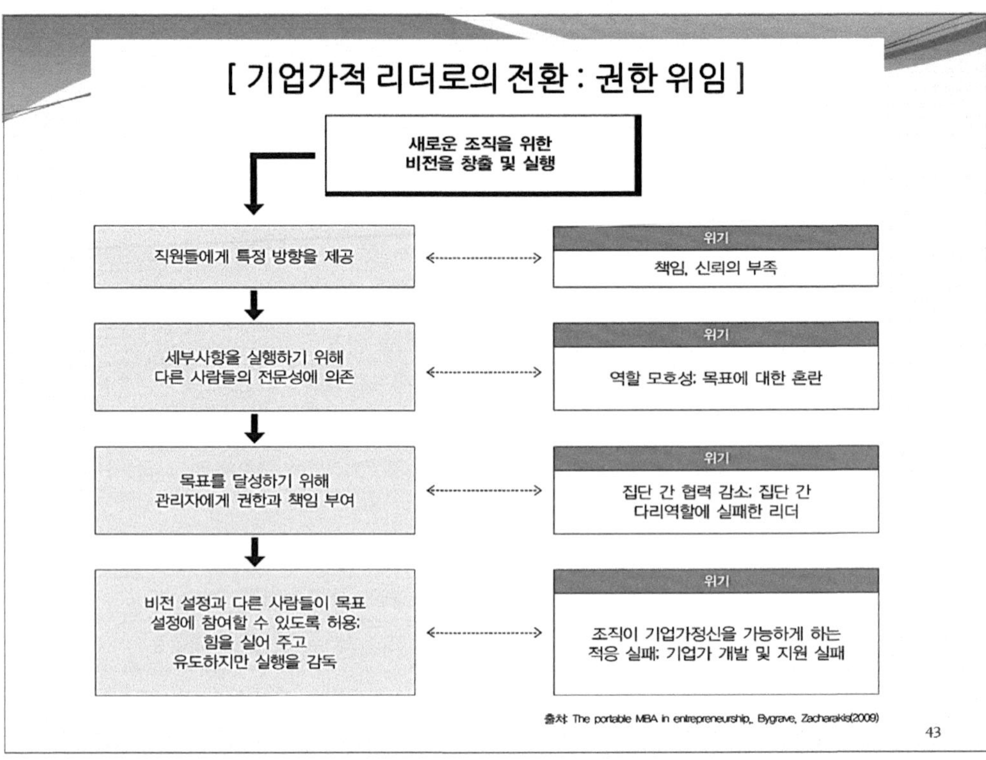

3) 전략

- 기업이 경영을 영위하고 성장을 하는 근간은 명확한 비전과 전략을 보유하고 있는가에 있다. 그리고 내부 기능(부서, 팀) 간의 전략 및 실행계획과 잘 연계되었을 때 좋은 성과를 거둘 수 있음

① 전략의 정의

*출처 : 기술창업론, 2016, 김진수 외

- ◆ 조직의 주요 의사결정들에서 나타나는 일관되고 통합적인 유형
- ◆ 환경으로부터의 기회와 위협 하에서 조직의 목표달성을 위한 일련의 행동 및 이에 대한 자원의 배분 양식
- ◆ 현재와 미래에 있어서 조직의 활동영역에 대한 선택
- ◆ 선택된 활동영역 내에서 경쟁우위를 달성하고 이를 지속적으로 유지하기 위한 일련의 활동

② 전략의 영역

- ◆ **활동영역(scope)** : 이는 조직과 환경과의 상호작용의 정도를 나타내는 것으로서 조직의 사업영역 내지는 활동영역을 의미한다.
- ◆ **자원동원(resource deployments)** : 이는 조직의 목표달성을 위해 자원이나 능력을 결합하고 배분하는 것을 말한다. 이는 조직의 독특한 능력으로 나타난다.
- ◆ **경쟁우위(competitive advantage)** : 이는 조직의 활동영역과 자원동원에 대한 의사결정을 통해서 해당 기업이 경쟁자에 비해 지니는 독특한 경쟁적 위상을 말한다.
- ◆ **시너지(synergy)** : 이는 기업의 활동영역 선택과 자원동원을 통해 기업이 추구하는 상승효과를 의미한다. 일반적으로 시너지는 기업내 사업부간에 유 · 무형의 자원들을 공유함으로써 창출된다.

44

4) 자원

- 창업기업에서 자원이란 자본과 사람을 말함

① 초기성장을 위한 자금 출처

*출처 : 기술창업론, 2016, 김진수 외

◆ 주요 관리로부터의 투자
◆ 설립자 대출
◆ 가족 및 친구
◆ 엔젤 투자자
◆ 채권, 재고 및 장비 등 자산에 대한 대출
◆ 장비 임대
◆ 신용카드

② 중요한 자원은 '사람'

◆ 기업가정신에 대한 열정을 찾아라
◆ 높은 수준의 애매함의 조건에서 작동할 수 있는 능력을 개발하라
◆ 그들이 프로젝트에 헌신하고 기여하기 위해 조직 내에서 다른 사람들을 설득할 수 있는 성향과 신뢰성이 있는지 확인하라
◆ 충분한 자유를 제공하고 능력을 키우는 동안 그들의 노력을 촉진, 지원, 그리고 유도하라
◆ 회사의 혁신과 성장열의를 위한 그들의 기여를 인지하라
◆ 실패를 위험과 관련 있는 기업가정신, 학습 기회로 보고, 좋은 의도의 실패는 처벌하지 않도록 보장하라

45

[기업 성장 단계별 핵심 성공요인]

	초기 성장기		후기 성장기	
	해결과제	주요 필수요건	해결과제	해결과제
조직	수익(판매) 중심: 운영 압박하는 급속 성장: 비효율성, 빈약한 통제, 품질문제로 이어지는 부족한 시스템 및 계획: 비공식 의사소통 및 절차로 혼란, 책임회피 발생	현금 및 채권: 채무를 관리하는 기본 시스템 개발: 성과 및 지출을 추적할 수 있는 간단한 예산과 지표 개발	초기 시스템 및 계획 구조보다 조직이 팽창: 분권이 증가되어 조정 및 제어가 어려움	장기간 통제 및 계획 시스템 업그레이드 및 공식화: 사전계획은 반응접근방식으로 대체: 통제와 창의성 간 균형 유지
리더십	기업이 기업가의 능력을 초과: 기업가가 대표능력 상실: 능력 부족의 관리자가 내부 승진	다른 사람에게 책임을 위임하는 절차 시작: 전문 관리인/감독관 승진 및 고용	경영의 정교함 부족: 조직 전체의 부적절한 의사소통: 전문 경영인과 기업가 간, 신규 및 기존 직원 간 갈등	핵심 전문경영 인재 모집: 모든 기능을 하는 이사회 구축: 전략계획 및 기업능력 유지하는 리더십 팀 허용
전략	능력 밖의 기회를 추구하는 경향: 벤처경쟁에 대한 명확한 전략 부족	회사의 고유 가치를 활용한 전략에 집중하여 개발: 제품개발, 마케팅, 운영 등 모든 회사 활동에 전략의 일관성 유지	기존 기회요인이 더 적은 기회를 제공: 시장에서 경쟁압력과 변화가 현재의 기업을 위협	경쟁력 있는 독창성 개발 및 단일제품 중심을 타파: 제품과 시장 주변으로 확장: 새로운 추진력과 장기효과를 위한 미래전략 개발
자원	판매확대로 신속한 자금조달 및 인력충원 요구: 일반적인 기술이 점점 조절 불가하게 복잡성을 증가시킴	점검을 통해 수익성과 현금흐름을 획득: 초기자금원을 두드림: 전문 인력 고용: 지식재산권 보호	성장을 위한 자원 부족	부트스트랩 정신 유지: 내부성장 자원을 위한 현금 관리: 금융성장 확보

출처 : Bygrave and Zacharakis(2009) 46

4. 경쟁전략

◆ 전사적 전략

- 기업의 사업영역을 선택하고 여러 사업부들을 효과적으로 관리하기 위한 전략
- "어떤 사업을 해야 할 것인가?" 하는 문제와 "여러 사업 분야를 기업 전체적인 관점에서 어떻게 효과적으로 관리할 것인가?" 하는 전략 수립
- BCG 매트릭스 전략 사용

◆ 사업부 전략

- 특정 사업 부문의 구체적인 경쟁 방법을 결정하는 것으로 경쟁전략이라고도 함
- "특정 사업영역 내에서 경쟁우위를 획득하고 이를 지속적으로 유지하기 위해 어떻게 효과적으로 경쟁해 나갈 것인가?" 하는 전략 수립
- 본원전 전략 사용

◆ 기능전략

- 생산, 마케팅, 재무, 인사 등과 같은 기업의 각 기능 부문 내에서 자원활용의 효율성을 제고를 위한 전략 수립

47

1) 전사적 전략 : BCG 매트릭스

✓사업 포트폴리오 분석(business portfolio analysis)은 다각화된 기업의 전략적 분석을 위한 하나의 수단으로서 가장 잘 알려져 있으며 또한 실제 기업에서 널리 활용되어온 분석 기법

✓미국의 경영자문회사인 Boston Consulting Group(BCG)에 의해 개발된 기법으로 '**성장-점유율 매트릭스**'라고도 정의

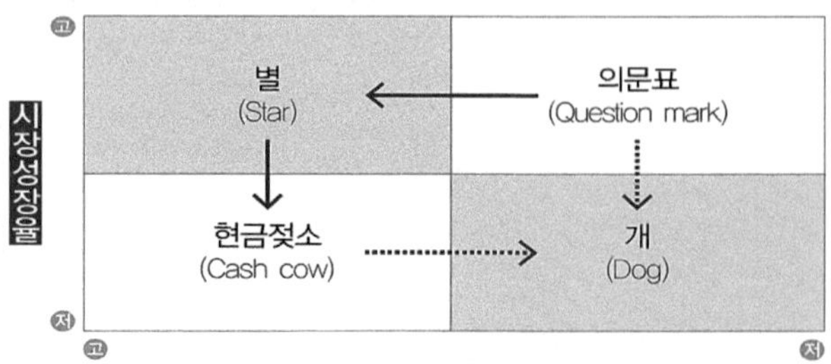

*출처 : 기술창업론, 2015, 김진수 외

48

2) 사업부 전략

✓사업부 전략으로 활용되는 본원적 전략(generic strategy)이란 기업이 특정 산업에서 경쟁자에 대해 경쟁우위를 획득함으로써 산업 내에서 평균 이상의 성과를 얻기 위한 경쟁방법으로 원가주도 전략, 차별화 전략, 집중화전략 등이 있음

✓원가주도 전략

- 기업의 원가 우위에 영향을 미치는 여러 가지 수단들을 통해 특정 산업에서의 원가 우위를 통해 경쟁우위를 획득하려는 전략

✓차별화 전략

- 제품이나 서비스를 차별화 하는 것, 즉 고객에게 자사의 제품이 독특한 것으로 인식되도록 함으로써 경쟁우위를 획득하는 것

✓집중화 전략

- 원가 집중화와 차별적 집중화로 나눌 수 있으며, '원가 집중화(cost focus)'는 목표산업에서 원가우위를 추구하고 '차별적 집중화(differentiation focus)'는 목표산업에서 차별화를 추구

49

Chapter 3. 창업기업의 회수전략

1. 출구전략의 이해

1) 출구전략이란?

✓창업에 성공을 한 후 창업가와 투자자는 금전적인 보상받고 위해, 투자한 자금을 현금으로 회수하는 것을 출구전략(exit strategy)이라고 함

✓출구전략의 대표적인 유형은 기업공개인 IPO(initial public offering) 또는 산업계에 큰 기업으로부터 인수·합병(M&A)이 있음

✓우리나라에서는 출구전략으로 IPO가 일반적이지만, 미국에서는 M&A가 일반적임

50

2) 우리나라 출구전략의 한계

✓우리나라는 시장이 크지 않아, 미국에 비해서 출구전략에 한계가 있음

예를 들어, 우리나라의 소프트웨어 산업을 보면, 어떤 A라는 벤처 기업이 기술을 개발하고 그 기술이 조그마한 붐을 일으킨다. 여기까지는 미국과 비슷한데 그 이후가 다른 모습이다. 이 상황을 인지한 B기업(규모가 큰 기업)은 M&A를 하기보다는 똑같은 기술을 만들어 버린다. 그러면 그 기술을 개발한 기업은 고군분투하다가 결국은 망해 버리고 그 기술은 사람들에게 잘 알려지지 못하고 그냥 해프닝으로 전락해 버린다. 당연히 초기 벤처에 투자한 사람들은 망하고, 벤처를 만든 사람 역시 망할 가능성이 높다. 살아남는다 해도 외주 일을 한다거나, 하청업체로 전락한다. 인수한 대기업 입장에서는 그 기술을 더 발전시켜 봤자 큰 이득이 없다고 보고 세계시장을 타겟으로 기술 개발을 하지 않고 기술은 사라지거나, 명맥만 유지한다. 설사 M&A를 한다고 해도 정말 저렴한 가격에 진행을 한다.

*출처 : 기술창업론, 2016, 김진수 외

51

❖성공한 이후의 삶은?

"5번 창업한 뒤 Exit(자금회수)한 300억 원으로 뭘 할까 고민했습니다. 내일 죽으면 후회되는 일이 무엇일지 생각하다 남을 도와주는 일을 하기로 했죠." 김철환 카이트창업가재단 이사장은 전자종이 기술개발업체 이미지앤머터리얼스 등을 매각한 자금으로 2012년 재단을 설립했다. 회사를 성공적으로 매각한 뒤 좀 쉬면서 놀까 생각도 했지만 체질에 맞지 않아 이내 포기했다.
그래서 한국의 창업생태계와 예비창업가들에게 도움을 주기 위해 재단을 설립하기로 결심했다. 비영리 법인, 카이트 재단은 이렇게 탄생했다.
김 이사장은 엘론 머스크처럼 끊임없이 도전하는 창업가다. 그가 처음 첫 창업을 시작했던 2006년부터 2012년 엑시트를 한 뒤에도 쉬어가기는커녕 재단과 차세대 2차 전지 개발업체 오렌지파워를 창업해 창업가로 활동하고 있다. 김 이사장은 카이스트 화학공학 2차 전지 부문에서 박사학위를 취득했다. 토종 기술자인 만큼 첫 창업부터 생리활성소재, 레이저 프린터 토너, 전자종이 등 다양한 기술 아이디어를 동시에 사업화했다. G1비즈텍을 모회사로 세우고 전자 종이 개발업체 이미지앤머터리얼스, 생리활성 소재 개발업체 바이오제닉스를 자회사로 시작한 이유다.
김 이사장은 "아이템이 여러 가지여서 각각의 비즈니스모델, 정체성 등을 살리기 위해 첫 창업부터 회사 3개를 설립하게 됐다"고 말했다. 그러다 보니 투자 유치에 어려움을 겪었다. 그는 "당시 만났던 창투사 두 곳 모두 세 개는 어려우니 하나라도 잘하라며 퇴짜를 놨다."며 첫 창업의 어려움을 회상했다. 결국 세 아이템 중 하나인 레이저 프린터 토너기술을 대기업에 팔아 종잣돈을 마련했다. 지금은 레이저 프린터 토너시장이 1조 원 시장으로 컸지만 당시에는 그에 아주 못 미치는 가격을 주고 기술을 이전했다. 생리활성 소재를 기반으로 화장품 원료를 개발하는 바이오제닉스 초기에도 시행착오를 겼었다. 김 이사장은 "CC크림을 처음으로 개발했을 때 화장품 업계를 잘 몰라 기술의 값을 제대로 받지 못했다" 고 회고했다.
이어 그는"창업 초기에 가장 완성도 높은 기술(레이저 프린터 토너)을 저렴하게 팔았고 업계의 상황을 파악하지 못해 기술의 값어치(CC크림)를 다 못 받았다."며 "시장의 크기는 어떻게 결정되는지, 누가 경쟁자인지 등을 파악하는 것이 얼마나 중요한 지 깨달았다."고 덧붙였다.
김 이사장은 여러 시행착오를 겪은 뒤 전자종이 업체 이미지앤머터리얼스를 성공으로 이끌 수 있었다. 이미지앤머터리얼스는 300억 원의 기술 가치를 인정받고 2012년 대기업에 성공적으로 매각됐다. 김 이사장은 창업 경험을 통해 기술 가치에 대해 다시 생각했다. 그는 "기술의 가치는 파는 사람과 사는 사람이 모두 다르게 판단한다는 것과 기술보다 더 중요한 것은 '운'이라는 사실"이라고 말했다.

출처 : 머니투데이, 2014.8.13, 방윤영 기자

2. 출구전략의 대표적인 유형

1) IPO를 통한 출구전략

- Initial Public Offering 의 약자로서 기업공개 또는 최초 상장의 의미
- 외부 투자자가 공개적으로 주식을 매수할 수 있도록, 기업이 자사의 주식과 경영 내역을 시장에 공개하는 것을 의미

✓장점

- 자본조달 : 신주 발행/증자를 통해 기업의 성장을 위한 자본 마련 가능
- 투자금회수 : 주주들이 공개시장에서 투자금을 회수할 수 있는 기회 제공
- 세제혜택 : 주식 양도 시 양도소득세 미발생, 비상장 주식보다 상속/증여세 혜택 있음
- PR효과 : 금융 당국의 필터링을 거친 기업이라는 점에서 기업의 신뢰 및 평판 상승
- 종업원 보상 : 종업원에게 일부 월급을 대신해 스톡옵션 지급

✓기업공개에 따른 부담

- 경영권 분산 : 기업의 소유권(주식)이 시장에서 매매됨에 따라 경영권 분산
- 정보공개 및 공시의무 : 주식거래가 합리적으로 이루어질 수 있도록 법적으로 기업 내부 정보 공개
- 인수수수료 등 비용 부담 : 수개월의 준비 기간을 거치면서 상당한 비용 발생

53

2) 인수합병(M&A)을 통한 출구전략

- M&A란 2개 이상의 기업이 하나의 기업으로 통합되어 단일 기업으로 형성하는 합병과 하나의 기업이 다른 기업의 주식이나 자산의 일부 또는 전부를 취득함으로써 그 기업의 경영권을 확보하는 인수를 포괄함
- 인수가 합병과 다른 점은 매수 후에도 양사가 법률적으로는 독립된 기업으로 계속 존재한다는 점임
- M&A는 성장에 있어서 제약이 생긴 기업이나 혹은 사업에서 성공적으로 퇴출하고 싶어 하는 기업에게는 그 시기만 잘 선택한다면 매우 훌륭한 출구전략으로 활용될 수 있는 수단임
- 창업 생태계가 활성화 되어 있는 미국의 경우 2010년 M&A를 통한 투자자금 회수 비율이 72.3%인데 반해, 우리나라는 5% 밖에 되지 않고 있음
- M&A는 장시간이 걸리는 기업공개에 이르기 전에 조기에 투자금을 회수할 수 있는 중요한 기법이기 때문에 최근 우리나라는 M&A 활성화를 통한 자금의 중간 회수가 가능하도록 지원하고 있음

54

◆기업의 M&A 동기

- **경제적 동기** : 기업 간 결합을 통해 필요자원을 시장에서 구입하는 것 보다는 내부화함으로써 거래 비용을 줄이고 재무적 차원에서 세금절감이나 위험감소를 통한 금융비용의 절감 등으로 기업 가치를 극대화하고자 할 때 가능함
- **전략적 동기** : 기업의 장·단기적인 성장이나 확대전략의 수단의 목적이 큼 / 기업 간 M&A는 결합의 시너지뿐만 아니라 기업의 핵심역량 강화를 위해 발생함

◆M&A의 종류

- **흡수합병** : 2개 이상의 기업이 결합할 때 그 중 1개 기업만이 법률적으로 존속하여 다른 기업을 인수하고, 인수되는 기업은 해산하여 소멸하는 합병 형태임
- **신설합병** : 결합하려고 하는 기업이 모두 해산 소멸하고 제3의 새로운 기업이 설립되어 여기에 해산된 기업의 모든 권리와 의무를 이전시키는 방법임
- **주식매수** : 매수기업이 피매수 기업 주식의 전부 또는 일부를 그 주주로부터 매수
- **자산매수** : 두 기업 간의 계약에 따라 한 기업이 상대 기업 영업의 일부를 인수하는 것으로 형식적으로는 매각기업의 기업구조나 주주들의 주식소유권은 영향은 받지 않음

55

◆M&A의 효과

- 기업들이 M&A를 통한 변화를 꾀하려는 이유는 다양하게 나타나지만, 특히 다음과 같은 5가지의 효과 때문에 시도하고 있음

◆ 효율성 증대 : 각 기업의 효율성을 최대로 높이고자 하는 것은 합병의 주요한 동기로 작용한다. 합병에 의해 상호보완적인 자산을 함께 이용한다든지 특허권이나 제한된 원재료를 함께 사용하게 되는 경우를 말한다.

◆ 규모의 경제 실현 : 기업의 합병은 합병 후 기업 규모를 증대시켜 장기 평균 비용이 감소하는 규모의 경제가 실현되면 대량생산 체제로 생산 원가가 절감 될 수 있는 고정비가 분산되며 원재료나 부품의 대량구매에 따른 가격할인 등의 혜택을 볼 수 있기 때문이다.

◆ 시장지배력의 확대 : 합병은 일반적으로 시너지효과를 가져와 시장점유율을 증가시키고, 결과적으로 이익을 확대시킨다. 시장점유율이 높아지면 보다 효과적인 광고효과를 얻거나 유통구조의 취약점을 보완 할 수 있다.

◆ 대리인 문제 : 중소유권이 널리 분산된 대기업에서는 주식을 적게 소유하는 경영자가 직무 부대비용(집무실, 클럽 회원권 등)을 필요 이상으로 많이 소비하더라도 이를 감시하기가 어렵다. 합병은 이러한 문제를 해결하고 경영진이 건전하고 적극적으로 경영에 임하도록 하는 계기가 된다.

◆ 감세효과 : 합병은 기업이 부담해야 할 세금을 경감시킬 수 있다. 즉, 이월결손금에 대한 조세 경감 혜택이 있기 때문에 합병 시 이익이 과대 실현된 기업이 누적된 이월결손금을 가진 적자기업을 인수함으로써 이월결손금을 승계하는 방법으로 세금을 줄일 수 있다.

*출처 : 기술창업론, 2016, 김진수 외

56

3) 청산(Liquidation) 또는 파산(Bankruptcy)

- 기업이 경쟁력을 상실하거나 경영환경이 급변하였을 때 생존 내지 회생을 위한 구조 조정을 실시함
- 우선 회생이 가능한지 여부에 따라 회생절차, 워크아웃(기업개선작업)을 개시하거나 파산 또는 청산절차에 들어가게 됨

◆청산

- 청산이란 해산된 기업이 존립 중에 발생한 재산적 권리의무를 정리한 후 기업의 법인격을 소멸시키는 것을 말함, 의미는 자발적으로 기업을 소멸시키는 것임
- 기업은 주주총회의 특별결의에 의하여 언제든지 해산을 결의할 수 있음
- 기업이 해산하게 되면, 청산절차를 진행하게 됨
- 청산절차란 기업이 해산한 후 기업의 재산을 정리하고, 채무를 변제하고, 잔여재산을 주주에게 분배한 후 법인등기를 말소하는 절차를 말함
- 따라서 기업은 현존영업을 종결하고, 채권을 추심하고, 현물재산을 환가 처분한 후 채무를 모두 변제하고, 남은 잔여재산을 주주들에게 분배하게 됨

57

◆파산

- 청산절차 시 기업은 지급불능상태가 아니어야 하며, 만약 지급불능 즉, 채무초과상태라면 파산절차를 밟아야 함
- 파산은 채무자가 채권자로부터 빚을 빌린 개인이나 단체가 빚을 완전히 갚을 수 없는 상태를 가리키는 법률 용어임
- 기업이 채무초과상태에 빠져 더 이상 영업을 계속할 수 없는 경우 법원에 파산신청을 하여야 함
- 파산절차란 파산법에 정해진 절차에 따라 법원의 재판을 통하여 채무관계를 정리하고, 법인을 소멸시키게 됨
- 이때 파산 보호 정책이 있으며, 파산 보호는 개인이나 단체가 자금 문제로 경영난을 겪을 때 법원이 청산과 존속 가운데 하나를 선택할 수 있는데 존속으로 결정되면 빚을 갚는 데에 유예 기간을 제공하여 회생을 도와 줄 수 있음

58

※ 한국거래소와 코넥스

✓한국거래소

- 증권 및 파생상품 등의 공정한 가격형성과 그 매매, 그 밖의 거래의 안정성 및 효율성을 도모하기 위하여 기 존 증권거래소, 선물거래소, 코스닥위원회, (주)코스닥증권시장 등 4개 기관이 통합되어 2005년 1월 27일 설립
- KRX 이사회는 이사장, 상임 감사위원, 시장감시위원장 등 15인의 임원으로 구성되는데 이 중 8인의 사외이사가 포함
- 상장상품은 주식(유가증권시장 주식, 코스닥시장 주식), 파생상품(주가지수 선물·옵션, 채권·금리선물, 통화선물·옵션 등), 채권(국채, 지방채, 특수채, 회사채, 주식형 채권) 등
- 전자거래 플랫폼을 기반으로 하는 채권시장은 상장종목수가 세계 5위 수준

59

✓ 코스피

Korean Composite Stock Price Index(KOSPI)

한국거래소의 유가증권 시장에 상장된 회사들의 시가총액을 기준시점에 비교해서 나타낸 시장지표이다. 정식 명칭은 종합주가지수였으나 2005년 11월 1일부터 코스피라는 이름으로 개칭되었다. 시가 총액 방식으로 산정되며 기준시점은 1980년 1월 4일이다.

✓ 코스닥

Korea Securities Dealers Automated Quotation (KOSDAQ)

1996년 7월 1일 증권협회와 증권회사들이 합작으로 설립한 코스닥증권주식회사에 의해 개설되었다. 1971년 미국에서 장외시장의 자동화를 위해 개설된 후 주로 첨단기술기업을 중심으로 운영되는 나스닥(NASDAQ)을 모델로 만들어졌으며, 중소기업의 자본조달시장 및 투자마당으로 독립적인 역할을 수행한다.

60

✓ 코넥스(KONEX, KOrea New EXchange)

- 자본시장을 통한 초기 중소기업 지원을 강화하여 창조경제 생태계 기반을 조성하기 위해 새로이 개설된('13.7.1 개설) 중소기업전용 주식시장이다.
- 유가증권·코스닥시장과 마찬가지로 거래소가 개설하는 증권시장으로서, 코넥스시장에 상장된 기업은 유가증권시장의 상장법인이나 코스닥시장의 상장법인과 동일하게 주권상장법인 지위보유
- 다만 코넥스시장은 전문투자자 등으로 시장참가자를 제한하고 공시의무를 축소하는 등 유가증권·코스닥시장 상장법인과 몇 가지 차이점이 있음

61

코스피(유가증권 시장) 상장요건

상장요건		일반회사	지주회사
규모 요건 (모두)	기업규모	자기자본 300억원 이상	좌동
	상장주식수	100만주 이상	좌동
분산 요건 (모두)	주식수	다음 중 하나만 충족하면 됨 01 일반주주소유비율 25%이상 또는 500만주 이상 (다만, 상장예정주식수 5천만주 이상 기업은 상장예정주식수의 10% 해당 수량) 02 공모주식수 25% 이상 또는 500만주 이상 (다만, 상장예정주식수 5천만주 이상 기업은 상장예정주식수의 10% 해당 수량) 03 자기자본 500억이상 법인은 10%이상 공모하고 자기자본에 따라 일정규모이상 주식 발행 · 자기자본 500억~1,000억원 또는 기준시가총액 1,000억~2,000억 : 100만주 이상 · 자기자본 1,000억~2,500억원 또는 기준시가총액 2,000억~5,000억 : 200만주 이상 · 자기자본 2,500억원 이상 또는 기준시가총액 5,000억 이상 : 500만주 이상 04 국내외동시공모법인은 공모주식수 10% 이상 & 국내공모주식수 100만주이상	좌동
	주주수	일반주주 700명 이상	좌동
	양도제한	발행주권에 대한 양도제한이 없을 것	좌동

62

경영 성과 요건 (택1)	매출액 및 수익성	• 매출액 : 최근 1,000억원 이상 및 3년 평균 700억원 이상 & • 최근 사업연도에 영업이익, 법인세차감전계속 사업이익 및 당기순이익 각각 실현 & • 다음중 하나 충족 01 ROE : 최근 5% & 3년 합계 10% 이상 02 이익액 : 최근 30억원 & 3년 합계 60억원 이상 03 자기자본 1천억원 이상 법인 : 최근 ROE 3% 또는 이익액 50억원 이상이고 영업현금흐름이 양(+)일 것	좌동
	매출액 및 기준시가총액	• 최근 매출액 1,000억원 이상 & • 기준시가총액 2,000억원 이상 * 기준시가총액 = 공모가격 x 상장예정주식수	좌동
	기준시가총액 및 이익액	• 기준시가총액 2,000억원 이상 & • 최근 이익액 50억원 이상	좌동
	기준시가총액 및 자기자본	• 기준시가총액 6,000억원 이상 & • 자기자본 2,000억원 이상	좌동
안정성 및 건전성 요건	영업활동기간	• 설립후 3년 이상 경과 & 계속적인 영업활동 (합병 등이 있는 경우 실질적인 영업활동기간 고려)	좌동 (주요자회사의 실질적인 영업활동기간 고려)
	감사 의견	• 최근적정, 직전2년 적정또는한정 (감사범위 제한에 따른 한정의견 제외)	좌동 (개별 및 연결재무제표)
	매각제한 (보호예수)	• 최대주주등 소유주식 & 상장예비심사신청전 1년 이내 최대주주등으로부터 양수한 주식 : 상장후 6월간 • 상장예비심사신청전 1년 이내 제3자배정 신주 : 발행일로부터 1년간. 단, 그날이 상장일로부터 6월 이내인 경우에는 상장후 6월간	좌동 (금융지주회사의 경우 최대주주등 소유주식 매각제한 제외)

코스닥시장 상장요건

(2019.4.17. 개정규정 기준)

<table>
<tr><th rowspan="2">구분</th><th colspan="2">일반기업(벤처 포함)</th><th colspan="2">기술성장기업</th></tr>
<tr><th>수익성·매출액 기준</th><th>시장평가·성장성 기준</th><th>기술평가 특례</th><th>성장성 추천</th></tr>
<tr><td>주식분산
(택일)</td><td colspan="4">01 소액주주 500명&25%이상, 청구후 공모 5% 이상(소액주주 25% 미만시 공모 10%이상)
02 자기자본 500억 이상, 소액주주 500명 이상, 청구후 공모 10%이상 & 규모별 일정주식수 이상
03 공모 25% 이상 & 소액주주 500명</td></tr>
<tr><td rowspan="2">경영성과 및 시장평가 등
(택일)</td><td rowspan="2">01 법인세차감전계속사업이익 20억원 [벤처: 10억원] & 시총 90억원
02 법인세차감전계속사업이익 20억원 [벤처: 10억원] & 자기자본 30억원 [벤처: 15억원]
03 법인세차감전계속사업이익 있을것 & 시총 200억원 & 매출액 100억원 [벤처: 50억원]
04 법인세차감전계속사업이익 50억원</td><td rowspan="2">01 시총 500억 & 매출 30억 & 최근 2 사업연도 평균 매출증가율 20% 이상
02 시총 300억 & 매출액 100억원이상 [벤처50억원]
03 시총 500억원 & PBR 200%
04 시총 1,000억원
05 자기자본 250억원</td><td colspan="2">01 자기자본 10억원
02 시가총액 90억원</td></tr>
<tr><td>· 전문평가기관의 기술 등에 대한 평가를 받고 평가결과가 A등급 이상일 것</td><td>· 상장주선인이 성장성을 평가하여 추천한 중소기업일 것</td></tr>
<tr><td>감사의견</td><td colspan="4">최근사업연도 적정</td></tr>
<tr><td>경영투명성
(지배구조)</td><td colspan="4">사외이사, 상근감사 충족</td></tr>
<tr><td>기타 요건</td><td colspan="4">주식양도 제한이 없을 것 등</td></tr>
<tr><td>질적 요건</td><td colspan="4">기업의 성장성, 계속성, 경영의 투명성 및 안정성, 기타 투자자 보호, 코스닥시장의 건전한 발전, 업종별 특성, 고용창출효과 및 국민경제적 기여도 등을 종합 고려</td></tr>
</table>

* 기술성장기업 : 전문기관 기술평가(복수) 결과 A & BBB 등급 이상인 기업

코넥스시장 상장요건

외형요건 심사

코넥스시장은 아직 실적이 가시화되지 않은 성장 초기 중소벤처기업이 원활하게 코넥스시장에 상장할 수 있도록 매출액순이익 등의 재무요건을 적용하지 않고 있습니다. 그 밖에 초기 중소벤처기업 실정에 부합하지 않는 요건은 폐지하거나 완화하고, 증권의 자유로운 유통과 재무정보의 신뢰성 확보를 위한 최소한의 요건만 적용하도록 하였습니다.

코넥스시장의 진입요건(외형요건)

구분	내용	비고
주권의 양도제한	주식의 양도제한이 없을 것 * 다만, 법령 또는 정관에 의해 제한되는 경우로서 그 제한이 코넥스시장에서의 매매거래를 저해하지 않는다고 인정되는 경우는 예외	
감사의견	최근 사업연도 감사의견이 적정일 것	
지정자문인	지정자문인 1사와 선임계약을 체결할 것	특례상장은 제외
중소기업 여부	중소기업기본법 제2조에 따른 중소기업에 해당될 것	
액면가액	100원, 200원, 500원, 1,000원, 2,500원, 5,000원 중 하나일 것	액면주식에 한함

65

기술특례상장

내용

한국거래소에서는 창업초기기업의 코넥스시장 상장지원을 위하여 '15.7월 상장규정 개정을 통해 기술특례 상장제도를 마련하였습니다.

외형요건

중소기업기본법 제2조에 따른 중소기업으로서 기술신용평가기관 등으로부터 BB 이상의 기술평가등급을 받고 지정기관투자자(VC등)의 상장 동의를 받은 기업은 지정자문인 선임계약 없이 코넥스시장에 상장할 수 있습니다.

<기술특례상장 외형요건>

구분	내용	비고
투자유치	거래소가 지정하는 기관투자자(지정기관투자자)가 10% 이상 지분 보유 또는 투자금액이 30억원 이상(6개월 이상)	주1) 주2)
기술력	기술신용평가기관(TCB)으로부터 일정 수준 이상 기술등급 확보	주3)
투자자 동의	지정기관투자자의 특례상장 및 지분 매각 제한 동의	

주1) 지정기관투자자('19.4월 현재 26사)
주2) 주식 이외에 주식관련사채권 투자 포함(잔존만기 2년 이상인 경우에 한함)
주3) 기술신용평가기관(TCB) 및 기술전문평가기관

기술신용평가기관	한국기업데이타, 기술보증기금, NICE평가정보, 이크레더블
기술전문평가기관	보건산업진흥원, 과학기술정보연구원, 과학기술연구원, 산업기술평가관리원, 전자통신연구원, 정보통신기술진흥센터, 생명공학연구원

질적요건(공익·투자자보호 관련 부적격 사유 등)

지정자문인이 없는 기술특례 상장기업은 한국거래소가 지정자문인을 대신하여 질적 심사과정에서 기업 전반을 심사합니다. 특히, 기술특례상장의 경우 기술성, 공시능력 및 경영투명성을 토대로 공익과 투자자보호 여부를 심사하고 있습니다.

○ 크라우드펀딩 특례상장

❯ 내용

정부의 크라우드펀딩 발전방안('16.11.7)에 따라 투자형 크라우드펀딩(온라인소액공모)를 통해 일정규모 이상 자금조달에 성공한 스타트업기업의 코넥스시장 상장을 통한 지속성장을 지원하기 위해 신설하였습니다.

❯ 외형요건

크라우드펀딩에 성공한 기업과 한국거래소의 스타트업기업 전용 장외시장인 KSM시장(KRX Startup Market, '16.11.14 개설) 등록 전후로 크라우드펀딩에 성공하여 KSM 등록기간이 일정 기간 이상인 기업에 대해 외형요건을 차등화하고 있습니다. 또한 정책금융기관 등이 추천한 기업의 경우 외형요건 중 펀딩규모 요건을 완화하였습니다.

<크라우드펀딩특례상장 외형요건>

구분	일반 크라우드펀딩기업	KSM등록 크라우드펀딩기업*
펀딩규모	3억원 이상 (추천기업 : 1억원 이상)	1.5억원 이상 (추천기업 : 0.75억원 이상)
참여 투자자수	50인 이상 (전문투자자 2인 포함)	20인 이상 (전문투자자 2인 포함)

* KSM 등록 후 6개월 경과 및 한국거래소가 정하는 일정요건 충족 기업

❯ 질적요건(공익·투자자보호 관련 부적격 사유 등)

지정자문인이 없는 크라우드펀딩 특례상장의 경우 기술특례상장시와 마찬가지로 한국거래소가 지정자문인을 대신하여 질적 심사과정에서 기업전반을 심사합니다. 이 경우 신생 창업기업의 특성을 감안하여 상장심사는 최소화하되 정기·수시공시 등의 공시업무 능력과 경영투명성 등에 초점을 맞춰 심사하게 됩니다.

67

기업가정신과 창업모델

업종별 창업전략

Chapter 1. 제조업 창업

◆ 제품을 생산하기 위한 공장의 확보가 필수적 요소

✓ 입지선정 → 공장설립 승인 → 공장건축허가 → 공장 확보

◆ 입지선정 시 고려할 사항

- 용수, 전력, 도로망 등 공장운영 기반이 완비되었는지 확인 필요
- 노동력의 수급, 대기 및 수질오염, 기타 폐기물 처리 관련 사항 등 환경친화적 경영 가능여부 점검
- 입지 확보와 공장설립에 대해 정책자금 등 정부의 지원사항 등 검토

2

공장입지의 선택

◆ 계획입지 : 산업단지 내 입지

✓ 국가산업단지, 일반산업단지, 도시첨단산업단지, 농공단지

✓ 산업단지 내에 공장을 설립하는 경우에는 산업단지 관리기관과 입주계약을 체결해야 함

✓ 전국산업단지 현황은 산업단지공단 홈페이지(www.cluster.or.kr)에서 확인

◆ 개별입지 : 산업단지 외의 입지

✓ 계획입지 외의 지역에 공장설립에 관한 인·허가 사항을 개별적으로 처리하여 공장을 설립하는 공장입지

✓ 산업단지 외의 지역에 공장을 설립하는 경우에는 일반적인 공장설립승인절차를 따라야 함(산업집적활성화 및 공장설립에 관한 법률 제13조제1항).

3

◆ 입지의 장단점 비교

✓ 산업단지 안에서 제조업을 시작하려는 자는 관리기관과 입주계약을 체결하는 것으로 공장을 설립할 수 있기 때문에 공장설립과 관련된 행정절차가 간단

✓ 산업단지 외에서 공장을 설립하는 경우는 개별기업의 성격에 맞게 공장을 설립할 수 있는 장점이 있음

구 분	개별입지	계획입지
장점	1. 기업의 수요에 적극적으로 대응할 수 있음 2. 공장의 증축 등과 같은 사업 확장 시 공장용지를 쉽게 확보할 수 있음 3. 공장의 업종 결정이 자유로움 4. 토지 효율적으로 이용할 수 있는 기회가 많음	1. 단지가 계획적으로 조성되어 기업경영 여건 좋음 2. 이미 개발된 부지를 활용함에 따라 별도의 허가절차를 받지 않아도 됨 3. 입주기업에 대한 세액 감면의 혜택이 있음 4. 공장설립에 필요한 인·허가 절차가 간단함
단점	1. 공장설립 절차가 복잡하고 어려움 2. 공장설립이 가능한 입지를 선정해야 하는 번거로움이 있음 3. 계획입지에 비해 산업기반시설이 미흡함 4. 공장부지 조성 시 개별행위 등에 대한 허가를 별도로 받아야 함	1. 단지 개발 및 조성에 비용과 시간이 많이 소요됨 2. 개별입지에 비해 분양가격이 비교적 높음 3. 입주할 단지의 시행계획에 따라 입주할 수 있는 업종에 제한이 있을 수 있음 4. 공장의 증축·개축 등과 같은 사업 확장이 어려움

4

◆ 공장입지 선정

- 국토이용관리법 등 토지이용에 관한 제반 법령에 적합한지 여부 확인
- 수도권에서 공장을 설립하고자 할 때 수도권정비계획법이 타 법령에 우선 적용
- 수도권의 공장 신 · 증설 허용범위를 정하고 있는 **산업집적활성화 및 공장설립에 관한 법률에 적합한지 여부 검토**
- 공장입지와 관련된 **산업집적활성화 및 공장설립에 관한 법률시행령의 내용**
  - ✓ **과밀억제지역**: 산업의 밀집도와 인구증가율이 현저히 높아 공장의 이전촉진 및 신설 또는 증설의 제한이 필요한 대도시와 그 주변지역
  - ✓ **성장관리지역**: 산업의 밀집도와 인구증가율을 계획적으로 관리하기 위하여 일정한 범위 안에서 공장의 신설 또는 증설의 허용이 필요한 지역
  - ✓ **자연보전지역**: 한강수계의 수질 및 녹지 등 자연환경의 보전을 위하여 공장의 신설 또는 증설의 제한이 필요한 지역

5

◆ 자유입지 지정제도

산업단지 외의 지역에서 공장용지의 조성 및 공장을 설립하고자 하는 자가 산업입지 및 개발에 관한 법률에 의하여 시장, 군수, 구청장에게 공장설립을 위한 입지지정을 신청하는 제도

◆ 입지기준확인서 발급제도

창업자가 개별공장의 입지예정지를 선정함에 있어서 각 토지 환경 관련 법령에 저촉 여부를 일일이 확인하여야 하는 불편과 불확실성을 해소하여 민원인의 편의를 도모하기 위한 제도

입지기준확인서 발급을 당해 시장, 군수, 구청장에게 신청하면 공장설립 가능, 불가능, 조건부허가 등으로 구분하여 접수 후 10일 이내에 회신하는 제도

6

◆ 공장설립 승인제도

- 신고 · 허가 · 승인의 대상
  - ✓ 공장입지 예정지가 수도권일 경우 - 산업집적활성화 및 공장설립에 관한 법률에 의한 지역별 허용업종
  - ✓ 공장입지 예정지가 도시 지역일 경우 - 건축법에 의한 용도지역별 허용업종
  - ✓ 공장입지 예정지가 기타 지역일 경우 - 국토의 계획 및 이용에 관한 법률에 의한 용도지역별 허용업종

- 공장의 신설신고 또는 허가를 받은 자의 공장설립 변경신고 사항
  - ✓ 회사명 또는 대표자 성명, 공장의 업종, 공장 준공예정일 변경시
  - ✓ 공장용지면적(당초 신고면적의 20% 범위 이내인 경우에는 제외)
  - ✓ 공장건축면적(당초 신고면적의 20% 범위 이내인 경우에는 제외)
  - ✓ 부대시설면적(기존 공장 면적률에 정하여 건축된 경우에는 제외)

7

◆ 신고 또는 허가 지역의 구분

범위	내 용
공장설립 신고지역	공장설립 허가지역 외의 전 지역
공장설립 허가지역	수도권 전 지역 (과밀억제권역, 성장관리권역 및 자연보전권역) 부산직할시 (강서구 명지동, 녹산동, 천가동, 가락동, 사하구 신평동, 장림동, 다대동, 구평동, 감천1동, 영도구 봉래동 및 청학동을 제외)

8

◆ 공장건축 행정절차 및 관련 사항

건축허가 (시, 군, 구)	건축 허가신청서, 도시계획 확인원(국토 이용계획 확인원), 건축설계도서, 기타 허가, 신고를 위한 신청서 등을 구비, 행정기관과 협의 하에 15일 이내에 허가
건축착공신고 (시, 군, 구)	건축물공사 계획신고, 착공 전 공사감리, 공사 시공자 날인을 받은 후 제출, 건축주와 맺은 계약서 사본 (설계자, 감리자, 시공자), 설계도서
건축감리중간보고 (시, 군, 구)	공사 감리자가 보고서 작성, 거푸집 또는 주춧돌의 시공을 완료한 때, 기초 공사 시 철근 배근을 완료한 때(철골조, 조적조 등)
건축물사용승인 (시, 군, 구)	사용 검사신청서, 설계도서, 공사 감리보고서, 사용승인 관련 서류 확인내역서

9

◆ 공장을 확보하는 방법

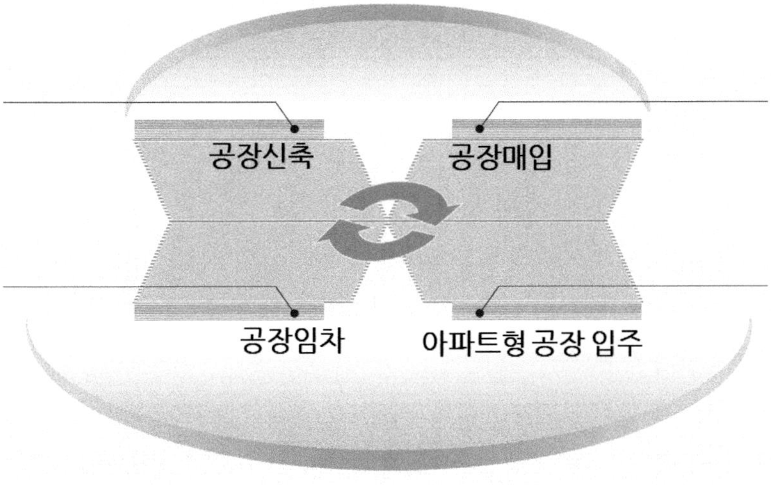

공장신축

공장매입

공장임차

아파트형 공장 입주

10

Chapter 2. 유통업 창업

◆ 매장 입지선정

- 입지선정이 사업성공의 70~80% 차지
- 상권 내 소비 대상인구가 많고 장래에도 인구가 증가할 것이 예상되며, 소득수준 및 소비성향이 높고 구매력이 왕성한 소비자 다수가 존재하는 곳 선택
- 교통체계를 비롯하여 다수의 소비자를 유인할 수 있는 시설이 주변에 존재하고 기존 상권이 형성되어 있는 곳이 경험이 적은 창업자에게 유리
- 도매업인 경우 유사업종 상권이 형성된 곳 선정

11

◆ 입지 선정시 고려할 사항

- 후보지의 환경에 대한 조사 시행
- 새로운 점포가 창업자 자신의 능력에 적합한가를 사전에 확인
- 점포 규모의 적합성과 기존 점포와의 경쟁관계 조사

◆ 매장 입지 결정단계에서 확인할 사항

- 점포의 상태와 소유주의 의도 파악
- 점포를 사서 입주하는 경우 - 창업자의 의사에 따라 입주 후의 개선, 준비절차의 자유로운 추진
- 임차하여 입주하는 경우 - 점포소유자가 권리금 상쇄를 위한 일시적 임대인지 아니면 인근에 대형점포를 신축하기 위한 확장이전 인지 확인

12

◆ 매장 계약 시 조건 및 하자 확인

✓ 해당 대지와 건물에 대한 법적 주인과 계약 체결자와의 관계, 근저당, 가등기 및 가압류 여부는 등기부등본을 발급 받아 확인

✓ 도시계획에 따른 용도는 도시계획 확인원, 토지대장, 건축물 대장을 발급 받아 무허가나 가건물인지의 여부와 함께 도시계획상 철거대상인지 여부 확인

✓ 계약조건에 대해서도 철저히 확인

✓ 등기부등본상의 법률상 주인과 바르게 계약한 것인지 주민등록증을 상호 보여줌으로써 본인 여부 확인

13

Chapter 3. 외식업 창업

1. 외식업의 특성

- 인력에 대한 높은 의존성(노동집약성)
- 생산 · 판매 · 소비의 동시성
- 시간적 제약과 수요 예측의 불확실성
- 낮은 원자재 가격과 현금수익 창출의 용이성
- 식자재 신선도 유지의 어려움
- 입지 의존성이 높음
- 취약한 산업구조와 높은 이직률

14

2. 외식업의 유형

◆ 한국표준산업분류표(Korea Standard Industrial Classification)

분류					항목
대	중	소	세	세세분류	
숙박 및 음식점업 (I)	음식 및 주점업 (56)	음식업점 (561)	일반 음식 점업 (5611)	56111	한식 음식점업(Korean Style Restaurants)
				56112	중식 음식점업(Chinese Style Restaurants)
				56113	일식 음식점업(Japan Style Restaurants)
				56114	서양식 음식점업(Western Style Restaurants)
				56119	기타 외국식 음식점업(Other Eastern and Western Style Restaurants)
				56120	기관구내식당업(Cafeterias)
				56131	출장 음식 서비스업(Catering Food Service)
				55219	이동 음식점업(Mobile Food service)
			주점업 (5621)	56211	일반유흥 주점업(General Amusement drinking places)
				56212	무도유흥 주점업(Dancing Amusement drinking places)
				56219	기타 주점업(Other Drinking places)
				56220	비알콜 음료점업(Non-Alcoholic Beverages Places)

15

◆ 한국 식품위생법상 분류

분 류	세부분류	내 용
음식점 영업	휴게음식점업	주류판매 금지, 객실시설 금지
	일반음식점업	음식 위주 판매, 노래반주기 금지, 객실 잠금장치 금지
주점 영업	단란주점업	객실시설 금지, 유흥종사자 금지, 무도시설 금지
	유흥주점업	주류위주 판매, 객실 잠금장치 금지

16

현재의 업계 현황을 위주로 한 분류

- 일반음식점 : 대중음식점, 일반 한식점(중간규모 음식점, 고깃집), 횟집
- 패밀리 레스토랑(F/R) : 서양식 F/R, 한식 가족 및 모임 음식점(고급 또는 대규모 음식점)
- 패스트푸드점 : 햄버거(샌드위치), 치킨, 피자, 우동 및 김밥 등
- 외국요리 전문점 : 일본음식점, 중국음식점, 서양음식점, 피자 · 파스타 전문점, 퓨전 요리점, 민족음식(ethnic food) 전문점
- 연회전문점 : 뷔페식당, 호텔 연회, 출장 연회(catering) 전문회사
- 특급호텔 내 음식점(F&B)
- 고급음식점 : 최고급 양식점, 한정식 코스 요리점
- 포장음식점 : 테이크 아웃점(take-out, To-Go), 드라이브 인 샵(drive-in), 배달 전문점(delivery shop), 가정 대용식(HMR), 자동판매 음식점(vending machine restaurant)
- 커피 앤 케이크점 : 커피, 케이크, 아이스크림, 도넛 전문점
- 단체급식회사
- 기타 : 고속도로 휴게실, 기내식, 식당차, 이동식당, 포장마차 등

17

3. 외식산업의 동향

- ◆ 식생활 가치관의 변화
  - 편리성 추구
    - 여성의 사회참여 증가로 가사노동시간 감소
    - 가공식품, 반조 리식품, 전자 렌지용 냉동식품의 선호 추세
    - 김치, 된장, 간장, 젓갈, 조리용 양념류 등의 전통음식 인스턴트
  - 개별적 식생활 문화 현상
    - 핵가족 중심의 가족형태
    - 구성원 각자의 개성에 맞는 음식 직접 조리
    - 여성의 사회진출에 따른 결과
  - 다양한 식도락과 건강식 추구
    - 건강식, 채식, 자연식 선호현상
    - 성인병 · 현대병의 예방, 비만과 다이어트 문제
    - 퓨전음식(fusion food)의 개발, 민족음식의 선호 추세
    - 세계적인 젠(zen) 스타일 음식문화의 영역 확장

18

◆ 식생활 가치관의 변화

- 분위기 중시
  - 소비자는 먹는 것 이상의 요소를 요구
  - 차별화된 개성적인 분위기 중시
  - 맛은 기본, 고품질 서비스의 대우를 요하는 고객층 확산
  - 청결과 위생에 대한 인식과 철저한 교육
- 요리의 레저화
  - 요리의 취미생활화, 여가선용의 의미
  - 직접 만드는 요리 선호
  - 케이블 TV의 요리채널, 각종 매체의 요리 프로그램 확대
  - 인터넷의 활성화로 활발한 미식(요리) 동우회 활동

19

Chapter 4. 프랜차이즈 창업

1. 프랜차이즈 시스템

◆ 프랜차이즈 : 프랜차이저, 프랜차이지의 의의

- 프랜차이즈(franchise)
  - ✓ 사업전략 혹은 마케팅 방법의 하나로 프랜차이저의 상호 및 상표, 경험, 노하우,
  - ✓ 인지도를 프랜차이지가 일정한 대가를 지불하고 사용하도록 계약을 맺어 일정 방식으로 사업을 운영하는 시스템 ⇒ 체인본부와 체인점간의 협력사업 시스템
- 프랜차이저(franchisor) : 체인점 본부
  - ✓ 상호 및 상표, 경험, 노하우, 인지도를 갖고 이를 제공하는 회사 혹은 사람
- 프랜차이지(franchise) : 체인점
  - ✓ 일정한 대가를 내고 프랜차이저가 제공하는 것을 이용하는 자

20

- 프랜차이즈 시스템의 특징

  - 가맹본부와 가맹점 운영주가 분업의 협력계약을 맺고 명확한 기능분화와 상호협력을 통해 동일자본의 경영효과 발휘

  - 가맹점은 사업수행에 필요한 자기자본을 직접 투자하고 가맹본부의 기술적 지도 아래 사업 수행

  - 모든 가맹점은 원칙적으로 상품구성, 판매방법, 서비스를 동일하게 제공

  - 비교적 소액투자와 최소인력으로 단시일 내에 새로운 시장 개척뿐만 아니라 가맹비, 로열티라는 형식으로 확실한 수익 기대

21

- 프랜차이즈 시스템의 종류와 형태
  - ➢ 가맹점주의 권한 범위에 따른 분류
    - ✓ 단일지역 프랜차이즈
    - ✓ 지역단위 프랜차이즈
    - ✓ 지역분할 프랜차이즈
- 본사가 채용하는 목적에 따른 분류
  - ➢ 상품 판매형 프랜차이즈 : 대리점(형태)
  - ➢ 비즈니스 패키지형 프랜차이즈
    - ✓ 직영점
    - ✓ 가맹점
    - ✓ 자율체인점(voluntary chain)

22

2. 프랜차이즈 가맹점 경영의 장점과 단점

◆ 가맹점 경영의 장점

- 성공확률이 높다.
- 비교적 이익이 많게 창출된다.
- 질 좋은 상품을 지속적으로 공급받는다.
- 본사의 지원으로 사업경영이 용이하다.
- 본사가 보유한 전문가의 자문을 받아 경영에 참고한다.

◆ 가맹점 경영의 단점

- 사업의 독립성과 독자성을 살릴 수 없다.
- 지속적인 추가지출의 부담이 따른다.
- 본사의 약체나 도산은 사업실패의 치명적인 요인이 될 수 있다.
- 본사에 비해 상대적인 약자의 위치에 서게 된다.

23

◆ 체인점이 본사에 납부하는 비용(예시)

구 분	반환 여부	납부액 규모	비 고
가 맹 비	반환 안됨	300만 원~500 만원	
보 증 금	반환됨	100만 원~300만 원	거래상품이 고가이거나 규모가 큰 판매업은 금액이 수천만 원대가 될 수 있음
인테리어비	반환 안됨	평당 80만 원~150만 원	
초도상품비 (주방설비비 포함)	반환 안됨	수백만 원 수준	귀금속매장같이 고가가 진열되는 업종은 수천만 원 이상일 수 있음
로 열 티	반환 안됨	월 기준 5만 원에서 수십만 원	

24

3. 프랜차이즈 사업 선택 시 주의사항

- ✓ 본사의 직영점이 몇 개인지 확인한다
- ✓ 본사의 재정이나 운영 상태를 확인한다
- ✓ 본사의 조직구성을 체크한다
- ✓ 중앙공급식 주방, 식재 제조공장이 있는지 확인한다
- ✓ 하청업체나 고객들로부터 평판이 좋은지 조사한다
- ✓ 매스컴을 통하여 광고를 지나치게 많이 하는 본사를 피하라
- ✓ 본사의 가맹점수가 많을수록 성공확률이 높다
- ✓ 본사의 가맹점 지도를 위한 종합 매뉴얼이 있는지 체크한다
- ✓ 본사에서 지역상권을 보호해 주는지 확인한다
- ✓ 법률적으로 문제가 없는 업종 · 업태인지를 확인한다

25

Chapter 5. e-Business 창업

1. e-business 개요

- 인터넷 쇼핑몰을 통한 Business로 다음과 같은 유형이 있다.
- ✓ B to B (Business to Business): 기업과 기업간 거래
- ✓ B to C (Business to Customer) : 기업과 소비자간 거래
- ✓ B to G (Business to Government): 기업과 정부간 거래
- ✓ C to C (Customer to Customer): 소비자와 소비자간 거래
- ✓ C to B (Customer to Business): 소비자와 기업간 거래
- ✓ C to G (Customer to Government): 소비자와 정부간 거래

26

2. 전자상거래 수익 모델

- ✓ 광고 매출
- ✓ 제품 판매 매출
- ✓ 수수료 수익(거래수수료 , 경매 서비스 수수료 등)
- ✓ 스폰서십(sponsorship)
- ✓ 회원가입비
- ✓ 사용료
- ✓ 구독료 등등

27

3. e-business의 장점

- ✓ 제품이나 서비스를 시간과 공간(world wide)의 제약 없이 거래 가능하다.
- ✓ 점포나 입지조건에 대한 제약이 없어 건물임대료와 부대비용이 적다.
- ✓ 소비자는 제품이나 서비스를 다양하게 비교하고 저가에 구입할 수 있다.
- ✓ 제품이나 서비스의 대금결제를 네트워크상에서 간편하게 처리한다.
- ✓ 기업은 사무실 등 관리비용을 절감하고 대금결제 등 간접비용도 절감된다.
- ✓ 양방향 의사소통으로 고객만족(소비자)과 광고(기업)가 원활하다.

4. e-business의 단점

- ✓ 전자결제의 보안시스템 미비시 개인정보 누출우려
- ✓ 국제 거래로 인한 관세납부, 통관 등 법적 조치 미흡
- ✓ 반품이나 교환 등에 대한 분쟁이 빈발할 수 있음
- ✓ 고객이 인터넷 이용자들을 중심으로 편중될 우려

28

5. 전자상거래(e-business) 활성화 방안

- Cyber, SNS, Influence 등을 통한 마케팅 강화
- 데이터베이스(Data Base)시스템 구축,활용
- 쉬운 사용자 인터페이스 구축
- 멀티미디어 콘텐츠의 개발
- 브랜드인지도 확립
- 새로운 비즈니스 모델의 개발
- 보안문제의 해결
- 효율적인 물류시스템 구축지원
- Community(공동체)형성 확대

29

6. e-business 창업절차

① 사업계획서 작성

- 사업아이템의 선정, 사업성 분석, 경쟁력 분석 등

② 전자상거래 시스템 구성

- Web Site, HW/SW,결재,택배시스템 구축 등

③ 마케팅계획과 운영 매뉴얼 구축

- 고객확보, 고객 데이터베이스, 고객 커뮤니티(공동체), 개인화(맞춤형)서비스, 광고,홍보계획 등

30

7. 인터넷 쇼핑몰의 성공전략

✓ 사이트를 브랜드화 하라
✓ 다양한 채널을 복합적으로 활용하라
✓ 철저하게 아웃소싱을 집행하라
✓ 고객 중심에서 생각하라
✓ 차별화하고 전문화하라
✓ 끊임없이 분석하라
✓ 신뢰성을 확보하라
✓ 생활 속에 침투하라

31

Chapter 6. 1인 창조기업 창업

◆ 1인 창조기업이란?

*1인 창조기업"이란 창의성과 전문성을 갖춘 1인 또는 5인 미만의 공동 사업자로서 상시근로자 없이 사업을 영위하는 자(부동산업 등 대통령령으로 정하는 업종을 영위하는 자는 제외한다)를 말한다.

✓ 학력, 신분 등에 관계없이 노하우나 특기 하나로 직업을 갖는 시대 마련
✓ 지원사항은 창업넷 https://www.k-startup.go.kr/main.do 참조
✓ 중소벤처기업부는 예비창업자의 회사설립 편의를 제공하기 위해 온라인 법인설립시스템 https://www.startbiz.go.kr/index.do 을 구축.운영

32

〈개정 2015.8.3〉

1인 창조기업 범위에서 제외되는 업종(제2조제1항 관련)

구 분	해당 업종	한국표준산업분류번호
1. 광업	가. 석탄, 원유 및 천연가스 광업	05
	나. 금속광업	06
	다. 비금속광물 광업; 연료용 제외	07
	라. 광업지원서비스업	08
2. 제조업	가. 담배제조업	12
	나. 코크스, 연탄 및 석유정제품 제조업	19
	다. 1차 금속 제조업	24
3. 전기, 가스, 증기 및 수도사업	가. 전기, 가스, 증기 및 공기조절 공급업	35
	나. 수도사업	36
4. 하수 · 폐기물처리, 원료재생 및 환경복원업	가. 하수, 폐수 및 분뇨 처리업	37
	나. 폐기물 수집운반, 처리 및 원료재생업	38
	다. 환경 정화 및 복원업	39

33

구 분	해당 업종	한국표준산업분류번호
5. 건설업	가. 종합건설업	41
	나. 전문직별 공사업	42
6. 도매 및 소매업	가. 자동차 및 부품 판매업	45
	나. 도매 및 상품중개업	46
	다. 소매업; 자동차 제외(전자상거래업은 제외한다)	47
7. 운수업	가. 육상운송 및 파이프라인 운송업	49
	나. 수상 운송업	50
	다. 항공 운송업	51
	라. 창고 및 운송관련 서비스업	52
8. 숙박 및 음식점업	가. 숙박업	55
	나. 음식점 및 주점업	56

34

9. 금융 및 보험업	가. 금융업	64
	나. 보험 및 연금업	65
	다. 금융 및 보험 관련 서비스업(그 외 기타 금융지원 서비스업은 제외한다)	66
10. 부동산업 및 임대업	가. 부동산업	68
	나. 임대업; 부동산 제외	69
11. 보건업 및 사회복지 서비스업	가. 보건업	86
	나. 사회복지 서비스업	87
12. 예술, 스포츠 및 여가관련 서비스업	스포츠 및 오락관련 서비스업	91
13. 협회 및 단체, 수리 및 기타 개인서비스업	기타 개인 서비스업	96

비고: 해당 업종의 분류는 「통계법」 제22조에 따라 통계청장이 고시하는 한국표준산업분류에 따른다.

35

Chapter 7. SOHO 창업

1. SOHO의 개념(SOHO : Small Office Home Office)

- ✓ 자택 또는 소규모 사무실을 사업장으로 자신의 전문지식, 경험이나 새로운 아이디어 등을 네트워크나 정보통신기술을 활용하여 사업화하는 자영업자

2. SOHO창업의 유망업종

- ✓ 작고 실속 있는 업종, 트렌드에 맞는 업종
- ✓ 대기업이 참여하기 곤란한 분야의 사업
- ✓ 자본규모에 적정한 업종
- ✓ 개인의 관심과 경험이 있는 분야
- ✓ 주변 인적 · 물적 자원의 활용이 가능한 분야
- ✓ 각종 매체의 활용이 용이한 분야

36

AI기반 안경 쇼핑 서비스 '딥아이'

지난 2016년 설립된 딥아이는 이스트소프트의 자회사로 인공지능 기술을 커머스에 접목한 사업을 진행하고 있다. 2017년에는 아이웨어 쇼핑 서비스 라운즈를 선보인 후 판매량 100% 성장세를 기록했다. 딥아이는 안경과 선글라스를 구매할 때 자신에게 어울리는 지 확인할 수 없는 문제와 원하는 안경 브랜드를 찾기 어려운 점에 주목했다. 해결책은 인공지능 기반 안경 가상 피팅과 글라스 파인더 기능이다.
안경 가상 피팅 기능은 안경원 등에 방문하지 않고도 스마트폰에서 안경과 선글라스 착용 경험을 제공한 후 구매로 이어질 수 있도록 구현했다. 글라스 파인더는 제품 사진을 촬영하거나 안경, 선글라스를 착용한 연예인 사진을 올리면 해당 안경을 찾아주는 기능이다. 딥아이는 강남역 인근에 오프라인 직영 매장을 운영하고 있다. 쇼핑몰과 모바일 앱에서 가상 피팅으로 제품을 구매한 고객에게 시력검사, 도수렌즈 제작, A/S 등 기존 안경원에서 받을 수 있었던 사후 서비스까지 제공한다는 취지다. 딥아이가 운영하고 있는 라운즈의 O2O 비즈니스 모델이, 온라인 쇼핑과 오프라인 매장 간의 유기적인 고객 경험을 제공하는 가장 완성도 높은 성공 사례가 될 것으로 기대하고 있다.

온·오프 결합 패션 유통 플랫폼 '피팅스토어'

직방 공동창업자와 멤버들이 설립한 피팅스토어는 온라인 쇼핑에 오프라인 쇼핑의 장점을 결합시킨 서비스로 주문은 온라인 쇼핑몰에서 진행하고 이후 과정은 오프라인 매장에 가서 옷을 사는 것과 같다. 온라인 쇼핑시에 배송지를 '피팅스토어 오프라인 매장'으로 입력하기만 하면 된다. 주문한 상품이 매장에 도착하면 피팅스토어 앱을 통해 알림이 온다. 알림을 받은 이용자가 매장에 가면 주문한 상품을 매장 내에 마련된 피팅룸에서 입어볼 수 있다. 착용 후 마음에 들지 않으면 매장에 반품 처리를 맡기면 된다. 온라인 쇼핑이 일상화되었지만 1인 가구는 여전히 택배 수령에 대한 불안과 불편이 존재하며 특히 의류의 경우 반품가능성이 높다. 오프라인의 장점을 결합시켜 소비자의 고충을 해결해주는 서비스로 현재 피팅스토어 매장은 이대점, 구로디지털단지점 2곳이 운영 중이며, 서울 전역으로 확장을 계획 중이다.

기업가정신과 창업모델

창업상권 및 입지분석

Chapter 1. 상권분석

1. 상권과 입지의 의의

◆상권(trading area)
- ✓사업상 세력이 미치는 범위
- ✓'내 점포의 상품이 판매 가능한 범위'
- ✓다양한 업종의 점포들이 모여 있는 지역

◆입지(location)
- ✓사업을 영위하게 될 장소
- ✓상권 내에 상품(서비스)과 고객이 만나는 장소
- ✓점포의 대지나 점포가 소재하는 위치적 조건
- ✓마케팅 4P 전략 중 Place(장소)를 의미

2

◆ 상권의 구분

- 1차 상권
  - ✓ 입지로부터 반경 500m까지
  - ✓ 전체 매출액의 80% 정도
- 2차 상권
  - ✓ 반경 1,000m까지
  - ✓ 점포고객의 15~25% 분포
  - ✓ 전체 매출액의 20%
- 3차 상권
  - ✓ 그 밖의 지역
  - ✓ 전체 매출액의 10%

2. 상권과 입지분석의 목적

① 상권 및 입지 조사, 분석을 할 경우 **아이템 선정이 용이**

② 상권과 입지 조사,분석을 통하여 **투자금액과 수익성 추정 가능**

③ 상권 및 입지 분석 자료 : **향후 마케팅 전략의 중요한 기초 자료**

④ 상권 및 입지 분석 → 직원채용의 가능성 등을 확인할 수 있음

⑤ 기존 업체가 **영업부진에서 탈피할 목적으로** 상권 및 입지분석을 실시하기도 하며, **현재 점포에서 언제 퇴점 할 지를 결정**하기 위해서도 상권 및 입지분석이 중요한 도구로 사용됨

3. 상권의 유형

◆ 유동인구 중심형 상권

✓ 어떤 핵심 시설로 인해 많은 유동인구가 집중되는 상권으로서 불특정 다수를 주 고객으로 하는 상권

✓ 역세권, 번화가, 대학가, 패션타운

◆ 배후인구 중심형 상권

✓ 타깃고객이 정해져 있는 상가지역, 즉 상권의 배후에 아파트나 주거지역, 회사 등이 몰려있는 상권

5

4. 유동인구 중심형 상권

● 번화가 상권

✓ 10대에서 60대 이상까지 다양한 연령층이 이용함

✓ 지하철, 버스정류장 등 교통편의시설이 집중되어 있음

✓ 유동인구가 많음

✓ 고개인지도가 높은 아이템, 상품, 유명브랜드의 제품의 판매처 많음

✓ 권리금, 보증금, 임대료, 시설비 등 창업비용이 많이 들고 경쟁이 치열해 초보 창업자들에게는 다소 위험한 상권

6

● 역세권

✓지하철역, 기차역, 버스터미널, 버스정류장 주변 등

✓편의품 위주의 업종이 유리함

✓구매가 편한 상품을 취급하는 업종

✓편의점, 액세서리, 휴대폰 대리점

✓외식업종은 라면,국수 등 분식집, 중식, 한식 등

→ 간편하고 빠른 식사가 가능한 아이템 유리

7

● 대학가 상권

✓ 대학생들이 유동인구의 대부분을 차지한다.

✓ 야간과 주말에는 대학문화를 선망하는 중,고등학생들과 직장인들도 선호하는 상권

✓ 20대 초반의 학생 : 유행과 가격에 민감

✓ 신규아이템을 선보이기 가장 좋은 상권

✓ 업종의 순환이 빠르고 활발하다.

● 패션타운형 상권

✓ 동대문, 남대문 등과 같이 의류, 패션사업 등이 집중되어 있는 상권

✓ 유동인구가 많고 특종 업종이 다수 분포되어 있다.

✓ 소비자들의 목적 구매 성향 뚜렷하다.

8

5. 배후인구 중심형 상권

- 아파트단지 내 상가
  - ✓상권 내 거주자들이 고객이 된다면 안정적으로 수익을 창출할 수 있는 매력적인 상권이다.
- 20~30평형대 아파트 단지
  - ✓아이들에게 투자되는 비중이 높다.
  - ✓주중에 단지 내 야간소비가 많다.
  - ✓고객관리가 매우 중요한 요소이다.

9

- 40~50평형대가 많은 아파트 단지
  - ✓소비자가 백화점, 할인점 등에서 여유로운 쇼핑 선호
  - ✓중, 고등학생 자녀들은 학원과 학교 주변에서 주로 소비가 이루어짐
- 아파트 단지 내 상가의 최대 핵심 : 반복구매
  - ✓고객들의 재방문율이 매우 중요

10

- 신도시 아파트 밀집지역 주변상권
  - ✓ 상호보완이 될 수 있는 업종 구상
  - ✓ 가족 단위의 고객을 위한 중대형 전문 음식점이 유리
  - ✓ 2차 소비를 유도할 수 있는 제과점, 유명브랜드 상품, 미용 관련 서비스 업종 등이 타당
- 오피스 상권
  - ✓ 회사가 밀집하여 있는 지역의 상권
  - ✓ 직장인들의 특성 파악하는 것이 중요
  - ✓ 영업 가능한 시간이 제한적임
  - ✓ 주5일 근무제로 주말 매출을 기대하기 어려움

11

- 일반 주거지역 상권
  - ✓ 전통적인 단독주택 밀집지역 또는 원룸 밀집지역, 다세대, 다가구, 중소형 아파트가 혼재해 있는 상권
  - ✓ 주거지역 내 점포 : 오랫동안 사업한 업종이 대부분인 상권
  - ✓ 생활필수품 위주의 업종이 주를 이룸
  - ✓ 지속적이며 안정적인 매출이 이루어지는 편
  - ✓ 구매빈도 높음
  - ✓ 중요한 성공의 요소 : 단골고객 관리

12

Chapter 2. 입지분석

1. 우수한 입지조건

① 가시성

② 접근성

③ 인지성

④ 호환성

13

2. 업종의 특색에 따른 입지선정

◆ 음식점업(외식업)의 입지선정

- 경영업체간의 관계가 일반적으로 보완적이면서 동시에 경쟁관계임
- 다양한 형태의 음식점들이 모여 있는 밀집지역 : 고객을 유인하는 데 매우 긍정적인 요소로 작용

◆ 유통판매업(소매업)의 입지선정

- 상권범위 : 1~2킬로미터(넓은 편)
- 경쟁업체들이 적절하게 모여있는 입지 선택

◆ 서비스업의 입지선정

- 고객 서비스 능력과 마케팅이 성패를 가르는 요소

14

3. 입지 선정 시 고려사항

◆ 우수점포의 일반적인 입지조건

- 10층 이상의 대형건물이 5개 이상 밀집된 지역
- 2,000세대 이상의 대규모 아파트 단지와 주택단지
- 지하철역에서 300미터 이내인 지역
- 버스정류장에서 100미터 이내인 지역
- 버스정류장에 정차하는 버스 노선이 5개 이상인 지역
- 버스 종착역 반경 500미터 이내
- 버스정류장 및 지하철역에서 주택으로 들어오는 입구

15

◆ 우수점포의 일반적인 입지조건

- 편도 2차선 및 삼거리 이상의 가로의 200미터 이내
- 동일 가로 200미터 이내에 동일 업종이 없는 지역
- 반경 500미터 이내에 동일 업종이 3개 이상 없는 지역
- 인구 이동이 심한 지역인 경우 전입해 오는 추세인 지역
- 고정인구 2만 명, 거주가구가 5천 세대 이상인 지역
- 업종에 부합하는 유동인구 및 주거인구가 많은 지역

16

◆ 입지선정의 고려사항

- 계획 입지와 계획 업종, 상품 및 업태와의 적합성
- 상점 후보지의 환경에 대한 조사
- 상점 후보지의 장래성 조사
- 자금조달 능력의 검토
- 사업장 규모의 적합성과 경쟁성
- 피해야 하는 상점의 유형

17

Chapter 3. 권리금과 점포계약

1. 권리금의 개념과 성격

◆ 권리금

- 영업권과 시설에 대한 보전금액
- 1년 동안 순이익의 합과 입지조건을 기준으로 점포크기 및 시설비 등을 감안하여 평가
  - ➢ 점포를 팔 때 포기해야 하는 영업이익과 시설비, 점포를 팔지 않고 영업을 계속 한다면 계속 얻을 수 있는 수익을 고려하여 산정
  - ➢ 입지선점에 대한 프리미엄
  - ➢ 법적, 제도적 장치가 없고 관습적으로 인정되는 금액

18

2. 권리금의 산정기준과 근거

- 1년 동안의 순이익의 합과 입지조건을 기준으로 점포크기 및 시설비 등을 감안하여 평가
- 권리금: 점포 매도인의 기회비용인 1년 동안의 순이익
  - ✓ 1년 단위로 임대차 기간을 정하므로 1년이란 파는 사람이 영업을 계속한다고 가정했을 경우 영업이 보장되는 기간
- 상권의 상태에 따라 영향을 받음
- 점포 크기에 의해서도 영향을 받음

3. 권리금 산정방법

구분 / 입지조건	상황	권리금 산정방법	비고
입지조건이 좋은 경우	장사가 잘된다.	1년 동안의 순이익 + 시설비	(1)
	장사가 안 되어 손익분기점에 있다.	1년 동안의 순이익(주변 점포들의 순이익 감안 산정) + 시설비	(2)
	장사가 안 되어 손익분기점 이하에 있다.	약간의 시설비(일종의 바닥권리)	(3)
입지조건이 나쁜 경우	장사가 잘된다.	주변 점포들의 순이익 감안 산정 (경영능력 그대로 평가해서는 안됨)	(4)
	장사가 안 되어 손익분기점에 있다.	약간의 시설비(일종의 바닥권리)	(5)
	장사가 안 되어 손익분기점 이하에 있다.	아예 시설비도 없다.	(6)

4. 점포 임대 계약 시 확인이 필요한 사항

- 법원에서 발행하는 부동산 등기부 등본상의 소유주와 임대인이 같은 사람인지 및 점포에 저당권, 가압류 등이 설정되어 있는지
- 지방자치단체에서 관리하는 건축물 관리대장 및 토지대장에 등재된 점포의 주소, 건물 및 토지내역, 소유주 등이 실제와 부합하는지 여부
- 지방자치단체에서 관리하는 도시계획에 저촉되는 사항이 있는지 여부
- 계약서에 서명날인하는 사람이 실제 소유주 본인이 맞는지
- 점포의 시설과 관리에 큰 문제가 없는지 등

21

비대면 면접 솔루션 '직감' 채용 시장 바꾼다

코로나19 확산 여파로 오랜 기간 변화가 없던 일상이 바뀌고 있다.
인재를 선발하는 방식도 그 중 하나다. 서류 심사와 면접을 거쳐 인재를 채용하던 기업도 비대면 방식을 도입하고 있다. 큐레잇은 한발 앞서 비대면 채용 서비스를 시작했다. 2019년 선보인 언택트 채용 플랫폼 '직감'이다.
직감은 서류 제출부터 면접까지 과정을 영상으로 해결할 수 있는 모바일 기반 서비스다. 박혁재 큐레잇 대표는 2020년은 그 어느 때보다 효율성을 중시하는 시대"라며 "기술을 접목해 채용 시장을 효율화하는 서비스"라고 소개했다.
직감에서 면접은 원웨이, 라이브 두 가지 방식으로 진행된다. 원웨이 방식은 구인자가 설정한 면접 질문에 구직자가 영상을 촬영해 지원하는 식이다. 간편하고 입체적인 검토가 가능한 것이 특징이다. 라이브 인터뷰는 최대 5명 면접자와 구직자 간 실시간 면접이 이뤄진다. 기업 내부 구성원이 구직자를 다각도로 검토할 수 있다.

22

법률플랫폼 '화난사람들'

화난사람들은 법률서비스의 사각지대에서 법적 보호를 제대로 받지 못하고 있던 다수 피해자들의 문제를 변호사와 함께 해결하고 풀어나가는 공동소송 플랫폼이다. 일반 이용자는 이 플랫폼을 통해 간편하게 공동으로 법적 대응을 하여 실질적인 권리구제를 기대할 수 있고 변호사는 기존에 번거롭던 공동소송 사무 작업을 자동화하는 솔루션을 이용할 수 있다. 일반 이용자는 10만 명 이상 가입했고 그 중 7만 명 이상이 프로젝트에 참여했다.

최초롱 대표는 앞으로 화난사람들 플랫폼을 이용하는 일반 이용자들이 문제를 알리면 필요한 법적 대응을 신속하게 진행할 수 있도록 플랫폼의 기능을 고도화하는 한편, 이미 진행되고 있는 프로젝트에서 참여자와 담당변호사 모두 만족할 수 있는 서비스 제공을 위한 기술 개발에 힘쓸 것이라고 밝혔다.

화난사람들은 개인 혼자 힘으로는 바꿀 수 없는 사회적 문제들을 다수가 모여 한 목소리로 사회를 이로운 방향으로 이끌어갈 수 있다는 점과 법률시장에서 새로운 비대면 서비스를 제공하는 플랫폼이다.

23

제조전문가 매칭 플랫폼 '볼트앤너트'

볼트앤너트가 2020.6월 고객과 제조업체를 매칭시켜주는 '제조 전문가 매칭 플랫폼' 을 출시했다. 고객이 볼트앤너트 홈페이지에서 제조의뢰서를 작성해 제출하면 24시간 내에 조건에 맞는 제조업체를 제안한다.

볼트앤너트는 빠르고 정확한 매칭으로 기존 최소 2개월 이상 소요되는 제조업체와의 계약 체결 시간을 획기적으로 단축하는 것이 목표다.

볼트앤너트는 제조업체를 직접 방문하여 제조업체의 업력, 매출 규모, 제작 능력 등을 확인하고 고객이 계약 후기를 통해 제조업체의 전문성, 의사소통, 견적적합성 등을 평가하도록 하여 제조업체의 현황을 투명하게 관리한다.

윤기열 대표는 "제품 제조"를 생각하면 "볼트앤너트"가 떠오를 수 있도록 인지도 확대에 노력하고 있다.

24

솔라카우 "미국 타임즈 2019 최고 발명품 선정"

국내 스타트업 요크가 개발한 태양광 발전 시스템인 "솔라 카우"가 미국 시사주간지 타임이 선정한 2019 최고의 발명품(100 Best Invention of 2019) 중 하나로 선정됐다.

학교에 세워진 소 모양을 한 태양광 충전 시스템은 흰색 우유병 모양의 배터리로 이뤄져 있으며 학교에서 아이들이 공부하는 동안 배터리를 충전했다가 수업 후 집에 가져가 쓸 수 있도록 해 전기가 보급되지 않은 지역에서 효과적으로 에너지를 사용할 수 있다.

"솔라 카우"는 현재 한국 국제개발협력단 KOICA의 혁신 기술 프로그램을 통해 탄자니아 아루샤 지역 초등학교 학생 500명을 대상으로 포스트 파일럿 프로그램을 진행하고 있다.

또한, 2021년 우리나라가 주최할 예정인 녹색성장·글로벌 목표 2030을 위한 P4G 정상 회의에도 P4G 파트너로 선정되어 케냐를 사업 대상국가로 솔라 카우 프로젝트를 진행하고 있다.

요크는 아동 노동과 에너지 보급, 환경,기후 변화 같은 글로벌 문제를 한국 스타트업이 혁신적으로 해결해 주는 것을 보여주는 사례이다.

25

제조전문가 매칭 플랫폼 '볼트앤너트' 베타 출시

볼트앤너트가 2020.6월 고객과 제조업체를 매칭시켜주는 '제조 전문가 매칭 플랫폼' 베타 서비스를 출시했다. 고객은 볼트앤너트는 홈페이지에서 제품별로 특화된 제조의뢰서를 작성해 제출하면 24시간 내에 조건에 맞는 제조업체 제안서를 무료로 받아볼 수 있다.

볼트앤너트는 빠르고 정확한 매칭으로 기존 최소 2개월 이상 소요되는 제조업체와의 계약 체결 시간을 획기적으로 단축하는 것이 목표다.

이를 위해 고객의 의뢰서와 제조업체의 제안서를 비교해 최적의 상대를 매칭해주는 자체 알고리즘을 고도화하고 있다. 볼트앤너트는 매주 10곳 이상의 제조업체를 직접 방문해 제조업체의 업력, 매출 규모, 제작 제품 등을 확인하고 있다. 또한 고객이 미팅 후기와 계약 후기를 통해 제조업체의 전문성, 의사소통 능력, 견적 적합성 등을 평가할 수 있도록 하여 제조업체 평가의 투명성도 확보했다.

윤기열 대표는 "현재까지 볼트앤너트와 파트너쉽을 체결한 제조업체는 총 450여 곳에 달하며 200여 건의 제조 프로젝트를 통해 시장수요를 성공적으로 검증했다."며 "제품 제조하면 볼트앤너트가 떠오를 수 있도록 인지도 확장에 집중할 예정"이라고 전했다.

26

참고문헌 REFERENCE

* 김진수·최종인·임충재·고혁진·이유종(2016), “기술창업론”, 탑북스.
* 이춘우·한유진·김도현 외(2014), “기업가정신의 이해”, 중소기업청.
* 김희철(2016), “실전 창업경영론”, 도서출판 두남.
* 김진영 외(2015), “기술창업 가이드”, 중소기업청, 한국창업보육협회.
* 애시모리아(위선주 옮김)(2014), “린 스타트업”, 한빛미디어.
* 알랙산더 오스터왈더 외(2013), “비즈니스모델의 탄생”, 타임비즈.
* 윤주석·조준희(2013), “창업과 사업계획서”, 도서출판 두남.
* 방용성·주윤황(2014), “창업경영”, 학현사.
* 한길석(2013), “창업과 기업가정신”, 비엔엠북스.
* 김진영 외(2014), “창업실무”, 한국창업경영컨설팅협회.
* 서상혁(2010), “창업마케팅”, 도서출판 두남.
* 강기찬·김정호(2014), “기업가정신과 창업”, 도서출판 두남.
* 김형로·김혜선(2015), “대한민국 창업교과서”, 도서출판 정일.
* 김진영·강재인(2013), “비즈니스 모델게임”, 한빛미디어.
* 중소벤처기업부 창업넷(http://www.k-startup.go.kr)
* 중소기업창업지원법(시행령), 중소기업기본법(시행령)
* 벤처기업육성에 관한 특별조치법, 소상공인 보호 및 지원에 관한 법률
* 1인 창조기업육성에 관한 법률, 소득세법, 법인세법, 상법
* 국민연금, 고용보험, 건강보험, 산재보험 등 4대 보험 관련 법령

저자 약력

■ 신 충 교

- 1996~2006 중소기업청 부이사관
- 2006~2008 중소기업 기술정보진흥원 본부장
- 2009~2010 창업진흥원 본부장
- 2011~2013 전남대학교 산학협력교수
- 2014~ 상명대학교 특임교수

기업가정신과 창업모델 – 개정판

초 판 1쇄 발행 —— 2017년 1월 6일
초 판 2쇄 발행 —— 2018년 2월 1일
개정판 1쇄 발행 —— 2021년 2월 20일
지은이 —— 신 충 교
펴낸이 —— 전 두 표
펴낸데 —— 도서출판 두남
서울시 강동구 성내로6길 34-16 두남빌딩
신고 : 제25100-1988-9호
TEL : 02) 478-2065~7, 2311
FAX : 02) 478-2068
E-mail : dunam1@unitel.co.kr
http://www.dunam.co.kr

정가 27,000원

ISBN 978-89-6414-903-4 93320